尺素風誼

天光云影楼师友书札

孙文光 编

安徽师范大学出版社
ANHUI NORMAL UNIVERSITY PRESS

图书在版编目(CIP)数据

尺素风谊:天光云影楼师友书札/孙文光编.—芜湖:安徽师范大学出版社,2019.6

ISBN 978-7-5676-2701-7

Ⅰ.①尺… Ⅱ.①孙… Ⅲ.①中国文学—近代文学—文学研究—文集
Ⅳ.①I206.5-53

中国版本图书馆CIP数据核字(2016)第326033号

本书由安徽高校省级学科建设重大项目资助出版

尺素风谊——天光云影楼师友书札

CHISU FENGYI——TIANGUANG-YUNYING LOU SHIYOU SHUZHA　　孙文光　编

策　　划:侯宏堂
责任编辑:刘　佳
封面设计:孙　力　丁奕奕
版式设计:丁奕奕
出版发行:安徽师范大学出版社
　　　　　芜湖市九华南路189号安徽师范大学花津校区　　邮政编码:241002
网　　址:http://www.ahnupress.com
发 行 部:0553-3883578　5910327　5910310(传真)
印　　刷:浙江新华数码印务有限公司
版　　次:2019年6月第1版
印　　次:2019年6月第1次印刷
开　　本:787 mm×1092 mm　1/16
印　　张:27
字　　数:445千字
书　　号:ISBN 978-7-5676-2701-7
定　　价:178.00元

序

学者书札近年已成为拍卖与收藏的新宠。个中原因，除了写者的学术声望提升了其价值，信函相对的私密性，也使读者可从中获得更多、更真切的资讯。这样说，并非鼓励窥人隐私，实在是因为只比日记下一等，书信乃了解作者内心世界颇为可靠的史料。当然，前提还要看与收信人的交谊如何，由此决定了作书人笔下文字的深浅。

天光云影楼主人孙文光先生是安徽师范大学中文系的著名教授，先后担任过《安徽师范大学学报》副主编、安徽师范大学图书馆馆长。长期在芜湖任教、工作的经历，使他在安徽学界广有人缘。而20世纪60年代到北大读研究生的经历，又让他和北大为中心的京城学界建立了密切联系。他将自己多年收藏的92位师友书札以“尺素风谊”命名，结集出版，既是对个人交往史的一次总结，更为学界保留了一份难得的史料。

书信乃是缘于空间距离而出现。在20世纪网络尚未发明的时代，尺素传书仍是相隔两地的人们最常使用的交往方式。反而是关系最近的身边的亲友和师长，很少留下信札。我的一大憾事就是，因为一直追随左右，我只收到过一封季镇淮先生的来示，那还是1994年我在日本访学半年所得。相比同样受教于季先生的孙文光师兄至少藏有导师的23通书翰，我的艳羡可想而知。

文光师兄长年担任中国近代文学学会常务理事，尤以龚自珍研究名家，

《尺素风谊》所收书札因此多与近代文学、尤其是龚学相关，并集注于一“会”一“书”。“会”指1985年10月在芜湖召开的“龚自珍诗文学术讨论会”，乃是由文光兄发起，北大中文系也受邀成为合办单位；“书”为1995年由黄山书社出版的《中国近代文学大辞典》，文光兄任主编，从筹划、拟目到催稿、成书，均一力承担。前会举办时，我刚刚研究生毕业一年，学术尚未上路；后书蒙主编分派，拟写过“诗界革命”“文界革命”“小说界革命”“梁启超”等条目，由此也略知这册厚达一千三百多页的辞典成书之不易。

读有关信札，最令人感佩的是前辈学者的做事认真。《中国近代文学大辞典》卷首列出了五位顾问，即王季思、任访秋、季镇淮、顾廷龙、唐圭璋。与今日各书的“顾问”多半只是挂名而已，这些当年寿登耄耋、名重学林的耆宿，却是字斟句酌地撰稿和审稿。81岁的任访秋先生受托撰写“中国近代散文”辞条，自述“当勉力为之”，并详告：“我曾应上海图书公司（邀）参加《中国近代文学大系》编选工作，由我负责散文选部分。所撰《导言》已发表。拟就《导言》内容，概括成文。写成后，当寄上。”同时承诺，“审阅稿件，届时当一并奉上”（1990年8月9日函），明确表现出一种负责任的态度。

1906年出生的王起（季思）先生更是尽职尽责。委撰条目，则谦称“准备就《霜厓曲录》试写一条”；完成后，又客气地接连使用“草就”“附去”“不知可用否”（1990年8月8日、1991年2月13日函）等说法，并不视为不可改动的大家手笔。遵嘱审读样稿，王先生既秉承出任顾问时提出的原则——“望编审时能严格掌握，勿急于求成”，而提出总体意见：“各篇样稿都写得扎实。但书出众手，水平参差，文风亦难于一致，望加强通审工作，不必急于求成。”并且，细部也未放过，故“有些零星意见，已于样稿批注”（1990年8月8日、1991年8月12日函），实为“严格掌握”亲身示范。

就中，用力最多的顾问还属季镇淮先生。自1992年近代文学学会成立即担任顾问的季先生，早在1958年后，已把更多精力投入近代文学研究，于此一领域拓荒、耕耘，影响卓著。文光兄请季师担任顾问并为《中国近代文学大辞典》作《序》，本是最适切的选择。而季先生“高兴地接受”，也意在“表示我对此事的支持和赞誉”（1989年8月10日函）。这一支持的力度，在辞典中最吃重的“近代文学”条目的撰写上清晰呈现出来。由于主稿者需要有总揽全局的魄力与眼光，也实非季先生不办。季师当年已是78岁，年老体衰，却仍奋力为此纲要性的辞条写下五千字。因超出了约定字数，特意函嘱文光兄可“删削”，只是要求“上下联贯，各段分量大致相等”（1991年1月10日函)。对学生辈的主编如此尊重,正体现了那一代学者不可企及的精神风度。

亲力亲为之外,季先生也切实履行了顾问的职责。一再叮嘱文光兄:"更望它完美精粹,避免仓卒求成的缺陷。""要把稳质量关,切实核对原书、校勘文字,修饰不明白或多余词句,增补条目的遗漏,务期符合工具书的要求。"(1991年5月15日、1992年1月14日函)此类尚属原则性的指导意见。季师更有高瞻远瞩、涉及全书结构的重大建议。1991年5月1日,文光兄将《中国近代文学大辞典》的目录寄呈求正,季先生阅后,迅速作出回应。15日的复信中说:

> ……我仍要提点意见,就是加进《少数民族文学》一个栏目,有综述,也有作家、作品条目。加进这个栏目很重要,不必说了。

文光兄心领神会,立刻遵嘱照办。现在辞典中"近代少数民族文学"一条,即出自北大1955级学生、长期执教于中央民族大学的张菊玲教授之手。由此,一个严重的缺失得到了及时补救。

应该说,季先生对编纂辞典经验丰富。在此之前,由他担任编辑委员会副主任的《中国大百科全书·中国文学》卷已于1986年出版。作为其中"近代文学"分支的主编,季先生先已殚精竭虑,亲历了全过程。从给文光兄的信中,也可见其为编纂此书耗费的巨大精力。不算确定体例、分配条目、审读成稿,单是催促撰写,季先生便须不断发函。而即使尊为师长、心中焦虑,那些督促的话仍多半带有劝导的口气:"如其他工作拖住,请调协一下,赶此任务,企望之至。""请你务必排除其他手头工作,陆续写好所承担的条目。这是无法摆开的一个沉重的包袱,早日用力完成任务早好。此后工作多得很,不要让这个包袱老背着,无法进行其他工作。"(未记年,6月8日、2月21日函)这些被温情包裹的"务必",当然会让学生尽力做事时更觉暖心。

我曾经感叹季镇淮先生为集体项目付出的时间与精力太多,以致影响了个人的研究。即如大百科的"中国文学"卷,按照我的统计,季先生认领并完成的条目多达17则,包括了《龚自珍》《近代散文》《近代文学》《近代文学史料》《康有为》《梁启超》《刘师培》《湘乡派》《曾国藩》以及八种期刊。季先生当然会看重辞典所具有的历史定论意义,催稿时,也会提示:"新意见并不要,而要扎实的事实,准确无误的事业,而以简练语言表达之。"如此才可以经久不刊。这些道理都很容易领会。不过,对我而言,读这批信札更有意味的发现，是真正懂得了季先生的内心，他劝说文光兄尽快完稿，竟然是以“共同完成一个吃苦而难讨好的任务”（未记年，2月21日函）相勉励。无论编纂者如何用心，求全责备原是辞典逃不脱的宿命。我因此窥见了季先生忠厚诚信背后的明通，体会到几分“知其不可而为之”的悲壮。

通览《尺素风谊》，亦可以感受到北大同学的友谊绵长。实际上，细检文光兄通讯的师友，北大研究生同学无疑是交往最深入的一群，所作书信也最好看。仅举一事：1980年，吴组缃先生应郭绍虞先生之约，6月初要去上海讲学一周。南师大的李灵年闻知，即想邀吴先生过宁，为南大、南师和江苏作协开讲。孙玉石将此意转达，吴先生很高兴。孙又探知吴先生“生在安徽，却未去过黄山，很想去”，但碍于“学校经费卡得紧”，迄未遂愿。孙玉石因此写信给文光兄，希望他仿照李灵年的做法，“请吴先生去讲讲，顺便也就看看风景了”（1980年5月28日函）。而二孙和李以及张菊玲（孙玉石夫人），均为北大中文系1960级研究生，李与张且直接受教于吴先生。导师有意，弟子自当倾力助成。此行吴先生由南京至芜湖，终于上了黄山，了却一桩心愿。

这样一件今日看来稀松平常的小事，当日做成却是异常艰难。文光兄如何接待、陪同、支付酬金，他是当事人，未见诉说。但从李灵年信中所言，“大吴先生到皖，把您累得不轻，他心满意足，但学生办来实在不易”，亦可见一二。而此番感慨，原本出于李氏的切身体验。向孙文光打听“不知你们如何付讲课金的”，乃是因为李“与南大几经周折”，才各付了20元。应该是感觉实在拿不出手，李灵年汇款后“也不曾写信去”，并还在为“不知先生如何想法”惴惴不安。由此也不难明了，当得知小吴先生（吴小如）将接踵而来，“拟秋后到其皖南小儿处休息些时，返京时想走芜湖、南京，并希望‘沿途卖唱’‘以节省路费’”，其时李灵年的为难。“这些事真难办”（1980年7月26日函）的慨叹，并不表示学生对老师的薄情，实在是当年大学校园里的艰困情状令人心酸。

如今说来，这些都可算是珍贵的学界掌故了。而在欣赏诸位师长的笔墨之际，得以领略上一代学者的风貌，是我读《尺素风谊》最受益处。唯一不安的是，承蒙文光兄抬举，本人与夫君亦同附骥尾。因而有必要提醒此文与此书的读者，只需将我们两个“50后”除去，其他都名副其实了。

夏晓虹

2018年10月7日于京西圆明园花园

目录

郑逸梅（四通）

【书札墨迹】

一

郑逸梅（1895—1992），本姓鞠，依外祖父，改姓郑。生于江苏苏州，祖籍安徽歙县。作家、掌故家、南社社员。

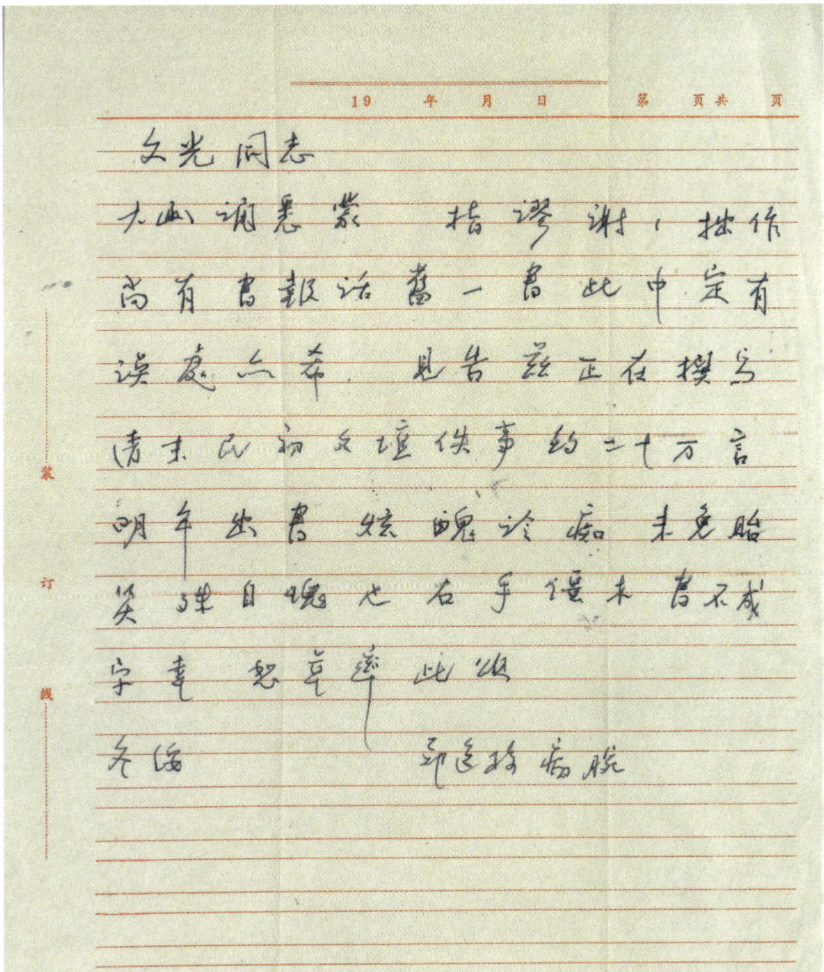

19 年 月 日 第 页共 页

文光同志

大函诵悉 荣 指谬谢谢 拙作
尚有书报话旧一书 此中定有
误处亦希 见告 兹正在撰写
清末民初文坛佚事约二十万言
明年出书 眩晕诊病 未免贻
笑 殊自愧也 右手僵木 书不成
字 专覆 草率 此颂
冬绥 郑逸梅 病腕

装订线

上海文信会计纸品厂出品 16开 双线报告纸（83.6.20） 30克 打字 202-45（5345）

二

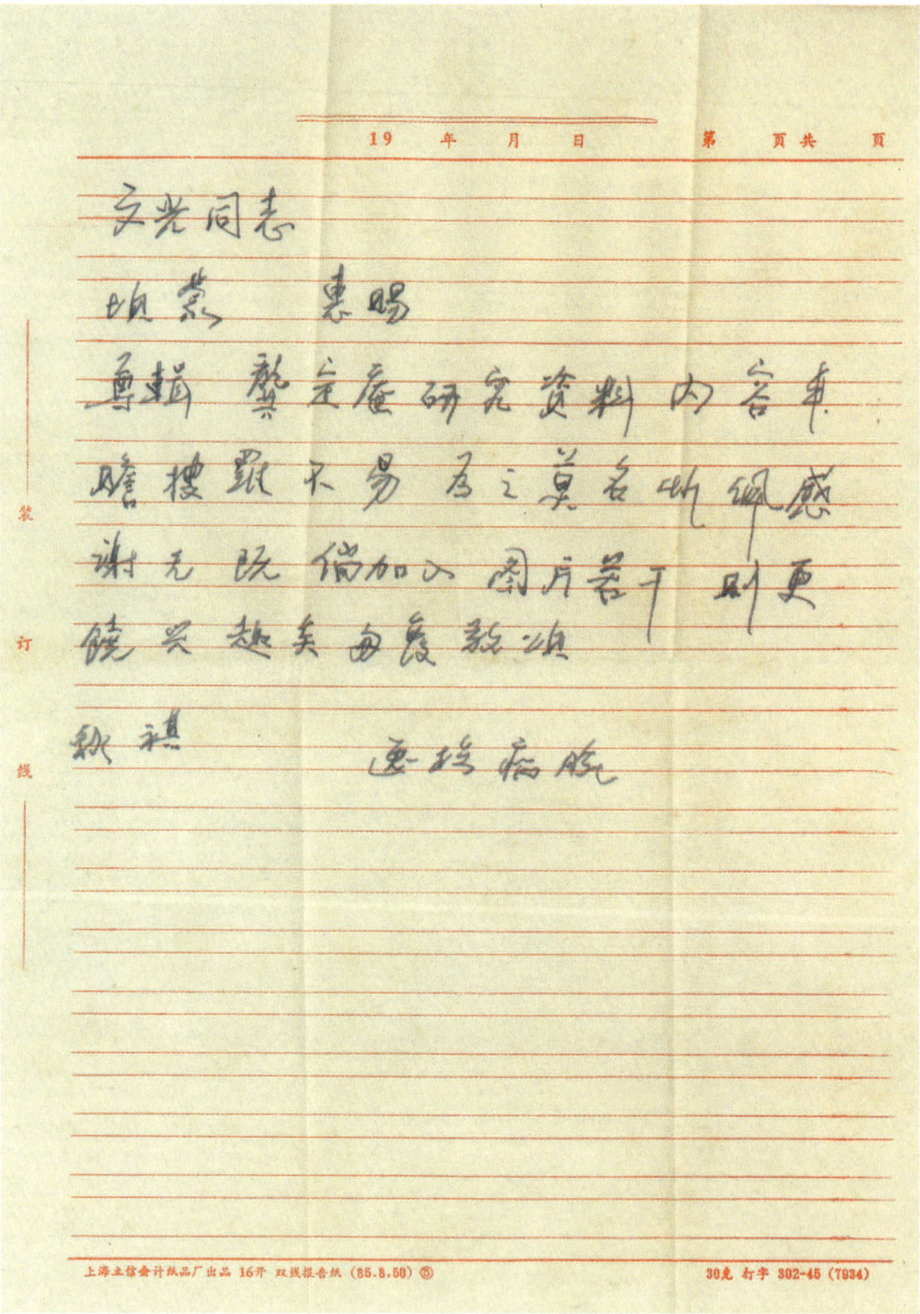
19　年　月　日　　第　页共　页

装订线

文光同志

顷蒙　惠赐

尊辑　龚定庵研究资料内容丰

赡搜罗不易为之莫名叹佩感

谢无既倘加入图片若干则更

饶兴趣矣匆复数语

敬祺　　逸梅病腕

上海立信会计纸品厂出品 16开 双线报告纸 (85.8.50) ⑤　　30克 打字 302-45 (7934)

三

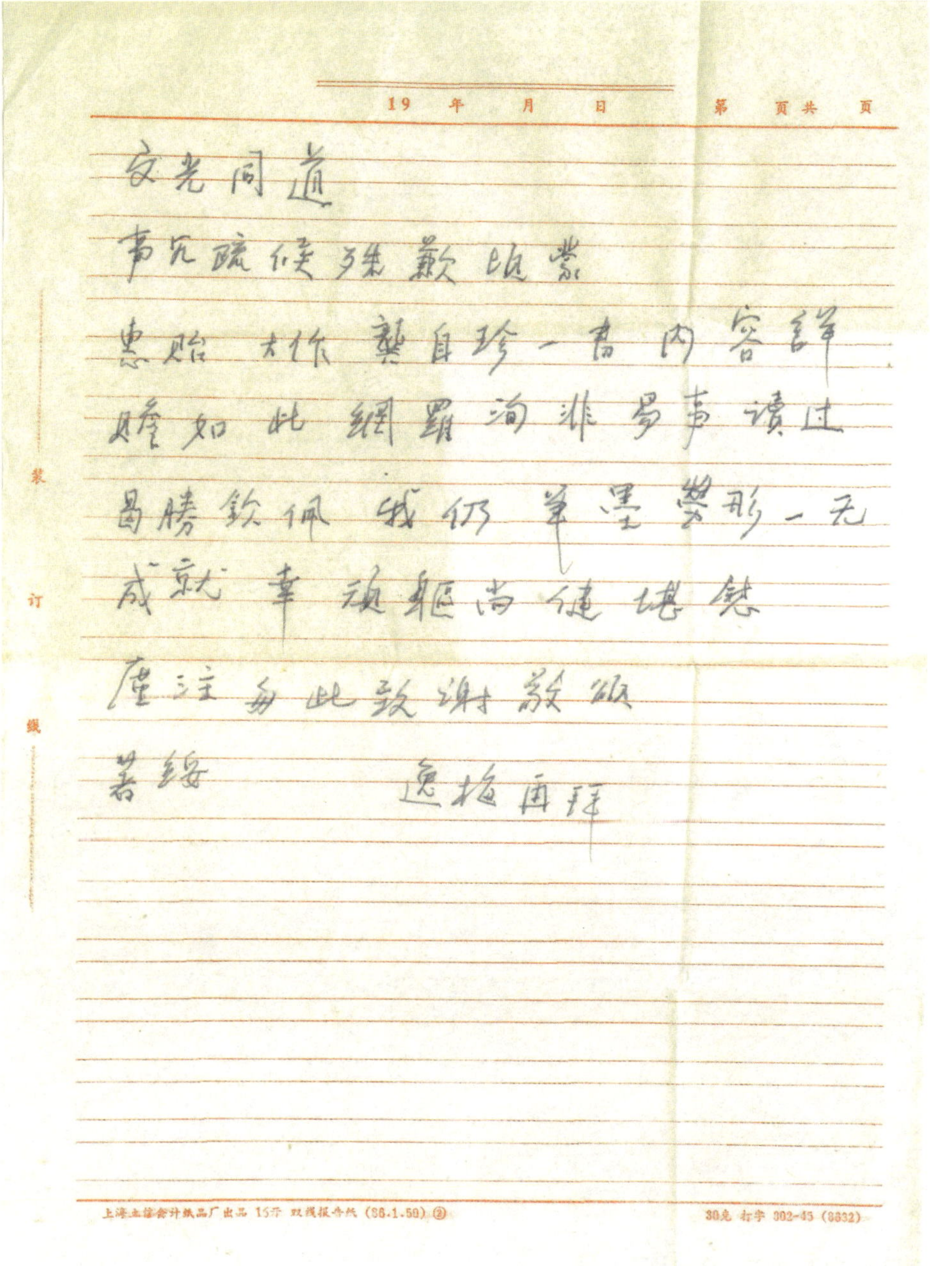
19　年　月　日　第　页共　页

文光同道
事冗疏候殊歉昨蒙
惠贻大作龚自珍一书内容详
赡如此细致洵非易事读过
曷胜钦佩我仍笔墨劳形一无
成就幸顽躯尚健堪慰
廑注匆此致谢敬颂
著绥　　逸梅再拜

装　订　线

上海立信会计纸品厂出品 15开 双线报告纸（86.1.50）②　　30克 打字 302-45（8832）

四

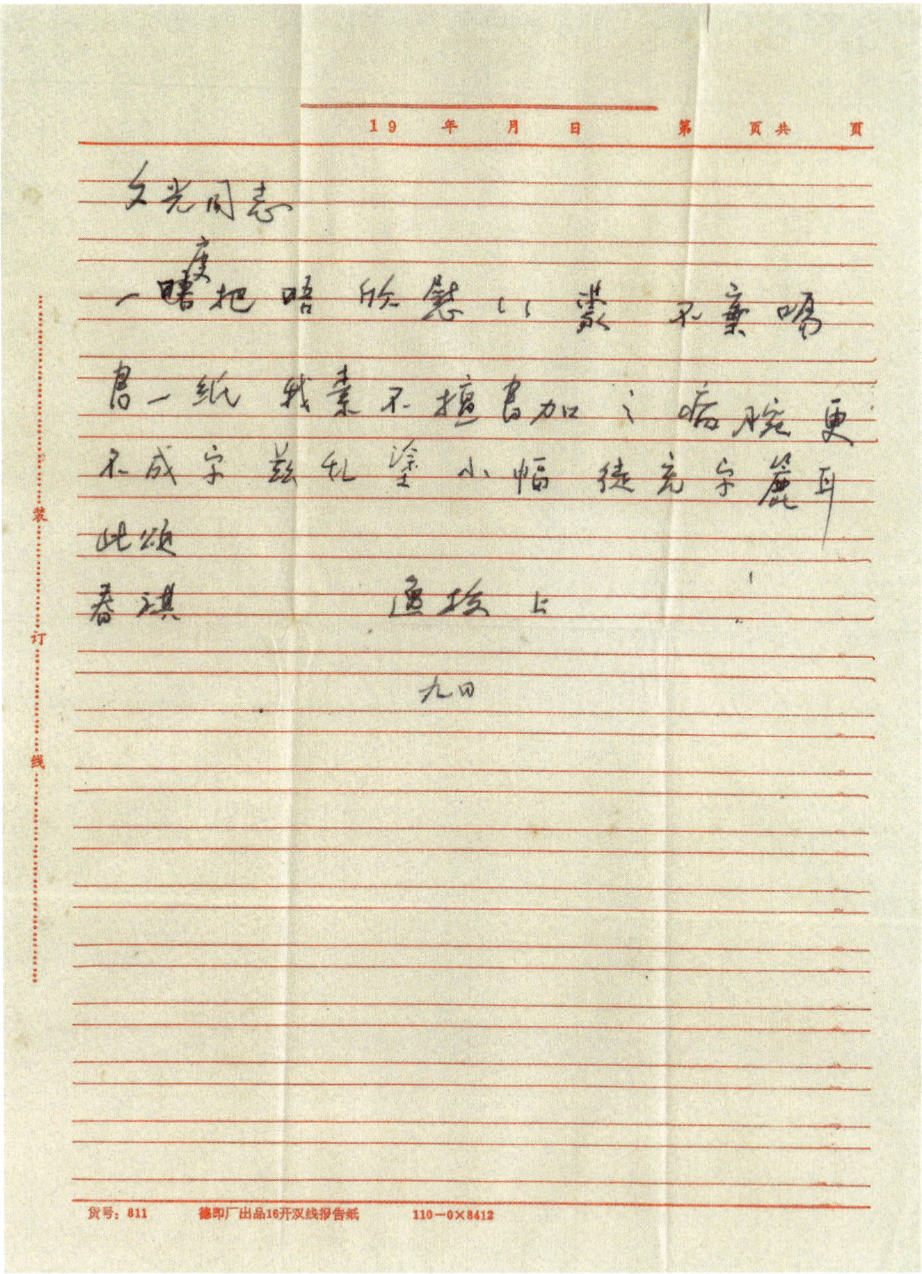

19 年 月 日 第 页共 页

文光同志：

一度把晤，欣慰欣慰。蒙不弃赐书一纸，我素不擅书，加之病腕，更不成字。兹扎涂小幅，徒充字簏耳。此颂

春祺

逸梅上

九日

装订线

货号：811 德印厂出品16开汉线报告纸 110—0×8412

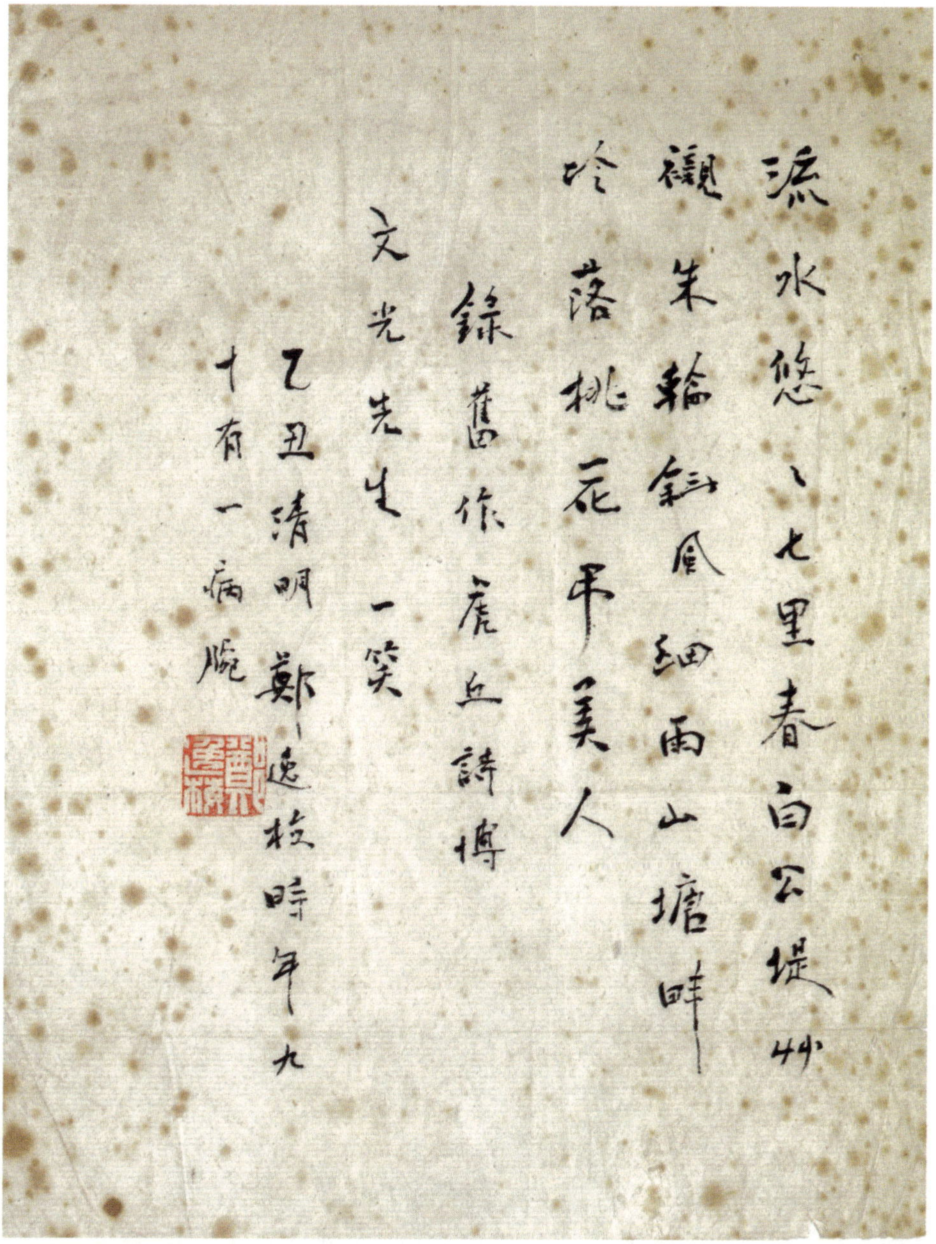
流水悠〻七里春白公堤卅斕朱輪鈿風細雨山塘畔吟落桃花弔美人

錄舊作虎丘詩博

文光先生一笑

乙丑清明鄭逸梅時年九十有一病腕

【书札释文】

一

文光同志：

大函诵悉，蒙指谬，谢谢。拙作尚有书报话旧一书，此书定有误处，亦希见告。兹正在撰写清末民初文坛轶事，约二十万言，明年出书，炫丑詅痴，未免贻笑，殊自愧也。右手僵木，书不成字，幸恕草率。此致

冬绥

郑逸梅 病腕

编者注：此信写于1983年12月13日。

二

文光同志：

顷蒙惠赐尊辑《龚定庵研究资料》，内容丰赡，搜罗不易，为之莫名忻佩，感谢无既。倘加入图片若干，则更饶兴趣矣。匆复。敬颂

教祺

逸梅 病腕

编者注：此信写于1985年10月12日。

三

文光同道：

事冗疏候，殊歉。顷蒙惠贻大作龚自珍一书，内容详赡，如此网罗，洵非易事，读过曷胜钦佩。我仍笔墨劳形，一无成就，幸顽躯尚健，堪慰廑注。匆此致谢，敬颂

著绥

逸梅 再拜

编者注：此信写于1986年3月24日。

四

文光同志：

一度把晤，欣慰欣慰。蒙不弃嘱书一纸。我素不擅书，加之病腕，更不成字。兹乱涂小幅，徒充字簏耳。

此颂

春祺

逸梅 上

九日

编者注：此信写于1986年4月9日。

流水悠悠七里春，白公堤草衬朱轮。
斜风细雨山塘畔，冷落桃花吊美人。

录旧作虎丘诗博
文光先生 一笑

乙丑清明

郑逸梅 时年九十有一 病腕

周谷城（一通）

【书札墨迹】

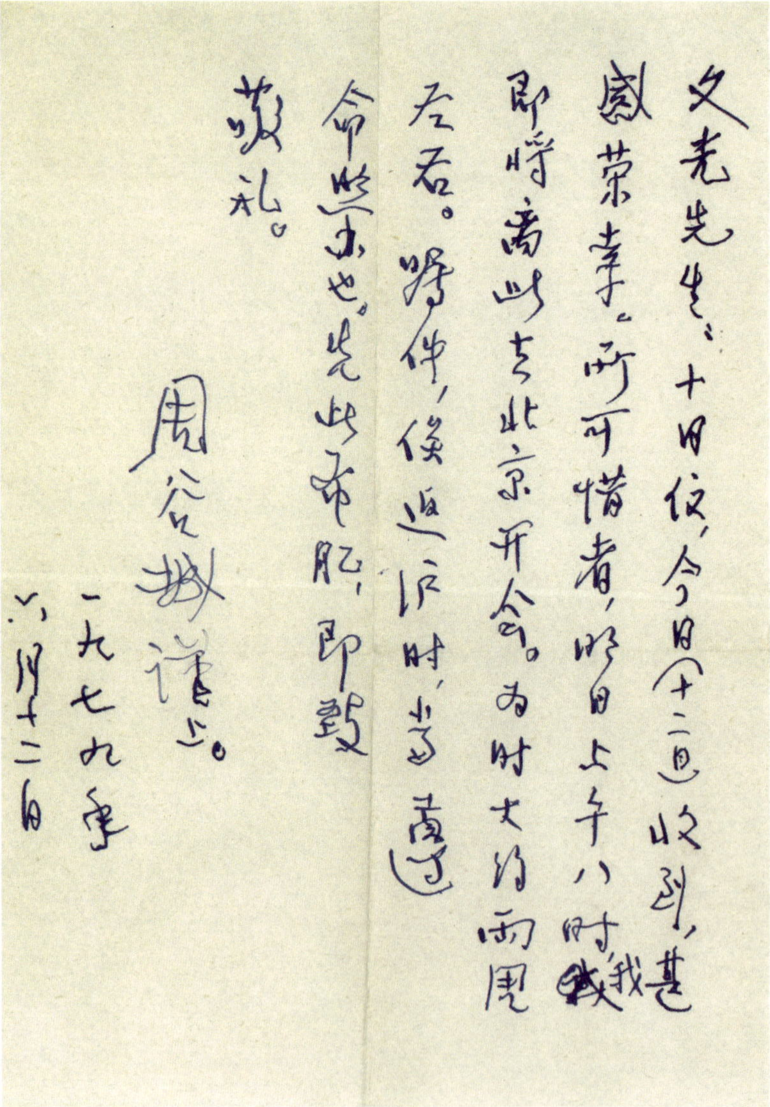

文光先生：

十日信，今日（十二日）收到，甚感荣幸。所可惜者，明日上午八时我即将离此去北京开会。为时大约两周左右。暑假，俟返沪时，当遵命照办也。先此奉复，即致

敬礼。

周谷城谨上。

一九七九年六月十二日

周谷城（1898—1996），湖南益阳人。历史学家、教育家、复旦大学教授。曾任全国人大副委员长。

【书札释文】

文光先生：

十日信，今日（十二日）收到，甚感荣幸。所可惜者，明日上午八时，我即将离此去北京开会。为时大约两周左右。嘱件，俟返沪时，当遵命照办也。先此布肐，即致

敬礼

周谷城 谨上

一九七九年六月十二日

钱昌照（三通）

【书札墨迹】

一

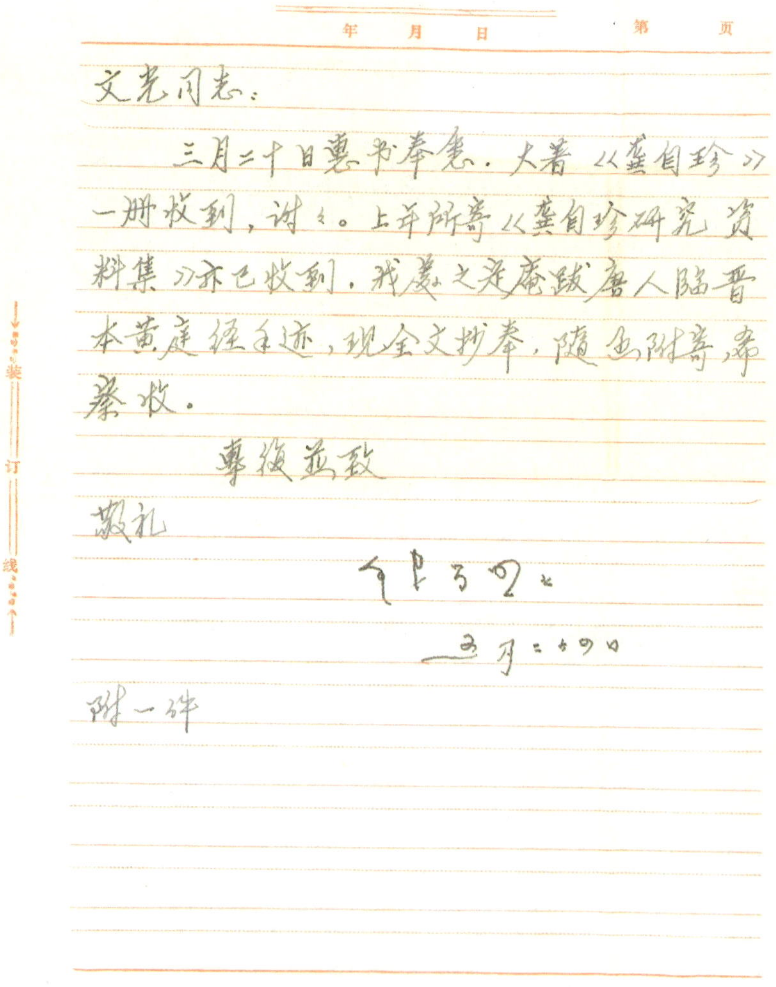
年　月　日　　第　页

文光同志：

三月二十日惠书奉悉。大著《龚自珍》一册收到，谢谢。上并所寄《龚自珍研究资料集》亦已收到。我处之定庵跋唐人临晋本黄庭经手迹，现全文抄奉，随函附寄，希察收。

专复并致

敬礼

钱昌照上

三月二十四日

附一件

钱昌照（1899—1988），字乙藜，江苏常熟人。曾任全国政协副主席、中华诗词学会会长。其母为龚自珍后裔。

年 月 日 第 页

跋唐人臨晋本黄庭经

此卷之為唐臨晋蹟，不在缺筆一証，审其气韵，殆仙品也。嘉慶庚辰冬仲得之，歡喜无量。 定

閲八年，道光丁亥，重展看，涿州老奴之言竟无以易之。 定

余有唐本王子敬九行，不知此兩物孰為斋中之冠。 定公題

与嫡续仔玉印，同弃之。 定公記

世人獲一宋刻本，宝如球璧，造物之待我，何其厚哉？

丁亥小春六日戏題 定

装 订 线

二

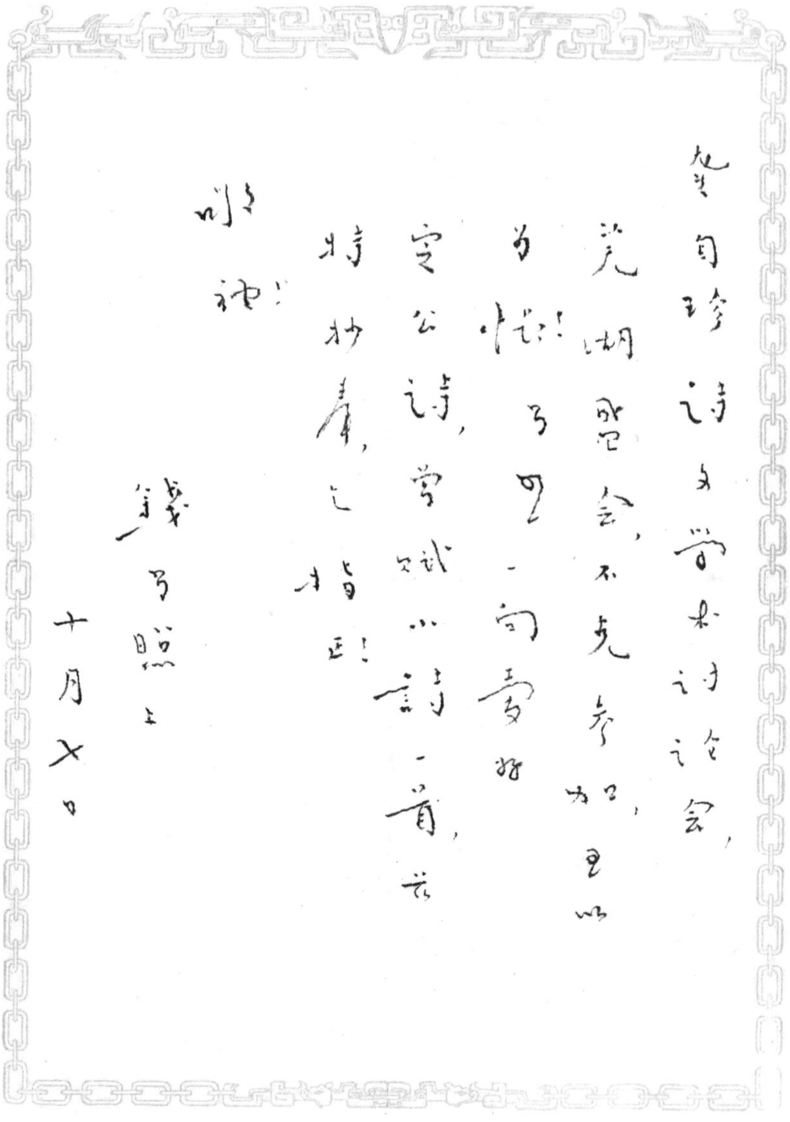

龚自珍诗文学术讨论会，芜湖盛会，不克参加，且以为憾！予亦一向爱好定公诗，尝试小诗一首，兹特抄奉，乞指正！

吟祺！

钱仲联上

十月七日

别好

江山必有才人出 胸次风云

笔底孫文艺平生所好

右请一图画字庵诗

昌

三

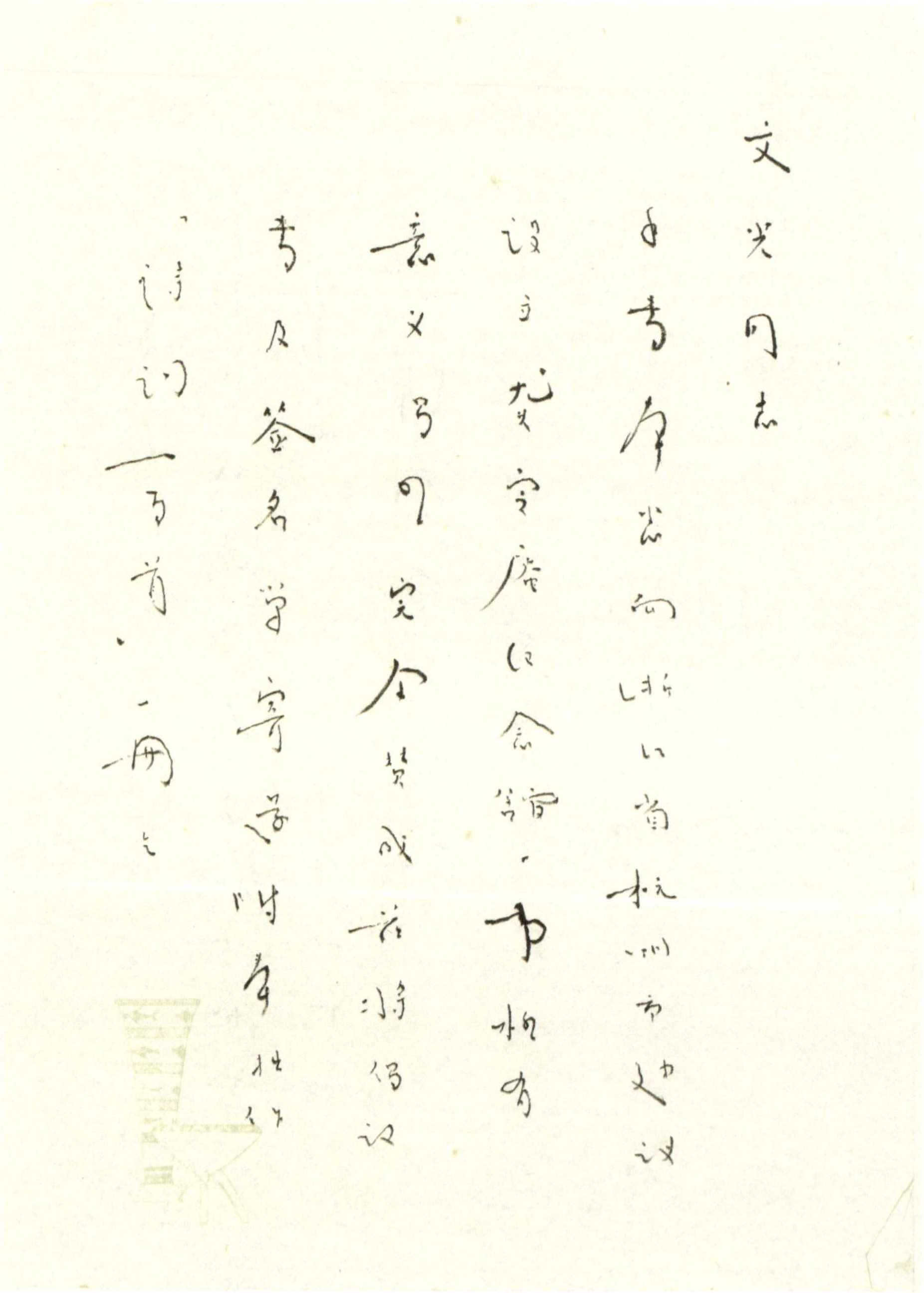

文光同志：

手书奉悉。向浙江省杭州市建议设立龚定庵纪念馆，事极有意义，可完全赞成。兹将所嘱书写及签名另寄奉，附奉拙作诗词一百首一册。

【书札释文】

一

文光同志：

三月二十日惠书奉悉，大著《龚自珍》一册收到，谢谢。上年所寄《龚自珍研究资料集》亦已收到。我处之定庵跋唐人临晋本黄庭经手迹，现全文抄奉，随函附寄，希察收。

专复并致

敬礼

钱昌照 上

五月二十四日

附

跋唐人临晋本黄庭经

此卷之为唐临晋迹，不在缺笔一证，审其气韵，殆仙品也。嘉庆庚辰冬仲得之，欢喜无量。　定

阅八年，道光丁亥，重展看，涿州老奴之言，竟无以易之。　定

余有唐本王子敬九行，不知此两物孰为斋中之冠。　定公题

与赵婕伃玉印，同奔之。　定公记

世人获一宋刻本，宝如球璧，造物之待我，何其厚哉？

丁亥小春六日戏题。　定

编者注：此信及附件，均写于1986年5月24日。

二

龚自珍诗文学术讨论会：

芜湖盛会，不克参加，至以为怅！昌照一向爱好定公诗，尝赋小诗一首，兹特抄奉，乞指正！

敬礼！

钱昌照 上

十月七日

别 好

江山代有才人出，胸次风云笔底驰。
文艺平生两别好，石涛图画定庵诗。

昌 照

三

文光同志：

手书奉悉，向浙江省杭州市建议设立龚定庵纪念馆一事，极有意义。昌照完全赞成。兹将倡议书及签名单寄还，附奉拙作《诗词一百首》一册，乞指教。

致以

敬礼

钱昌照 上

一月三日

游国恩（一通）

【书札墨迹】

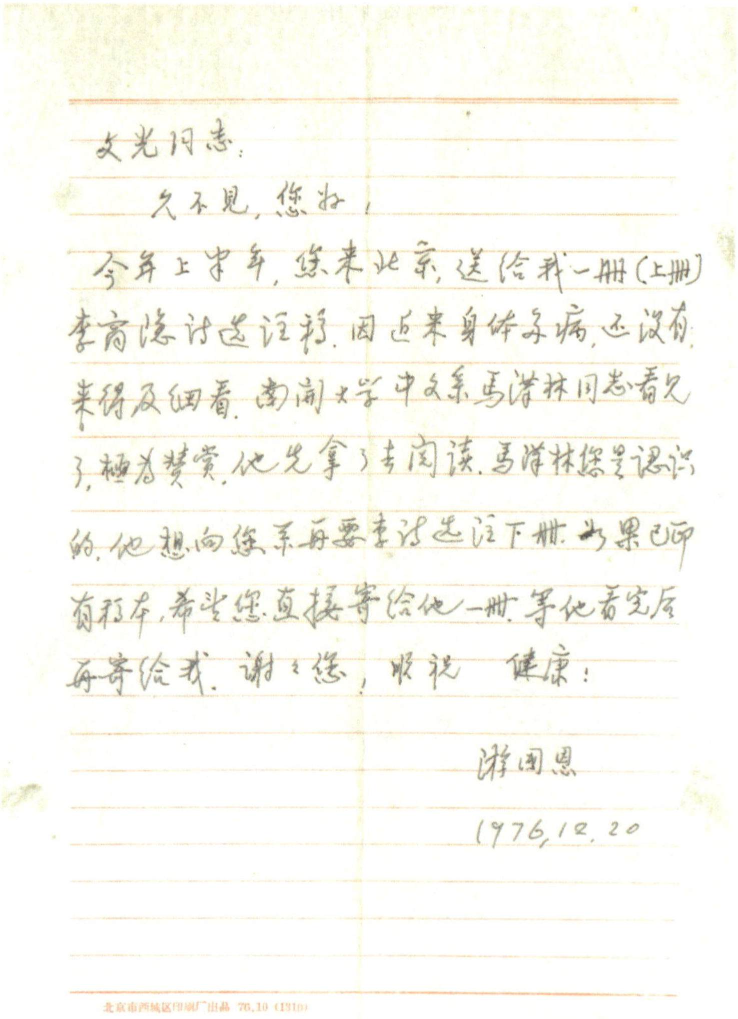

文光同志：

久不见，您好！

今年上半年，您来北京，送给我一册（上册）李商隐诗选注稿。因近来身体多病，还没有来得及细看。南开大学中文系马潜林同志看见了，极为赞赏，他先拿了去阅读。马潜林您是认识的，他想向您系再要李诗选注下册。如果已印有稿本，希望您直接寄给他一册，等他看完后再寄给我。谢谢您，敬祝 健康！

游国恩

1976，12，20

北京市西城区印刷厂出品 76.10 (1310)

游国恩（1899—1978），字泽承，江西临川人。文学史家、楚辞学家，北京大学教授。

【书札释文】

文光同志：

久不见，您好！

今年上半年，您来北京，送给我一册（上册）《李商隐诗选注》稿。因近来身体多病，还没有来得及细看，南开大学中文系马汉林同志看见了，极为赞赏，他先拿了去阅读。马汉林您是认识的，他想向您系再要李诗选注下册，如果已印有稿本，希望您直接寄给他一册，等他看完后再寄给我。谢谢您！顺祝健康！

游国恩

1976年12月20日

王蘧常（一通）

【书札墨迹】

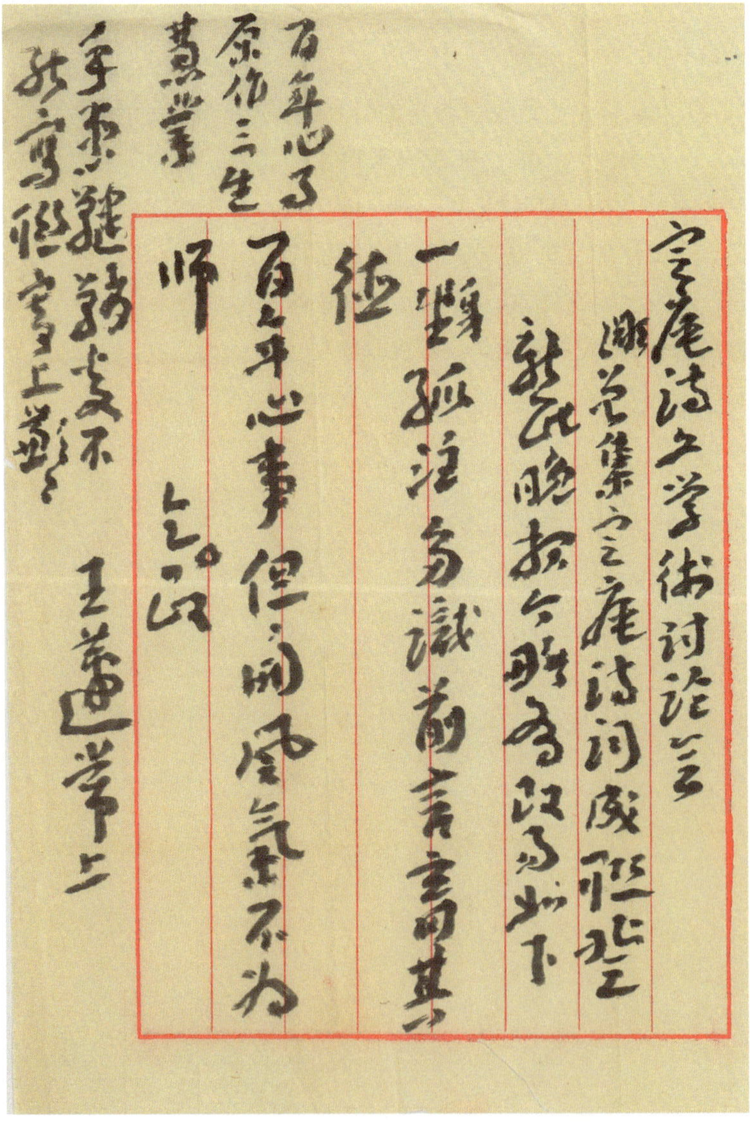

王蘧常（1900—1989），字瑗仲，号明两，浙江嘉兴人。中国哲学史家、历史学家、书法家。曾任上海交通大学、复旦大学教授。

【书札释文】

定庵诗文学术讨论会

鄙曾集定庵诗词成联，登《新民晚报》，今略为改易如下：

一身孤注，多识前言畜其德；

百年心事，但开风气不为师。

乞政。

百年心事，原作三生慧业。

手患腱鞘炎，不能写联寄上。歉歉。

王蘧常　上

编者注：此信写于1985年9月。

冰　心（二通）

【书札墨迹】

一

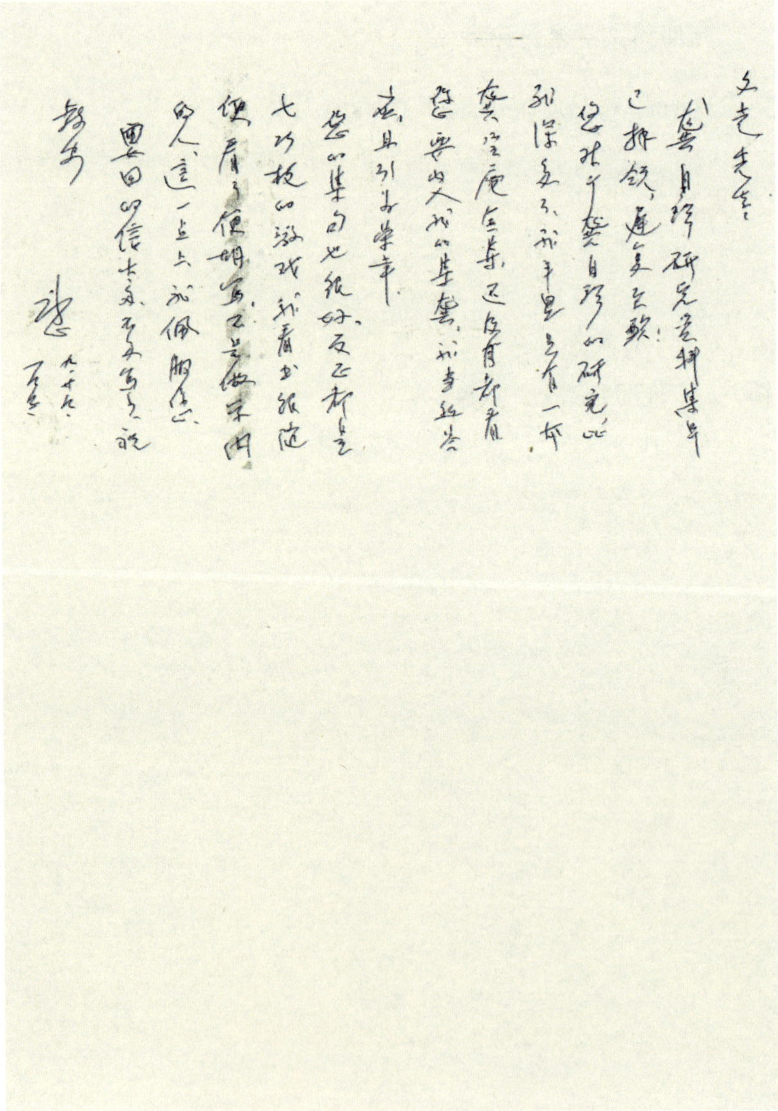

冰　心（1900—1999），原名谢婉莹，福建长乐人。诗人、作家、翻译家、社会活动家。

二

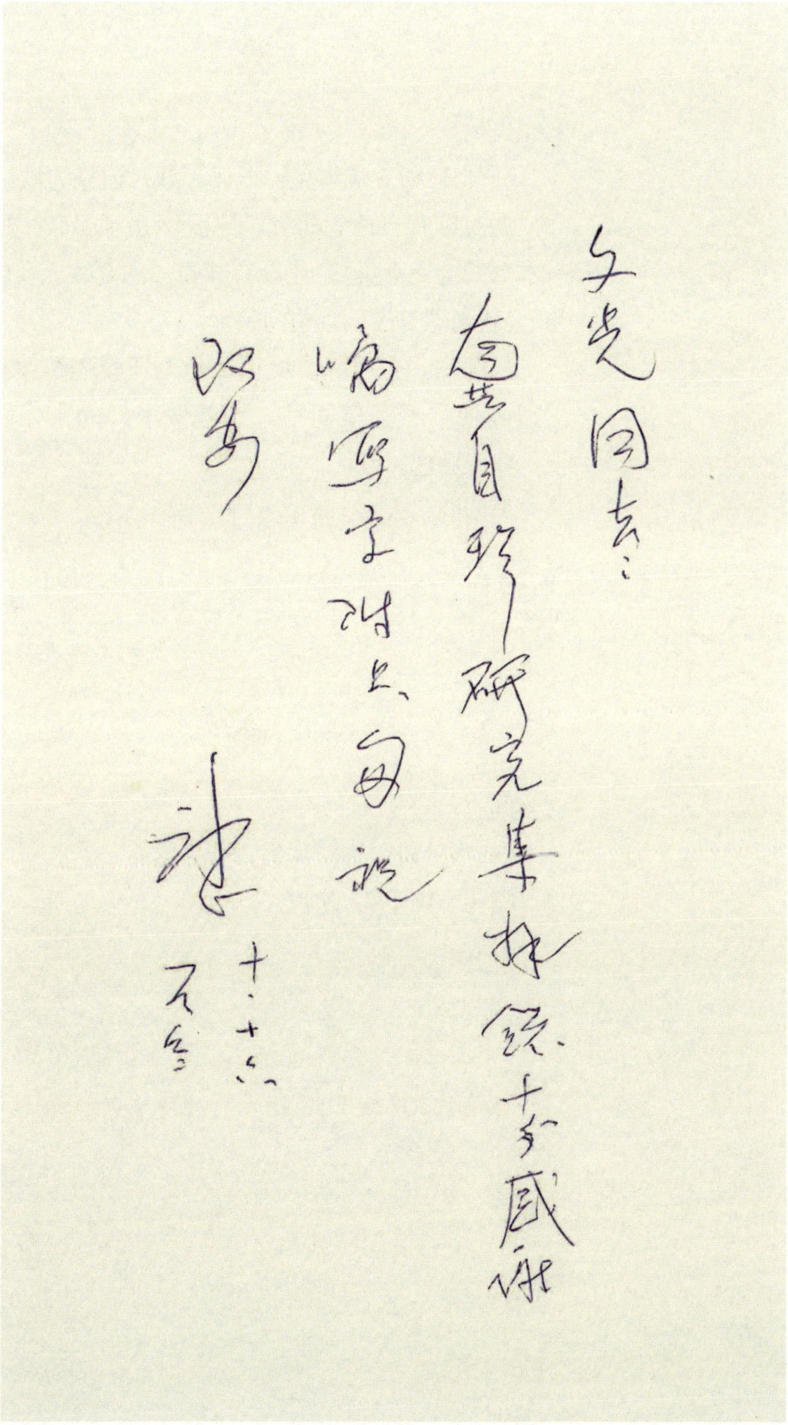

文光同志：
惠赠目录、研究集拜领，十分感谢。
嘱写字附上，匆此祝
近好
冰心
十、十六
不多

【书札释文】

一

文光先生：

《龚自珍研究资料集》早已拜领，迟复为歉！

您对于龚自珍的研究，比我深多了，我手里只有一本《龚定庵全集》，还没有都看。您要收入我的“集龚”，我当然答应，且引为荣幸。

您的集句也很好，反正都是七巧板的游戏。我看书很随便，看了便胡写。不是做学问的人，这一点上，我佩服您。

要回的信太多，不多写了，祝

教安

冰　心

一九九二年九月廿九日

二

文光同志：

《龚自珍研究集》拜领，十分感谢。

嘱写字附上[1]，匆祝

双安

冰　心

一九九二年十月十六日

编者注：① 指王世芸《世界神话故事大观》题签。

巴　金（一通）

【书札墨迹】

巴　金（1904—2005），原名李尧棠，字芾甘，四川成都人。作家、翻译家，曾任全国政协副主席、中国作家协会主席。

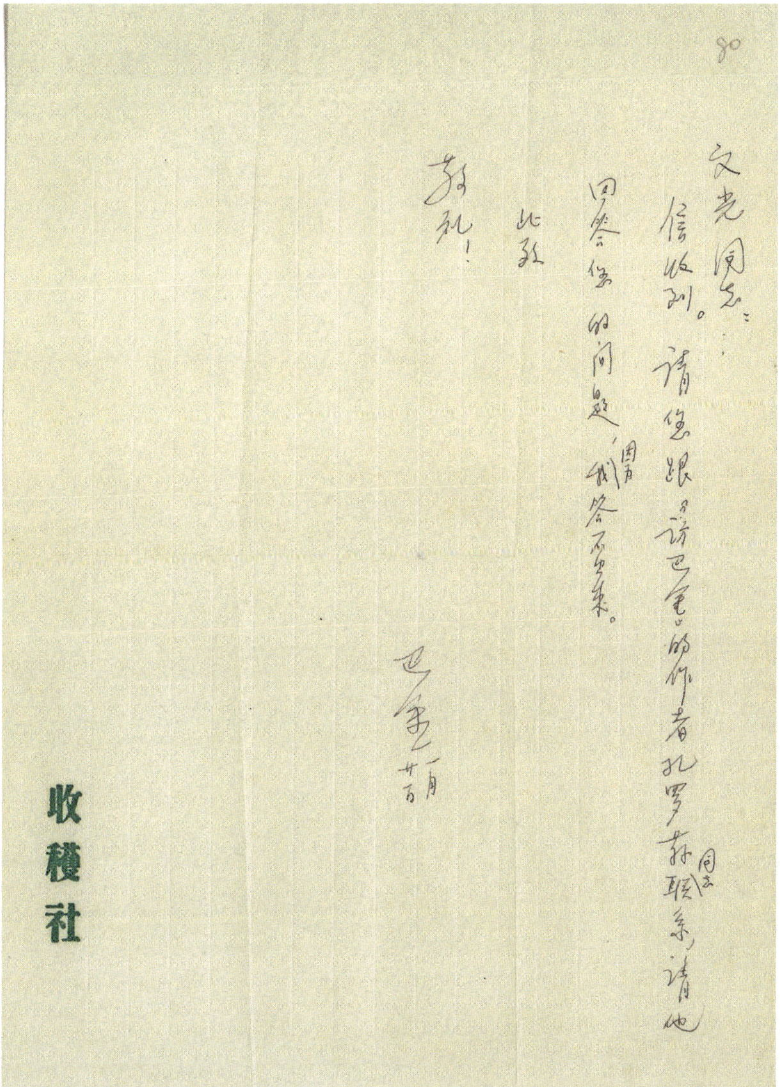
80

文光同志：

信收到。请您跟《访巴金》的作者孔罗荪同志联系，请他回答您的问题，因为我答不出来。

此致

敬礼！

巴金

廿日

收穫社

【书札释文】

文光同志：

信收到。请您跟《访巴金》的作者孔罗荪同志联系，请他回答您的问题，因为我答不出来。

此致

敬礼

巴　金

一月廿一日

编者注：此信写于1980年1月21日。《巴金全集》第22卷，亦收入此信。

顾廷龙（五通）

【书札墨迹】

一

顾廷龙（1904—1998），字起潜，江苏苏州人。版本目录学家、图书馆事业家、书法家，华东师范大学教授。曾任上海图书馆馆长。

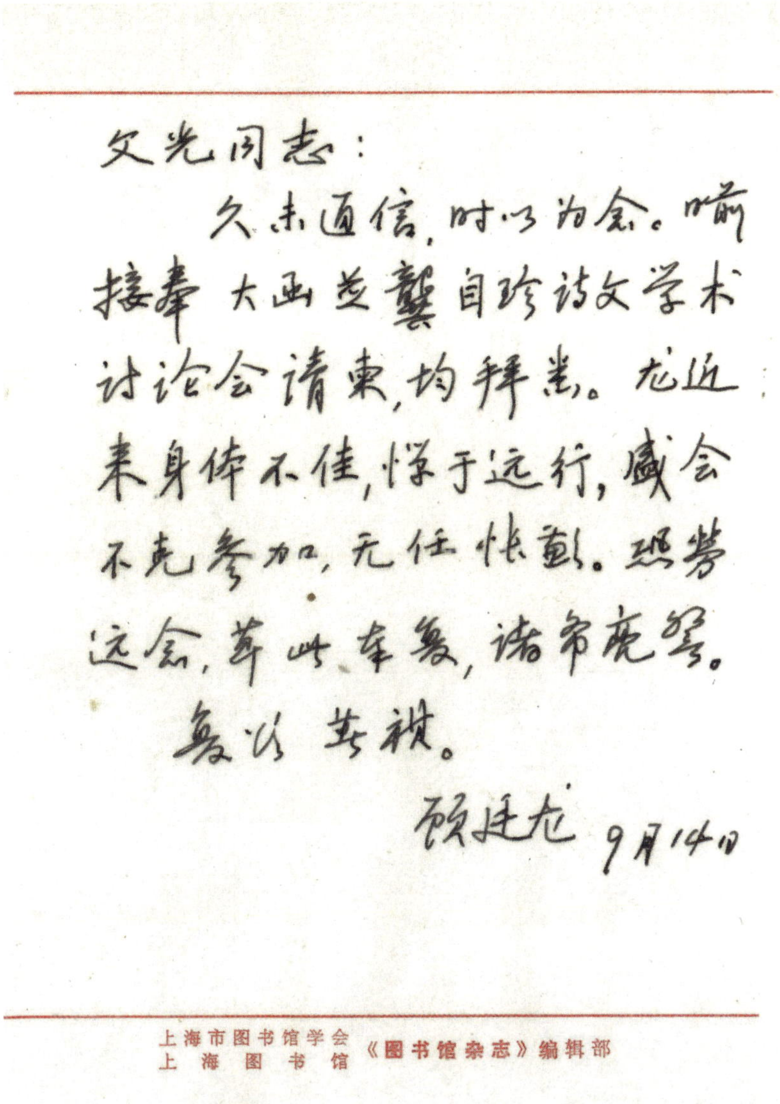
文光同志：

久未通信，时以为念。顷接奉大函并龚自珍诗文学术讨论会请柬，均拜悉。龙近来身体不佳，惮于远行，盛会不克参加，无任怅歉。恐劳远念，草此奉复，诸希鉴察。

复颂著祺。

顾廷龙 9月14日

上海市图书馆学会
上海图书馆 《图书馆杂志》编辑部

二

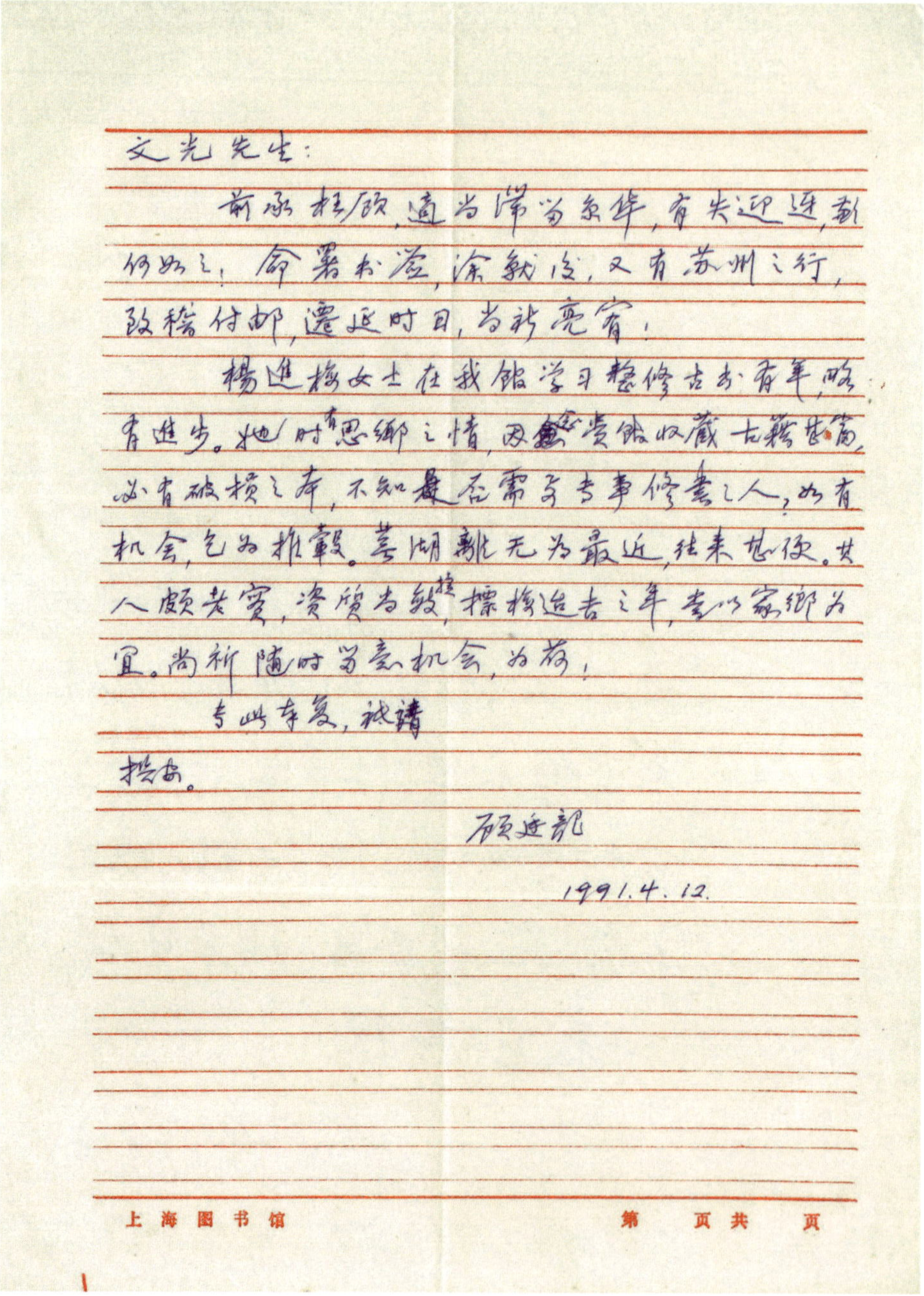

文光先生：

前承枉顾，适当滞留京华，有失迎迓，歉何如之！命署书签，涂就后，又有苏州之行，致稽付邮，迟延时日，尚祈亮宥！

杨进梅女士在我馆学习装修古书有年，略有进步。她时有思乡之情，因念贵馆收藏古籍甚富，必有破损之本，不知是否需要专事修书之人？如有机会，乞为推毂。芜湖离无为最近，往来甚便。其人颇老实，资质尚敏，摽梅迨吉之年，当以家乡为宜。尚祈随时留意机会，为荷！

专此奉复，祇请

撰安。

顾廷龙

1991.4.12.

上海图书馆　　第　页共　页

三

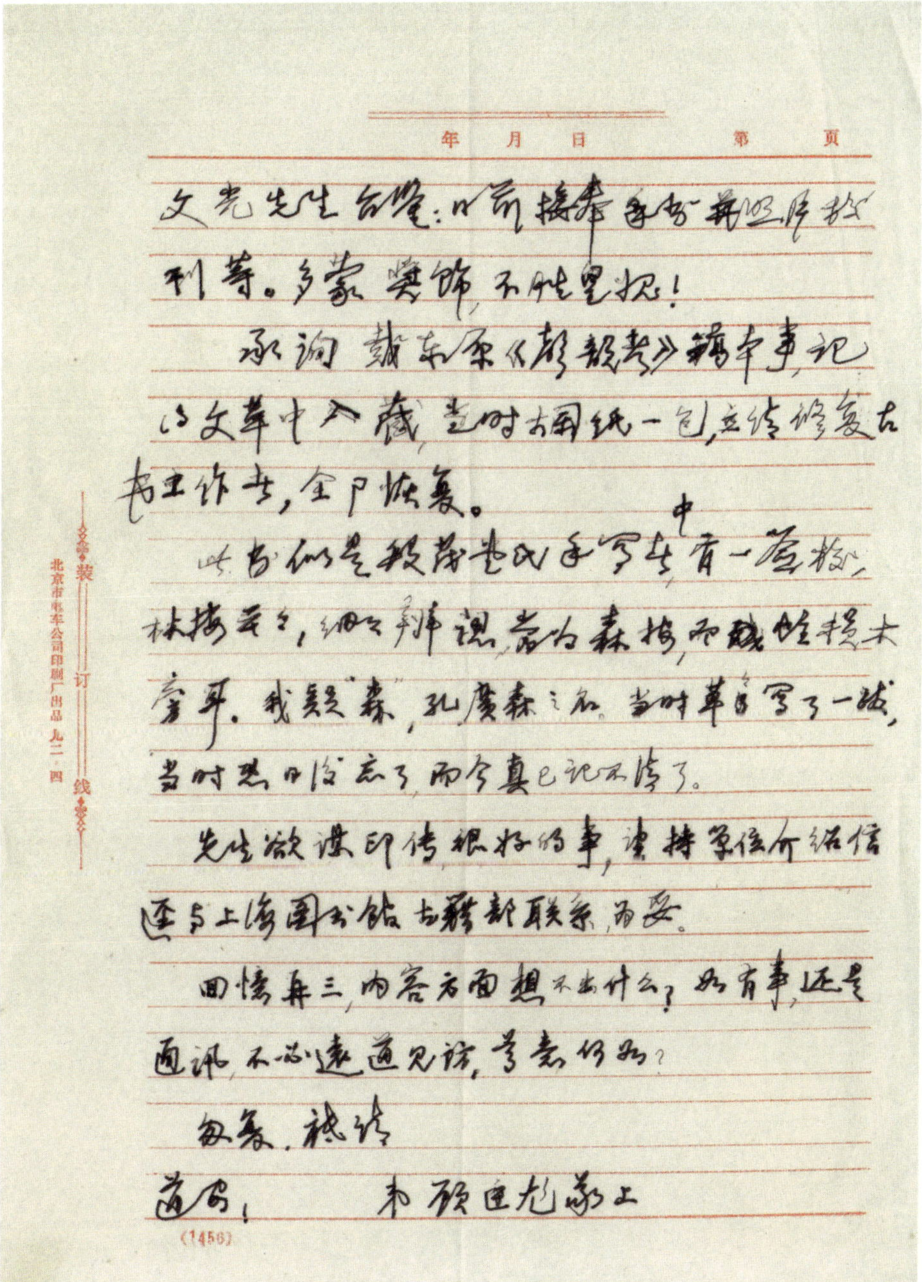
年　月　日　　　　第　　页

文光先生台鉴：日前接奉手书并照片报刊等。多蒙奖饰，不胜惶愧！

承询戴东原《声韵考》稿本事，记得文革中入藏，当时为一团纸一包，交给修复古书工作者，全部恢复。

此书似是段茂堂氏手写本，中有一签校，校语若干，细加辨认，当为森按，而森姓氏未查明。我疑"森"，孔广森之名。当时草草写了一跋，当时恐日后会忘了，而今真已记不清了。

先生欲谋印传，很好的事，请持单位介绍信迳与上海图书馆古籍部联系为要。

回忆录三，内容方面想不出什么？如有事，还是通讯，不必远道见访，尊意何如？

匆复，顺颂

道安！　　　弟顾廷龙敬上

（1456）

北京市书车公司印刷厂出品　九二·四

装　订　线

四

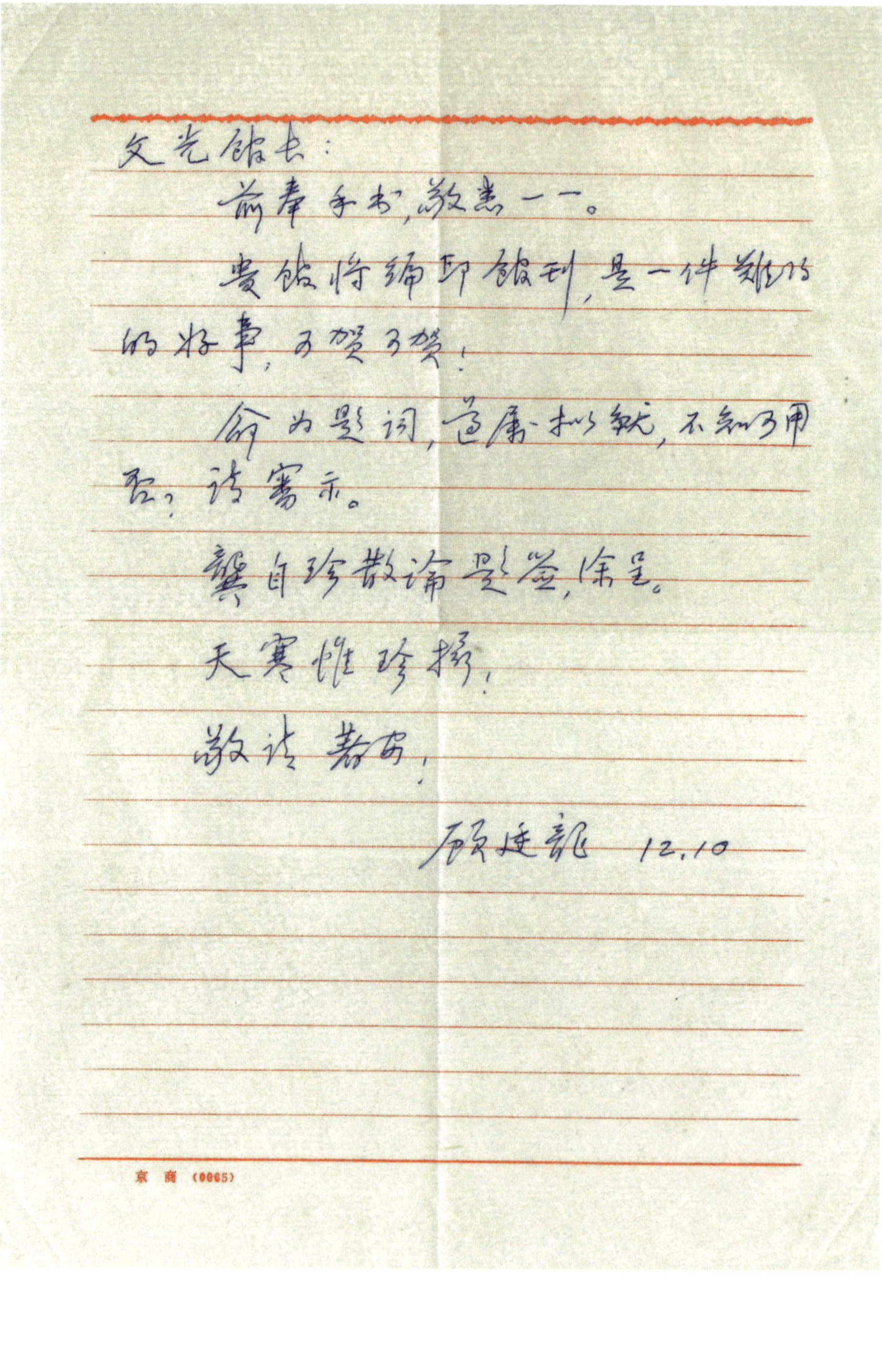

文光馆长：

前奉手书，敬悉一一。

贵馆将编印馆刊，是一件难得的好事，可贺可贺！

命为题词，遵属拟就，不知可用否，请审示。

龚自珍散论题签，附呈。

天寒惟珍摄！

敬请 著安！

顾廷龙 12.10

京商 (0065)

五

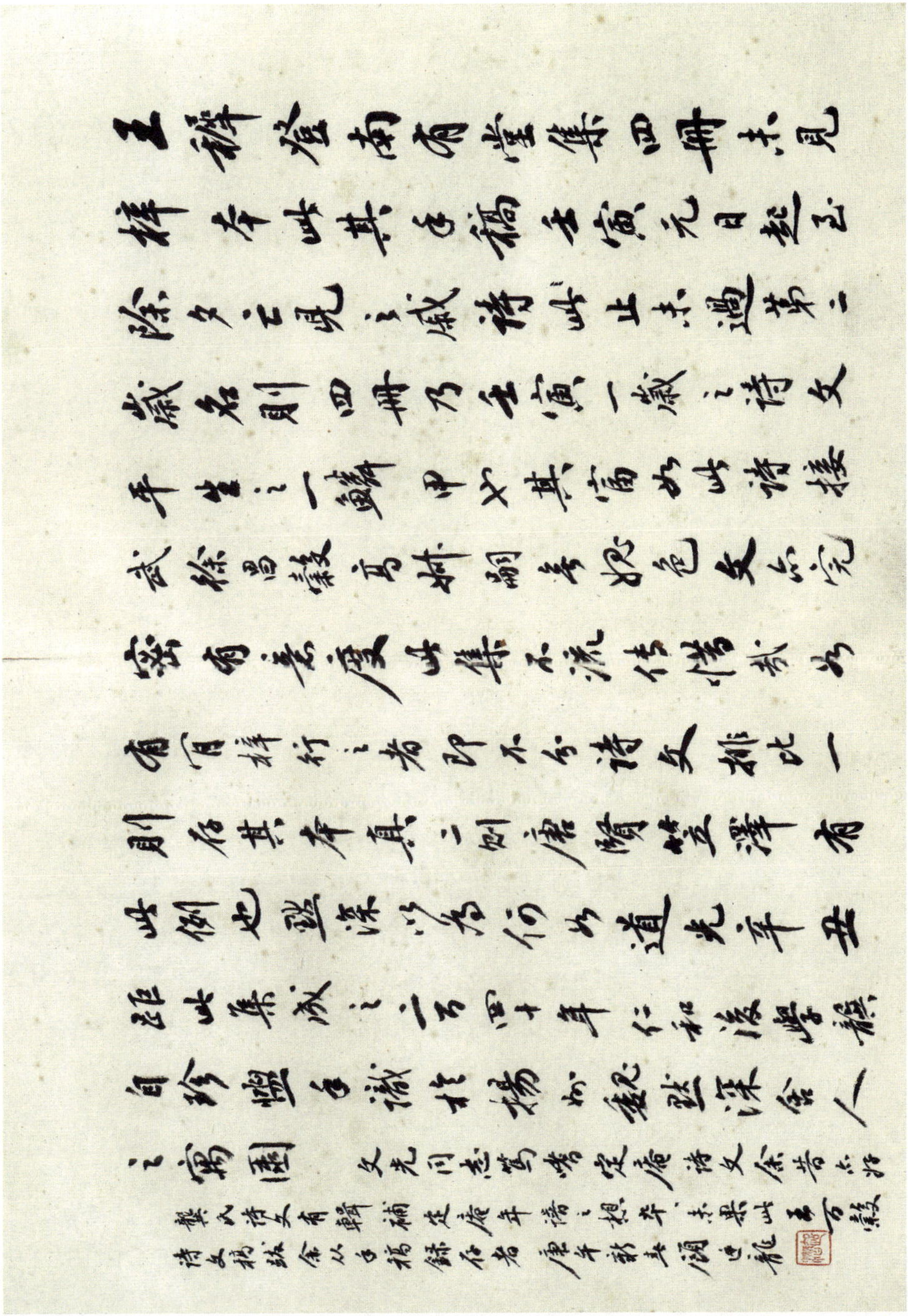

【书札释文】

一

文光同志：

久未通信，时以为念。日前接奉大函并龚自珍诗文学术讨论会请柬，均拜悉。龙近来身体不佳，惮于远行，盛会不克参加，无任怅歉。恐劳远念，草此奉复，诸希亮察。

复颂

著祺

顾廷龙

9 月 14 日

编者注：此信写于 1985 年 9 月 14 日。

二

文光先生：

前承枉顾，适当滞留京华，有失迎迓，歉何如之。命署书签，涂就后，又有苏州之行，致稽付邮，迁延时日，尚祈亮宥！

杨进梅女士在我馆学习整修古书有年，略有进步。她时有思乡之情，因念贵馆收藏古籍甚富，必有破损之本，不知是否需要专事修书之人？如有机会，乞为推毂。芜湖离无为最近，往来甚便，其人颇老实，资质尚敏捷，摽梅迨吉之年，当以家乡为宜。尚祈随时留意机会，为荷！

专此奉复，祇请

撰安

顾廷龙

1991 年 4 月 12 日

三

文光先生台鉴：

日前接奉手书，并照片、校刊等，多蒙奖饰，不胜皇愧！

承询戴东原《声韵考》稿本事，记得“文革”中入藏，当时烂纸一包，立请修复古书工作者，全部恢复。

此书似是段茂堂氏手写者，中有一签校，林按云云，细细辨认，当为“森按”，而蛀损木旁耳。我疑“森”，孔广森之名。当时草草写了一跋，当时恐日后忘了，而今真已记不清了。

先生欲谋印传，很好的事。望持单位介绍信，径与上海图书馆古籍部联系，为妥。

回忆再三，内容方面想不出什么。如有事，还是通讯，不必远道见访，尊意何如？

匆复，祇请

道安！

弟 顾廷龙 敬上

编者注：此信写于1993年10月18日。

四

文光馆长：

前奉手书，敬悉一一。

贵馆将编印馆刊，是一件难得的好事，可贺可贺！

命为题词，遵嘱拟就，不知可用否？请审示。

龚自珍散论题签，涂呈。

天寒惟珍摄！

敬请

著安！

顾廷龙

12月10日

五

王穉登《南有堂集》四册，未见梓本，此其手稿。壬寅元日起，至除夕亡儿之戚诗此止，未过第二岁，名则四册，乃壬寅一岁之诗文，平生之一鳞甲也，其富如此。诗接武徐昌谷，高叔嗣无愧色。文亦完密有意度，此集不留传，惜哉！如有肯梓行之者，即不分诗文排比，一则存其本真，二则唐贤笠泽有此例也。默深以为何如？道光辛丑距此集成之二百四十年，仁和后学龚自珍盥手识于扬州魏默深舍人之寓园。

文光同志笃嗜定庵诗文，余昔亦好龚氏诗文，有辑补定庵年谱之想，卒卒未果。此王百谷诗文稿跋，余从手稿录存者。

庚午新春

顾廷龙

缪　钺（一通）

【书札墨迹】

缪　钺（1904—1995），字彦威，江苏溧阳人。历史学家、文学家，四川大学教授。

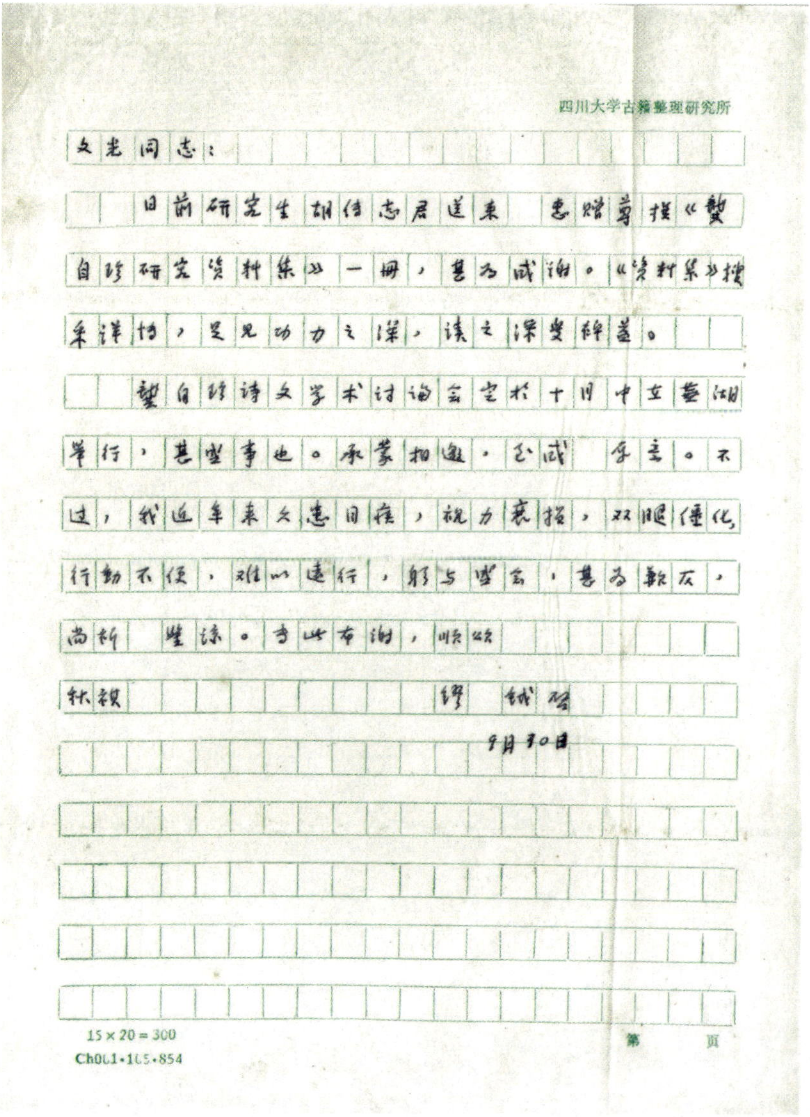

四川大学古籍整理研究所

文光同志：

　　日前研究生胡传志君送来　惠赠尊撰《龚自珍研究资料集》一册，甚为感谢。《资料集》搜采详博，足见功力之深，读之深受裨益。

　　龚自珍诗文学术讨论会定于十月中在[illegible]湖举行，甚盛事也。承蒙相邀，至感　厚意。不过，我近年来久患目疾，视力衰损，双腿僵化，行动不便，难以远行，躬与盛会，甚为歉疚，尚祈　鉴谅。专此布谢，顺致

秋祺

缪钺启

9月30日

15×20＝300

Ch001·105·854

第　　页

【书札释文】

文光同志：

日前研究生胡传志君送来惠赠尊撰《龚自珍研究资料集》一册，甚为感谢。《资料集》搜采详博，足见功力之深，读之深受裨益。

龚自珍诗文学术讨论会定于十月中在芜湖举行，甚盛事也。承蒙相邀，至感厚意。不过，我近年来久患目疾，视力衰损，双腿僵化，行动不便，难以远行，躬与盛会，甚为歉仄，尚祈鉴谅。专此布谢，顺颂

秋祺

缪　钺启

9月30日

编者注：此信写于1985年9月30日。

臧克家（一通）

【书札墨迹】

臧克家（1905—2004），原名瑗望，山东诸城人。作家、诗人，曾任《诗刊》主编。

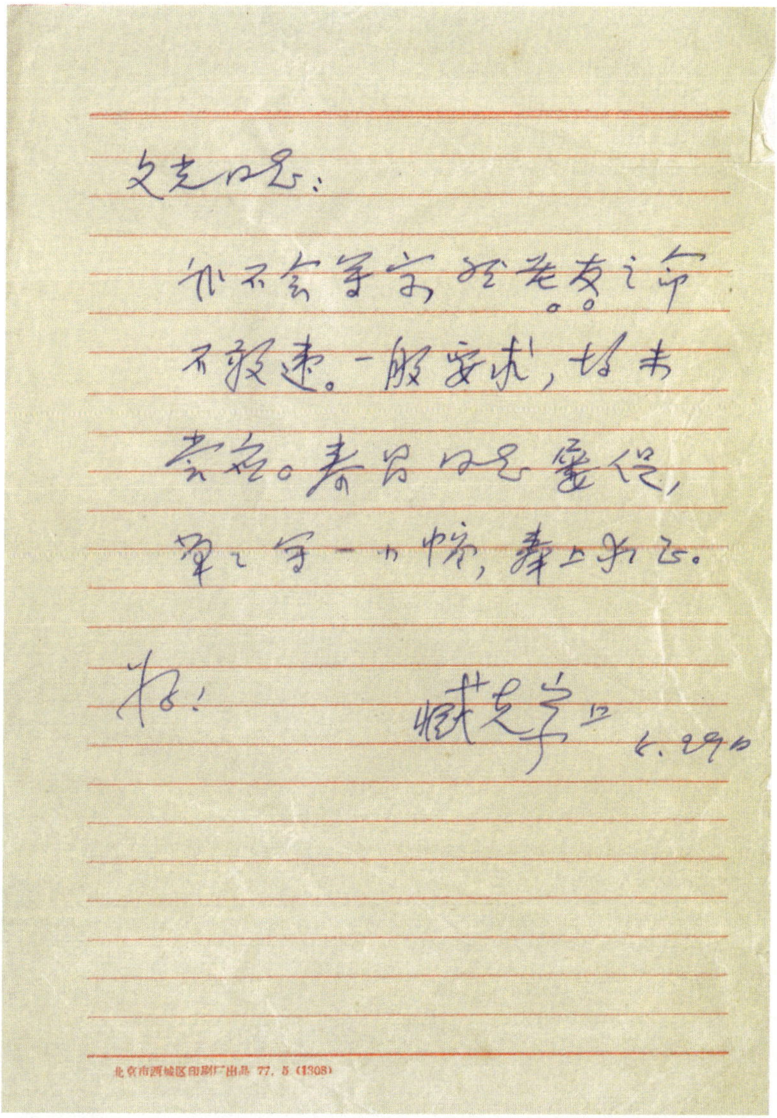

文光同志：

我不会写字，但老友之命不敢违。一般要求，均未答应。春节秦吕同志督促，草草写一小幅，奉上存正。

好！

臧克家上
6.29日

北京市西城区印刷厂出品 77. 5 (1308)

【书札释文】

文光同志：

我不会写字。然老友之命不敢违。一般要求，均未尝应。泰昌同志屡促，草草写一小幅，奉上求正。

好！

臧克家　上

8月29日

编者注：此信写于1977年8月29日。

王　起（四通）

【书札墨迹】

一

王　起（1906—1996），字季思，浙江永嘉人。戏曲史家、诗人，中山大学教授。

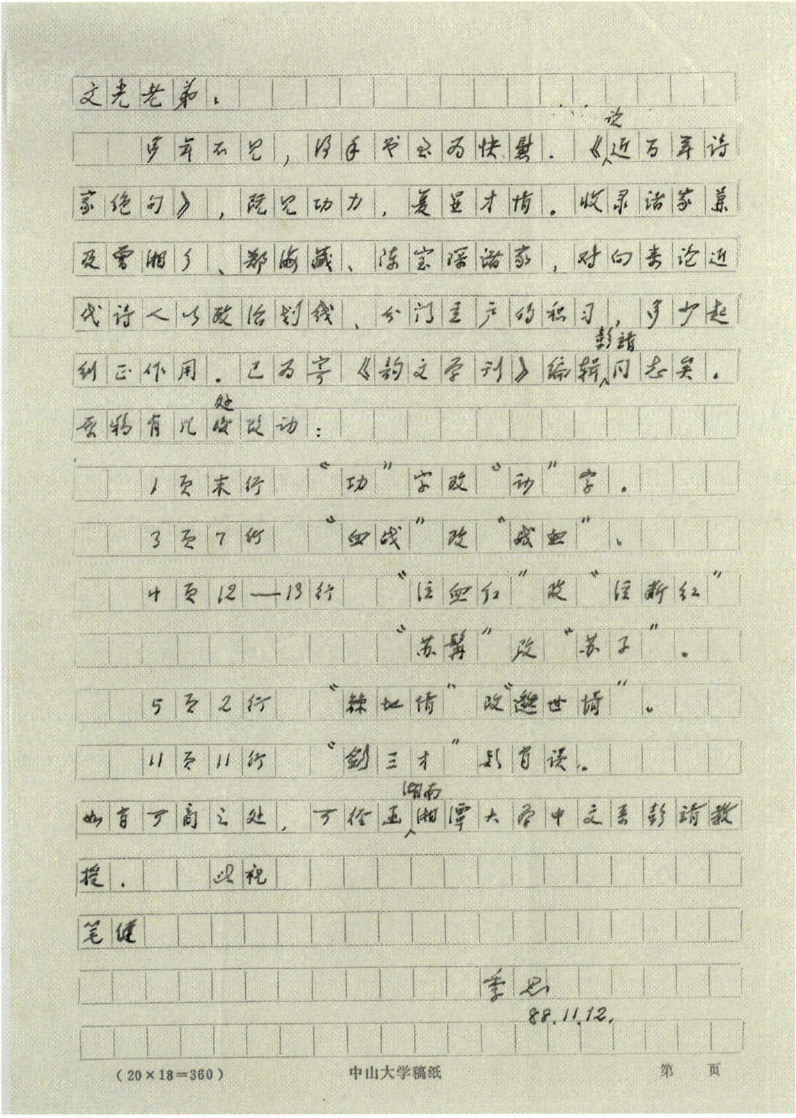

文光老弟：

多年不见，得手书至为快慰。《论近百年诗家绝句》，既见功力，兼显才情。收录诸家兼及曾湘乡、郑海藏、陈宝琛诸家，对向来论近代诗人以政治划线、分门主户的积习，多少起纠正作用。已为寄《韵文学刊》编辑彭靖同志矣。要将有几处改动：

1页末行　"功"字改"动"字。

3页7行　"血战"改"战血"。

4页12—13行　"注血红"改"注渐红"

"苏髯"改"苏子"。

5页2行　"辣地情"改"避世情"。

11页11行　"刘三才"似有误。

如有可商之处，可径函湖南湘潭大学中文系彭靖教授。即祝

笔健

季思

88.11.12.

（20×18=360）　中山大学稿纸　第　页

二

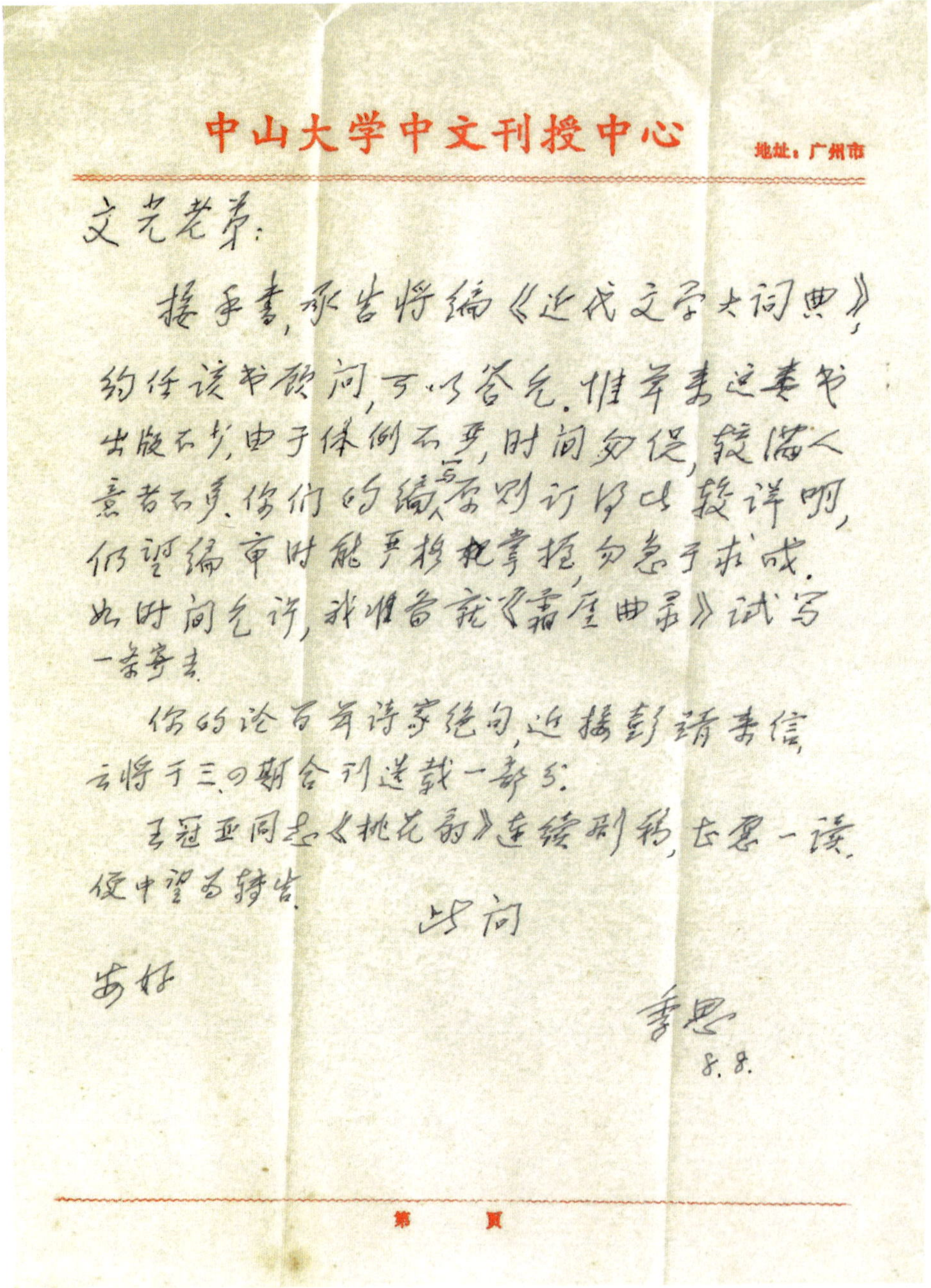

中山大学中文刊授中心　地址：广州市

文光老弟：

接手书，承告将编《近代文学大词典》，约任该书顾问，可以答允。惟年来这类书出版不少，由于体例不当，时间匆促，较满人意者不多。你们的编写守则订得比较详明，仍望编审时能严格掌握，勿急于求成。如时间允许，我准备就《霜厓曲录》试写一条寄去。

你的论百年诗家绝句，近接彭靖来信，云将于三、四期合刊选载一部分。

王冠亚同志《桃花扇》连续剧稿，亦愿一读，便中望为转告。

此问

安好

季思

8.8.

第　页

三

文光同学：

来信收悉。《霜崖曲录》词条已草就，随函附去，不知可用否？

今年5月中旬，拟赴皖作十日游，随即返浙。先去芜湖，在安师大勾留二、三日，旋去宣城访旧。我1931年在皖四中任教，并多次来往于芜埠宣城间，至今未能忘怀。此段行程拟请弟为安排，可以跟古典组老师们谈谈心，有机会也可看一、二场地方戏。膳宿最好在安师大，越简朴越好。为照顾生活，老伴姜海燕将同行。在芜湖宣城约一周后即赴合肥看黄梅戏，我已另函王冠亚，请他安排。

论近百年诗家绝句已有部分在《韵文学刊》发表，想已见之矣。　此问

佳胜

季思 2.13

(20×15=300)　中山大学中文系稿纸　第　页

四

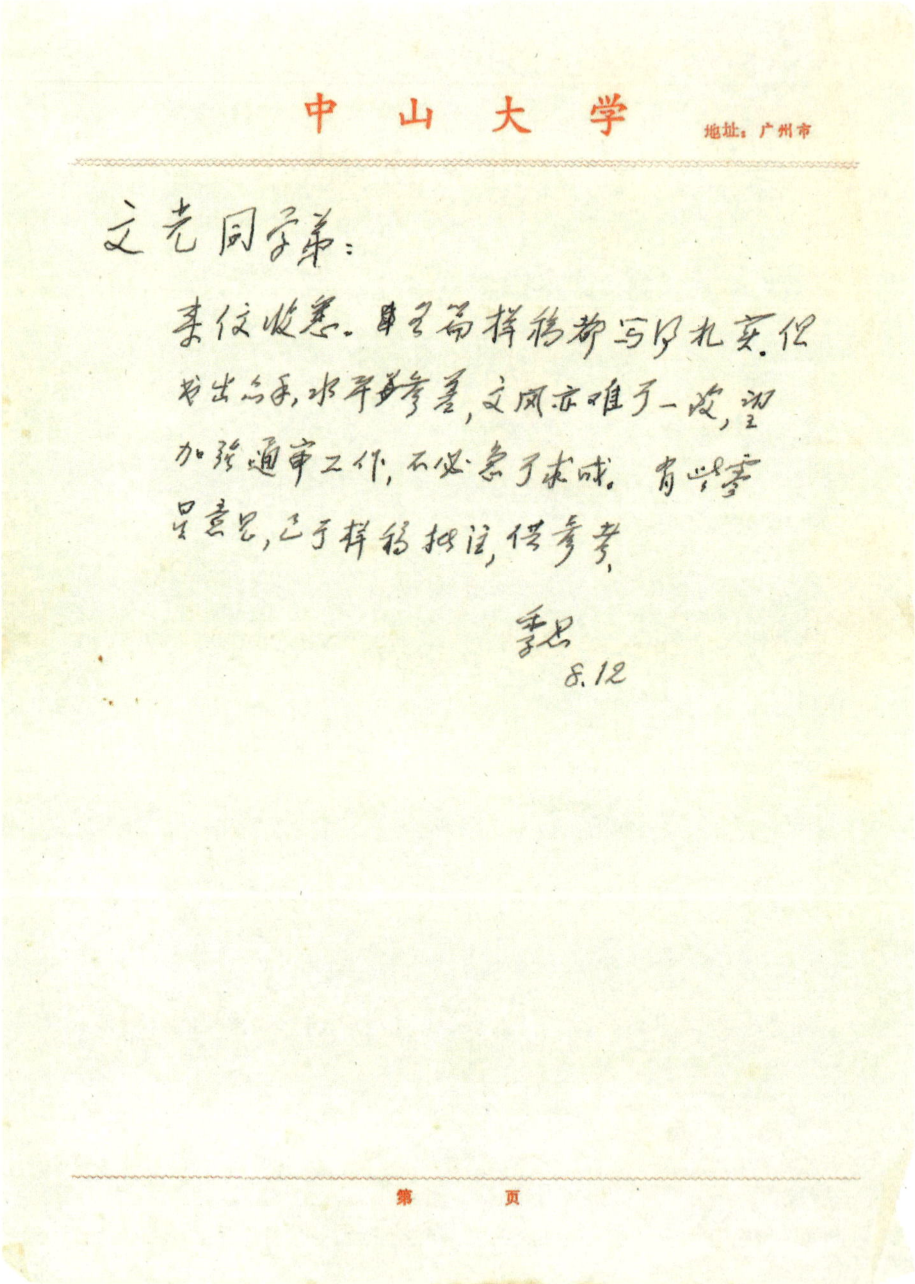

中山大学　地址：广州市

文光同学弟：

来信收悉。单篇样稿都写得扎实。但书出众手，水平参差，文风亦难于一致，望加强通审工作，不必急于求成。有些零星意见，已于样稿批注，供参考。

季思

8.12

第　页

【书札释文】

一

文光老弟：

多年不见，得手书至为快慰。《论近百年诗家绝句》，既见功力，复显才情。收录诸家兼及曾湘乡、郑海藏、陈宝琛诸家，对向来论近代诗人以政治划线，分门立户的积习，多少起纠正作用，已为寄《韵文学刊》编辑彭靖同志矣。原稿有几处改动：

1页末行	“功”字改“动”字。
3页7行	“血战”改“战血”。
4页12—13行	“泣血红”改“泣断红”。
	“苏鬓”改“苏子”。
5页2行	“棘地情”改“邈世情”。
11页11行	“剑三才”疑有误。

如有可商之处，可径函湖南湘潭大学中文系彭靖教授。

此祝

笔健

季　思

1988年11月12日

二

文光老弟：

接手书，承告将编《近代文学大辞典》，约任该书顾问，可以答允，惟年来这类书出版不少，由于体例不严，时间匆促，较满人意者不多。你们的编写原则，订得比较详明，仍望编审时能严格掌握，勿急于求成。如时间允许，我准备就《霜厓曲录》试写一条寄去。

你的《论百年诗家绝句》，近接彭靖来信，云将于三、四期合刊选载一部分。

王冠亚同志《桃花扇》连续剧稿，甚愿一读。便中望为转告。此问

安好

季　思

8月8日

编者注：此信写于1990年8月8日。

三

文光同学：

来信收悉。《霜厓曲录》词条已草就，随函附去，不知可用否？

今年5月中旬，拟赴皖作十日游，随即返浙。先至芜湖，在安师大勾留二三日，旋至宣城访旧。我1931年在皖四中任教，并多次来往于芜埠宣城间，至今未能忘怀。此段行程拟请弟为安排，可以跟古典组老师们谈谈心，有机会也可看一二场地方戏。膳宿最好在安师大，越简朴越好。为照顾生活，老伴姜海燕将同行。在芜湖宣城约一周后即赴合肥看黄梅戏，我已另函王冠亚，请他安排。

《论近百年诗家绝句》已有部分在《韵文学刊》发表，想已见之矣。此问

佳胜

季　思

2月13日

编者注：此信写于1991年2月13日。

四

文光同学弟：

来信收悉。各篇样稿都写得扎实，但书出众手，水平参差，文风亦难于一致，望加强通审工作，不必急于求成。有些零星意见，已于样稿批注，供参考。

季　思

8月12日

编者注：此信写于1991年8月12日。

宛敏灏（二通）

【书札墨迹】

一

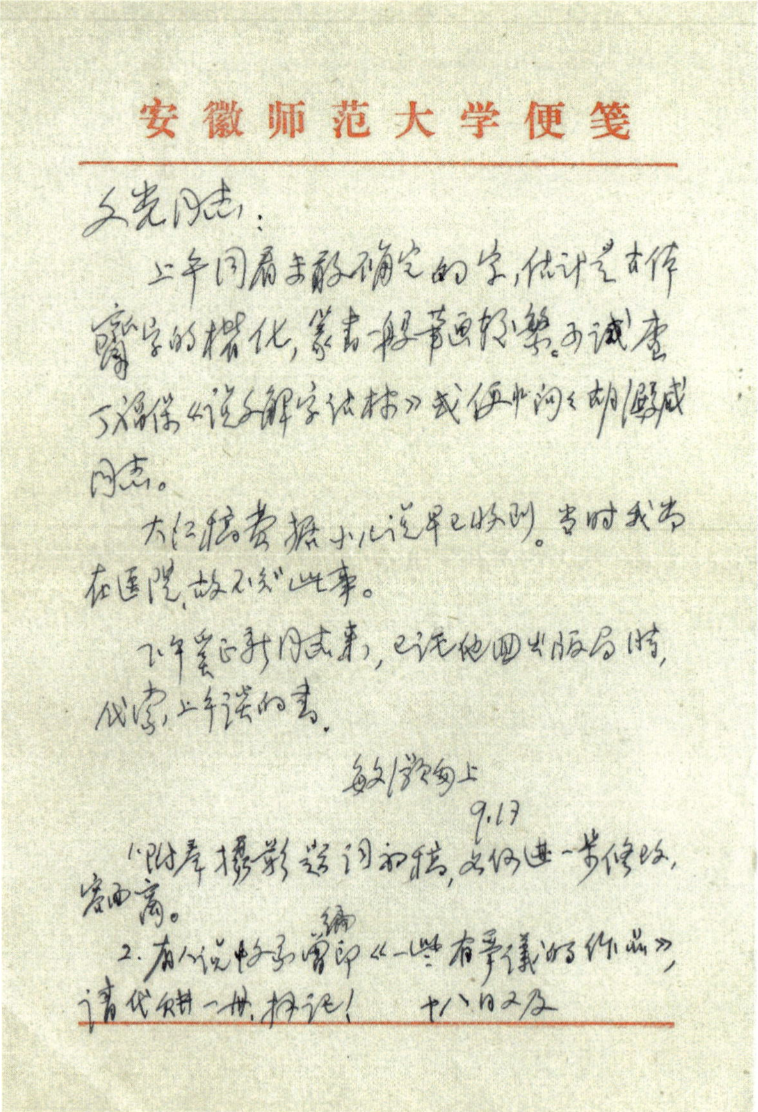

安徽师范大学便笺

文光同志：

上午同看未能确定的字，估计是古体篆字的楷化，篆书一般书画家都熟。可试查丁福保《说文解字诂林》或便中问问胡澍成同志。

大江结者据小儿说早已收到。当时我尚在医院，故不知此事。

下午裘正新同志来，已托他回出版局时，代索上午谈的书。

敏灏匆上
9.17

1.附奉摄影游词初稿，尚须进一步修改，容再寄。

2.有人说中文系曾编印《一些有争议的作品》，请代借一册，拜托！　十八日又及

宛敏灏（1906—1994），字书城，号晚晴，安徽庐江人。词学家，安徽师范大学教授。

二

安徽师范大学便笺

对于王士禛那首诗的理解，昨天谈的不多，补充几点以供参考：

①诗是在真州写的，"江"指的就是"长江"，看来这里说的鲈鱼并非松江的四鳃鲈。

②从张翰因秋风起而想鲈鱼脍的故事，可以认为这首诗是写于秋日。这对理解"疏"和"红树"甚有关系。

③"钓人居"指的是"渔家""很多"，就不排斥其中有非从事捕鱼的。否则卖鱼只好等待远客来贩，本村未必有人买了。

④由于是江干，所以"一带"这个渔村是沿着江岸成为长条的。岸上植柳，故说柳陌。

⑤"疏"字似用来写秋的。夏日这些"钓人居"都在绿杨深处，可是秋风一起，秋叶摇落，柳陌菱塘就不免有萧疏之感。（如觉得"萧"字重了些，那就说"疏疏落落"罢）

"是处红衰绿减，荏苒物华休"，都会显出"疏"字罢。

⑥"红树"当然不宜解为一种树名（虽然圩埂上常栽所谓"红杨柳"，入秋也有些树叶发红），但也不排斥柳陌旁边有少数其他树（如枫和乌桕等）。考虑到"半江红树"，

（似宜想到）

（指倒影）

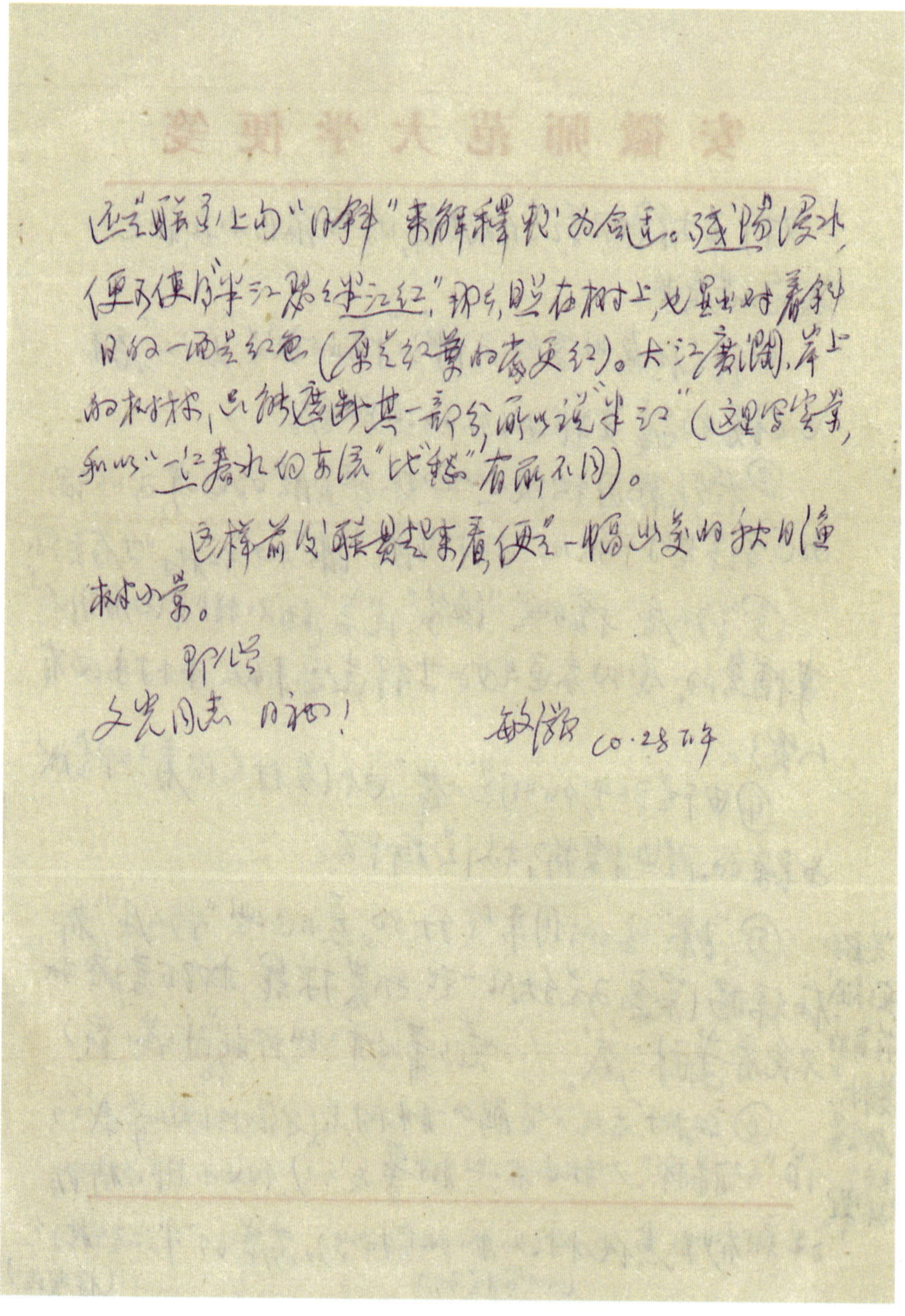

安徽师范大学便笺

这些联系上句"日斜"来解释较为合适。残阳浸水，便可使得"半江瑟瑟半江红"。那么，照在树上，也显出对着斜日的一派黄红色（原是红叶的就更红）。大江广阔，岸上的树林，只能遮断其一部分，所以说"半江"（这里写实景，和以"一江春水向东流"比喻有所不同）。

这样前后联系起来看，便是一幅出色的秋日渔村小景。

即颂

文光同志 日祉！

敏灏 10.28下午

【书札释文】

一

文光同志：

上午同看未敢确定的字，估计是古体“齋”字的楷化，篆书一般笔画较繁。可试查丁福保《说文解字诂林》或便中问问胡邈咸同志。

《大江》稿费，据小儿说早已收到。当时我尚在医院，故不知此事。

下午，奚正新同志来，已托他回出版局时，代索上午谈的书。

敏灏匆上

9月17日

1.附奉摄影题词初稿，如何进一步修改，容面商。

2.有人说中文系曾编印《一些有争议的作品》，请代购一册，拜托！

十八日又及

二

对于王士禛那首诗的理解，昨天谈得不多，补充几句，供参考：

①诗是在真州写的，可能“江”指的就是“长江”，看来这里说的鲈，并非松江的四鳃鲈。

②从张翰因秋风起而想鲈鱼脍的故事，可以认为这首诗是写于秋日。这对理解“疏”和“红树”等有关系。

③“钓人居”指的是“渔家”。说“多”，就不排斥还有非从事捕鱼的，否则卖鱼只好等待远处来贩，本村未必有人买了。

④由于是江干，所以说“一带”，这个渔村是沿着

江堤成为长条的。堤边植柳，故说“柳陌”。

⑤“疏”字似用来写秋的。夏日这些“钓人居”，都在绿杨深处，可是秋风一起，秋菱采罢，柳陌菱塘就不免有萧疏之感（如觉得“萧”字重了些，那就说“疏疏落落”罢）。“是处红衰绿减，苒苒物华秋”，都含蓄在这个“疏”字里。

⑥“红树”当然不宜解为一种树名（吾乡圩埂边常栽所谓“红杨柳”，入秋也有些树叶发红），但也不排斥柳陌里就有少数其他树（如枫和乌桕等）。考虑到“半江红树”，还是联系上句“日斜”来解释较为合适。残阳浸水，便可使得“半江瑟瑟半江红”，那么，照在树上，也显出对着斜日的一面是红色（原是红叶的当更红）。大江广阔，岸上的树林，只能遮断其一部分，所以说“半江”（这里写实景，和以“一江春水向东流”比“愁”有所不同）。

这样前后连贯起来看，便是一幅幽美的秋日渔村小景。

即颂

文光同志　日祉！

敏　灏

10月28日下午

赵朴初（一通）

【书札墨迹】

赵朴初（1907—2000），安徽太湖人。诗人、书法家、佛学家、社会活动家，曾任全国政协副主席。

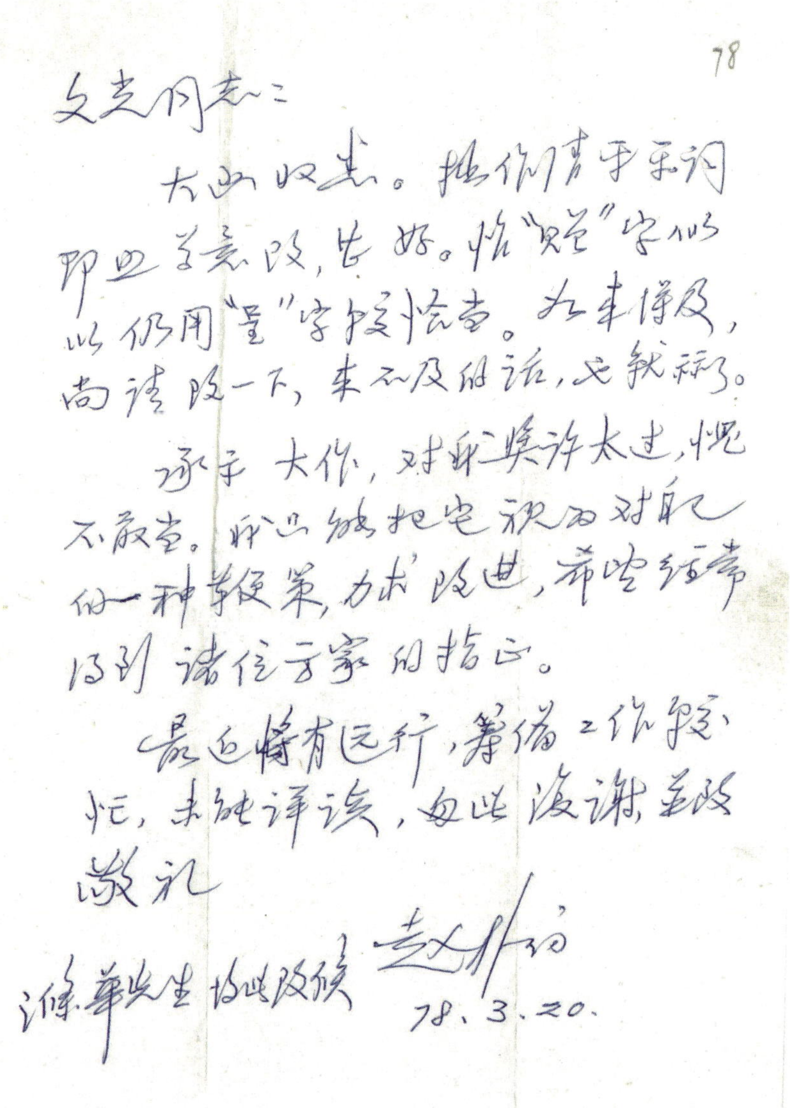
78

文先同志：

大函收悉。拙作请予采用，即照尊意改，甚好。惟"[illegible]"字似以仍用"量"字较恰当。如来得及，尚请改一下，来不及的话，也就算了。

承示大作，对我奖许太过，愧不敢当。我只能把它视为对我的一种鞭策，力求改进，希望能得到诸位方家的指正。

最近将有远行，筹备工作较忙，未能详谈，匆此复谢并致

敬礼

[illegible]华先生均此致候

赵朴初

78、3、20.

【书札释文】

文光同志：

大函收悉。拙作清平乐词即照尊意改，甚好。惟“赠”字似以仍用“呈”字较恰当。如来得及，尚请改一下，来不及的话，也就算了。

承示大作，对我奖许太过，愧不敢当。我只能把它视为对自己的一种鞭策，力求改进，希望经常得到诸位方家的指正。

最近将有远行，筹备工作较忙，未能详谈，匆此复谢，并致

敬礼

赵朴初

1978年3月20日

涤华先生均此致候

严　群（一通）

【书札墨迹】

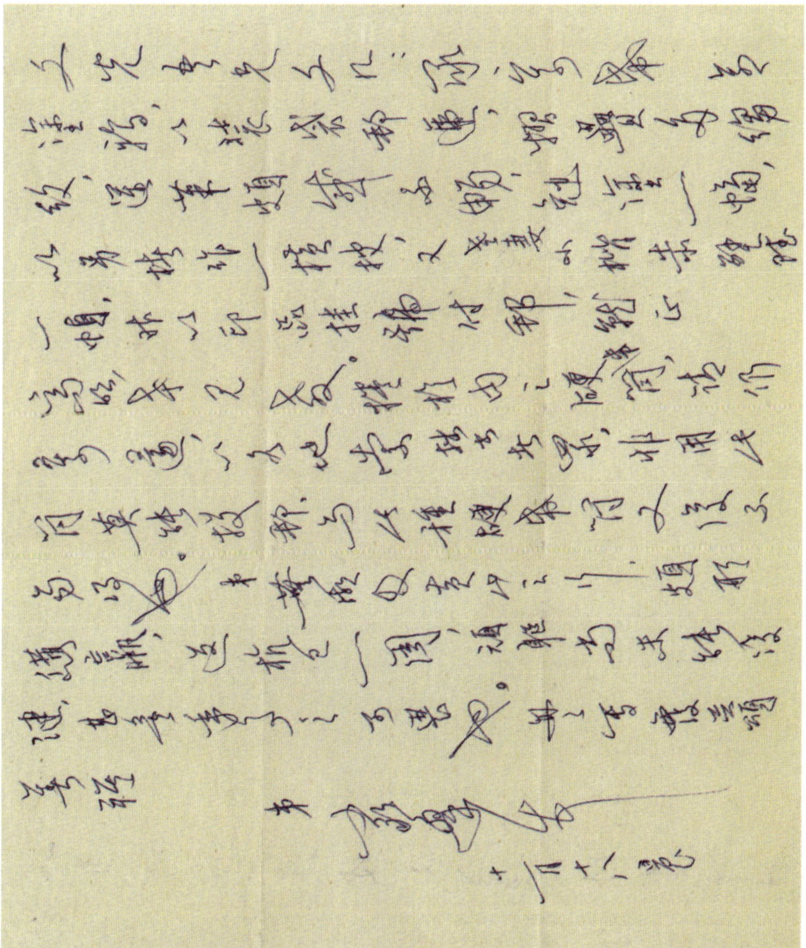

严　群（1907—1985），字孟群，号不党，福建福州人。杭州大学教授。

【书札释文】

文光吾兄文几：

承寄纸命涂鸦，以装袋邮递，摺叠多皱纹，摺叠运笔颇感不畅，勉涂一幅，以另楮作一横披；又老妻小楷《赤壁赋》一帧，昨以印品挂号付邮，就正高明，幸见教。捲于内之硬纸筒，请仍寄还，以各地索拙书者众，非用此筒莫能投邮，而此种硬纸筒又复不易得也。

弟芜湖及黄山之行，烦形惫羸，返杭已一周，顽躯尚未能复健，甚矣年事之可畏也。匆匆写覆，并颂著祺

弟 严群 顿首

十一月十八日晨

吴组缃（一通）

【书札墨迹】

吴组缃（1908—1994），原名祖襄，字仲华，安徽泾县人。作家、文学史家，曾任清华大学、北京大学教授。

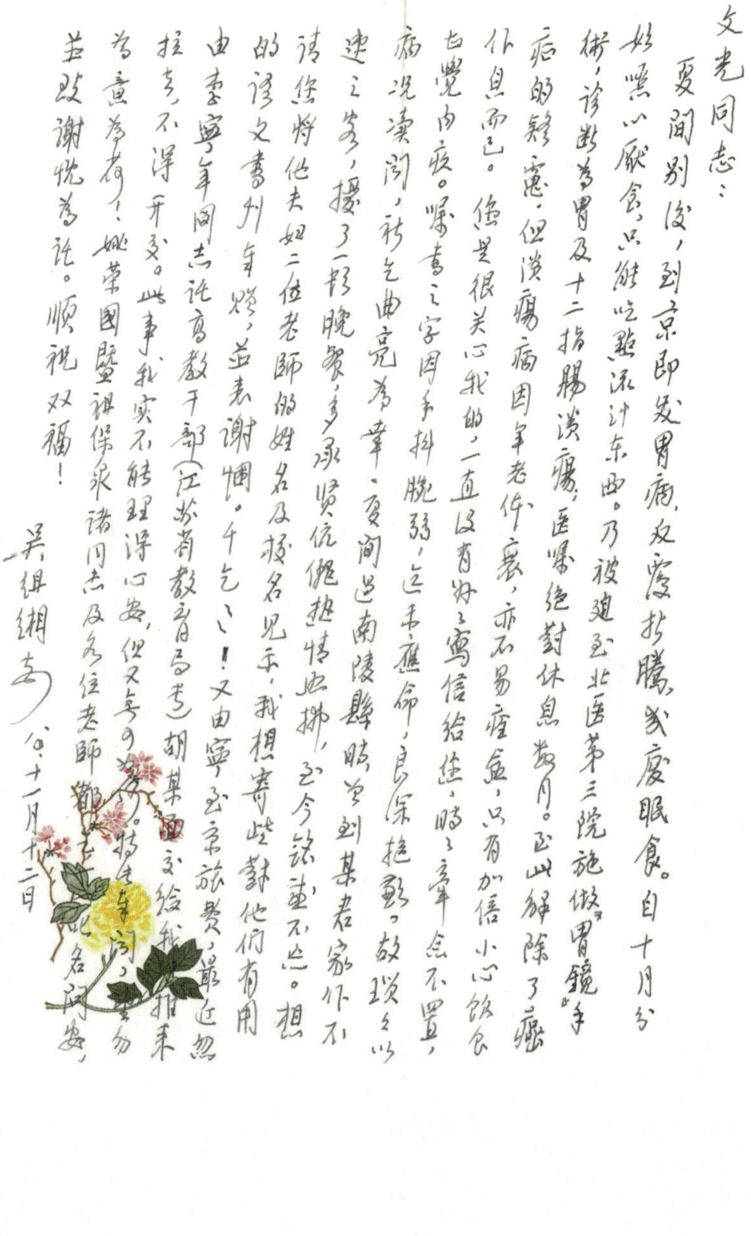

文光同志：

夏间别後，到京即发胃病，反复折腾，几废眠食。自十月分始略以厌食，只能吃点流汁东西。乃被迫至北医第三院施做胃镜手术，诊断为胃及十二指肠溃疡，医嘱绝对休息数月。已此解除了癌症的疑虑，但溃疡病因年老体衰，亦不易痊愈，只有加倍小心饮食休息而已。您是很关心我的，一直没有好好写信给您，时时牵念不置，也觉内疚。写书之字因手抖腕弱，迄未应命，良深抱歉。故琐琐以病况渎闻，祈乞曲宥为幸。夏间过南陵县时曾到某君家作不速之客，扰了一顿晚餐，多承贤伉俪热情照拂，至今铭感不忘。想请您将他夫妇二位老师的姓名及校名见示，我想寄些书给他们有用的语文书刊分赠，并表谢悃。千乞乞！又由宁至京旅费，最近忽由宁年同志托高教干部（江苏省教育局专）胡某函交给我，推来推去不得开交。此事我实不能理得心安，但又无可如何。特此奉闻，并务为查为荷！姚荣国暨祖保泉诸同志及各位老师都均此名问安，并致谢忱为托。顺祝双福！

吴组缃 上

八〇、十一月十二日

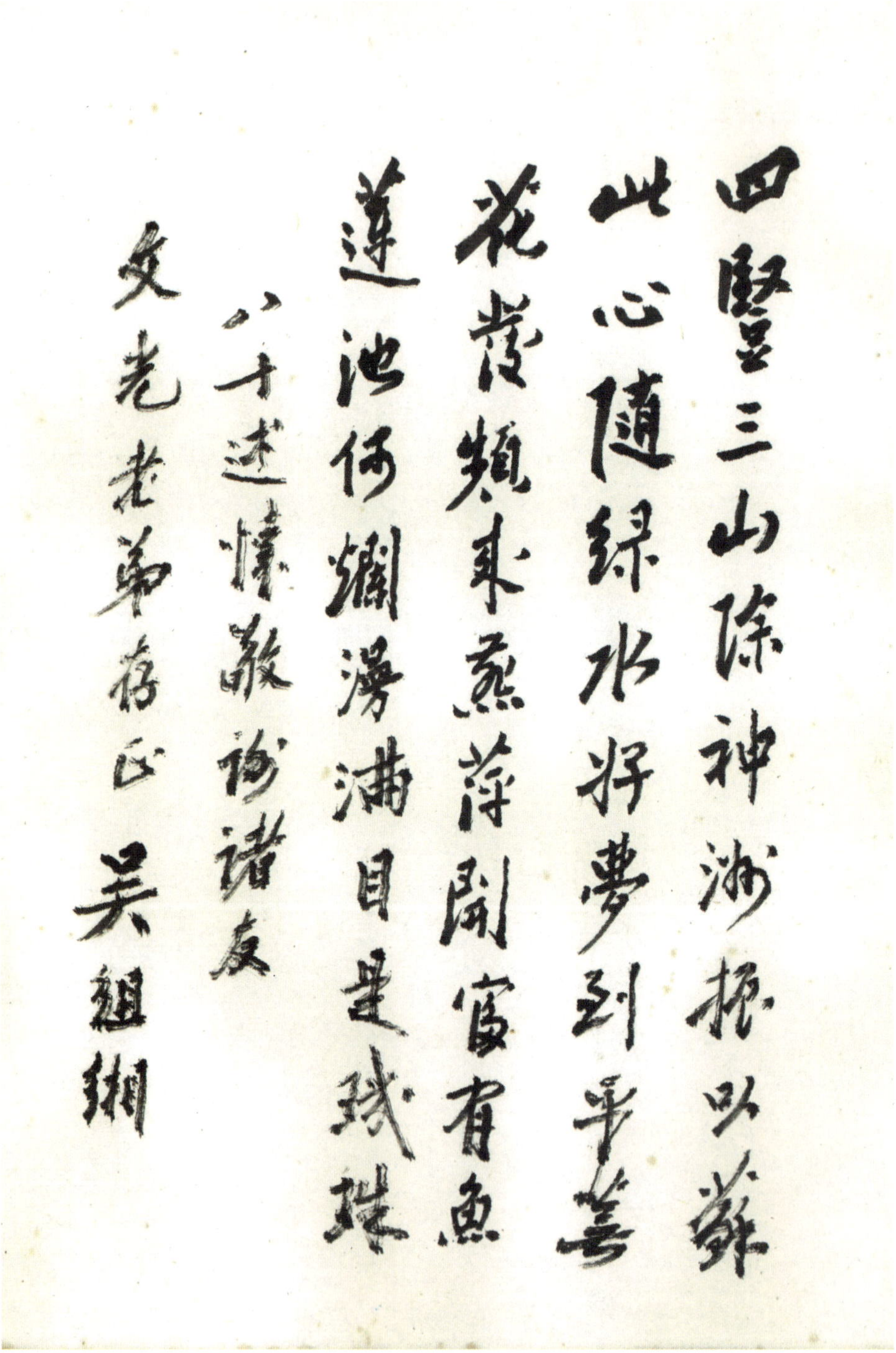
四壁三山除神游極以蘇
此心隨綠水將夢到平蕪
花發頻來燕萍開富有魚
蓮池何爛漫滿目是殘珠
八十述懷敬徵諸友
文光老弟存正 吴翊綱

【书札释文】

文光同志：

夏间别后，到京即发胃病，反覆折腾，几废眠食。自十月份始恶心厌食，只能吃点流汁东西。乃被迫至北医第三院施做“胃镜”手术，诊断为胃及十二指肠溃疡；医嘱绝对休息数月。至此解除了癌症的疑虑，但溃疡病因年老体衰，亦不易痊愈，只有加倍小心饮食休息而已。您是很关心我的，一直没有好好写信给您，时时牵念不置，甚觉内疚。嘱书之字，因手抖腕弱，迄未应命，良深抱歉，故琐琐以病况渎闻，祈乞曲亮为幸。夏间过南陵县时，曾到某君家作不速之客，扰了一顿晚餐，多承贤伉俪热情照拂，至今铭感不忘。想请您将他夫妇二位老师的姓名及校名见示。我想寄些对他们有用的语文书刊奉赠，并表谢悃。千乞千乞。又由宁至京旅费，最近忽由李灵（宁）年同志托高教干部（江苏省教育局长）胡某面交给我，推来拉去，不得开交。此事我实不能理得心安，但又无可如何，特此奉闻，望勿为意为荷！姚国荣暨祖保泉诸同志及各位老师都乞一一叱名问安，并致谢忱为托，顺祝双福！

吴组缃 顿首

一九八〇年十一月十二日

四竖三山除，神州振以苏。
此心随绿水，好梦到平芜。
花发频来燕，萍开富有鱼。
莲池何烂漫，满目是玑珠。

八十述怀敬谢诸友
文光老弟存正

吴组缃

苏渊雷（五通）

【书札墨迹】

一

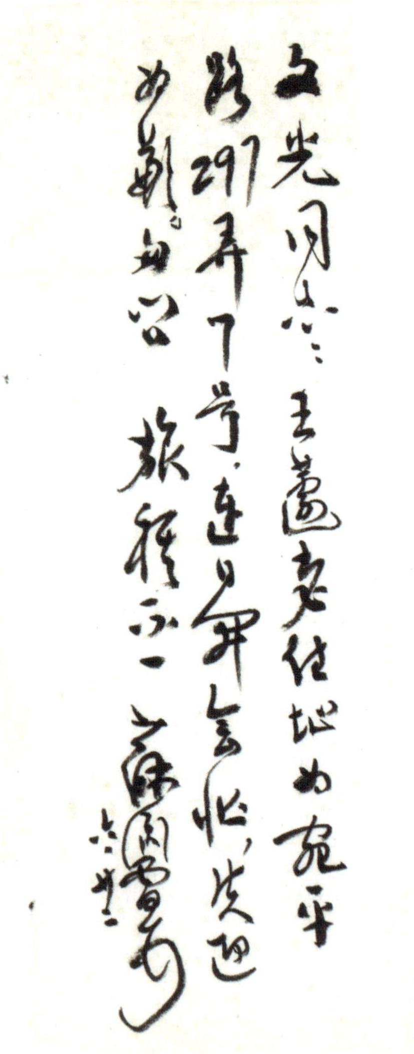

苏渊雷（1908—1995），字仲翔，浙江平阳人。诗人、历史学家，华东师范大学教授。

二

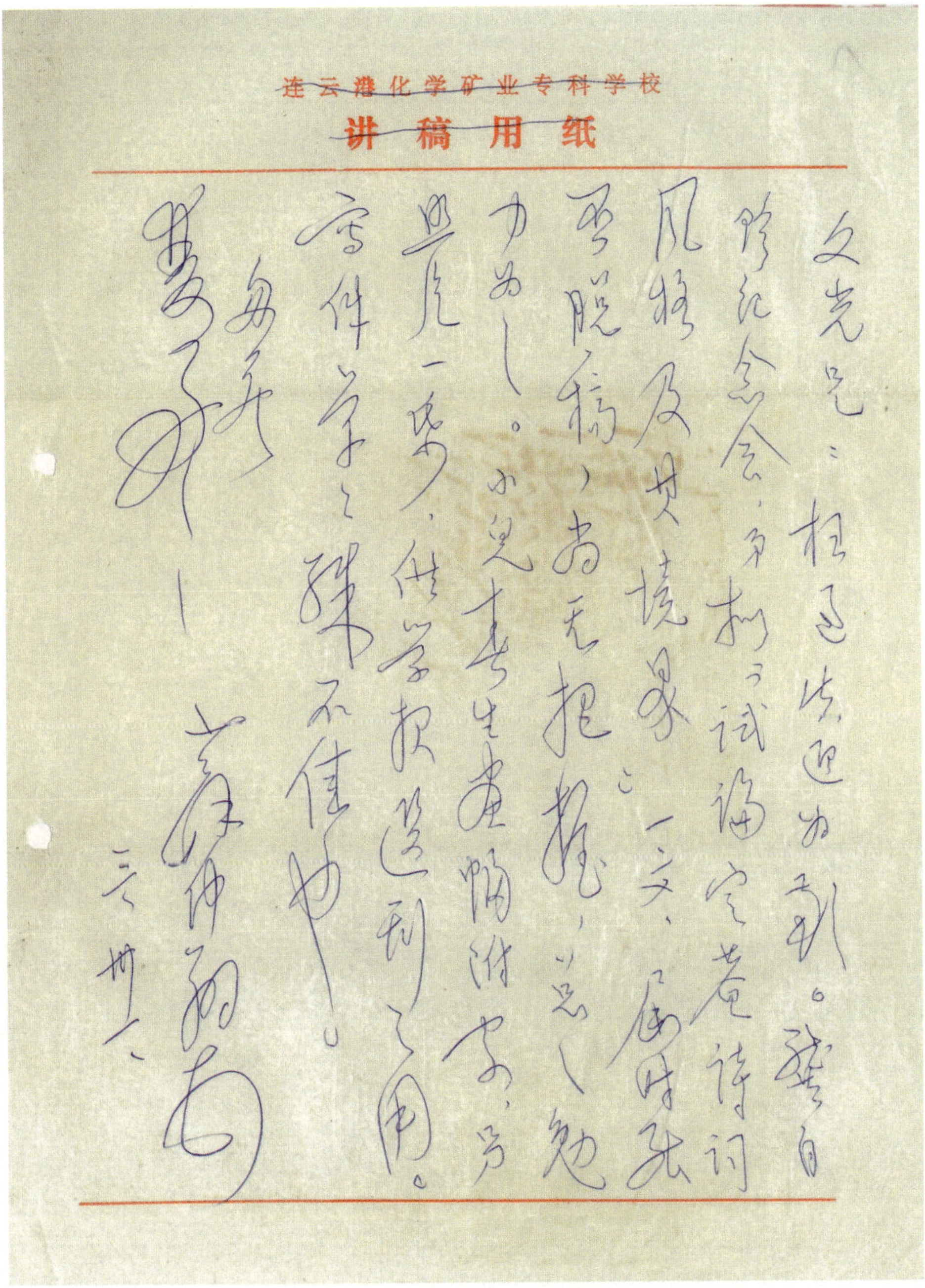

连云港化学矿业专科学校

讲稿用纸

文光兄：

枉过失迎为歉。蒙自

修纪念会，弟拟试论宋诗词

风格及其境界一文，届时张

要脱稿，尚无把握，只思勉

力为之。小儿大专生墨幅附寄，另

与兄一纸，借以学校选刊之用。

寄件字字潦不佳也。

匆匆

著祺！

苏仲翔

二、廿八

三

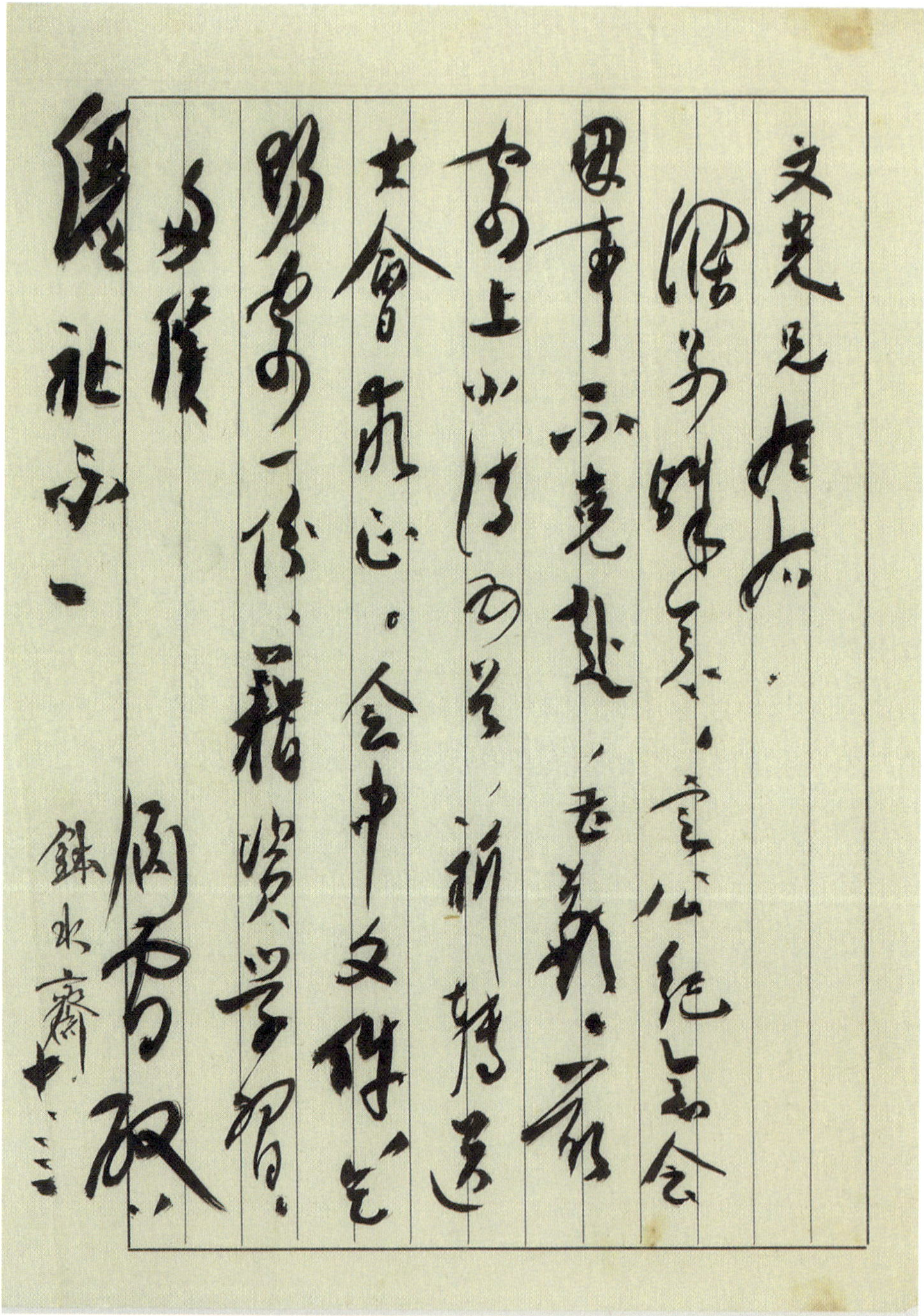

文光兄如面：

嘱弟撰文，宜仙纪念会因事不克赴，甚歉。兹寄上小诗两首，祈转送大会存正。会中文件乞赐寄一份，俾资学习。此复，即颂

俪祉不一

侗[illegible]敬

钵水斋 十、二

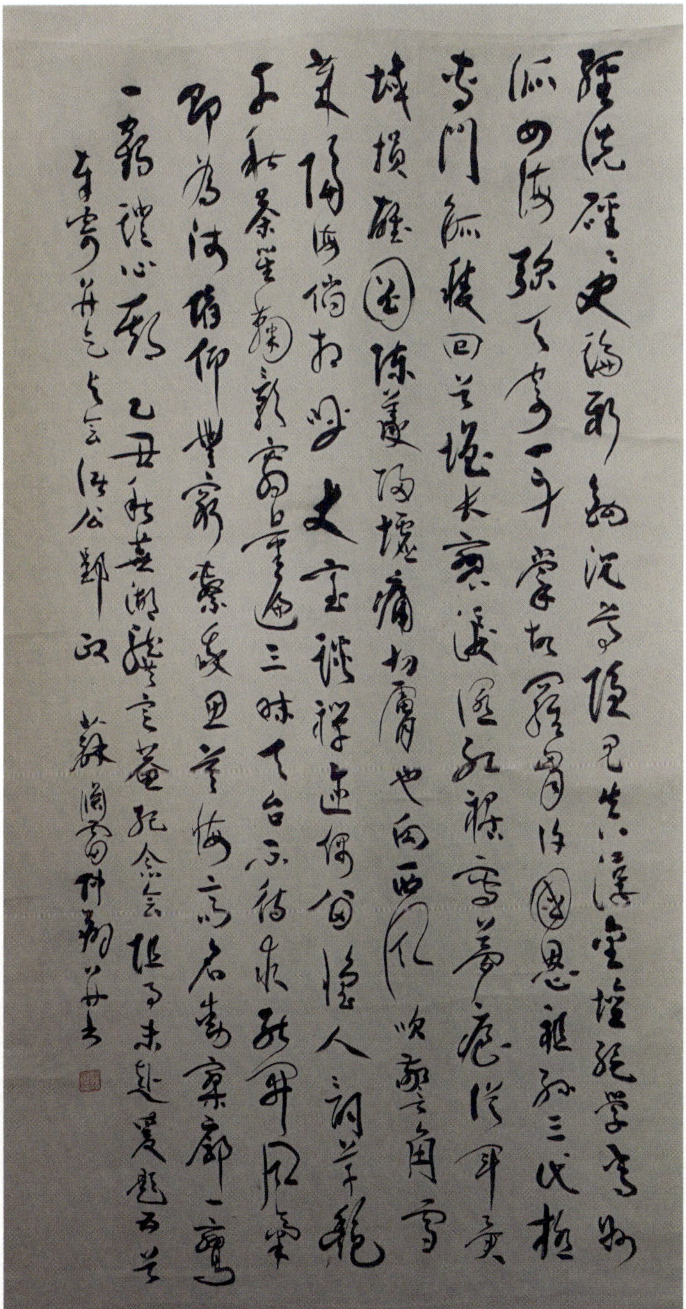

四

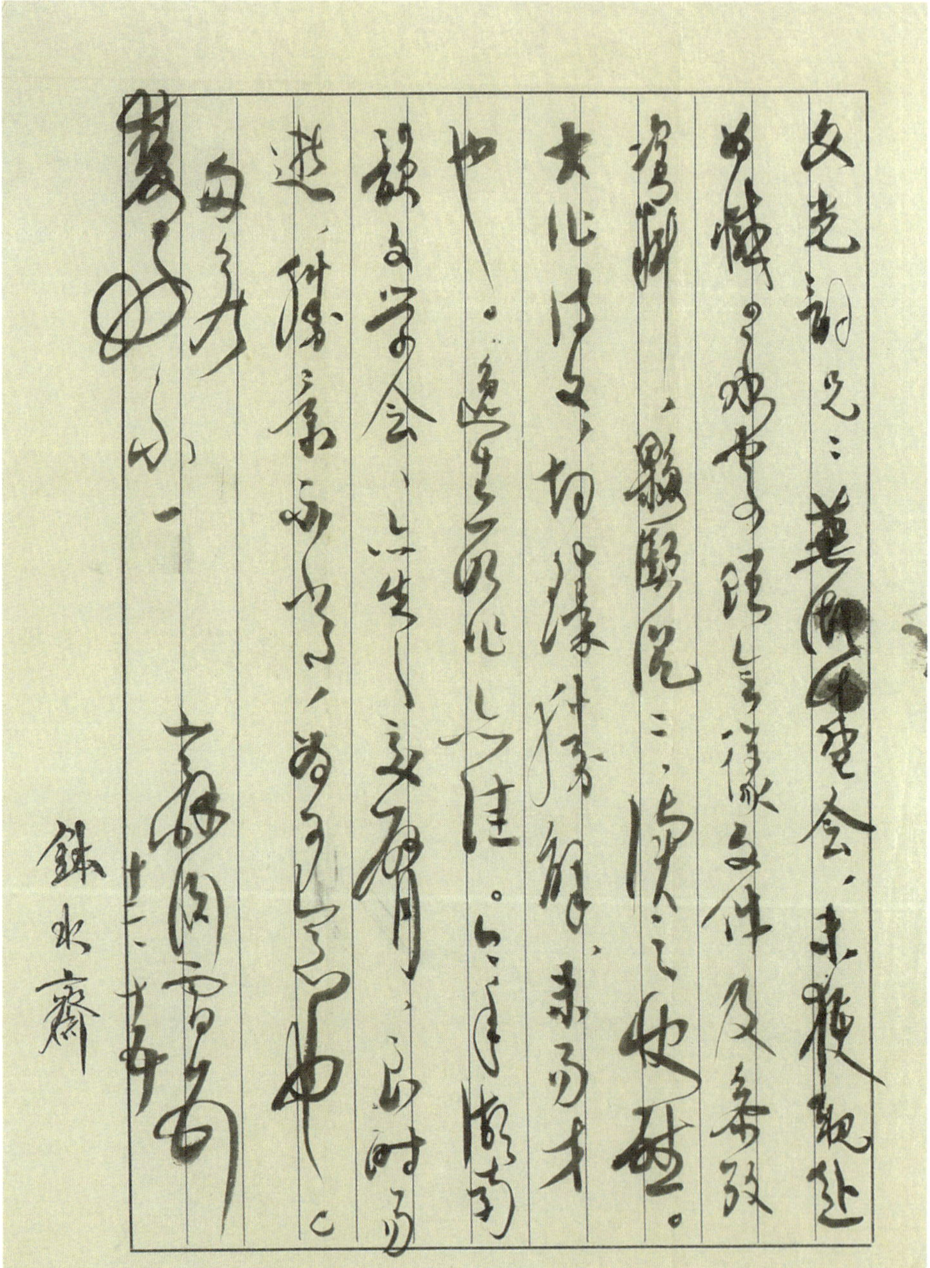

五

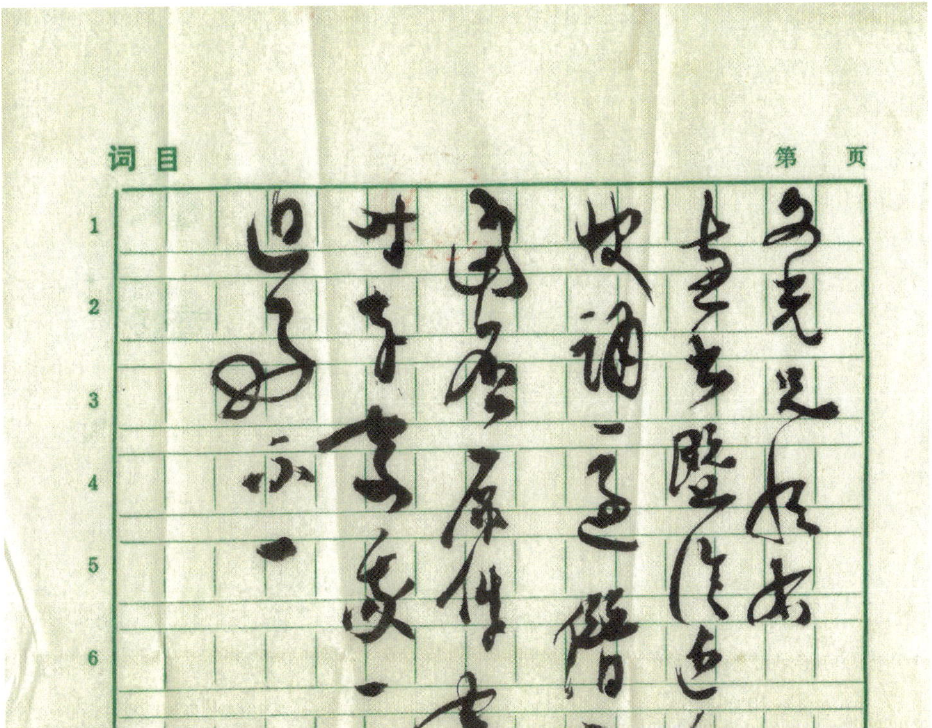

【书札释文】

一

文光同志：

王蘧老住址为宛平路297弄7号。连日开会忙，失迎为歉。匆问

旅祺不一

苏渊雷 顿首

六月廿二日

编者注：此信写于1984年6月22日。

二

文光兄：

枉过失迎，为歉。龚自珍纪念会，弟拟《试论定庵诗词风格及其境界》一文，届时能否脱稿，尚无把握，总之勉力为之。小儿春生画幅附寄，另照片一纸，供学报选刊之用。写件草草，殊不佳也。

匆候

双好

苏仲翔 顿首

三月卅一日

编者注：此信写于1985年3月31日。

三

文光兄左右：

阔别殊念，定公纪念会因事不克赴，甚歉。兹寄上小诗五首，祈转送大会求正。会中文件，乞赐寄一份，藉资学习。匆候

俪祉不一

渊雷　启

十月三日

编者注：此信写于1985年10月3日。

附

经说砰砰史论新，钩沉尊隐见真淳。
金坛绝学常州派，四海弥天寄一身。

掌故蟠胸许国恩，祖孙三代极专门。
觚棱回首增长恋，泪湿红裾写梦痕。

从军异域损雄图，陈义归墟痛切肤。
也向西风吹号角，雪莱隔海倘相呼。

丈室红禅迹偶留，怀人词草艳千秋。
瓶笙花影商量遍，三昧天台不待求。

能开风气即为师，俯仰无穷系我思。
莫悔高名动寥廓，一鸾一鹤证心期。

乙丑秋，芜湖龚定庵纪念会阻事未赴，爰题五首奉寄，并乞与会诸公郢政。

苏渊雷仲翔　顿首

四

文光词兄：

芜湖盛会，未获亲赴，为憾。承寄赠会议文件及参考资料，夥颐沉沉，读之快慰。大作诗文，均臻胜解，未易才也。逸生所作亦佳。今年湖南韵文学会，亦失之交臂，良时易逝，胜景不常，为可念也（?）。

匆候

双好不一

苏渊雷 顿首

十二月十五日

编者注：此信写于1985年12月15日。

五

文光兄左右：

惠书暨论近人诗绝句若干首，快诵一过。僭易数字，未悉当否？原件寄奉，复制时寄我一份。

匆候

近好不一

渊雷 顿首

八月八日

编者注：此信写于1988年8月8日。

冒效鲁（三通）

【书札墨迹】

一

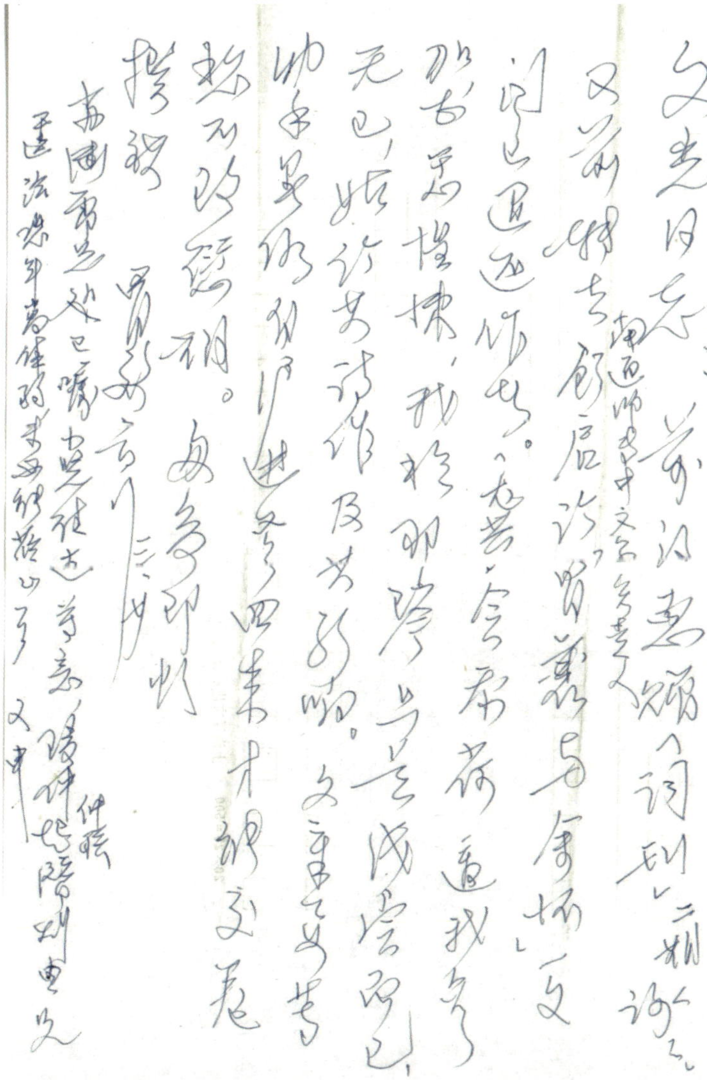

冒效鲁（1909—1988），字景璠，号叔子，江苏如皋人。安徽大学教授。

二

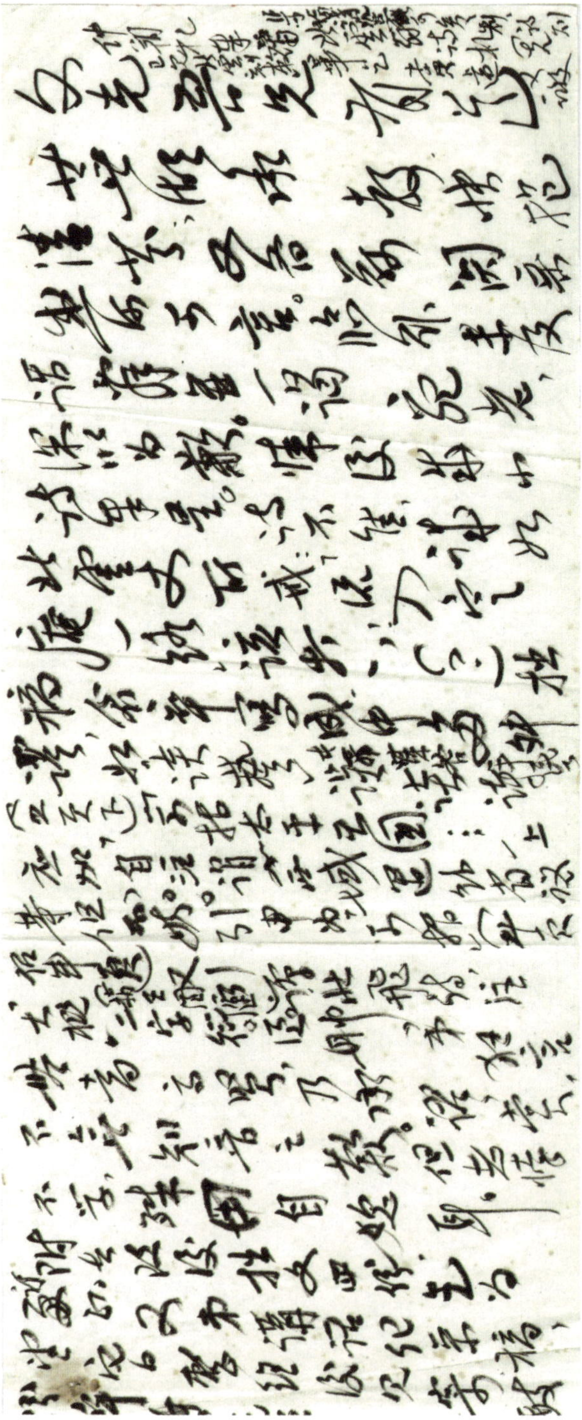

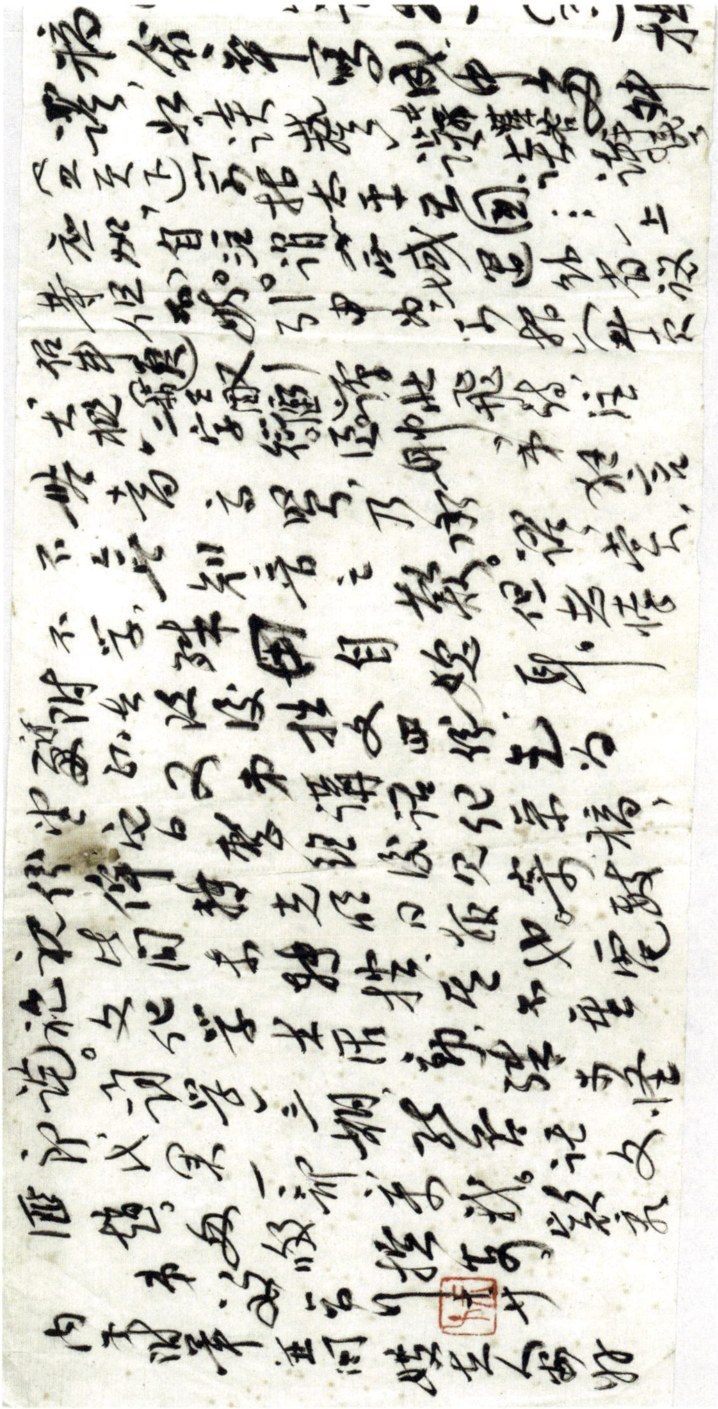

三

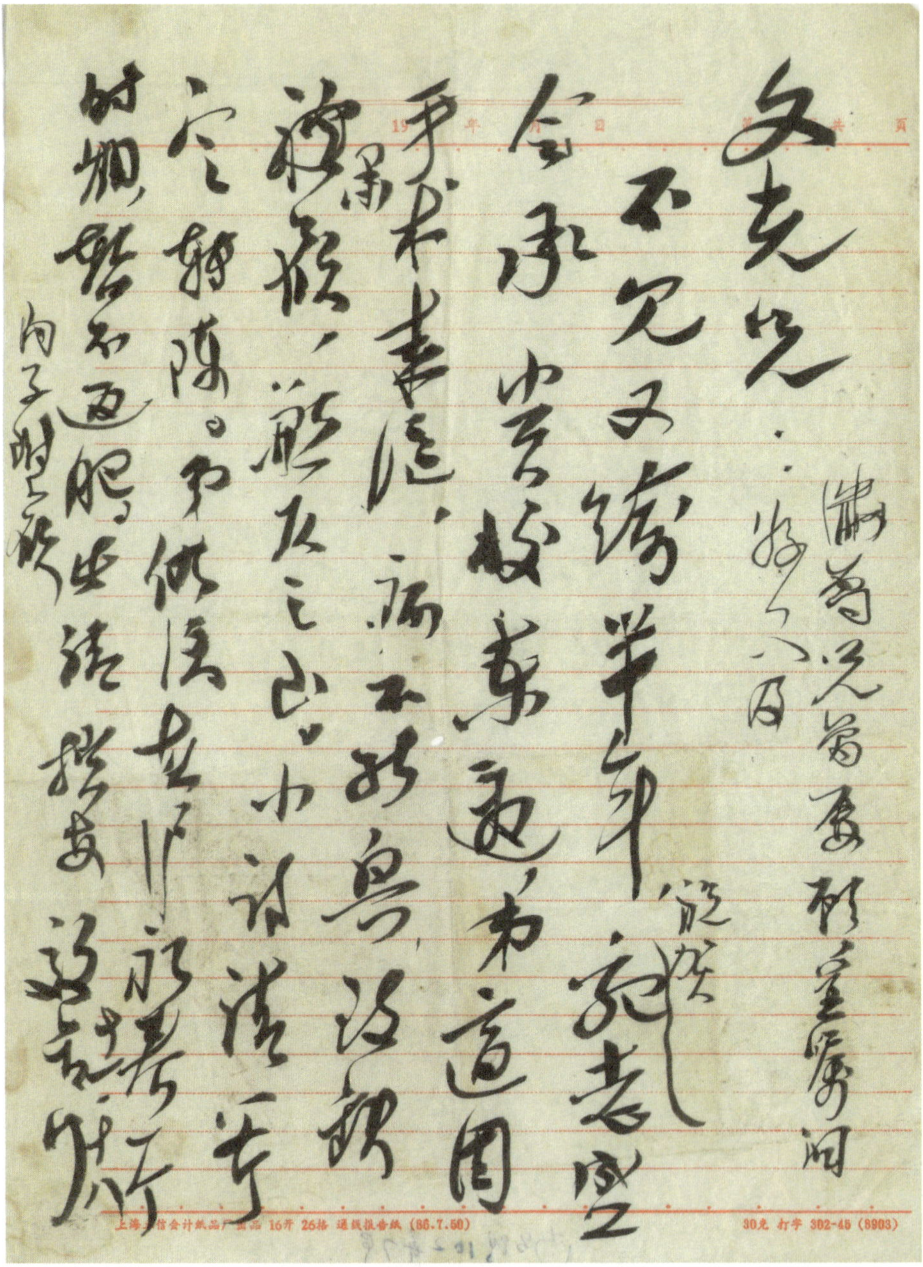

【书札释文】

一

文光同志：

前得惠赠《词刊》二期，谢谢。又前转去南通师专中文系负责人顾启《论冒襄与余怀》一文，闻已退还作者。

龚会忝荷邀我参加，甚感惶悚，我于羽琌，只是浅尝而已，无已，姑论其诗作及其影响。文章要等助手暑假自沪进修回来才能交卷，想不致愆期。匆复即颂

撰祺

冒效鲁顿首

三月廿日

苏渊雷兄处，已嘱小儿往达尊意。瑗仲、仲联、起潜，则由兄径洽。恐年高体弱，未必能莅止耳。又申。

宛、张二老，祖兄同候不另。

编者注：此信写于1985年3月20日。瑗仲，即王蘧常；仲联，即钱萼孙；起潜，即顾廷龙。宛，指宛敏灏；张，指张涤华；祖兄，指祖保泉。

二

文光吾兄有道：

芜湖承教，快挹清芬；又备荷关垂，感何可言。临行未及诣辞，并一谒宛老，深以为歉。归来后成小诗奉呈。诗不佳，诚如北云丈所戒：“流入定庵一路该打。”（?）拙稿仓卒写成，中多舛谬，如“谈艺”误“谈诗”（四页下），此可归咎手民了。“可招太平天国……”上应加“自注指‘西域君’”……弟狂言无

当。高贤乃承谬赏，不无知音之叹。但老悖不学，殊用自愧耳。附去改后拙文四份，乞为订正。又弟讲话记录稿，望它日整理后见寄数份，俾转《光明日报》也。电视此间未转播，其不重视文化学术活动，殊可怪诧。《词学》三期，能否托文郎代买一部寄我，款容汇赵。匆敬

撰安

弟效鲁顿首

十月廿日

内子附笔，并问嫂夫人安好。

编者注：此信写于1985年10月20日。

三

文光兄：

不见又逾半年，祝贺宛老盛会，承贵校柬邀，弟适因手术来沪，病不能兴，致缺□□，歉仄之至。小诗请斧定转陈。弟仍住在沪疗养一个时期，暂不返肥。此请

撰安

效鲁顿首

十一月十八日

内子附候

渊雷兄曾屡顾，嘱并问好。又及。

任访秋（二通）

【书札墨迹】

一

任访秋（1909—2000），原名维焜，笔名访秋，河南南召人。近现代文学史家，河南大学教授。

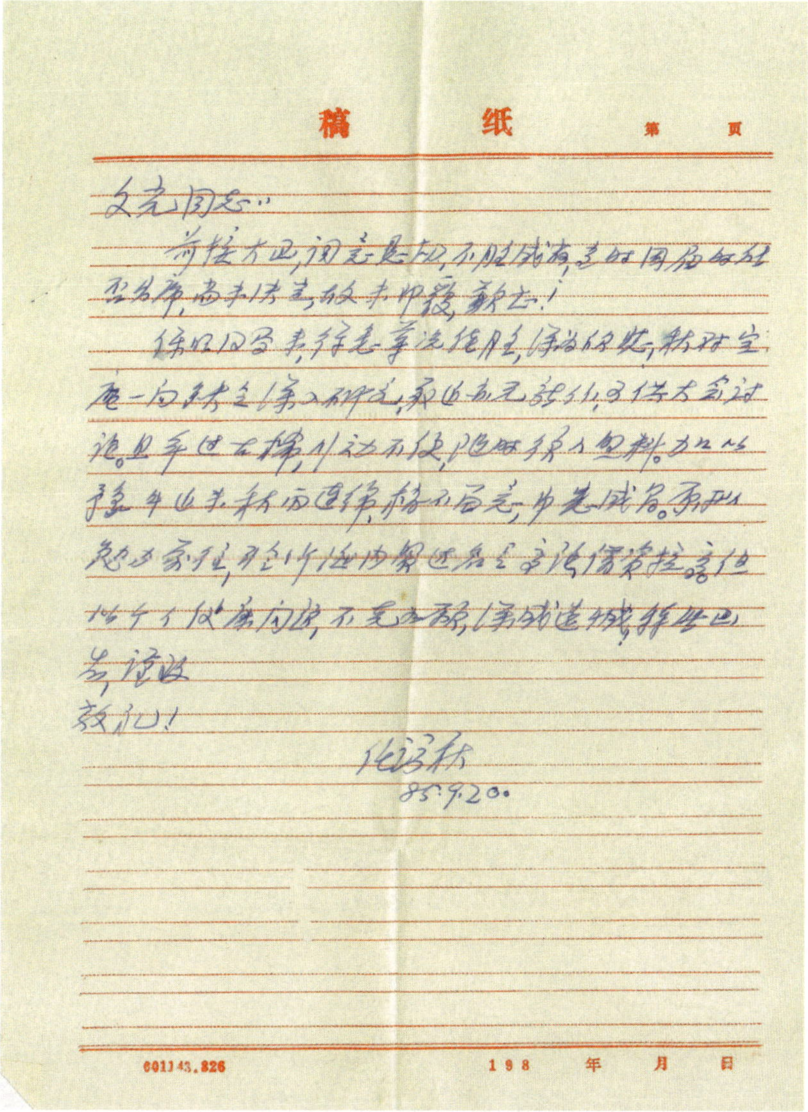

稿纸 第 页

文元同志：

[illegible]

[illegible]

敬礼！

任访秋

85.9.20.

001143.826 198 年 月 日

二

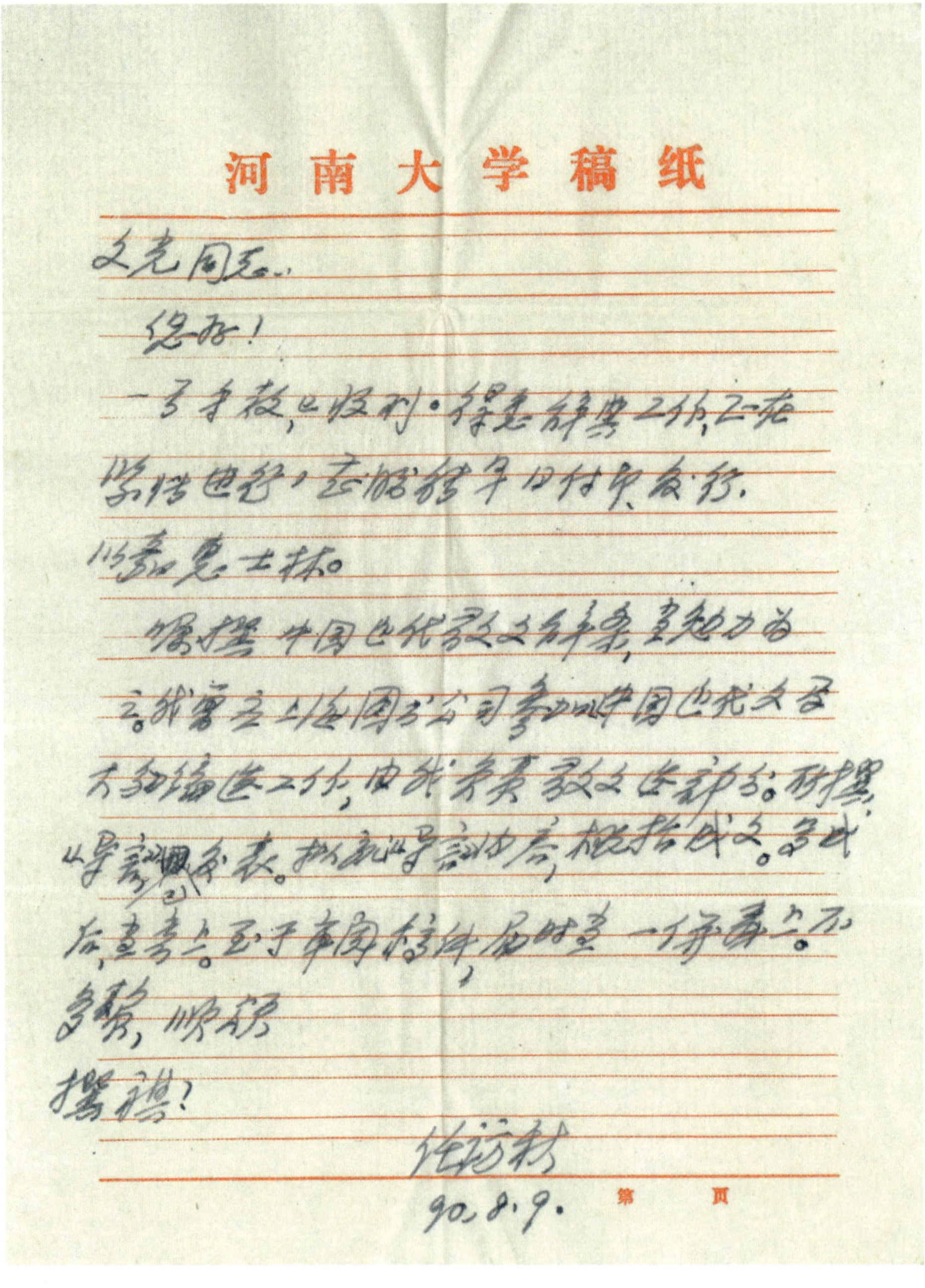
河南大学稿纸

文克同志：

您好！

一月手教，已收到。得悉辞典工作已在紧张进行，出版社拟年内付印发行，以嘉惠士林。

编撰《中国当代散文辞典》，吾兄勉力为之。我曾在上海图书公司参加《中国近代文学大系》编选工作，由我负责散文选部分。所撰导言已发表。拟就此导言作序，概括成文。写成后直寄上。至于辞典条目，届时当一併寄上。不多赘，顺致

撰祺！

任访秋

90.8.9.

第　页

【书札墨迹】

一

文光同志：

前接大函，词意恳切，不胜感荷。当时因届时能否出席，尚未决定，故未即覆，歉甚！

保明同学来，得悉尊况佳胜，深为欣慰！秋对定庵一向缺乏深入研究，最近亦无新作，可供大会讨论。且年过古稀，行动不便，随时须人照料。加以豫中近来秋雨连绵，稍不留意，易患感冒。原拟勉力前往，聆听海内贤达名言高论，借资提高，但以个人健康问题，不克如愿，深感遗憾！

特此函告，谨致

敬礼！

任访秋

1985年9月20日

二

文光同志：

您好！

一号手教，已收到。得悉辞典工作，正在紧张进行，甚盼能早日付印、发行，以嘉惠士林。

嘱撰中国近代散文词条，当勉力为之。我曾应上海图书公司参加《中国近代文学大系》编选工作，由我负责散文选部分。所撰《导言》已发表。拟就《导言》内容概括成文。写成后，当寄上。至于审阅稿件，届时当一并奉上。不多赘。顺颂

撰祺！

任访秋

1990年8月9日

侯仁之（一通）

【书札墨迹】

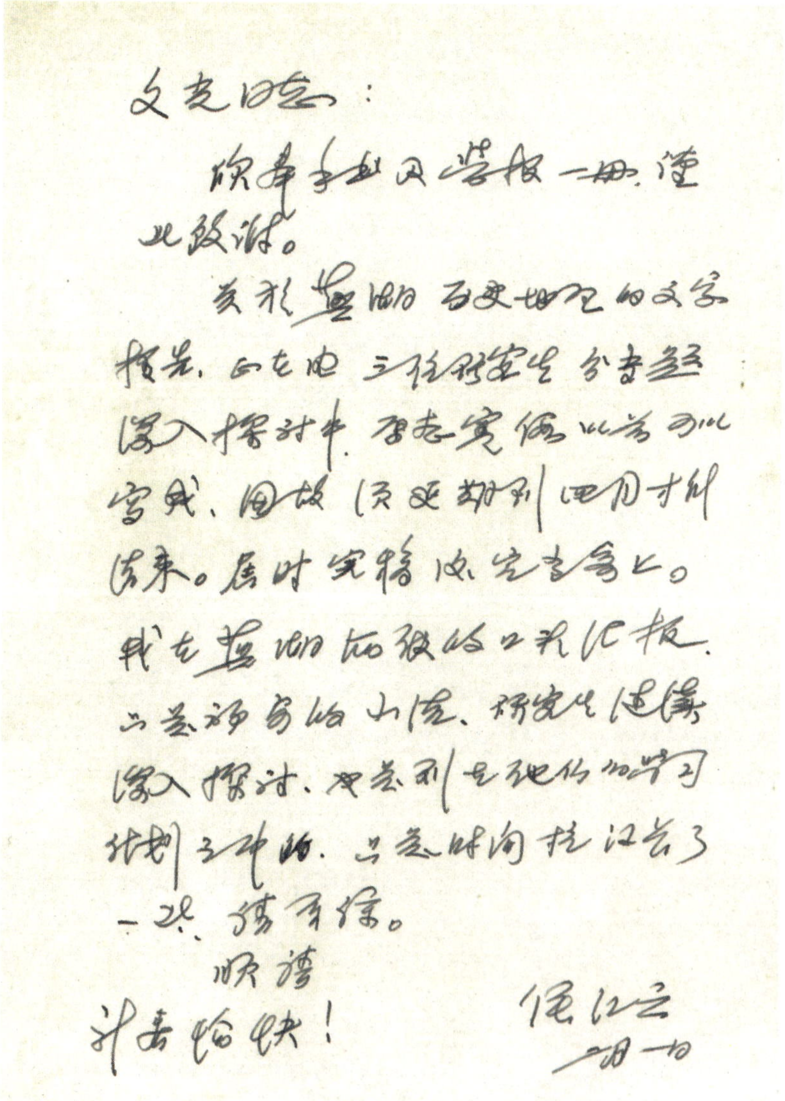
文友同志：

收奉手书及学报一册，谨此致谢。

关于芜湖历史地理的文字报告，正在由三位研究生分专题深入探讨中。等其完稿以后可以写成，因故须延期到四月才能寄来。届时定稿后定当奉上。

我在芜湖所做的口头汇报，只是初步的小结，研究生进一步深入探讨，也是对我最好的学习和补充的。只是时间拖延了一些，请予谅解。

顺请

新春愉快！

侯仁之

一月一日

侯仁之（1911—2013），山东德州平原县人。历史地理学家、北京大学教授。

【书札释文】

文光同志：

欣奉手书及学报一册，谨此致谢。

关于芜湖历史地理的文字报告，正在由三位研究生分专题深入探讨中，原想寒假以前可以写成，因故须延期到四月才能结束。届时完稿后，定当寄上。我在芜湖所做的口头汇报，只是初步的小结，研究生继续深入探讨，也是列在他们的学习计划之中的，只是时间拉得长了一些，请原谅。

顺祷

新春愉快！

侯仁之

二月一日

编者注：此信约写于1978年。

黄养辉（一通）

【书札墨迹】

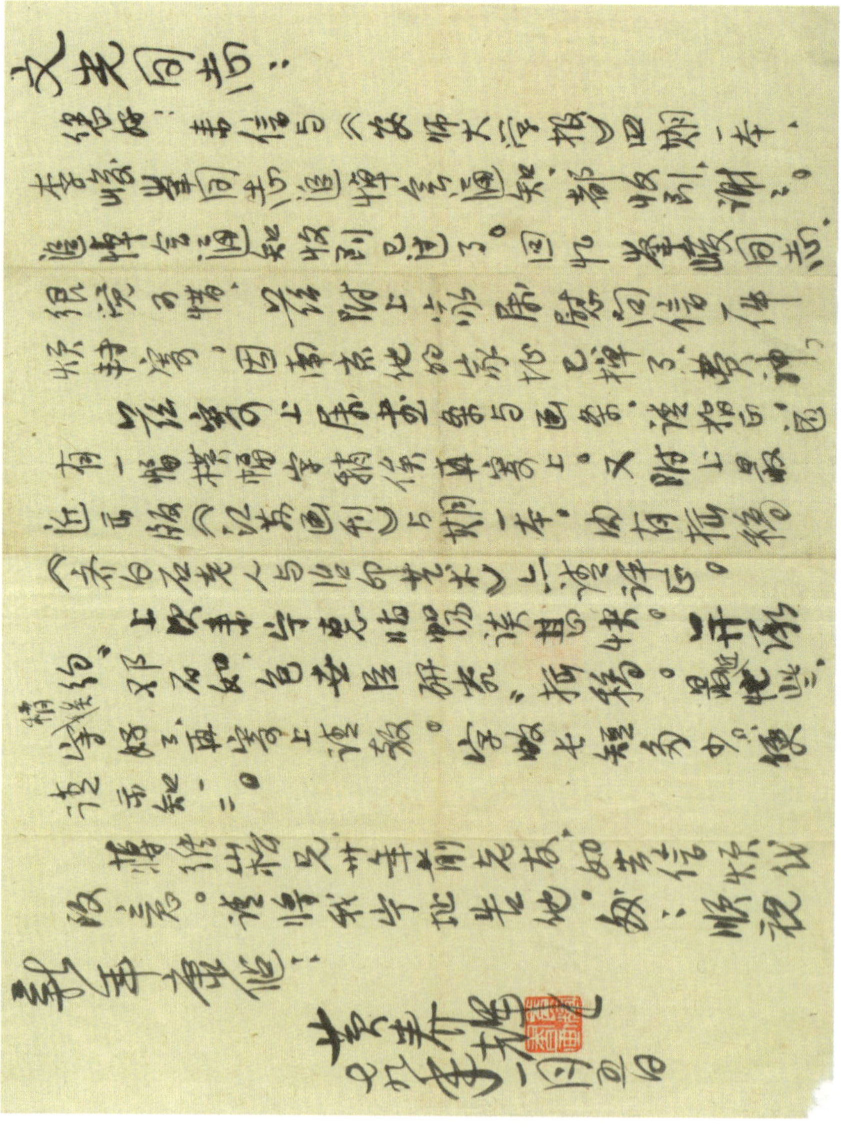

黄养辉（1911—2001），别名旭晨，江苏无锡人。艺术家、教授。长期担任徐悲鸿秘书。

【书札释文】

文光同志：

您好！

来信与《安师大学报》四期一本、李峻峰同志追悼会通知，都收到，谢谢。追悼会通知收到已过了。回忆峻峰同志，很觉可惜。兹附上家属慰问信一件烦转寄。因南京他的家址已掉了，费神。

兹寄上属书条与画条，请指正。还有一幅横幅字稍俟再寄上。又附上最近出版《江苏画刊》五期一本，内有拙稿《齐白石老人与治印艺术》亦请评正。

上次来宁惠临畅谈甚快。并承约“邓石如、包世臣研究”拙稿。最近忙些，稍俟写好了，再寄上请教。字数长短多少？便请示知一二。

蒋维崧兄卅年前老友，如去信烦代致意。请将我宁址告他，匆匆顺祝

新年康健！

黄养辉

一九七九年一月五日

严薇青（一通）

【书札墨迹】

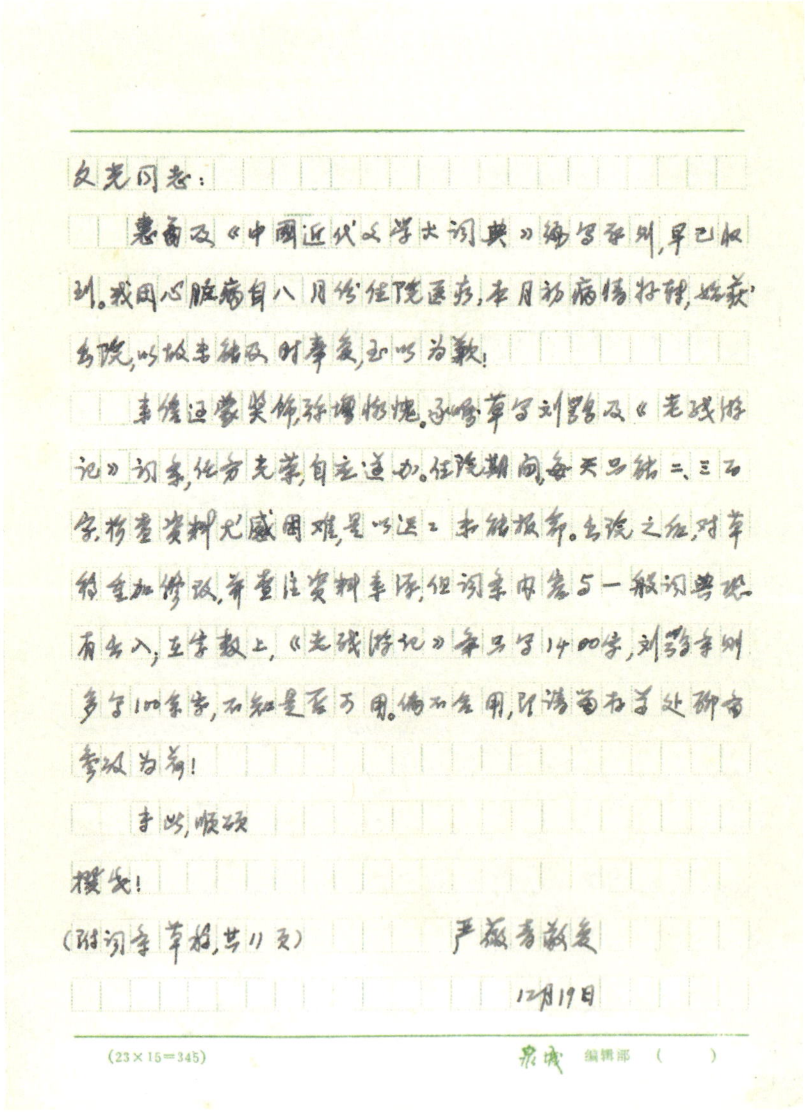

文光同志：

惠函及《中国近代文学大词典》编写条例，早已收到。我因心脏病自八月份住院医疗，本月初病情好转，始获出院，以致未能及时奉复，至以为歉！

来信过蒙奖饰，殊增惭愧。承嘱草写刘鹗及《老残游记》词条，作为先学，自应遵办。住院期间，每天只能写二、三百字，检查资料尤感困难，是以迟迟未能报命。出院之后，对草稿重加修改，并查注资料来源，但词条内容与一般词典恐有出入，在字数上，《老残游记》条只写1400字，刘鹗条则多写100余字，不知是否可用。倘不合用，即请留存贵处聊备参考为荷！

专此，顺颂

撰安！

（附词条草稿，共11页）　严薇青敬复

12月19日

(23×15=345)　泉城　编辑部　（　）

严薇青（1911—1997），山东济南人。中国古典文学暨《老残游记》研究专家，山东师范大学中文系教授。

【书札释文】

文光同志：

惠函及《中国近代文学大辞典》编写原则，早已收到。我因心脏病自八月份住院医疗，本月初病情好转，始获出院，以故未能及时奉复，至以为歉！

来信过蒙奖饰，弥增惭愧。承嘱草写刘鹗及《老残游记》词条，任务光荣，自应遵办。住院期间，每天只能（写）二三百字，检查资料尤感困难，是以迟迟未能报命。出院之后，对草稿重加修改，并查注资料来源，但词条内容与一般词典恐有出入；在字数上，《老残游记》条只写1400字，刘鹗条则多写100余字，不知是否可用。倘不合用，即请留存尊处，聊备参考，为荷！

专此，顺颂

撰安！

严薇青 敬复

12月19日

丘良任(一通)

【书札墨迹】

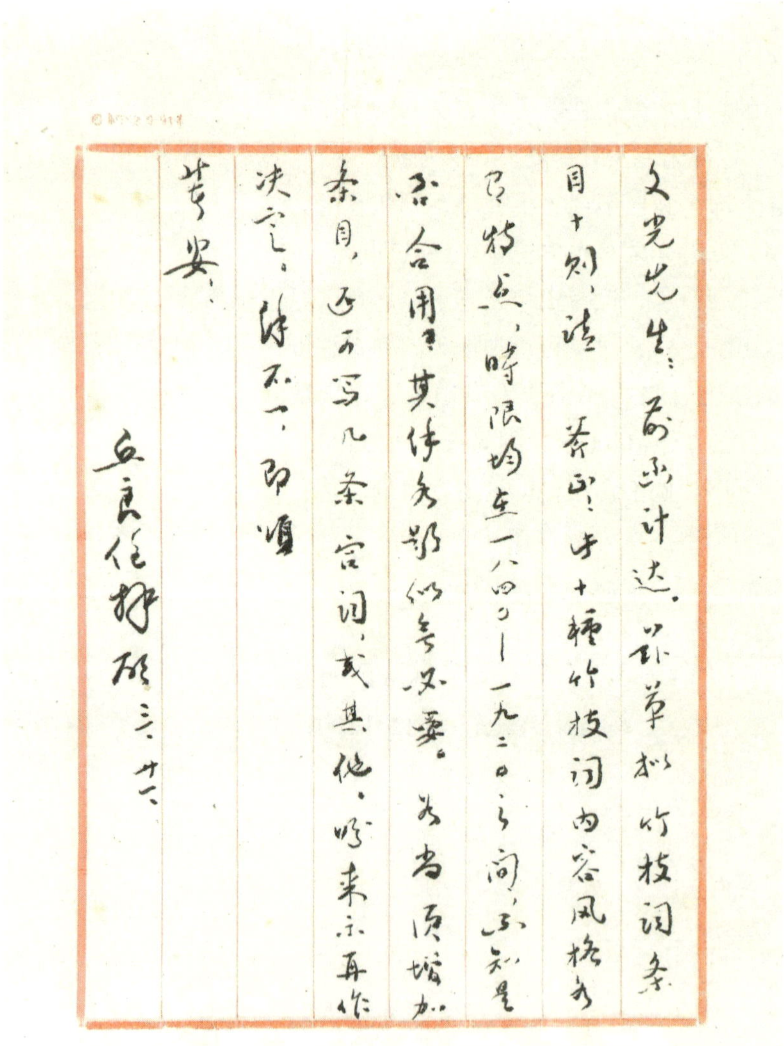

文光先生：前示计达，兹草拟竹枝词条
目十则，请 斧正。其十种竹枝词内容风格各
具特点，时限均在一八四〇——一九二〇之间，不知是
否合用？其体多鄙，似无必要。如尚须增加
条目，还可写几条宫词，或其他，俟来示再作
决定。余不一一，即颂
著安。
丘良任拜启 三、廿六

丘良任(1912—2000)，安徽全椒人。中国古典文学研究专家，曾任教于长沙、淮南、北京、贵阳等地的中专和大学。

【书札释文】

文光先生：

前函计达。兹草拟竹枝词条目十则，请斧正！此十种竹枝词内容风格各有特点，时限均在一八四〇——一九二〇之间，不知是否合用？其余各题似无必要。如尚须增加条目，还可写几条宫词或其他，盼来示再作决定，余不一。即颂

著安！

丘良任 拜启

三月廿一日

唐　弢（十八通）

唐　弢（1913—1992），原名端毅，浙江镇海人。作家、文学理论家。

【书札墨迹】

一

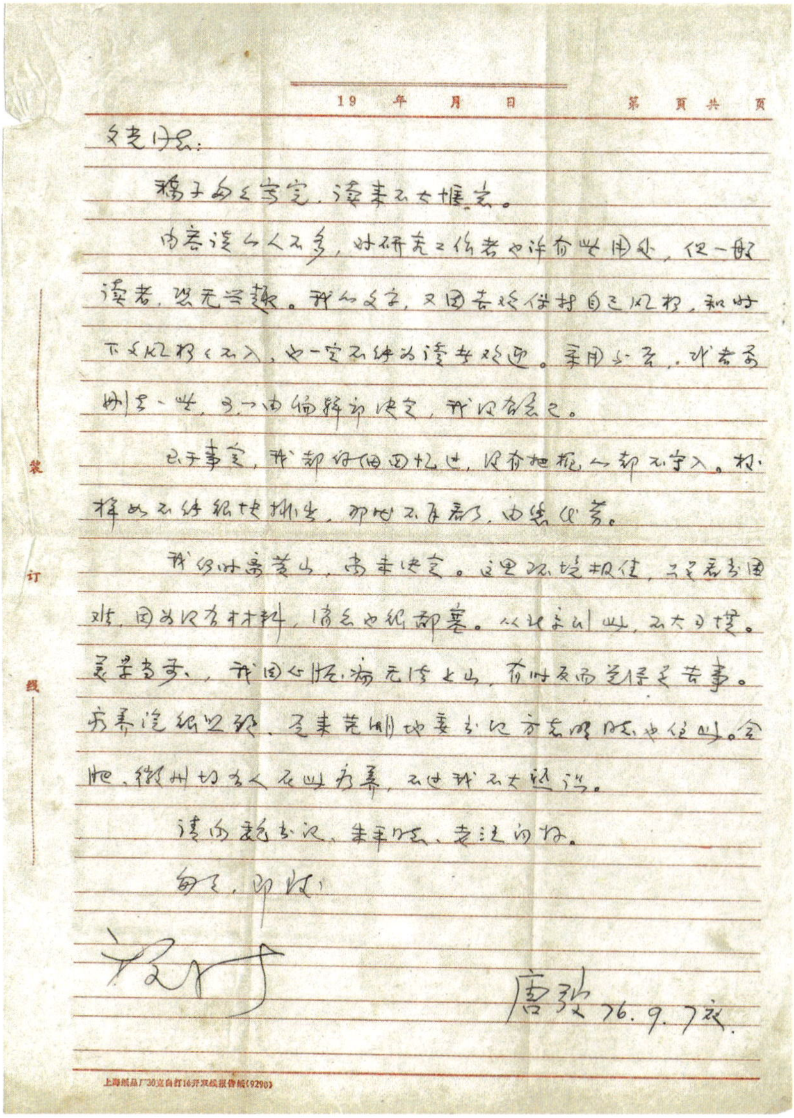

19　年　月　日　　第　页共　页

文艺同志：

稿子匆匆写完，读来不大堪言。

内容谈的人不多，对研究工作者也许有些用处，但一般读者，恐无兴趣。我的文字，又因要保持自己风格，和时下文风格格不入，也一定不能为读者欢迎。采用与否，或者须删去一些，可一由编辑部决定，我以服从之。

关于事实，我都仔细回忆过，只有地[illegible]人却不[illegible]入。[illegible]不能很快抓出，那也不再存了，由您代劳。

我何时离黄山，尚未决定。这里环境极佳，只是看书困难，因为没有材料，请教也很闭塞。从北京到此，不大习惯。[illegible]，我因心脏病，无法上山，有时反而觉得是苦事。[illegible]，[illegible]。合肥、徽州的多人在此疗养，不过我不大熟识。

请向魏书记、朱副院、袁社长问好。

匆匆，即颂

撰祺

唐弢　76.9.7夜.

装订线

上海纸品厂30克自打16开双线报告纸（9290）

二

文光同志：

惊悉主席逝世，闻之悲痛心碎。

我的老伴沈絜云和孩子若晦，于10日前由芜湖分别去京沪，则承财校刘侯同志去宁，承你们殷勤招待，于地震声中照料留饭，多有叨扰，她（他）们已分别到达目的地，并来信嘱专函道谢，并向府上问候。

拙稿因为促成笔，又限于水平，当难惬意，如其不合，尽可不用，万勿客气。主席逝世，学报如作刊发文章以告全国人民者，第三期势必赶写出版，第四期论理要延期了，稿如已足，不必因我这篇小文耽误。我是编过刊物的人，知道编辑有许多困难，这是老实话，不是敷衍塞责之语。

我在这里大概还要住些时，倘无其他情况（北京来信嘱我徒缓养病），准备住到十月中旬。那时如不从芜湖转道，当将到芜日期，即专函说。目前行止未作最后决定。

魏书记、朱平昭及其他同志代我问候。

匆匆，即此

敬礼

唐弢 76.9.20夜

第　页

三

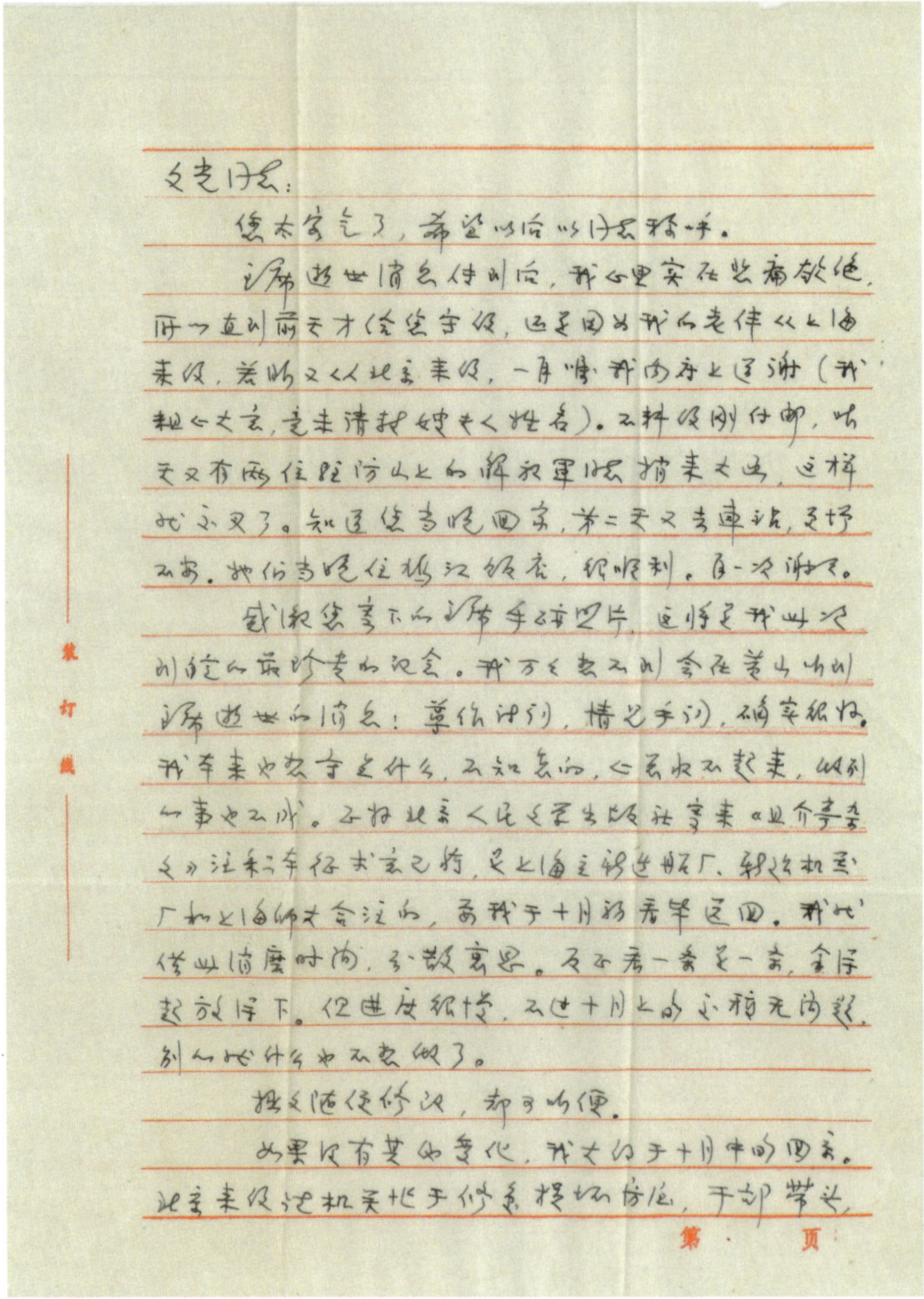
文光同志：

您太客气了，希望以后以同志称呼。

主席逝世消息传到后，我心里实在悲痛欲绝，所以直到前天才给您写信，这是因为我的老伴从上海来信，老师又从北京来信，一再嘱我向有上述消息（我担心文言，还未请教她本人姓名）。不料信刚付邮，昨天又有两位驻防山上的解放军同志捎来文选，这样就不只了。知道您当晚回家，第二天又去车站，更好不安。她们当晚住在杨江饭店，很顺利。真一次谢了。

感谢您寄下的主席手迹照片，这将是我此次到庐山的最珍贵的纪念。我万万想不到会在庐山听到主席逝世的消息：尊位计划，情况手记，确实很好。我本来也想写点什么，不知怎的，心总收不起来，所以一件事也不成。后来北京人民文学出版社寄来《[illegible]》注释本任务书之稿，又上海江南造船厂、船舶机器厂和上海师大合注的，要我于十月前看毕退回。我从此消磨时间，不敢懈怠。每天看一章是一章，全部起放得下。但进度很慢，不过十月上旬必须完成，别的也什么也不想做了。

择文随信修改，都可以便。

如果没有其他变化，我大约于十月中旬回京。北京来信请寄机关地址于修美楼招待所，干部带去，

第　页

装订线

大家动手。孙希华同志写信来后，仍在处理这些事，因此认为我回去也不能干这些，不如多住几时。看来黄山天气，到十月就冷了（有些地方已降夜霜露来），久住也没有意思。我又被禁止上山，只能在疗养院附近散散步，再来也到黄山来游目。

我原定住满之时，决回家时仍到芜湖一转，以便陪我回去。我决定要她从上海直接回家，不必多此一行。如经芜湖，我已很熟，而且有关和师大的旧友见面（那样就不得又要麻烦），只有作罢。我将由疗养院，他们如有车送，最好，否则乘普通车也不成问题。如时间仍往前移，在芜湖住两天，否则住一天即可北上，不会有大困难。不过这些仍需到时再说。我要心静下来，看些书。

专此，即颂

俪安！

全家均此不另。

唐弢 76.9.23.

装订线

第　页

四

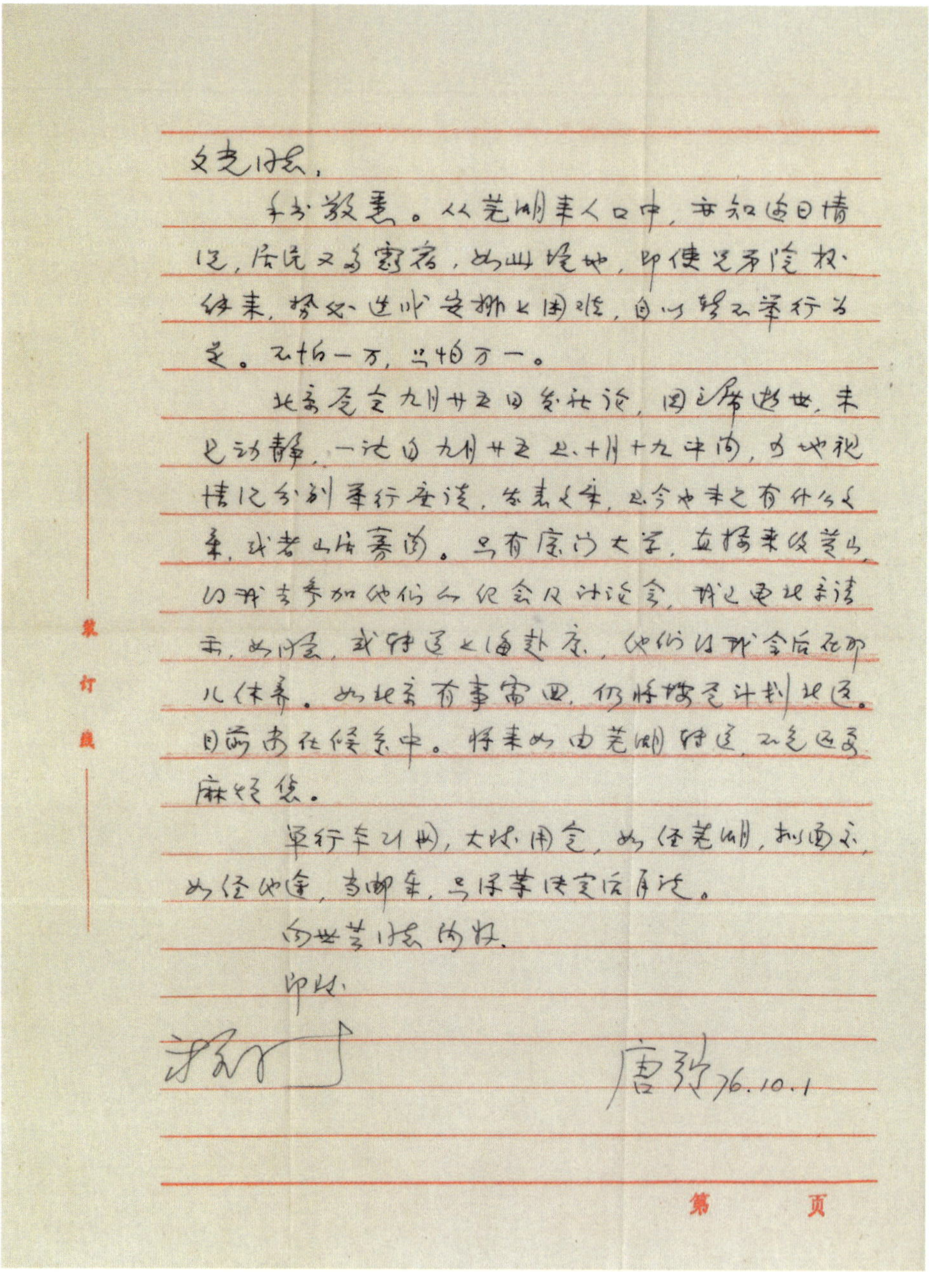

文光同志：

手书敬悉。从芜湖来人口中，亦知近日情况，居民又多露宿，如此境地，即使不予险机终来，势必造成安排上困难，自以暂不举行为是。不怕一万，只怕万一。

北京原定九月廿五日参加讨论，因主席逝世，未见动静，一说自九月廿五至十月十九中间，另地视情况分别举行座谈，尚未下来，迄今也未见有什么下来，或者业已暂停。只有厦门大学，直接来信邀我去参加他们的纪念鲁迅讨论会，我已电北京请示，如同意，我将从上海赴厦，他们说我会后在那儿休养。如北京有事需留，仍将按原计划北返。目前尚在联系中。将来如由芜湖转道，不免还要麻烦您。

单行本二册，大概用完，如经芜湖，拟面交，如经他途，当邮奉，只得等候定后再说。

向世芸同志问好。

即此

唐弢 76.10.1

装订线

第　页

五

文达同志：

我自福建回京后，因为急躁，睡眠一直不好，又因琐碎工作太多，上次天大林来索稿，内附手稿，因上述原因未能即复，对你稍迟些书，由老伴代写之先函上述，谅已收到。

看来一时之间，还不能摆脱杂务，从事写作，十分焦急。北京市委党校要我去讲过一次，内容大致和我在师大讲的差不多，"四人帮"揪出后，我回京，他们又要我去讲一次，以睡眠太差作罢，结果采取了办法，将其外的讲稿一并加在后面，当然不伦不类了。示寄上一本，聊博一笑，另一本乞转林书记，请其指正。

师大学报上我写的几段回忆，怕的日常花了罢，如有时间去我不用却无不可。

匆匆，即此

握手

唐弢 77.1.12.

北京市电车公司印刷厂出品 七六·二

(1458) 20×20=400

六

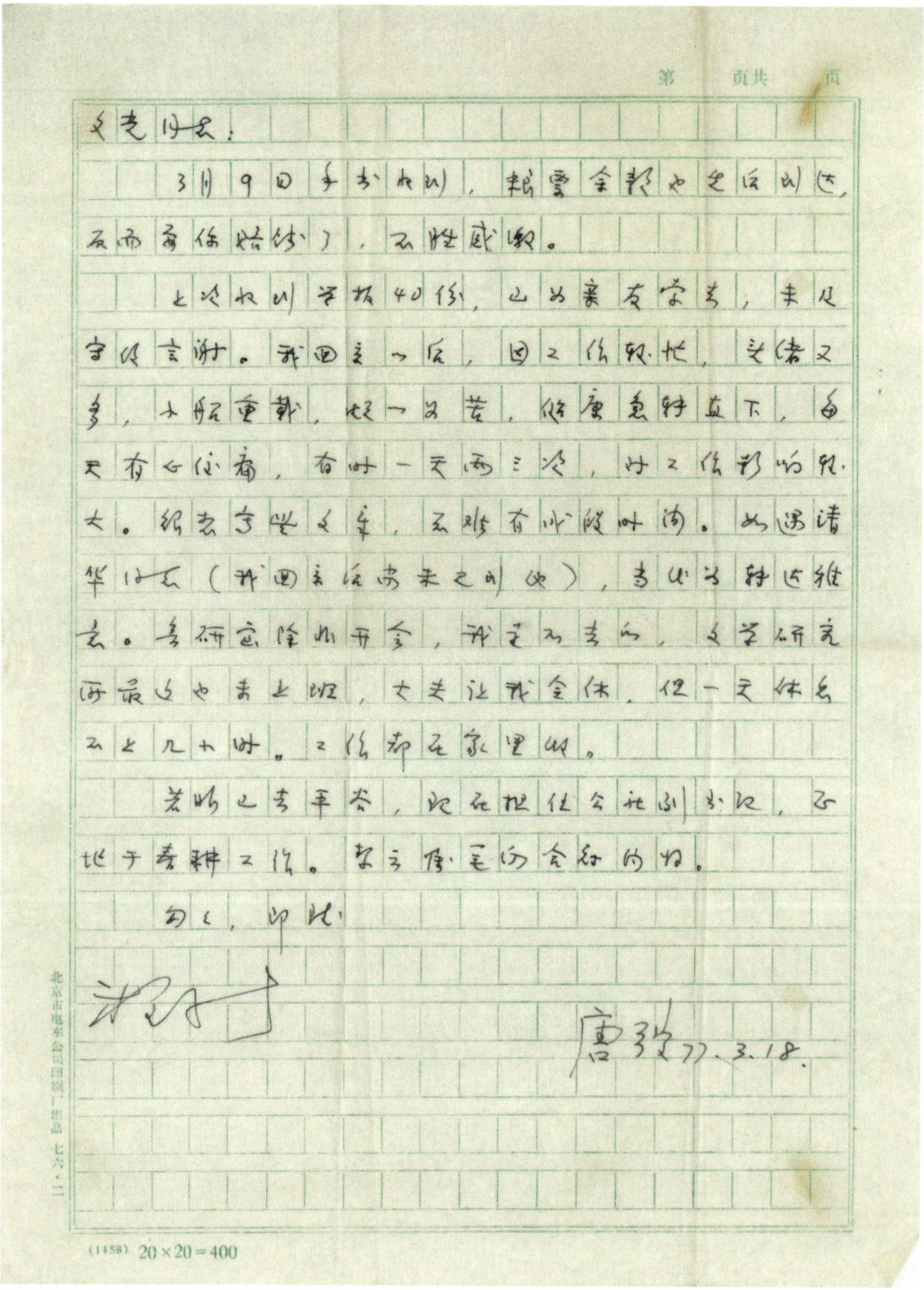
第　　页共　　页

文光同志：

3月9日手书收到，报费全部也已收到，反而要你破费了，不胜感激。

上次收到学报40份，已分赠亲友学生，未及写信言谢。我回京以后，因工作较忙，应酬又多，小病重感，咳了一个多月，体质急转直下，每天有心绞痛，有时一天两三次，对工作影响很大。很想写些文章，总难有此段时间。如遇清华同志（我回京后尚未见到他），请代为转达谢意。文研所除外开会，我已不去了，文学研究所最近也未上班，大夫让我全休，但一天休息不上几小时。工作都在家里做。

若明之事平安，现在担任公社副书记，正忙于春耕工作。学之病毛仍会好的吧。

匆匆，即此

唐弢 77.3.18.

北京市电车公司印刷厂出品 七六·二

(1458) 20×20=400

七

第 页共 页77

文达同志，

8月2日来信收到。

我健康一直不佳，加以杂事太多，原订写作计划，一字未作，十分着急。承嘱为学报写稿，既未能动，无以报命，惶愧惶愧。

何其芳同志突然逝世，大出意外。医生一直将他当心脏病住院，他也自以为是心脏病，七月十一日忽而大量吐血，经手术发现为癌，已扩散，遂以不治。我原以为体质之差，应当先他去世的是我，现在更增"孤独"的感觉。呜呼呜呼，去日苦多，怎么办啊！他们也希望我少从事社会工作，多写回忆自传。一俟早日从事已订计划，俾得如期完成。有负尊命，尚祈见谅！

世英同志及全家均此，并之候安。

即颂

近好

唐弢 77.8.10.

北京市电车公司印刷厂出品 七六·一二

(1458) 20×20=400

八

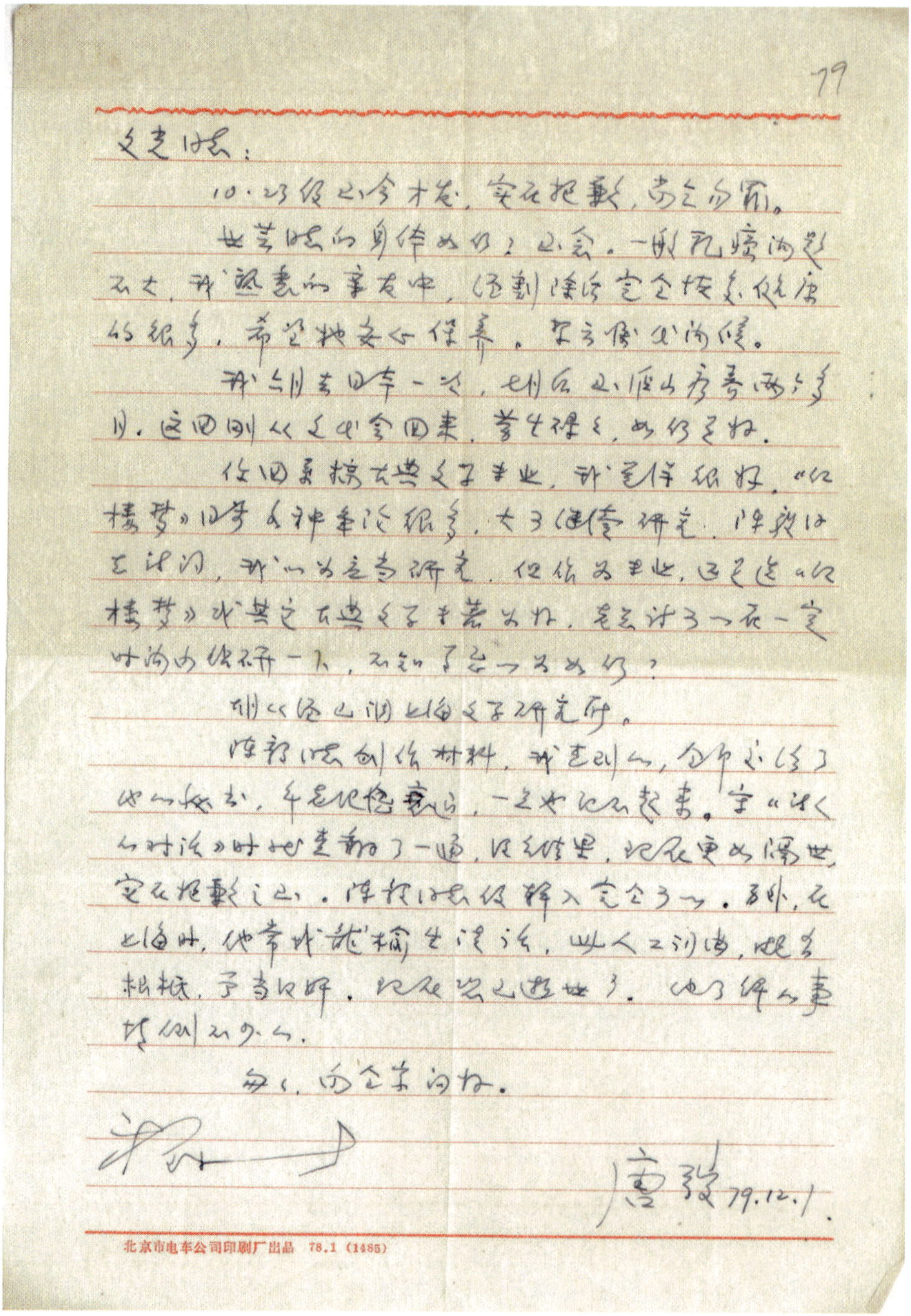

79

文达同志：

10.23信已收到多时，实在抱歉，请原谅。

[illegible]同志的身体好吗？念念。一般[illegible]不大，我[illegible]中，[illegible]完全恢复健康的[illegible]，希望她安心休养。[illegible]。

我今年去四川一次，七月后又[illegible]两个多月。这回刚从文代会回来，[illegible]，[illegible]。

你回来搞古典文学专业，那是很好。《红楼梦》[illegible]很多，大可[illegible]研究。[illegible]，我以为应当研究。但作为专业，还是从《红楼梦》或其它古典文学着手为好，先去作了一定时间的研究一下，不知可否，以为如何？

[illegible]上海文学研究所。

陈翔鹤同志创作材料，我查到了，[illegible]，[illegible]，一定也[illegible]。写《[illegible]》时他来翻了一通，[illegible]，现在[illegible]，实在抱歉之至。陈翔鹤同志[illegible]完全[illegible]。另外，在上海时，[illegible]，此人已[illegible]，[illegible]，[illegible]，现在已经过世了。[illegible]。

匆匆，[illegible]。

[illegible]

唐弢 79.12.1

北京市电车公司印刷厂出品 78.1（1485）

九

中国社会科学院文学研究所

文达同志：

手书已到家多日，我因参加政协会议，一向不住北京，开了一段会，至今才回，迟复为罪。

今年三月，社会科学院要我将《鲁迅传》列入国家"六五"科研重点规划，订了"议定书"（卖身契），我也于将已发表的鲁迅传（至今尚在写传），一并投入规划之后，新的任务，暂时不再接受，写稿之事，实在无一暇余，抱歉之至。

这几年多少通信，但"铁人"一般往事，时萦于怀。令夫人手术后情况良好，令人放心，要多注意休息，好好保养，总可渡过大险。我在64年心肌梗塞时被宣布死刑，今天还活着，由了认识。孩子们想都长大了。即颂

时安！问全家好！

唐弢 7.7.

絜云同笔

十

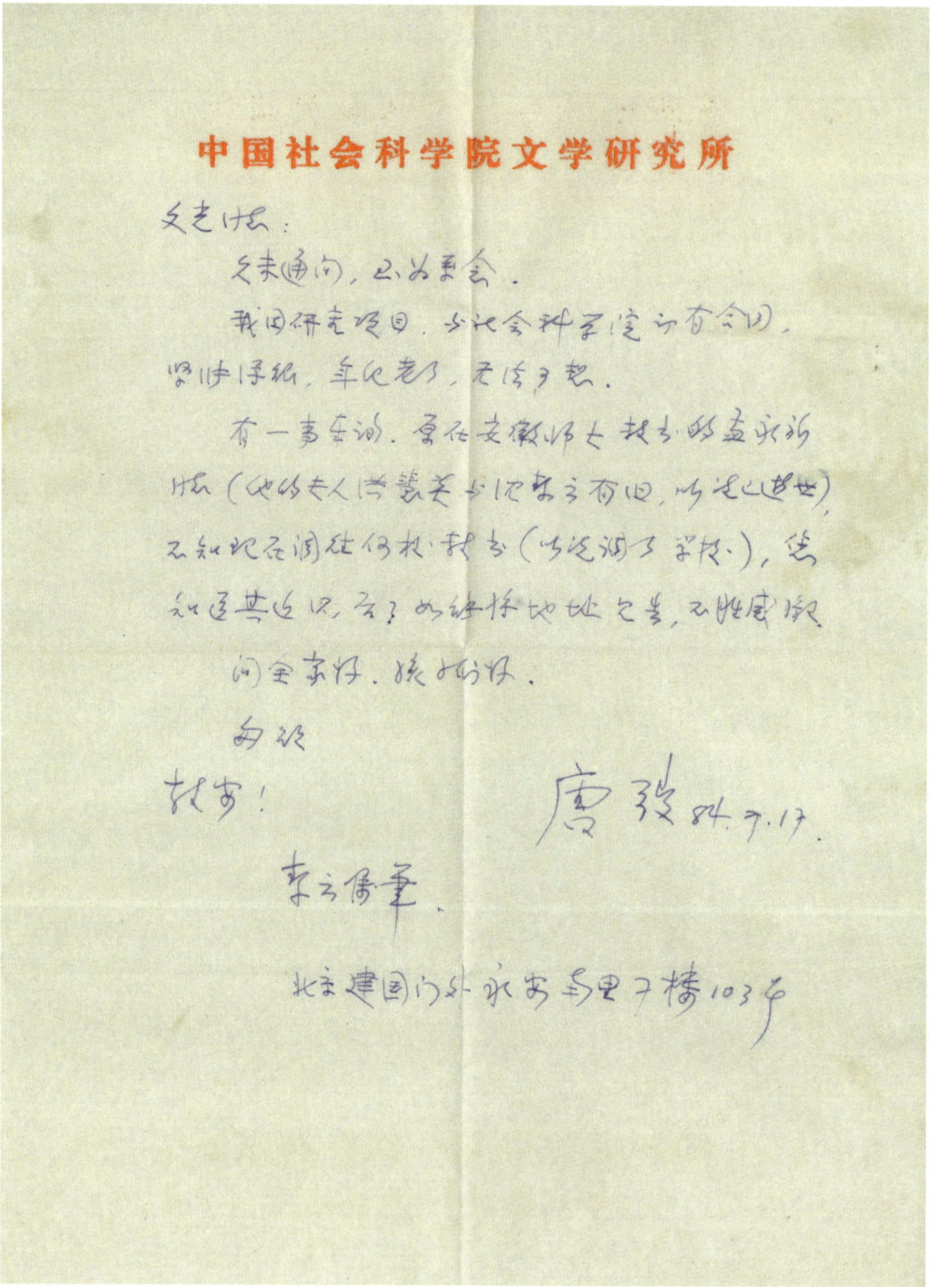

中国社会科学院文学研究所

文達同志：

久未通问，以为悬念。

我因研究项目，与社会科学院订有合同，坚持写稿，年纪老了，无法多想。

有一事奉询，原在安徽师大执教的孟永新同志（他的夫人潘馥英与我家有旧，后者已逝世），不知现在调往何校执教（听说调了学校），您知道其近况否？他的详细地址见告，不胜感激。

问全家好，孩子们好。

匆致

敬安！

唐弢 84.7.17.

来示请寄：

北京建国门外永安南里7楼103号

十一

中国社会科学院文学研究所

文尧同志：

2月15日手书及印件收悉。

龚自珍讨论会，群贤毕至，宏论谠言，比诸黄钟大吕，必将开我茅塞；羡山阴旧游之地，[illegible]于病情，[illegible]，而今犹萦梦寐，有此良机，实不愿轻易放过。只是我和中国社会科学院订有协定书（合同，也是卖身契），接受"六五"国家科研重点规划，要在明年交出一部书稿，今年又招了两名近代文学博士研究生，下半年[illegible]，深感无法分身，有误盛会，[illegible]，[illegible]，终感无中。尚祈[illegible]，[illegible]。即颂

春节愉快！

唐弢 85.2.22夜

十二

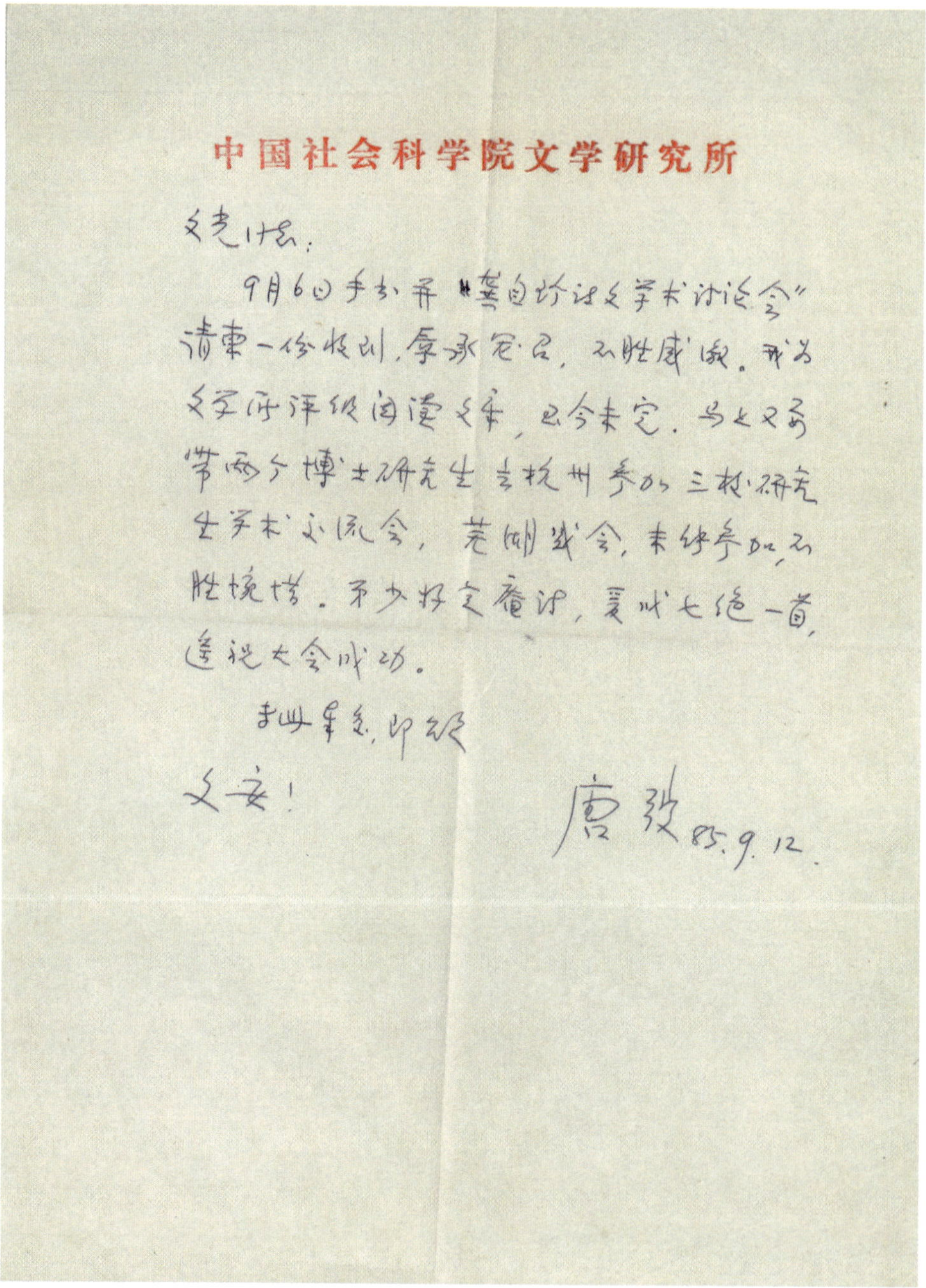

中国社会科学院文学研究所

文光仁兄：

9月6日手书并"龚自珍诗文学术讨论会"请柬一份收到，辱承宠召，不胜感激。我为文学所评级阅读文章，至今未完，又要带两个博士研究生去杭州参加三校研究生学术交流会，芜湖盛会，未能参加，不胜愧憾。年少好定庵诗，草成七绝一首，遥祝大会成功。

书此奉复，即颂

文安！

唐弢 85.9.12.

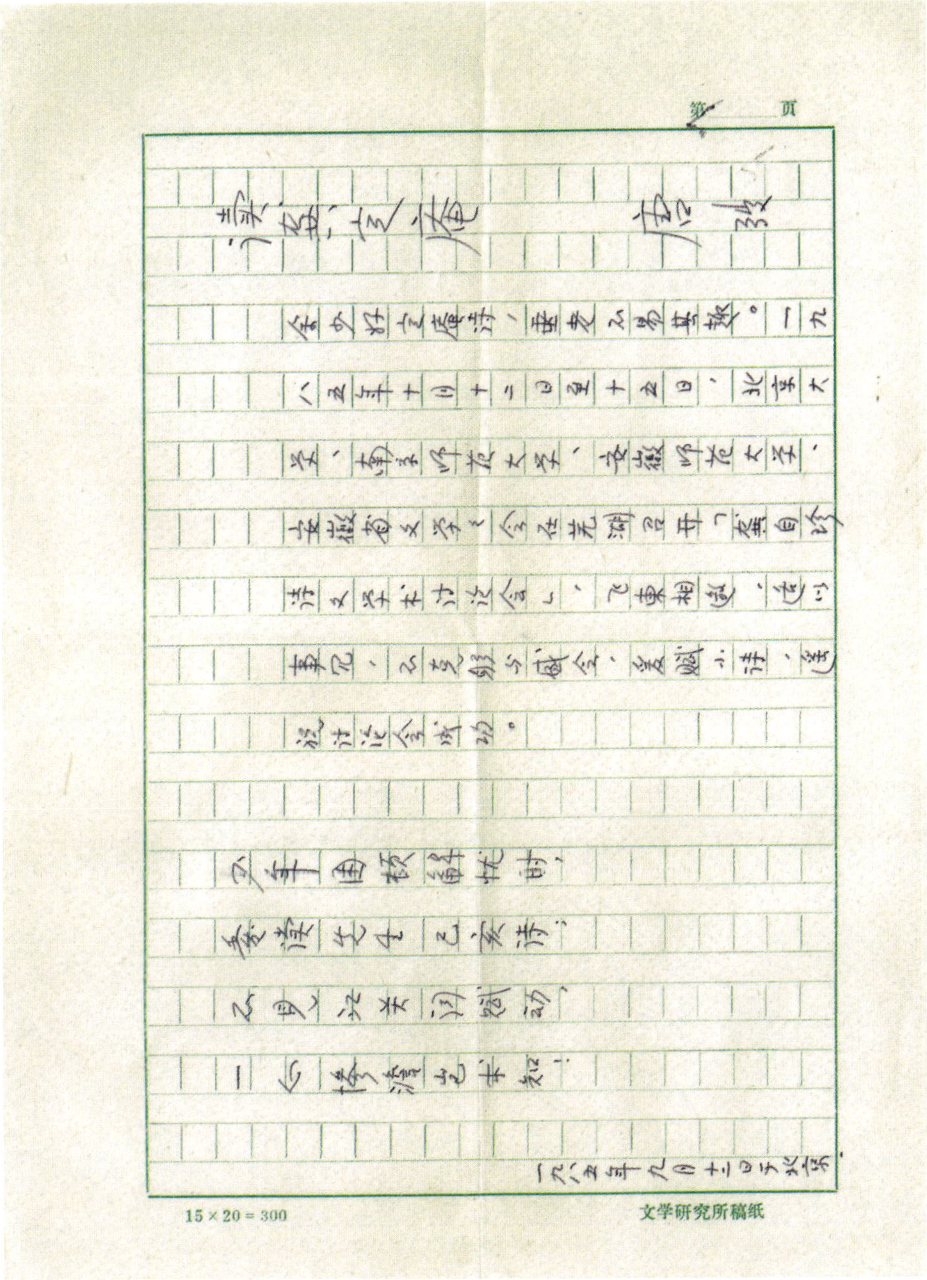

第　页

读定庵　　唐弢

余少好定庵诗，垂老不易其趣。一九八五年十月十二日至十五日，北京大学、南京师范大学、安徽师范大学、安徽省文学学会在芜湖召开「龚自珍诗文学术讨论会」，飞柬相邀，适以事冗，不克躬与盛会，爰赋小诗，遥祝讨论会成功。

少年困顿解忧时，
爱读先生己亥诗；
不见江关词赋动，
一心惨澹世未知！

一九八五年九月十三日于北京。

15×20＝300　　文学研究所稿纸

十三

中国社会科学院文学研究所

文亮同志：

芜湖召开"龚定庵诗文学术讨论会"，前蒙飞柬相邀，会卒中后以诸事牵涉，道路艰涩，不能奉陪。今日接到惠赠《龚自珍研究资料集》，竟蒐及鄙言，愈增前作缺点，万一示人，将贻笑大方。因另行修改一过，以代前作，秘不公开，自然更好。

匆匆，即颂

著安！

唐弢 85.10.5.

读龚定庵　　唐弢

余少时好读定庵诗，垂老而习其体。一九八五年十月十三日至十五日，北京大学、[illegible]大学、[illegible]大学、[illegible]大学，合组「纪念龚定庵诞辰二百周年学术讨论会」，[illegible]，[illegible]诗，[illegible]。

少年曾抱[illegible]时①，
爱读先生己亥诗。
却怪而今词赋老，
南山有木未曾枝②。

一九八五年十一月五日于北京。

① 「[illegible]时」[illegible]。
② 用越人歌「山有木兮木有枝」语意。

十四

中国社会科学院文学研究所

文光同志：

久未问候，至以为念。

近惠福茶叶一大包，黄山珍品，一新口味，可谓清腴绝伦。谨此鸣谢。

我因糖尿病旧恙复发，血糖高出常人三倍，遵医嘱在家休息，亦当注意自遣，但也觉悠然自得。只是每天服汤药两大盅，十分倒胃，则又略一如昔年。祝

阖府平安，并颂

近安！

唐弢 86.6.20.

十五

中国社会科学院文学研究所

文光同志：

手示并尊稿收悉。我已在另纸签名。

稿件我觉得这样好了。那些清代民间诗人，自然不必有关，我虽无直接关系，但既在此不必有关，我看一定讨论（似乎并无这样说过）可以为建议补充。此外，能否加进几句？我的意思是：这样可以加强一点关系，不至于太空洞。不知尊意如何？我因不了解情况，不能增加。

签名的人最好以研究近代史、近代思想、近代文学方面的人为主，也不必将范围太大些。当然有几个有名望的，可请我和当代思想，报刊往来，又一老前，未能亲自联络，可劳尊驾。

北京可以找一下陈奇猷（我不知其住址，可由人大常委会转）、黎澍（近代史所），上海华东师大找吴泽、许杰（均以个人），

中国社会科学院文学研究所

复旦、武大、南大各社在哪些人，我想不起来，但有上次参加会议的钱昌照、苏仲翔等，我意也应请他们签名。我上次提起楼适夷，本来也可一请他，但他因纪念会等事与杭州市闹得不愉快，也许不合适，若请到了在浙江，不便列名。总之，请您看着办也。

我们明天不适，匆匆，即颂

撰安！

唐弢 86.9.11.

签名请周谷城、钱昌照领头最好。周谷城你不熟，可由钱昌照代约。又及。

十六

中国社会科学院文学研究所

文先生：

前承远寄，晤读为快。

我自今年下半得小中风后，健康日差，更无法作字，然会来意无腕力，亦草草写上一纸，聊以塞责，并践前诺。

向夫人及孩子们问好，专此奉笔。

即颂

文安！

唐弢 86.11.27.

唐弢（十八通）

十七

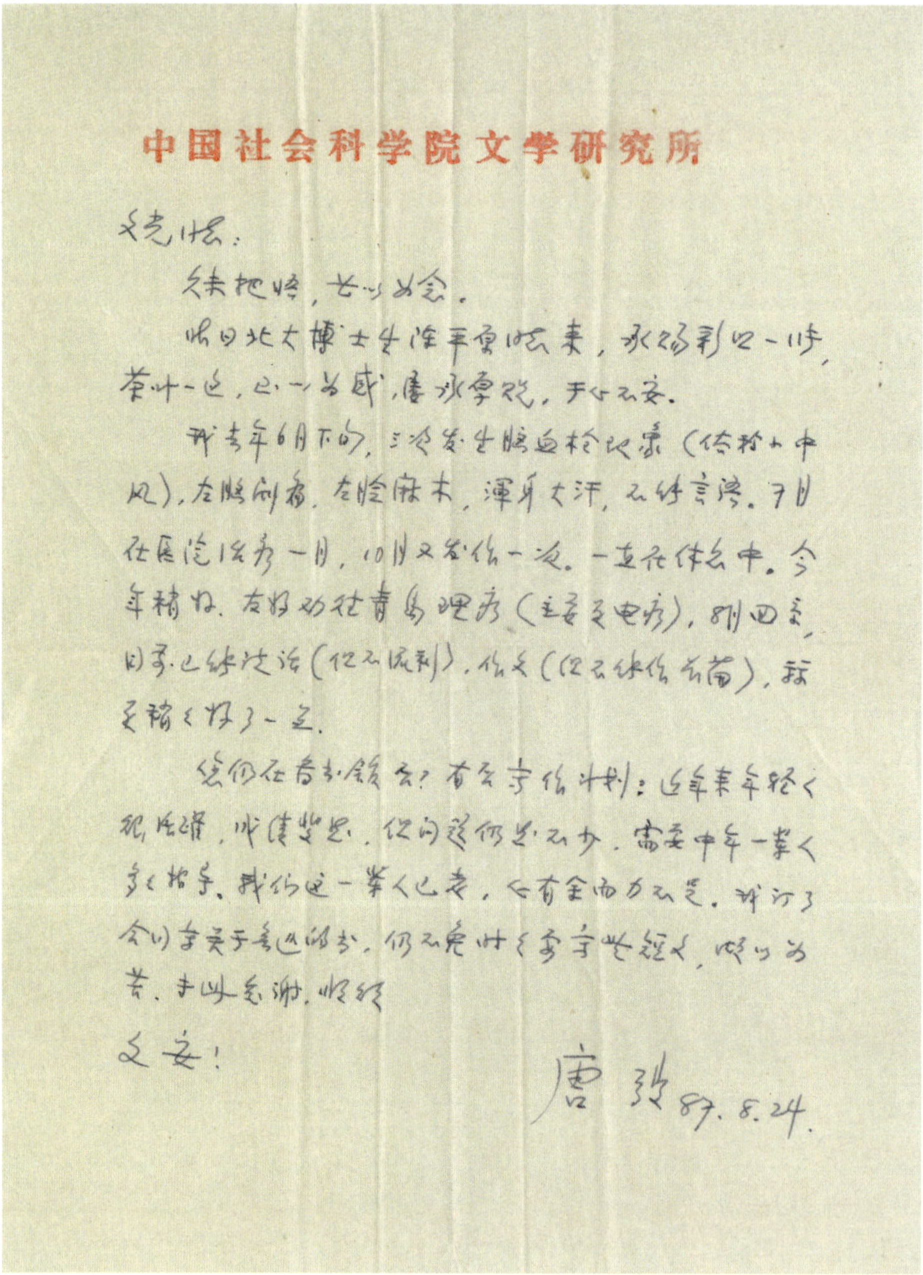

中国社会科学院文学研究所

文光同志：

久未把晤，甚以为念。

昨日北大博士生陈平原同志来，承转到新作一册，茶叶一包，已一一为感，屡承厚贶，于心不安。

我去年6月下旬，三次发生脑血栓形成（俗称小中风），左腿偏瘫，左脸麻木，浑身大汗，不能言语。7月在医院治疗一月，10月又发作一次。一直在休养中。今年稍好，友好劝往青岛疗养（主要是电疗），8月回京，目前已能说话（但不流利），作文（但不能作长篇），较之稍稍好了一点。

您们在香港都好吗？有无写作计划：近年来年轻人犯浮躁，或读些书，但问题仍然不少。需要中年一辈人多多指导。我们这一辈人已老，又有余而力不足。我订了合同写关于鲁迅的书，仍不免时时要写些短文，颇以为苦。专此奉谢，顺颂

文安！

唐弢 87.8.24.

十八

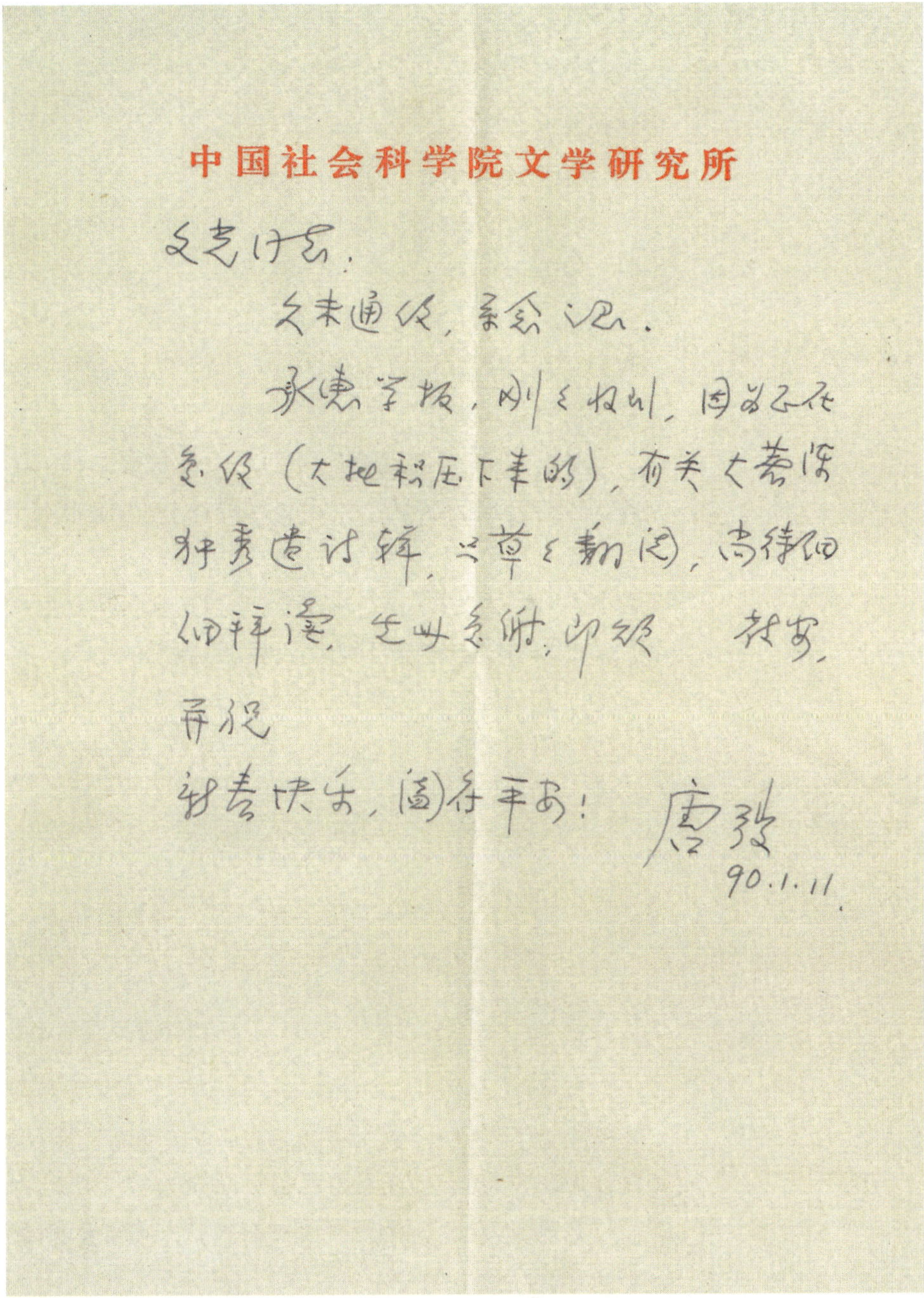
中国社会科学院文学研究所

文光仁兄：

久未通信，系念记之。

承惠学报，刚刚收到，因为不是急信（大概积压下来的）。有关大著陈独秀遗诗辑，已草草翻阅，尚待细拜读。先此奉谢，即颂 春安，并祝

新春快乐，阖府平安！ 唐弢

90.1.11

【书札释文】

一

文光同志：

稿子[1]匆匆写完，读来不太惬意。

内容谈的人不多，对研究工作者也许有些用处，但一般读者，恐无兴趣。我的文字，又因喜欢保持自己风格，和时下文风格格不入，也一定不能为读者欢迎。采用与否，或者要删去一些，可以由编辑部决定，我没有意见。

至于事实，我都仔细回忆过，没有把握的都不写入。校样如不能很快排出，那就不再看了，由您代劳。

我何时离黄山，尚未决定。这里环境极佳，只是看书困难，因为没有资料，消息也很鄙塞，从北京到此，不大习惯。美景当前，我因心脏病无法上山，有时反而觉得是苦事。疗养院很照顾，原来芜湖地委书记方志明同志也住此。合肥、徽州均有人在此疗养，不过，我不大熟识。

请向魏书记、朱平同志、老汪问好。

匆匆，即致

敬礼

唐　弢

1976年9月7日夜

编者注：①稿子：指唐弢《关于三十年代文艺界路线斗争的一些回忆——纪念鲁迅诞生九十五周年》，载《安徽师范大学学报》（哲学社会科学版）1976年第4期。

②魏书记，指魏心一，曾任安徽师范大学党委书记；老汪，指王裕雄，美学家，安徽师范大学文学院教授。

二

文光同志：

惊悉主席逝世，闻之悲痛心碎。

我的老伴沈絮云和孩子若昕，于10日晨由芜湖分别去京沪，到府时碰到您因公去宁，承孙师母殷勤招待，于地震声中照料留饭，多有叨扰，她（他）们已分别到达目的地，并来信嘱专函道谢，并向府上问候。

拙稿因匆促执笔，又限于水平，甚难惬意，如其不合，尽可不用，万勿客气。主席逝世，学报必须刊登文章及告全国人民书，第五期势必赶紧出版，第四期论理要让路，稿如已足，不必因我这篇小文耽误。我是编过刊物的人，知道编辑有许多困难，这是老实话，不是敷衍虚假之谈。

我在这里大概还要住些时，倘无其他情况（北京来信嘱我继续养病），准备住到十月中旬，那时如不从芜湖转道，当将尊书21册①，邮寄勿误。目前行止未作最后决定。

魏书记、朱平同志及其他各位代为问候。

匆匆，即致

敬礼

唐　弢

1976年9月20日夜

编者注：①指借阅孙文光所藏之鲁迅著作单行本21册。

三

文光同志：

您太客气了，希望以后以同志称呼①。

主席逝世消息传到后，我心里实在悲痛欲绝，所以直到前天才给您写信。还是因为我的老伴从上海来信，若昕又从北京来信，一再嘱我向府上道谢（我粗心大意，竟未请教嫂夫人姓名）。不料信刚付邮，昨天又有两位驻防山上的解放军同志捎来大函，这样就交叉了。知道您当晚回家，第二天又去车站，更增不安。她们当晚住鸠江饭店，很顺利。再一次谢谢。

感谢您寄下的主席手迹照片，这将是我此次到皖的最珍贵的纪念。我万万想不到会在黄山听到主席逝世的消息！尊作诗词，情见乎词，确实很好。我本来也想写点什么，不知怎的，心总收不起来，做别的事也不成。正好北京人民文学出版社寄来《且介亭杂文》注释本征求意见稿，是上海立新造船厂、新建机器厂和上海师大合注的，要我于十月初看毕送回，我就借此消磨时间，分散哀思。反正看一条是一条，拿得起放得下，但进度很慢，不过十月上旬交稿无问题，别的就什么也不想做了。

拙文随便修改，都可听便。

如果没有其他变化，我大约于十月中旬回京。北京来信说机关忙于修复损坏房屋，干部带头，大家动手。主席吊唁追悼结束后，仍在处理这些事，因此认为我回去也不能干这些，不如再住几时。看来黄山天气，到十月就冷了（虽然北京已将衣服寄来），久住也没有意思。我又被禁止上山，只能在疗养院附近散散步，并未见到黄山真面目。

我的老伴临走时，说回京时仍到芜湖一转，以便陪我回去。我决定要她从上海直接回京，不必多此一行。如经芜湖，我已较熟，而且有您和师大同志照料（那样少不得又要麻烦），没有问题。我问问疗养院，他们如有车送，最好；否则公共汽车也不成问题。如学校仍须践前约，在芜湖住两天；否则住一天即可北上，不会有大困难。不过，这些自当到时再说。我想心静下来，再看些书。

专此，即颂

俪安！

合府均此不另

唐　弢

1976年9月23日

编者注：孙文光在通信中称唐先生为“老师”，唐先生谦谢曰“太客气了”。

四

文光同志：

手书敬悉。从芜湖来人口中，亦知迩日情况，居民又多露宿，如此境地，即使兄弟院校能来，势必造成安排上困难，自以暂不举行为是。不怕一万，只怕万一。

北京原定九月廿五日发社论，因主席逝世，未见动静，一说自九月廿五至十月十九中间，各地视情况分别举行座谈，发表文章，至今也未见有什么文章，或者山居寡闻。只有厦门大学，直接来信黄山，约我去参加他们的纪念及讨论会，我已电北京请示，如同意，或转道上海赴厦，他们约我会后在那儿休养。如北京有事需回，仍将按原计划北返。目前尚在候复中。将来如由芜湖转道，不免还要麻烦您。

单行本21册，大致用完，如经芜湖，拟面交，如经他途，当邮奉，只得等决定后再说。

向世芸同志问好。

即致

敬礼

唐　弢

1976年10月1日

五

文光同志：

我自福建回京后，旧病复发，健康一直不好，又因琐碎工作太多，上次厦大转来学报，内附手条，因上述原因未能即复，特约稍迟奉书，由老伴沈絜云先函上达，谅已收到。

看来一时之间，还不能摆脱杂务，从事写作，十分躁急。北京市委党校原去讲过一次，内容大致和拟在师大讲的差不多，“四人帮”揪出后，我回京，他们又要我去讲一次，以健康太差作罢，结果采取巧办法，将其外地讲的摘一点加在后面，真是不伦不类了。兹奉上一本，聊博一笑；另一本乞转魏书记，请其指正。

师大学报上我写的几段回忆，怕明日黄花了罢，如拟删去或不用，都无不可。

匆匆，即致

敬礼

唐　弢

1977年1月12日

六

文光同志：

3月9日手书收到，粮票余款也先后到达，反而要你赔钱了，不胜感激。

上次收到学报40份，已为亲友索去，未及写信言谢。我回京以后，因工作较忙，头绪又多，小船重载，颇以为苦，健康急转直下，每天有心绞痛，有时一天两三次，对工作影响较大。很想写些文章，总难有成段时间。如遇靖华同志（我回京后尚未见到他），当代为转达雅意。鲁研室除非开会，我是不去的，文学研究所最近也未上班，大夫让我全休，但一天休息不上几小时。工作都在家里做。

若昕已去平谷，现在担任公社副书记，正忙于春耕工作。絜云嘱笔向合府问好。

匆匆，即致

敬礼

唐　弢

1977年3月18日

七

文光同志：

8月2日来信收到。

我健康一直不佳，加以杂事太多，原订写作计划，只字未作，十分着急。承嘱为学报写稿，盛意殷勤，无以报命，惶愧惶愧。

何其芳同志突然逝世，大出意外，医生一直将他当心脏病治疗，他也自以为是心脏病，七月十一日忽而大量吐血，经手术发现为癌，已扩散，遂致不治。我原以为健康更差，应当先他去见马克思的，现在更增“赶快做”的感觉。时乎时乎，去日苦多，怎么办呢！组织上希望我少从事社会工作，多多注意身体，以便早日从事已订计划，俾得如期完成。有方尊命，尚祈见谅！

世芸同志及全家均此。絜云嘱笔。

即致

敬礼

唐　弢

1977年8月10日

八

文光同志：

10月23日信至今才发，实在抱歉，尚乞勿罪。

世芸同志的身体如何？至念。一般乳癌问题不大，我熟悉的亲友中，经割除后完全恢复健康的很多，希望她安心保养。絜云嘱代问候。

我六月去日本一次，七月后，至庐山疗养两个多月。这回刚从文代会回来，劳生碌碌，如何是好！

你回来搞古典文学专业，我觉得很好。《红楼梦》目前各种争论很多，大可继续研究。陈毅同志诗词，我以为应当研究，但作为专业，还是选《红楼梦》或其他古典文学专著为好。老总诗可以在一定时间内钻研一下，不知尊意以为如何？

胡从经已调上海文学研究所。

陈毅同志创作材料，我想到的，全部交给了他的秘书，年老记忆衰退，一点也记不起来。写《诗人的对话》时就查翻了一通，没有结果，现在更如隔世，实在抱歉之至。陈毅同志信辑入完全可以。另外，在上海时，他常找龙榆生谈话，此人工词曲，颇有根柢，曾当汉奸，现在恐已逝世了。他了解的事情倒不少的。

匆匆，向全家问好。

敬礼

唐　弢

1979年12月1日

九

文光同志：

手书已到家多日，我因参加政协会议，以后又住到别处，开了一段会，至今才见到，迟复勿罪。

今年三月，社会科学院要我将《鲁迅传》列入国家“六五”科研重点规划，订了“议定书”（卖身契），我忙于将已答应的文债还清（至今尚在还债），以便投入规划工作，新的任务，暂时不再接受，写稿之事，实在无以赴命，抱歉之至。

这几年虽少通信，但“铁山”一段往事[1]，时萦下怀。尊夫人手术后情况良好，令人放心，要多注意休息，好好保养，当可逐渐就痊。我在1964年心肌梗塞时被宣布死刑，今反而转好，即可证明。孩子们想都长大了，即颂

教安！问全家好！

絮云嘱笔。

唐　弢

7月7日[2]

编者注：①铁山：指芜湖铁山宾馆，1976年唐先生来芜湖下榻处。

②此信约写于1983年7月7日。

十

文光同志：

久未通问，至为系念。

我因研究项目，与社会科学院订有合同，紧张得很，年纪老了，无法可想。

有一事奉询，原在安徽师大教书的孟永祈同志（他的夫人洪慧英与沈絜云有旧，听说逝世），不知现在调往何校教书（听说调了学校），您知道其近况否？如能将地址见告，不胜感激。

问全家好，孩子们好。

匆颂

教安

絜云嘱笔。

唐　弢

1984年7月17日

十一

文光同志：

2月15日手书及印件收悉。

龚自珍讨论会，群贤毕至，宏论谠言，比诸黄钟大吕，必能开我茅塞；黄山虽旧游之地，厄于病情，确未登巅，至今犹萦梦寐，有此良机，实不愿轻易差过。只是我和中国社会科学院订有议定书（合同，也是卖身契），接受“六五”国家科研重点规划，要在1985年底交出一部分稿；今年又招了两名现代文学博士研究生，下半年必甚忙碌，深恐无法分身，有误盛会。名额有限，不如另让贤者。屡承垂爱，铭感五中。向府上各位问好。絜云嘱笔。即颂春节愉快！

唐　弢

1985年2月22日夜

十二

文光同志：

9月6日手书并“龚自珍诗文学术讨论会”请柬一份收到，辱承宠召，不胜感激。我为文学所评级阅读文章，至今未完，马上又要带两个博士研究生去杭州参加三校研究生学术交流会，芜湖盛会，未能参加，不胜惋惜。弟少好定庵诗，爰成七绝一首，遥祝大会成功。

专此奉复，即颂

文安！

唐　弢

1985年9月12日

读龚定庵

余少好定庵诗，垂老不易其趣。一九八五年十月十二日至十五日，北京大学、南京师范大学、安徽师范大学、安徽省文学学会在芜湖召开“龚自珍诗文学术讨论会”，飞柬相邀，适以事冗，不克躬与盛会，爰赋小诗，遥祝讨论会成功。

少年困顿解忧时，
爱读先生已亥诗。
不见江关词赋动，
一心惨澹岂求知！

唐　弢

一九八五年九月十二日于北京

十三

文光同志：

芜湖召开“龚定庵诗文学术讨论会”，前蒙飞柬相邀，仓卒中作小诗奉谢。造句艰涩，不堪卒读。今日接到惠赐《龚自珍研究资料集》，竟蒐及刍言，忽悟前诗缺点，万一示人，将贻笑大方。因另行修改一过，以代前诗，秘不公开，自然更好。

匆匆，即颂

著安！

唐　弢

1985年10月5日

读龚定庵

余少好定庵诗，垂老不易其趣。一九八五年十月十二日至十五日，北京大学、南京师范大学、安徽师范大学、安徽省文学学会在芜湖召开“龚定庵诗文学术讨论会”，飞柬相邀，适以事冗，不克躬与盛会。遥想裙屐风流，不禁为之神往。爰赋小诗，祝讨论会成功。

少年困顿解忧时①，
爱读先生己亥诗。
却忆江关词赋老，
南山有木未盈枝②。

唐　弢

一九八五年十月五日于北京

①“忧时”两字连读。

②用《越人歌》“山有木兮木有枝”诗意。

十四

文光同志：

久未问候，至以为念。

近惠赐茶叶一大包，黄山珍品，一新口味，可谓清绝纯绝，谨此鸣谢。

我因糖尿病旧恙复发，血糖高出常人三倍，遵医嘱在家休息，写些短文自遣，倒也悠然自得，只是每天服汤药两大盅，十分倒胃，则又颇以为苦耳。祝

阖府平安，并颂

夏安！

唐　弢

1986年6月20日

十五

文光同志：

手示并尊稿收悉。我已在另纸签名。

稿件我觉得这样可以。那所清代民用房屋，是否与龚有关，或虽无直接关系，但所在地与龚有关，或曾一度动议（似乎您那天这样说过）以此为建设处所，等等。能否加说几句？我的意思是：这样可以加强一点关系，不至于太悬空，不知尊意如何？我因不了解情况，不能胡加。

签名的人最好以研究近代史、近代思想、近代文学，或浙江籍的人为主，也不妨范围大些，当然要几个有名望的，可惜我和当代显要极少往来，又以患病，未能亲自联络，有劳尊驾。

北京可以找一下周谷城（我不知其住址，可由人大常委会转）、黎澍（近代史所），上海华东师大找吴泽、许杰（浙江人），复旦、武大、南大不知有哪些人，我想不起来，还有上次参加会议的钱昌照、苏仲翔等，我想也应请他们签名。我上次提起楼适夷，本

来也可以请他，但他因鲁迅纪念像事与杭州市闹得不愉快，也许不合适。黄源则身在浙江，不便列名。总之，请您看着办吧。

我仍时时不适，匆复，即颂

教安！

唐　弢

1986年9月11日

签名请周谷城、钱昌照领头最好。周谷城似不熟，可由钱昌照代约。又及。

十六

文光同志：

前承过寓，晤谈为欢。

我自六月下旬得小中风后，健康日差，曾允为您作字，恐愈来愈无腕力。兹草草写上一纸，聊以塞责，并践前诺。

向夫人及孩子问好。絜云嘱笔。

即颂

文安！

唐　弢

1986年11月27日

十七

文光同志：

久未把晤，甚以为念。

昨日北大博士生陈平原同志来，承赐彩照一张，茶叶一包，至以为感。屡承厚贶，于心不安。

我去年6月下旬，三次发生脑血栓现象（俗称小中风），左脑剧痛，左脸麻木，浑身大汗，不能言语。7月在医院治疗一月，10月又发作一次。一直在休息中。今年稍好，友好劝往青岛理疗（主要是电疗），8月回京，目前已能说话（但不流利）、作文（但不能作长篇），算是稍稍好了一点。

您仍在图书馆否？有否写作计划？近年来年轻人很活跃，成绩斐然，但问题仍然不少，需要中年一辈人多多指导。我们这一辈人已老，心有余而力不足。我订了合同写关于鲁迅的书，仍不免时时要写些短文，颇以为苦。专此复谢，顺颂

文安！

唐　弢

1987年8月24日

十八

文光同志：

久未通信，系念之至。

承惠学报，刚刚收到。因为正在复信（大批积压下来的），有关大著《陈独秀遗诗辑存》，只草草翻阅，尚待细细拜读。先此复谢，即颂

教安

并祝

新春快乐，阖府平安！

唐　弢

1990年1月11日

季镇淮（二十三通）

【书札墨迹】

一

季镇淮（1913—1997），一名正怀，字子韦，号来之，江苏淮安人。北京大学教授，曾任北京大学中文系主任。

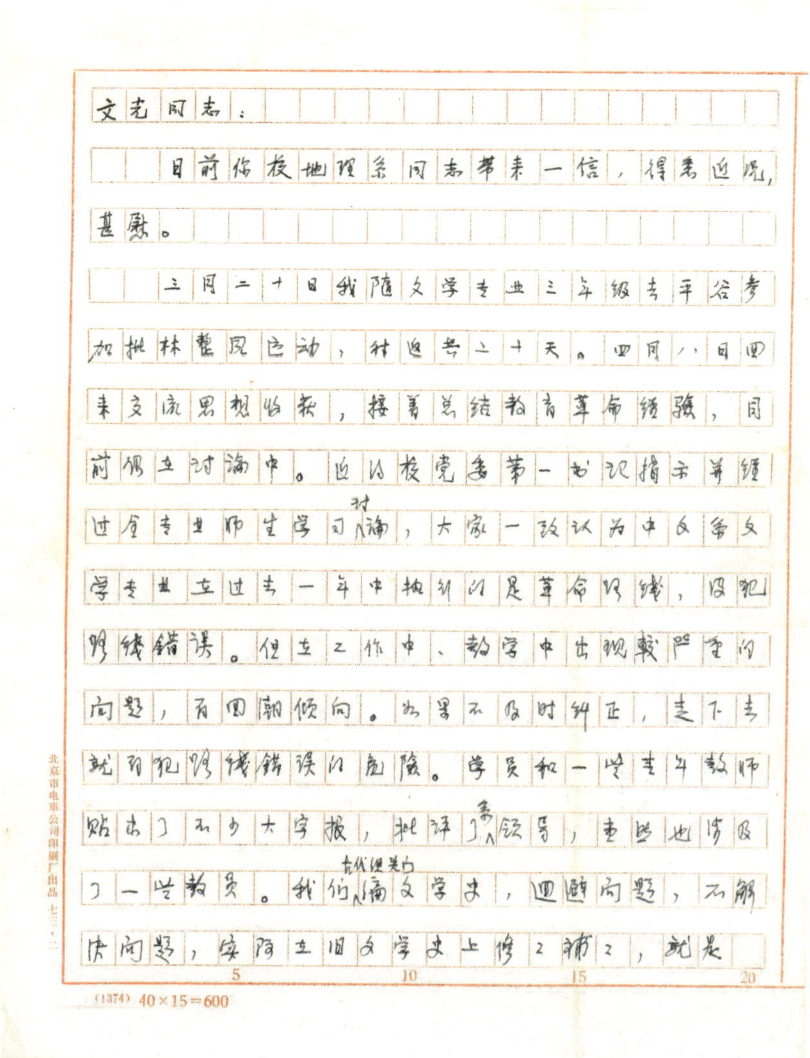

文光同志：

日前你校地理系同志带来一信，得悉近况，甚慰。

三月二十日我随文学专业三年级去平谷参加批林整风运动，计近共二十天。四月八日回来交流思想收获，接着总结教育革命经验，目前仍在讨论中。近日校党委第一书记指示并经过全专业师生学习讨论，大家一致认为中文系文学专业在过去一年中执行的是革命路线，没犯路线错误。但在工作中、教学中出现较严重的问题，有回潮倾向。如果不及时纠正，走下去就有犯路线错误的危险。学员和一些青年教师贴出了不少大字报，批评了系领导，有些也涉及了一些教员。我们古代组关门编文学史，回避问题，不解决问题，实际在旧文学史上修修补补，就是

北京市电车公司印刷厂出品 七三·二

5 10 15 20

(1374) 40×15=600

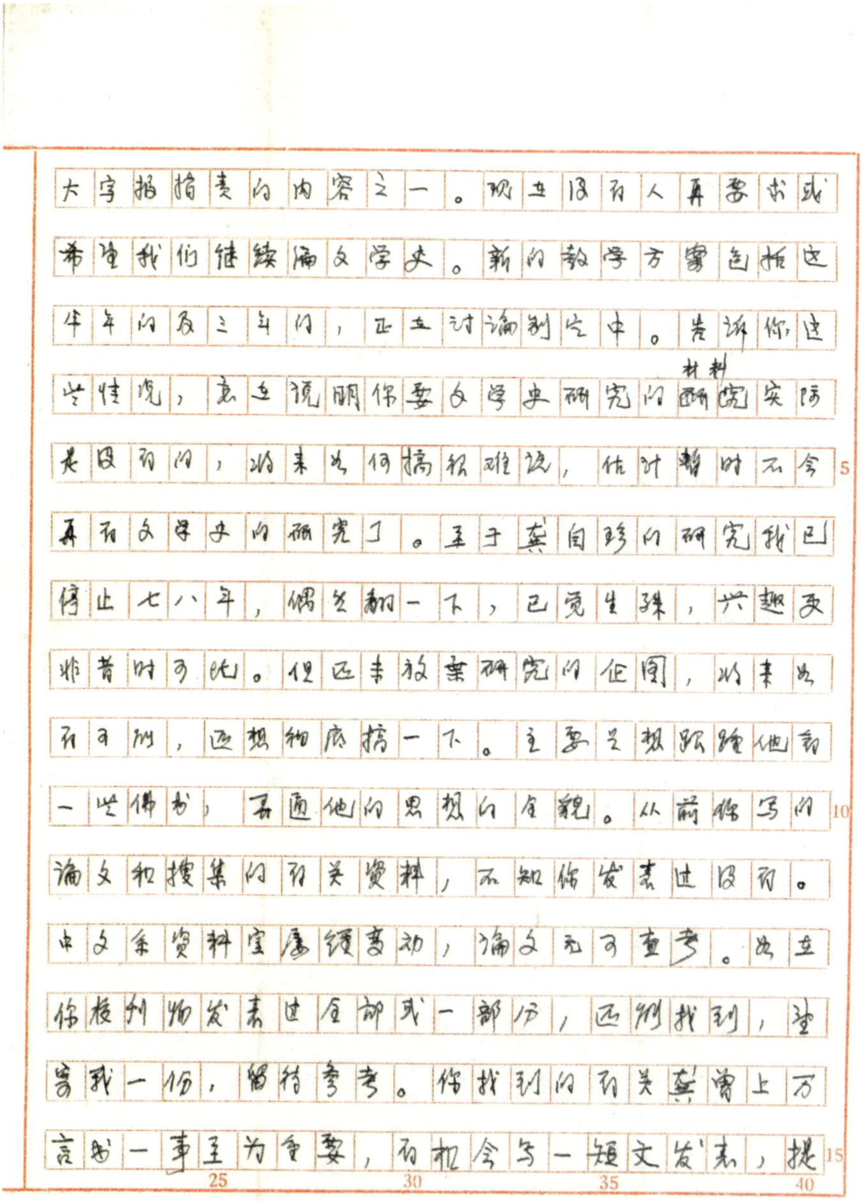

大字报指责的内容之一。现在没有人再要求或希望我们继续编文学史。新的教学方案包括这半年的及三年的，正在讨论制定中。告诉你这些情况，意在说明你要文学史研究的材料实际是没有用的，将来如何搞很难说，估计暂时不会再有文学史的研究了。至于龚自珍的研究我已停止七八年，偶然翻一下，已觉生疏，兴趣更非昔时可比。但还未放弃研究的企图，将来如有可能，还想彻底搞一下。主要是想跟踪他读一些佛书，看通他的思想的全貌。从前你写的论文和搜集的有关资料，不知你发表过没有。中文系资料室屡经变动，论文无可查考。如在你校刊物发表过全部或一部分，还能找到，望寄我一份，留待参考。你找到的有关龚曾上万言书一事至为重要，有机会写一短文发表，提

供学术界研究讨论，对弄清楚龚的政治思想大有帮助。但在目前估计发表这类短文的可能性还是不大的。北大中文系五五级有位同学杨天石（近作《王阳明》一书已出版）一直研究龚自珍，偶一相见，听其所谈，获益不少。你们回到教学岗位，以龚自珍研究为重点，上窥乾嘉，下及近代，以求弄通这一段的思想文化包括文学的源流变迁，我想是很有意思的。我本人也想留意于此，只是精力已有所不逮，没有欲望，恐只是谈谈而已。国内龚自珍的研究材料，多读了几部，以备晤谈。谨此布达，并祝安乐。

季镇淮 1973，4，25。

北京市电车公司印刷厂出品 七三·二

(1374) 40×15=600

二

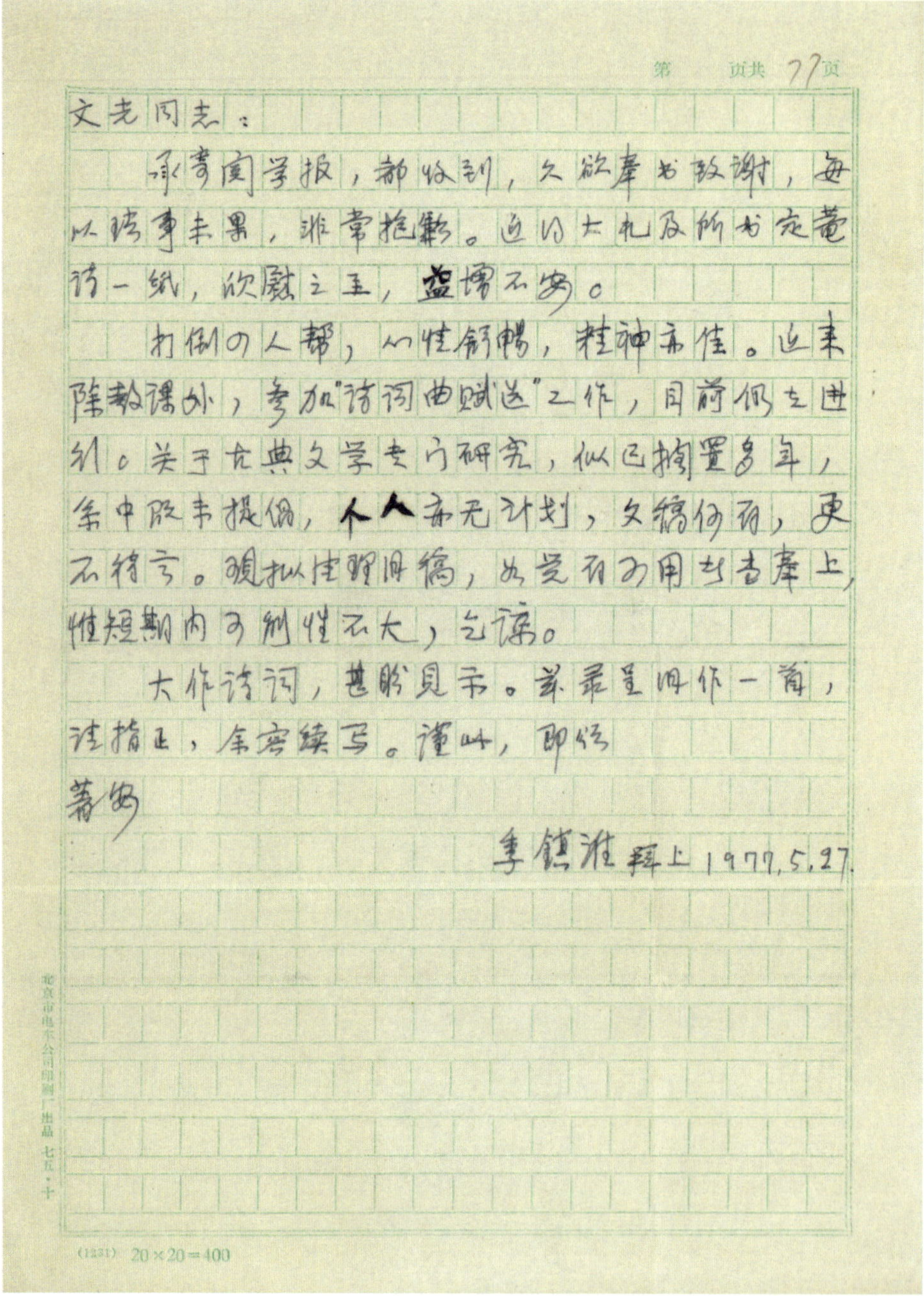

第　页共　页

文光同志：

承寄阅学报，都收到，久欲奉书致谢，每以琐事未果，非常抱歉。近日大札及所书定庵诗一纸，欣慰之至，益增不安。

打倒四人帮，心情舒畅，精神亦佳。近来除教课外，参加"诗词曲赋选"之作，目前仍在进行。关于古典文学专门研究，似已搁置多年，系中既未提倡，个人亦无计划，文稿何有，更不待言。现拟整理旧稿，如觉有可用者当奉上，惟短期内可能性不大，乞谅。

大作诗词，甚盼见示。兹录呈旧作一首，请指正，余容续写。谨此，即颂

著安

季镇淮拜上 1977.5.27.

(1231) 20×20=400

三

78

文光同志：

二月一日大札奉悉。学报十册亦已收到。我于前月廿七日自西安返抵家中，一切如常。春节中休息几天，稍觉疲劳，今亦渐康复。目前学校开始新学期，有待完成工作，即增选诗选本，上册须三月交稿。此书出版后当奉上请教。徽书意见本问题很多，没有什么参考意义，不知还有存本否，似无寄上的必要。

另承美意，索稿一篇。拟在韩愈研究范围内奉上一篇请教。旧有《韩愈》一稿，有叙事和议论两部分，叙事部分有连续性，只能截取一章；议论部分可独立成篇。我想写《韩愈的诗论和诗作》一篇，只论的部分。不知兄意见如何，此题可用否？又学报载文最长能容多少字，怎样写比较符合要求，以及何时截稿等等，望即来示见告，以便安排时间，如期应命。工作很多，往往临时决定新任务与旧计划相左，不能兼顾，只能拖些时间或仓卒应付，不免影响工作。容续谈，谨此奉复，即颂

编安

季镇淮拜上

1978，2，23.

四

第　　页共　　页

文光同志：十二月九日来函欣悉。在兰州时，收到惠寄学报。近年身体较好，游兴不小。前有机会得去黄山，实践夙愿。今年毫无希望，当然也不能说的很太绝对，黄山还是想去，等一有机会不会放过。今年一年主要是参加整编闻先生全集并写纪念闻先生文章。目前整编班子还未组织起来，只读闻集，作准备工作。你们学报望我写一篇已久，至今未交卷，确如负债很深，心中焦急难过。实际写的任务往往打断计划，不少约稿，不能如期实践诺言，每以为憾。今年能否寄给你们一篇，仍很难说。不过我记住这件事，并未忘记，此后定要还债。你们四系进

北京市电车公司印刷厂出品 七八·八

（1460） 20×20＝400

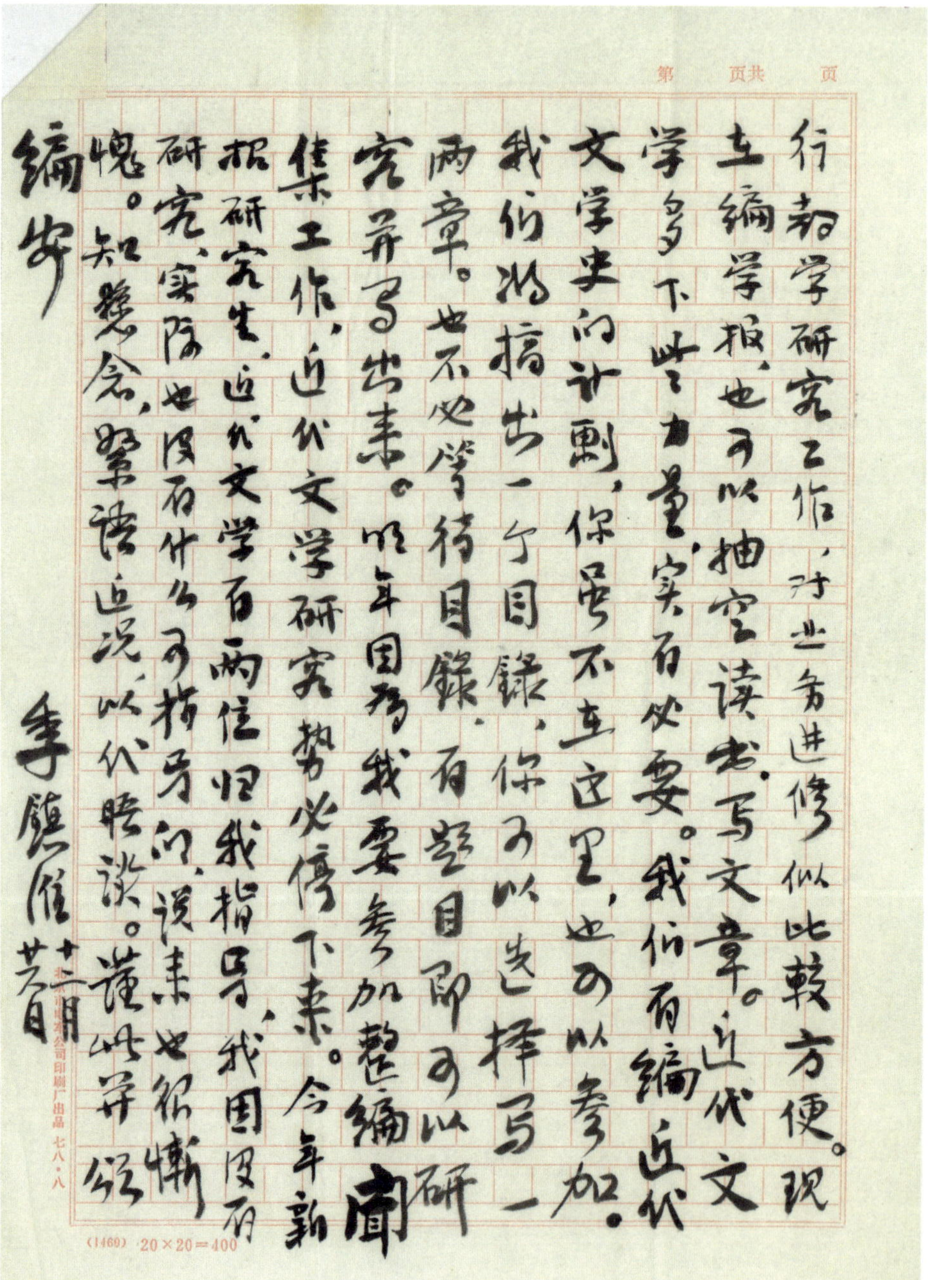

第　页共　页

行新学研究工作，对此务进修似比较方便。现
在编学报，也可以抽空读书，写文章。近代文
学多下些力量，实有必要。我们有编近代
文学史的计划，你虽不在这里，也可以参加。
我们将指出一个目录，你可以选择写一
两章。也不必等待目录，有题目即可以研
究并写出来。明年因为我要参加整编南
集工作，近代文学研究势必停下来。今年新
招研究生，近代文学有两位归我指导，我因没有
研究，实际也没有什么可指导的，说来也很惭
愧。知殷念，絮语近况，以代晤谈。谨此并颂
编安

季镇淮
十二月廿三日

(1460) 20×20=400
北……公司印刷厂出品 七八·八

五

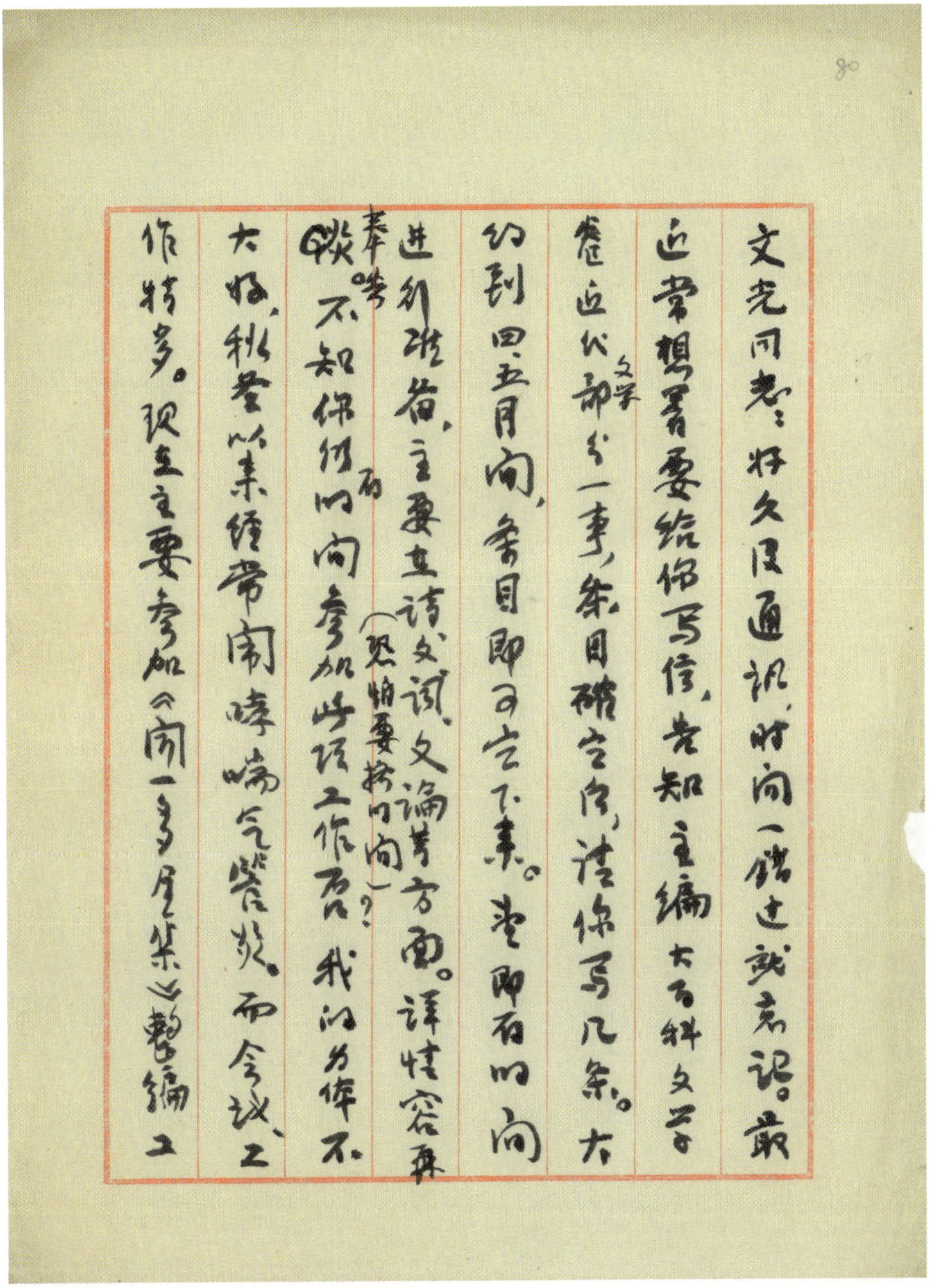

文先同志：好久没通讯，时间一错过就忘记。最近常想着要给你写信，告知主编大百科文学卷近代文学部分一事，条目确定后，请你写几条。大约到四五月间，条目即可定下来。届即可向进行洽商，主要在诗、文、词、文论等方面。详情容再奉告。不知你们可向参加此项工作否（恐怕要探问一下）？我们为你不大好。秋冬以来经常闹哮喘气管炎。而会议、工作特多。现在主要参加《闹一多全集》整编工

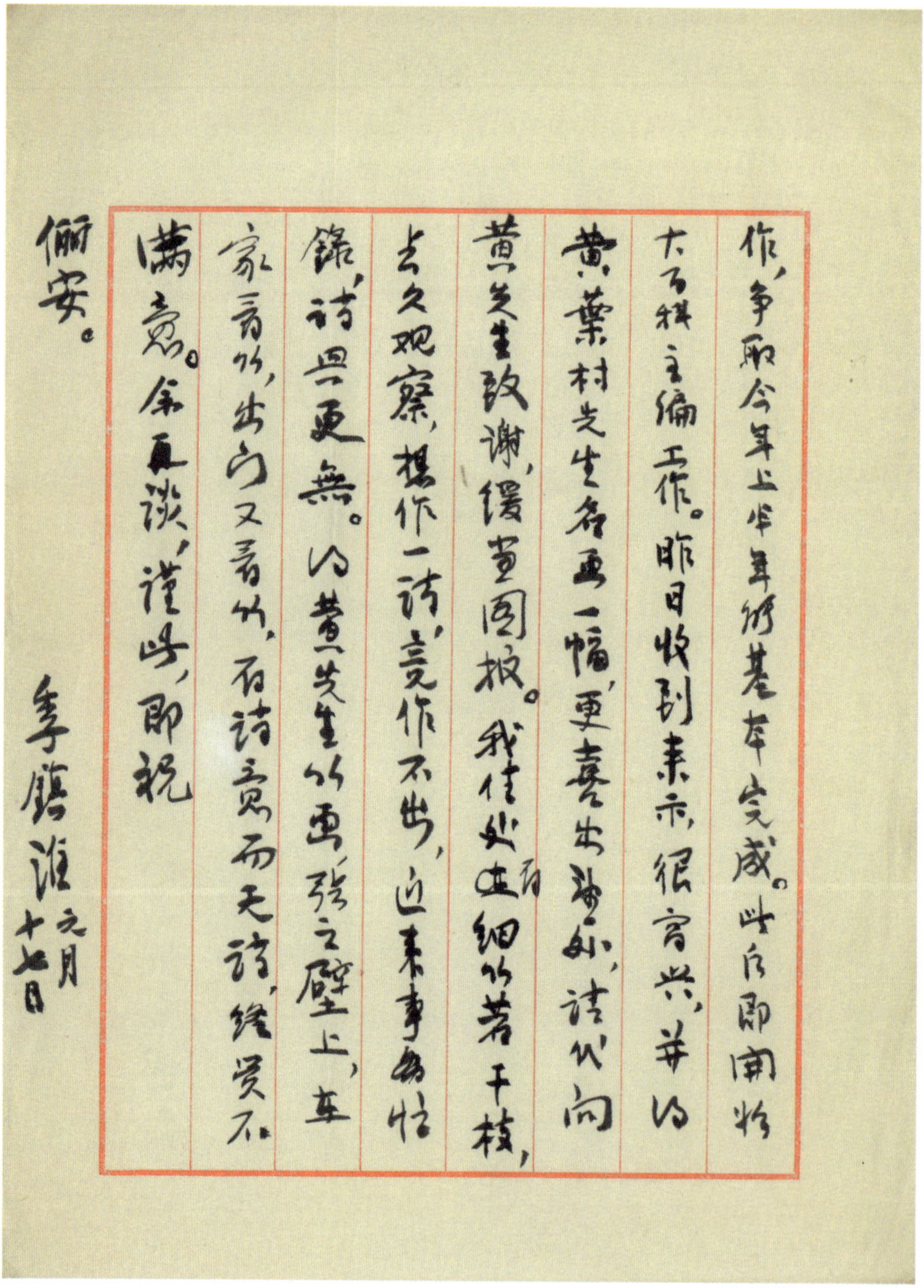
作，争取今年上半年將基本完成。此后即開始
大百科全書主編工作。昨日收到來示，很高興，並以
黄葉村先生名画一幅，更喜出望外，請代向
黄先生致謝，愛当图报。我住处有細竹若干枝，
长久观察，想作一詩，竟作不出，近来事多怕
錯，詩思更無。以黄先生的画，張之壁上，奉
家画竹，出之又画竹，有詩意而无詩，總覺不
滿意。余面談，謹此，即祝
儷安。
季羨林
元月十七日

81

文光同志：寄来关于龚自珍的大作，每

每拜读一过，觉得全面论龚自珍的著作，当

前殊为需要，急宜早日交出版社出版。试

论大作中肯，文笔畅达，表现新面貌。偶有

小意见，在该页边有简单签注供修

改参考，总共条数不多，亦易改好。只有

尊隐一篇，理解有问题，系从旧说而来。我

的意见要有较大修改，至论其韵文处。龚

氏所尊之隐决不是山中之民，而是柱下之史，（道家）在文末没说清楚。但他并不对山中之民的兴起，视为改朝换代的力量，而不称之为盗贼，这种识见是了不起的。篇末表示的他所最尊之隐，反而有消极意义，此等处足见龚氏思想的複杂性。久想注释此文，因循未果。全文一时不易说清楚，聊供重读此文参考。近日发病数次，目力又有问题，不能尽所欲言，请谅。谨此 即颂

著安

季鹰顿 十月廿日

大箸另挂号寄回请查收

七

文先同志：二月廿五日大札敬悉。前北大图书馆同志自芜湖回来，带给我们茶叶收到，多承关怀，容当报谢。召集数十人讨论声学，我很赞成。北大参加者超，未知是否已约北大同意，要弄清楚。我们说话不算数，望请顾国瑞同跟中文系打通。我预备参加此会，南方九十月间，天气还未凉，可以出门。我们喘病，年年到冬即发，不能出门。现在学术讨论会甚多，大抵趕

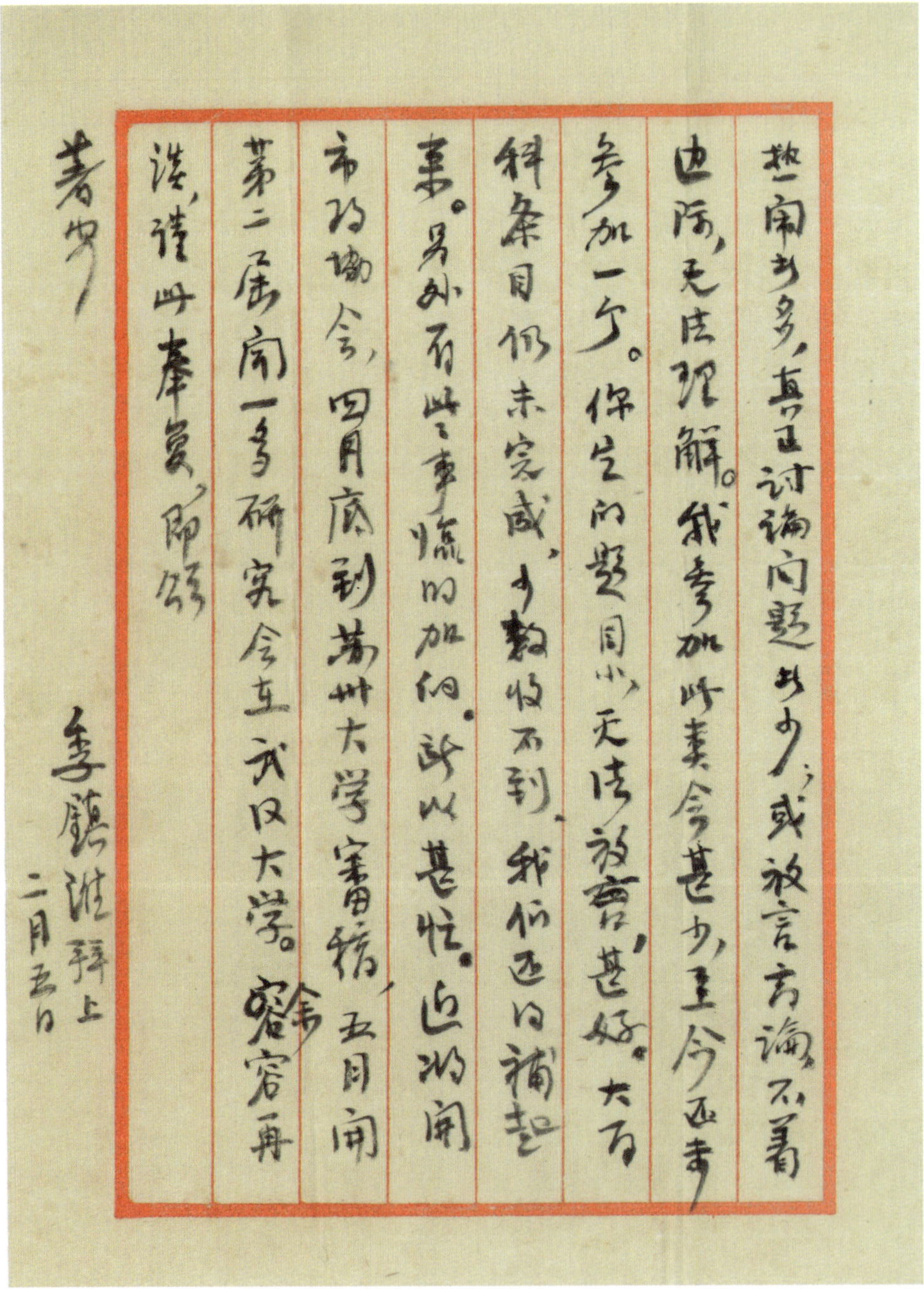

热闹的多，真正讨论问题的少；或放言高论，不着边际，无法理解。我参加此类会甚少，至今还未参加一个。你出的题目因小，无法放言，甚好。大百科条目仍未完成，字数收不到，我们还得补起来。另外有些事临时加任，所以甚忙。近期开市政协会，四月底到苏州大学审稿，五月开第二届闻一多研究会在武汉大学。余容再谈，谨此奉复，即颂

寿安

季镇淮 拜上

二月五日

八

文光同志：去年十二月十二日大札敬悉。近来我教课已结束，但工作仍很多。寒假中主要搞大百科条目。我们也希望你在寒假中尽量利用较集中的时间搞条目。此事殊不容易，用力大而成果小。只好努力而为，交稿时日不必过于硬性规定，请自斟酌可也。龚自珍稿如需小修改则照办，否则可缓图之。关于近百年诗歌写序问题，觉不必办。因为「五四」以后，诗界真正起了革命，对旧体诗如何评

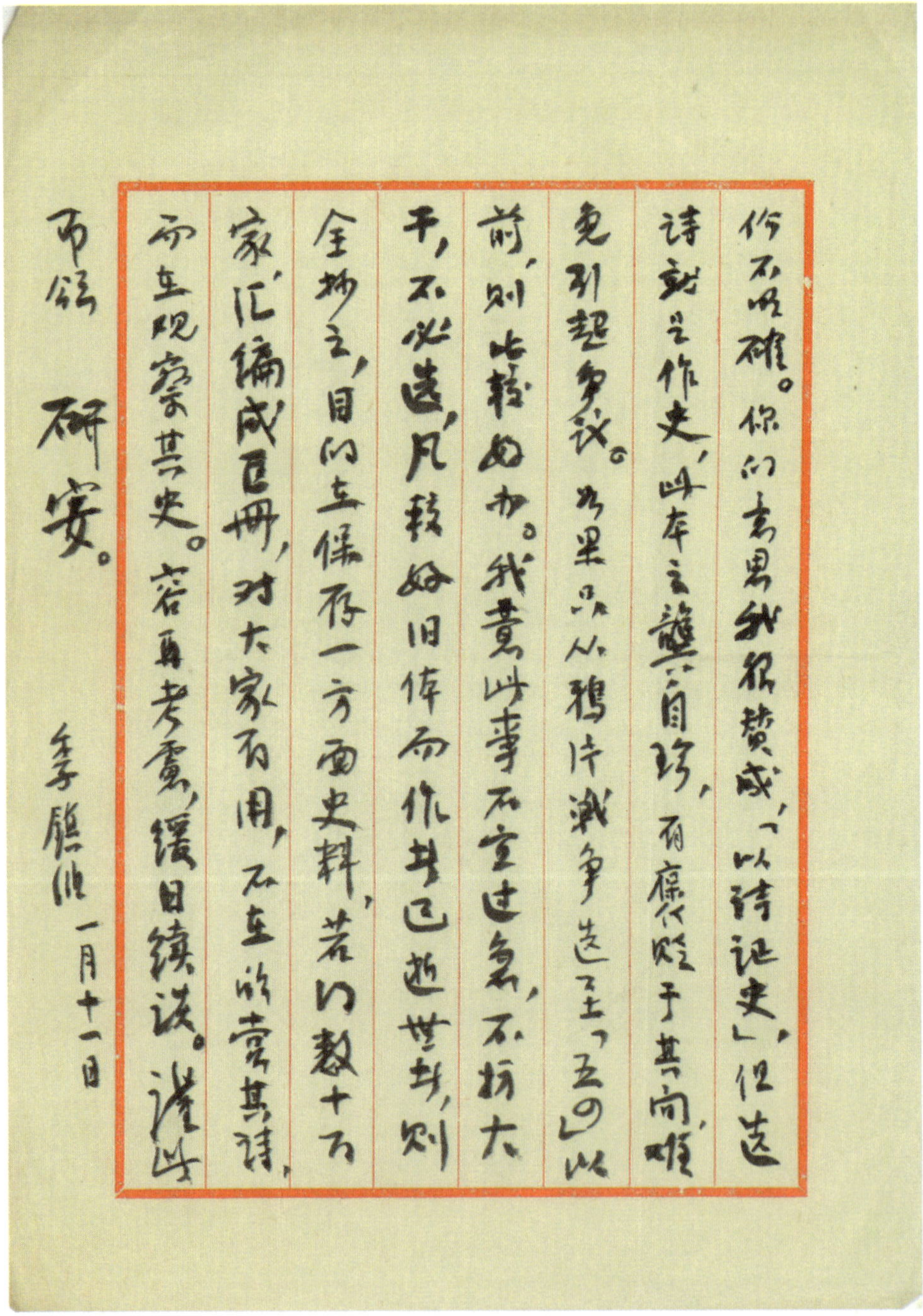
仍不准确。你们如果我很赞成「以诗证史」，但选诗就是作史，此本之龚自珍，有褒贬于其间，难免引起争议。如果只从鸦片战争选至「五四」以前，则比较好办。我意此事不宜过急，不担大干，不必选，凡较好旧体而作者已逝世者，则全抄之，目的在保存一方面史料，若以数十百家，汇编成巨册，对大家有用，不在欣赏其诗，而在观察其史。容再考虑，缓日续谈。谨此

即颂

研安。

季膺侯　一月十一日

九

北京大学
PEKING UNIVERSITY

文光同志：

接奉7月31日大札及第二件，很高兴。主持编纂《中国近代文学大词典》事，大有助于近代文学的研究，很重要，难度也大。我相信此事你一定能做好，获得成功。希望我承诺作一名顾问并为辞典作序，我当然地接受，表示我对此事的支持和赞誉。词典是专家事业，我是个外行，所寄编写原则及细则，提不出什么意见，觉得很好。

大著《近百年诗家百评》，读了一遍，觉得许多首是写得好的。其中有现存的人物，发表时要多考虑。完全是过去的人，就是要写好诗。以诗的形式论人，限于形式字数，无法周全，只能重点突出，但不容易。长期研究的结果而出以诗的句，比较理想。你诗就是作史，以诗写史也。夏日炎热，微疾渐轻，避免出门，余不叙。谨此，即颂

俪安

季镇淮拜启 1989年8月10日.

十

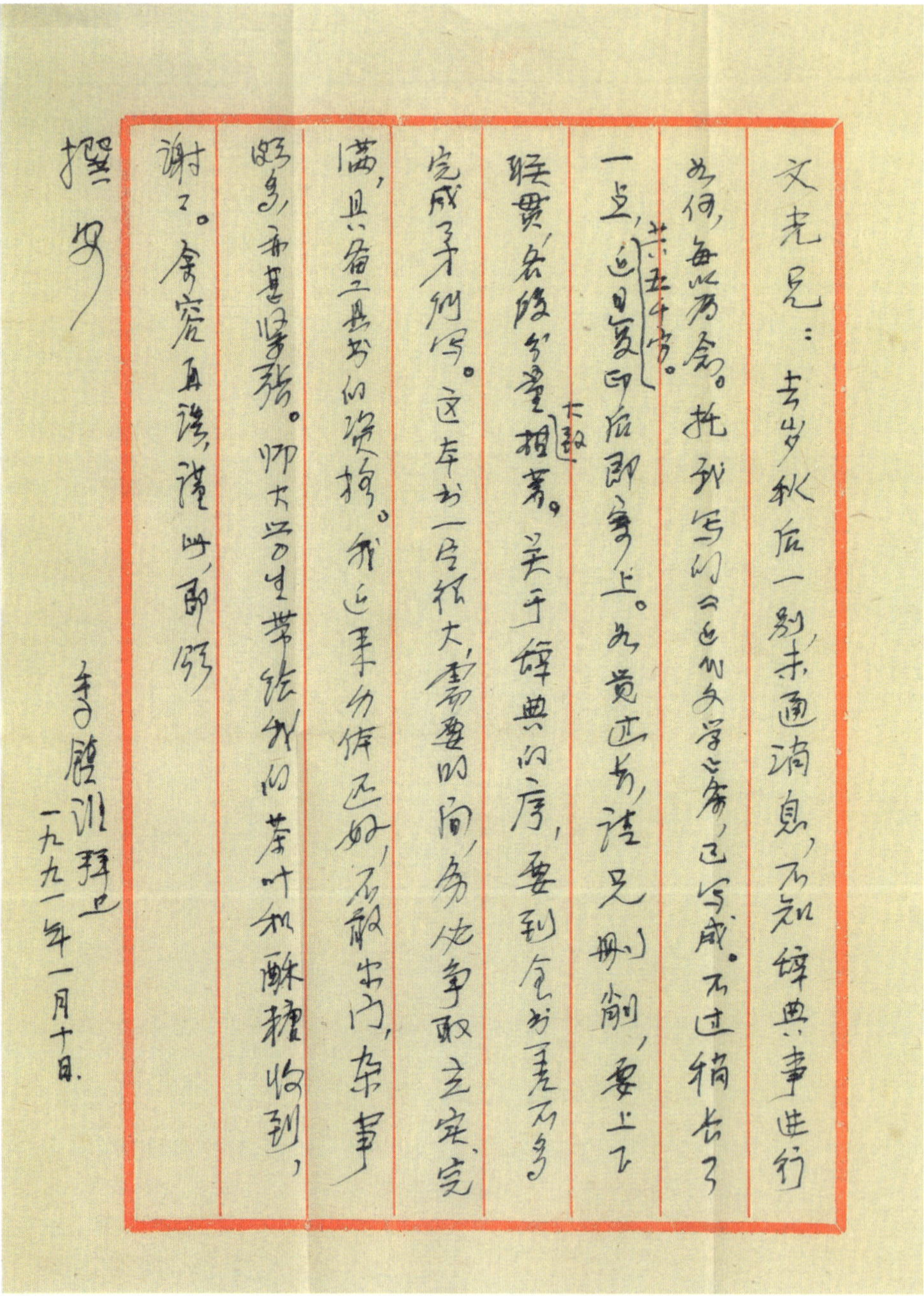
文光兄：

去岁秋后一别，未通消息，不知辞典事进行如何，每以为念。托我写的近代文学条，已写成。不过稍长了一点，（共五千字）。近日复印后即寄上。如觉过长，请兄删削，要上下联贯，各段分量相称（大致）。关于辞典的序，要到全书差不多完成了才好写。这本书一定很大，需要时间，务必争取充实、完满，且具备工具书的资格。我近来身体还好，不敢出门，杂事好多，亦甚紧张。师大学生带给我的茶叶和酥糖收到，谢谢。余容再谈，谨此，即颂

撰安

季镇淮拜上

一九九一年一月十日。

十一

文光兄：

五月一日大札及《中国近代文学大词典》目录等均敬悉。这是大著，编出来很有用，我们要促其成。要达完美精粹，避免仓卒求成的缺陷。因此，我仍要提点意见，就是加进《少数民族文学》一个栏目，有综述，也有作家、作品条目。加进这个栏目很重要，不必说了。嘱我写序，拟在六七月间完成，我有健康与目力问题，要量力而行。九月的杭州大会，希望能开，不过我不能参加，也是没有办法的事，想得谅解。近日曾进城休息三天，往来折腾，不胜劳累，可见活动殊难应付。余不一，谨此，即颂

俪安

季镇淮拜上

五月十五日

十二

文光同志：前时寄上七律三题十首，未知能在学报上登载否，如不要勉强，不登不要紧，即留置兄处作纪念。此类太多，只登一题，后二题不登亦可。最近我参加市政协会，把后一题改了一下，在会上结合发言，念了一下，颇引起大家兴趣。本月十五日，我将随陈贻焮、冯钟芸、倪其心三位去东南沿海各高等学校中文系同人请教，为我们诗歌选提意见，可惜你们那里去不到。我最后还要回苏北探亲，大约明年一月下旬才能回京。余不一一，谨此，即颂

研安

季镇淮

十二月十日

十三

78

文光同志：接读来示，甚慰。目前事情不少，已开始研究韩愈问题，但进展缓慢，不能专心致意，很难希望下月中旬交给你一篇。怕误学报出版期限，特此奉告。我们诗选增选修订工作正在进行，说不定还将有修改蓝皮文学史工作。但我保证必抽时间写成

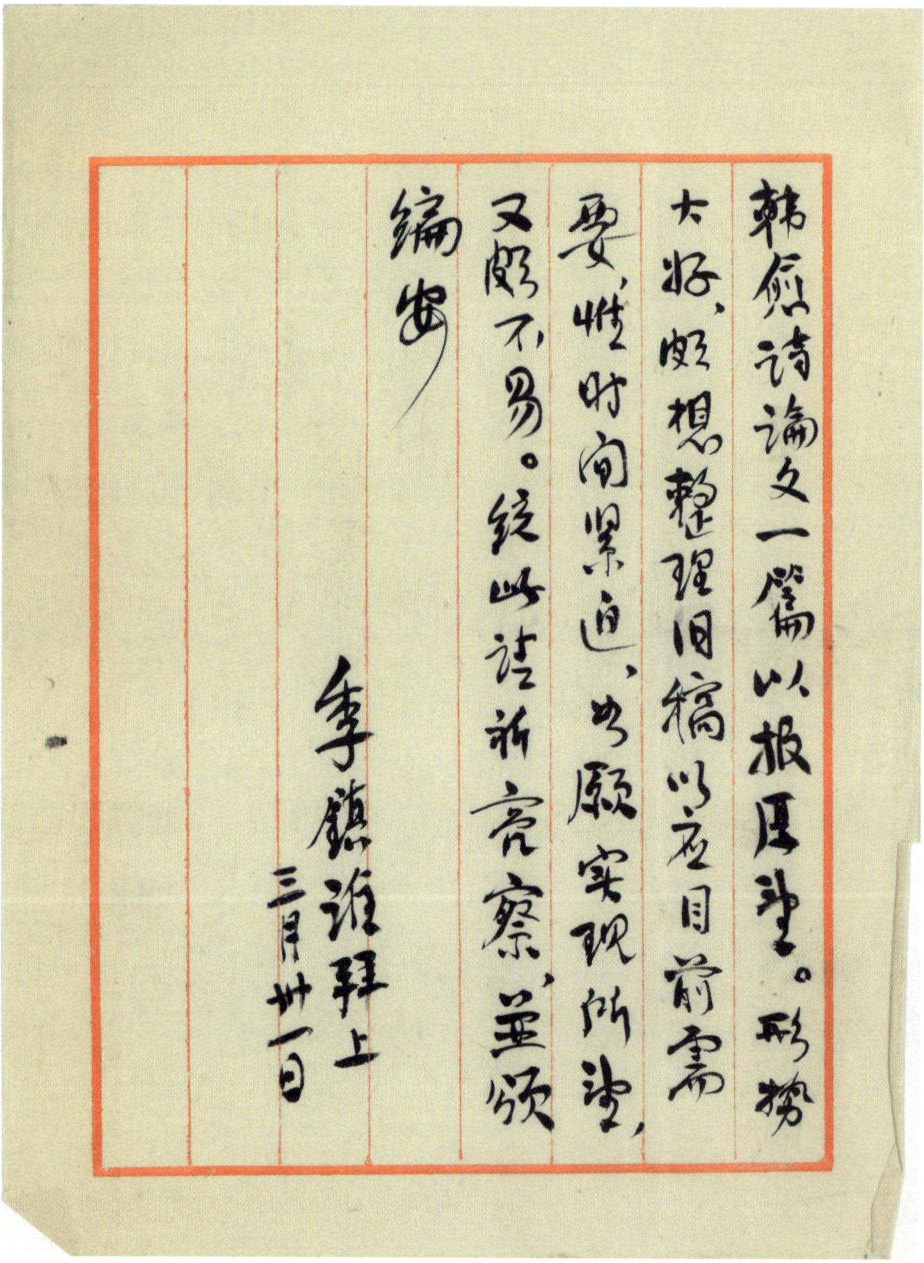
韩愈诗论文一篇以报厚望。形势
大好，颇想整理旧稿以应目前需
要，惟时间紧迫，虽愿实现所望，
又颇不易。特此请祈亮察，并颂
编安
季镇淮拜上
三月卅一日

十四

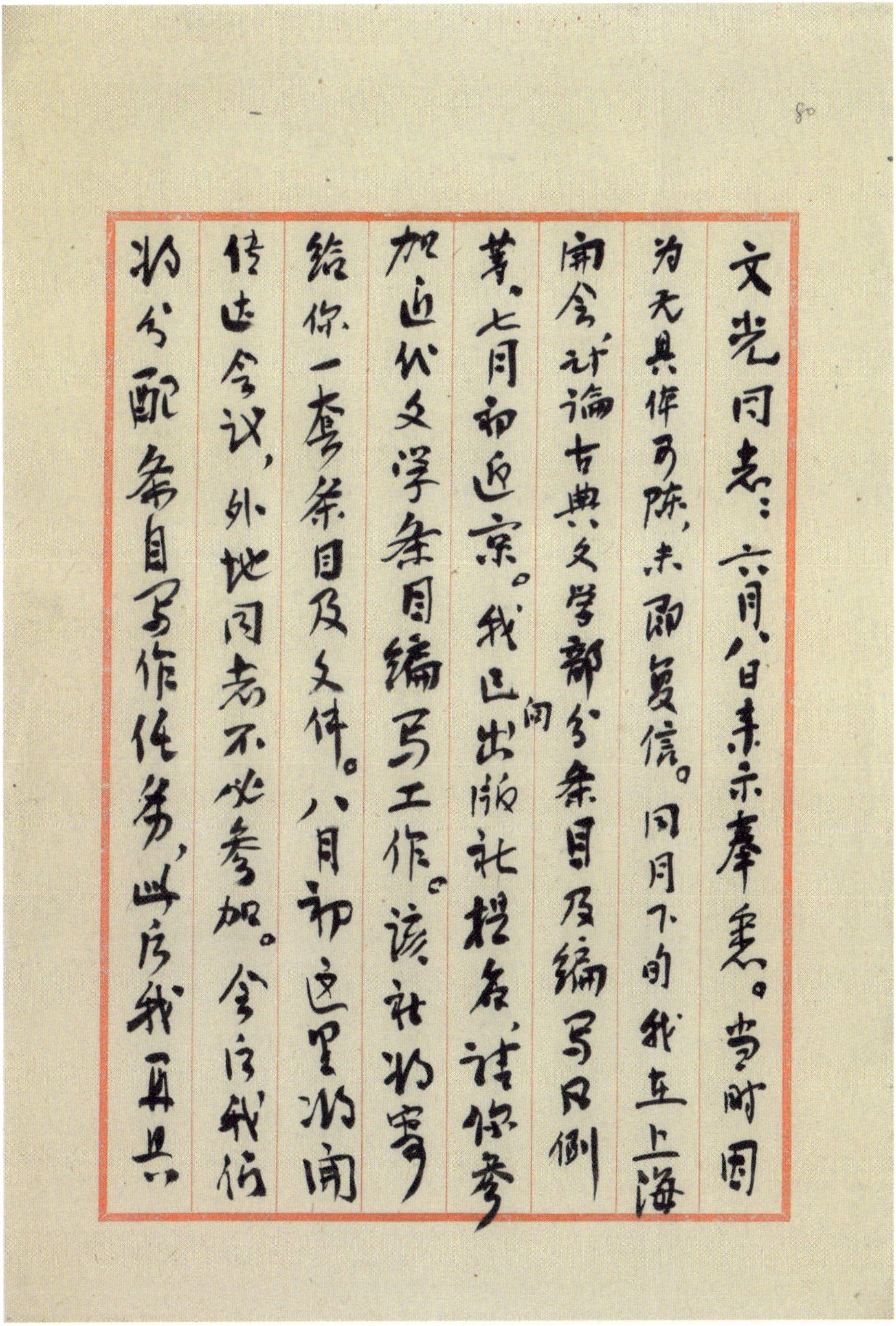

文光同志：六月八日来示奉悉。当时因为无具体可陈，未即复信。同月下旬我在上海开会，讨论古典文学部分条目及编写凡例等。七月初返京。我已向出版社提名，请你参加近代文学条目编写工作。该社将寄给你一套条目及文件。八月初这里将开传达会议，外地同志不必参加。会后我们将分配条目写作任务，此后我再具

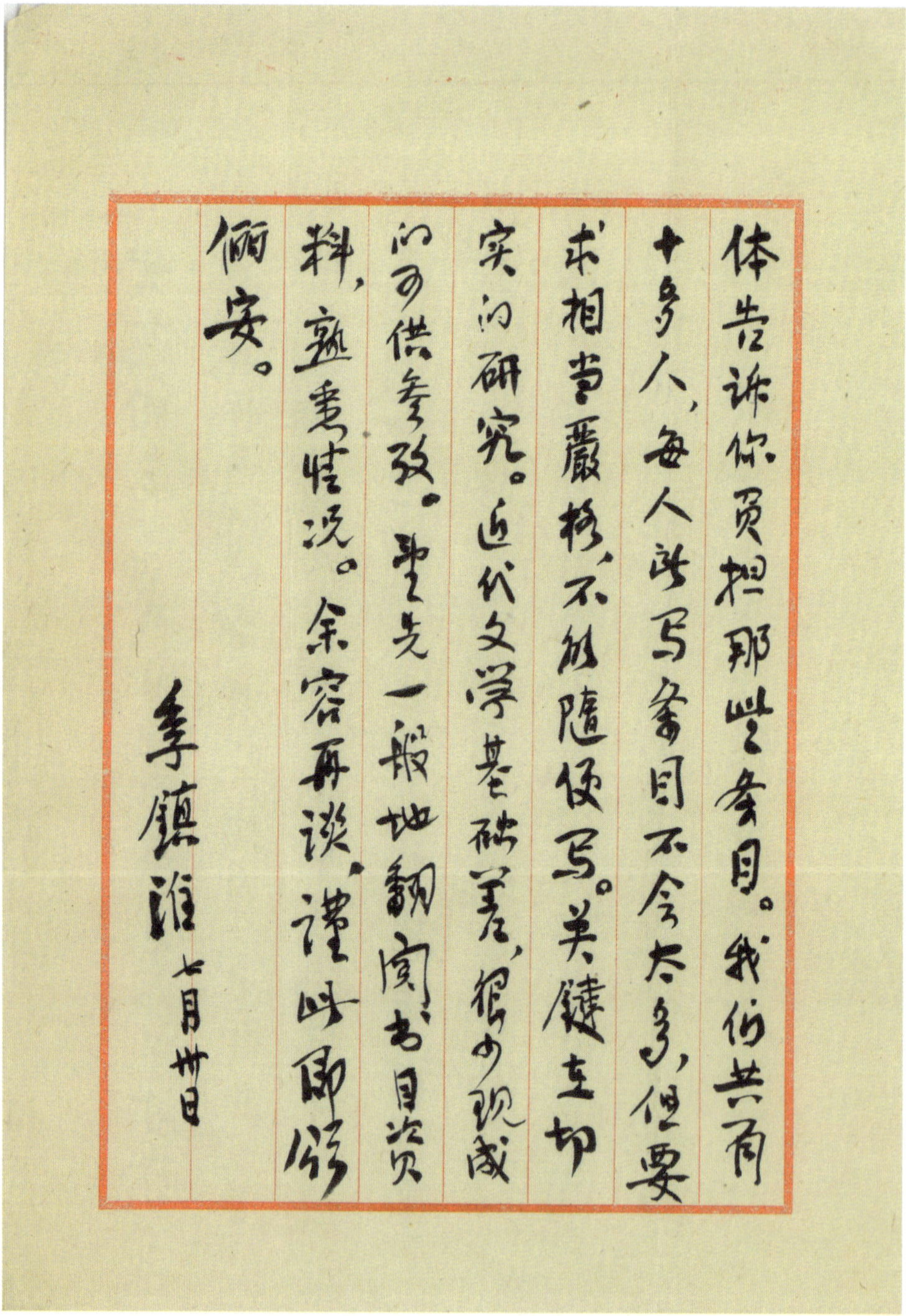
体告诉你负担那些条目。我们共有十多人，每人所写条目不会太多，但要求相当严格，不能随便写。关键在切实的研究。近代文学基础差，很少现成的可供参考。要先一般地翻阅书目资料，熟悉情况。余容再谈，谨此即颂
俪安。

季镇淮 七月卅日

十五

80

文光同志：寄来二书收到，非常感谢。前曾函约参加大百科近代文学条目写作工作，出版社并已奉寄条目定稿及文件。至今未得复示，不知是否能够如约。甚盼见信后即请告知可否，以便进一步商定具体条目写作任务。匆匆，即颂

研安

季镇淮
九月十六日

十六

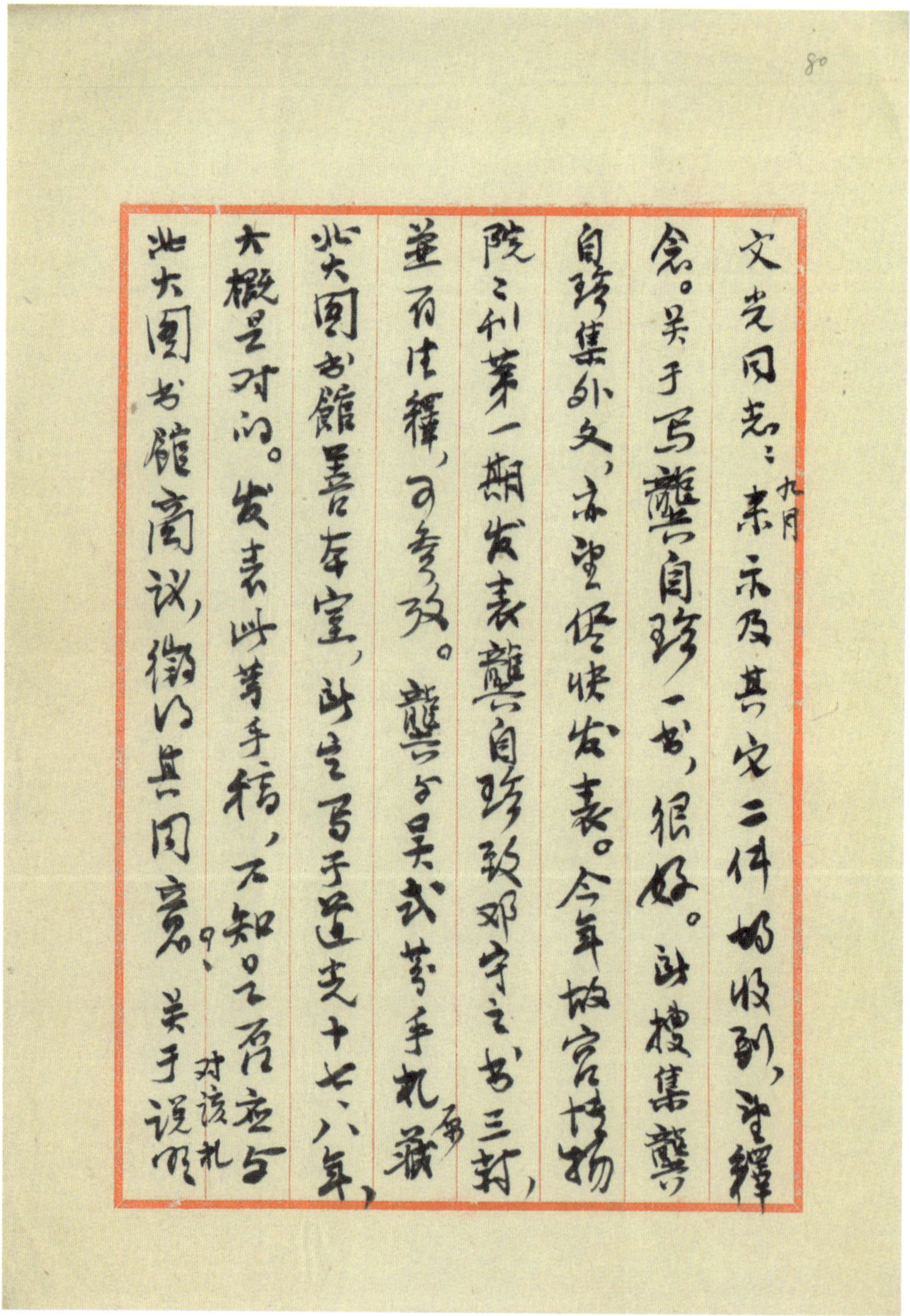
文光同志：来示及其它二件均收到，望釋念。关于写龔自珍一书，很好。敝楼集龔自珍集外文，亦望侭快发表。今年故宫博物院之刊第一期发表龔自珍致邓守之书三封，並有注釋，可参考。龔与吴式芬手札藏北大图书館善本室，敝意写于道光十七、八年，大概是对的。发表此等手稿，不知是否应对该札与北大图书館商议，徵得其同意。关于说明

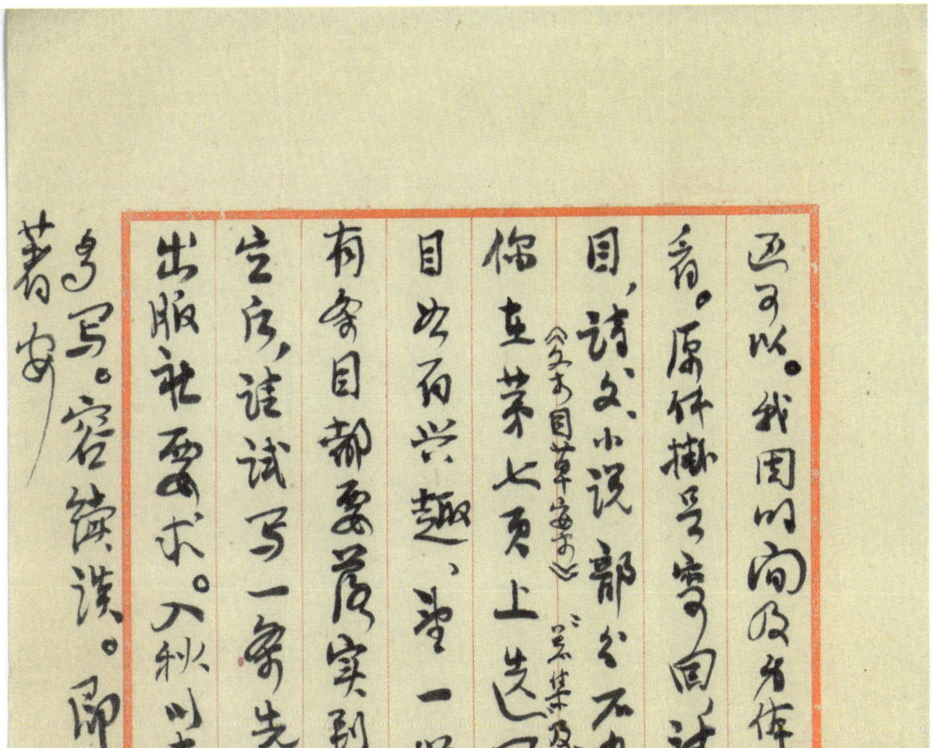
还可以。我們以向及为作者像，不必加以覆
看。原作掛号寄回，請查收。大百科条
目，詩、文、小說部分不必巳分配完了。想請
《文书目草案》「宋集及词」
你在第七页上选写条目。其它条
目如有兴趣，望一併具体告知。此外
有条目都要落实到撰稿人。条目选
定后，請試写一条先在内部传观，此
出版社要求。入秋以来，喘病以发，不能
多写。容續談。即頌
著安
季鎮淮 九月廿日

十七

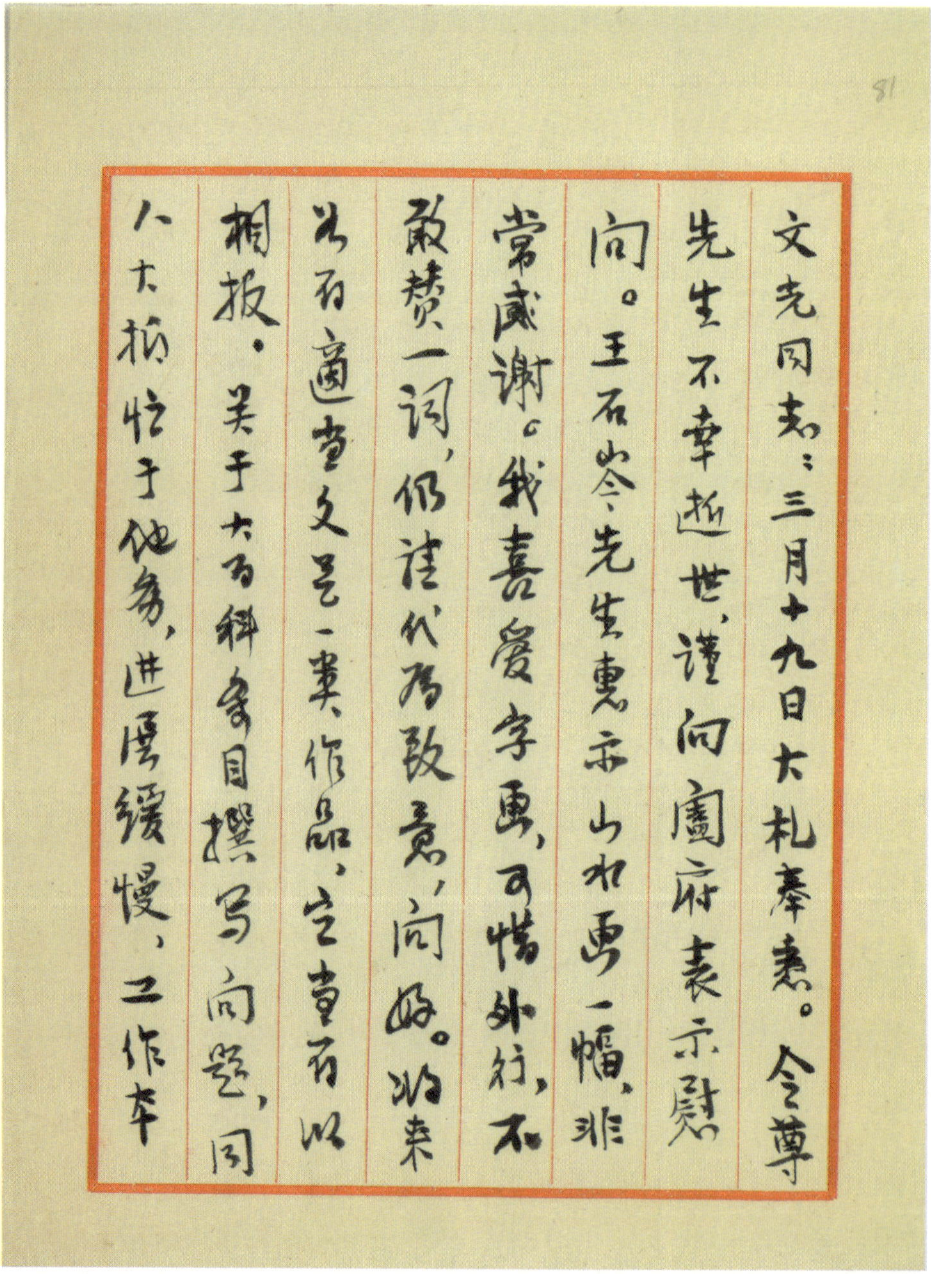
81

文先同志：三月十九日大札奉悉。令尊
先生不幸逝世，谨向阖府表示慰
问。王石岑先生惠示山水画一幅，非
常感谢。我喜爱字画，可惜外行，不
敢赞一词，仍请代为致意，问好。将来
如有适当文艺类作品，定当予以
相报。关于大百科条目撰写问题，因
人大校忙于他务，进展缓慢，工作本

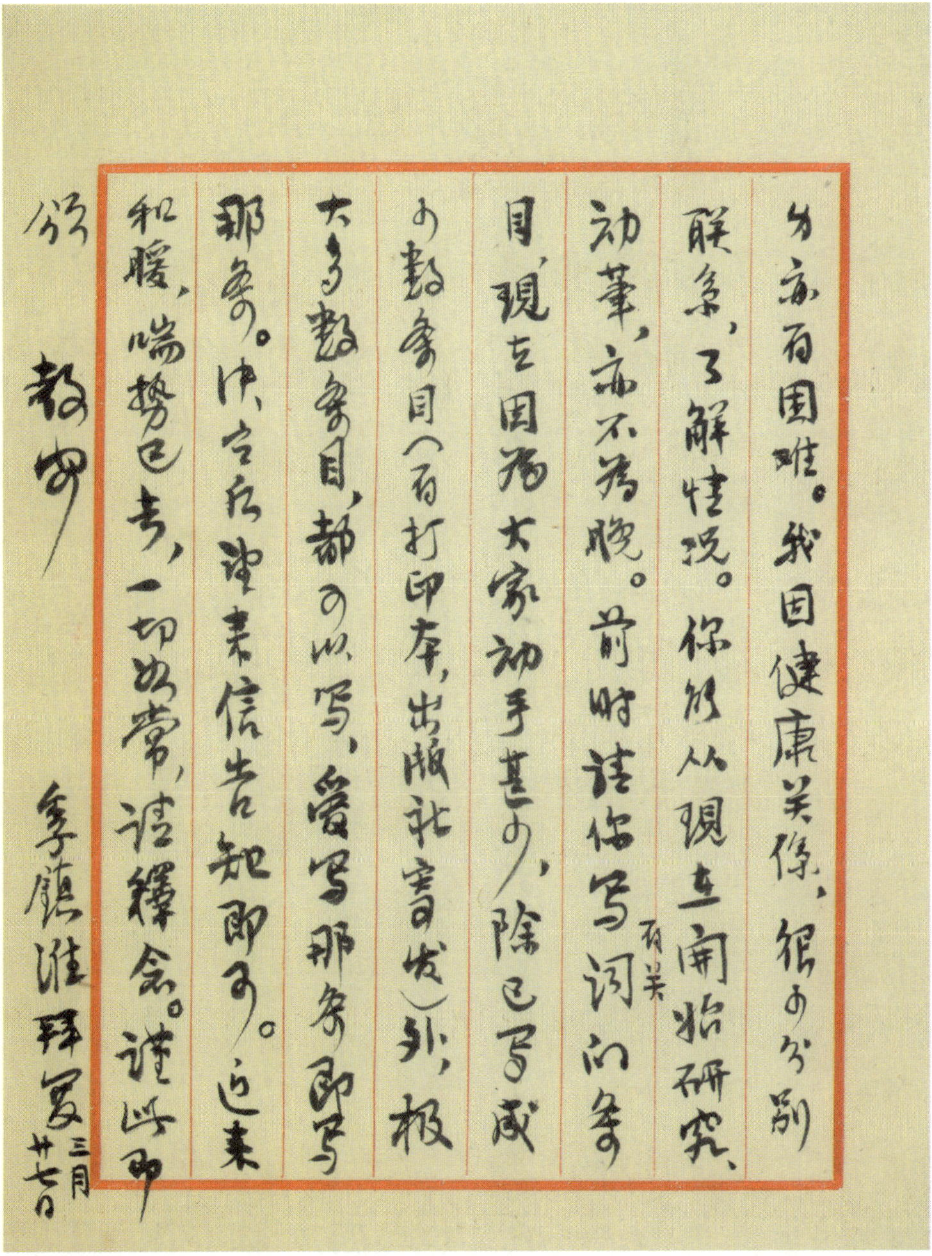
分亦有困难。我因健康关系，很少分别联系，了解情况。你能从现在开始研究、动笔，亦不为晚。前时请你写有关词的条目，现在因为大家动手甚少，除已写成少数条目（有打印本，出版社寄发）外，极大多数条目，都可以写，愿写哪条即写哪条。决定后请来信告知即可。近来和暖，喘势已去，一切如常，请释念。谨此即

颂

教安

季镇淮拜复 三月廿七日

十八

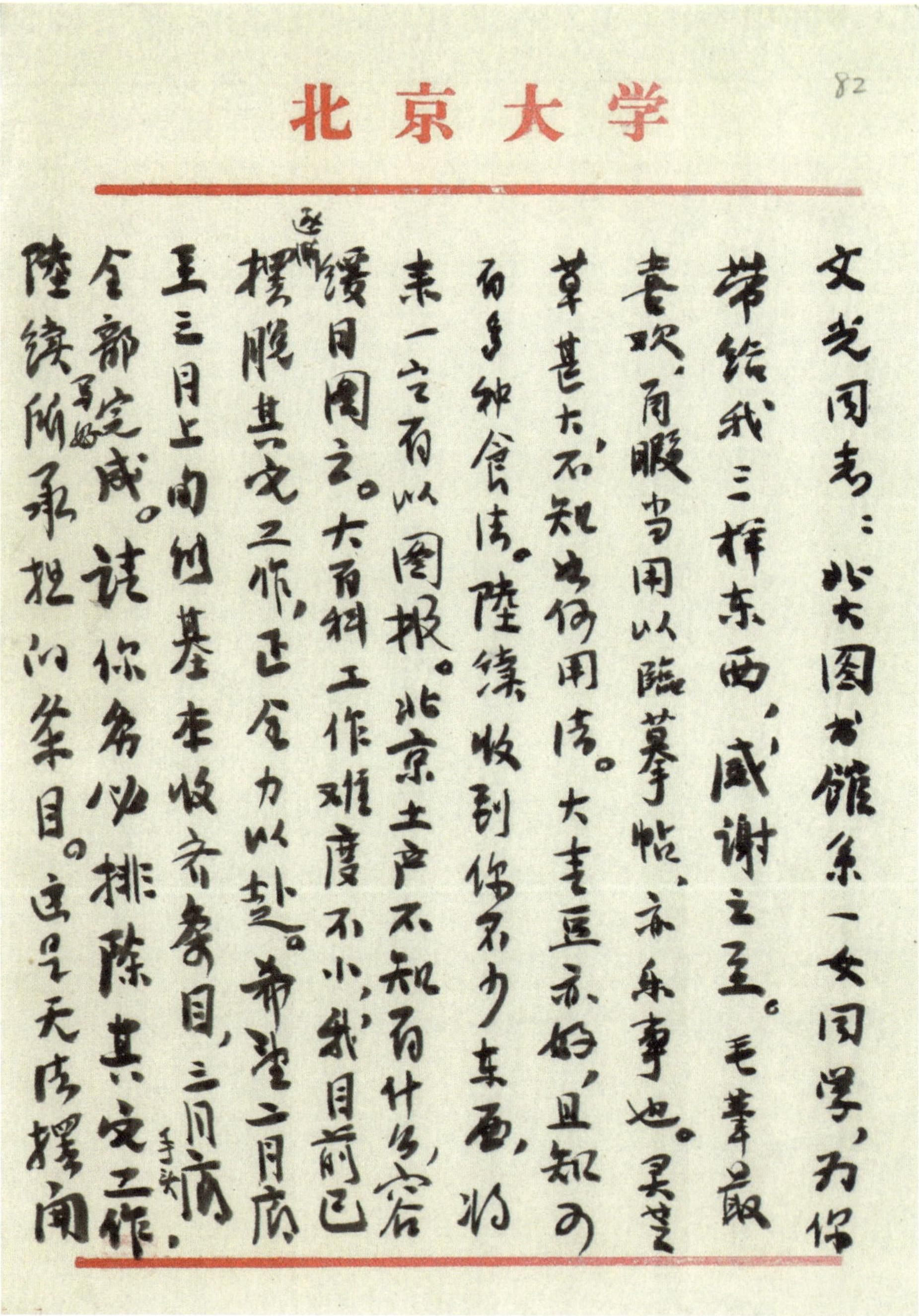

北京大学

82

文光同志：北大图书馆系一女同学，为你带给我三样东西，感谢之至。毛笔最喜欢，有暇当用以临摹帖，亦乐事也。灵芝草甚大，不知如何用法。大麦豆亦好，且知可有多种食法。陆续收到你不少东西，将来一定有以图报。北京土产不知有什么，容缓日图之。大百科工作难度不小，我目前已逐渐摆脱其它工作，正全力以赴。希望二月底至三月上旬能基本收齐条目，三月间全部写好完成。请你务必排除手头其它工作，陆续所承担的条目。这是无法摆开

北京大学

们一个沉重的包袱，早日用力完成任务早好。此后工作多的很，不要让这个包袱老背着，无法进行甚么工作。但条目有些格，不能随便写。新意见并不要，而要扎实的事实，准确无误的事件，而以简练语言表达之。进行时愈认真愈好，以免走弯路。天气渐暖，我的身体亦渐好转。只是太紧张了也不行，有血压高、眼睛视力不足等问题。主张不会错，就是依靠中青同志，尽力成其事。甚望最近二三月内集中力量从事于此工作，共同完成一个吃苦而难讨好的任务。

季镇淮
二月廿一日

十九

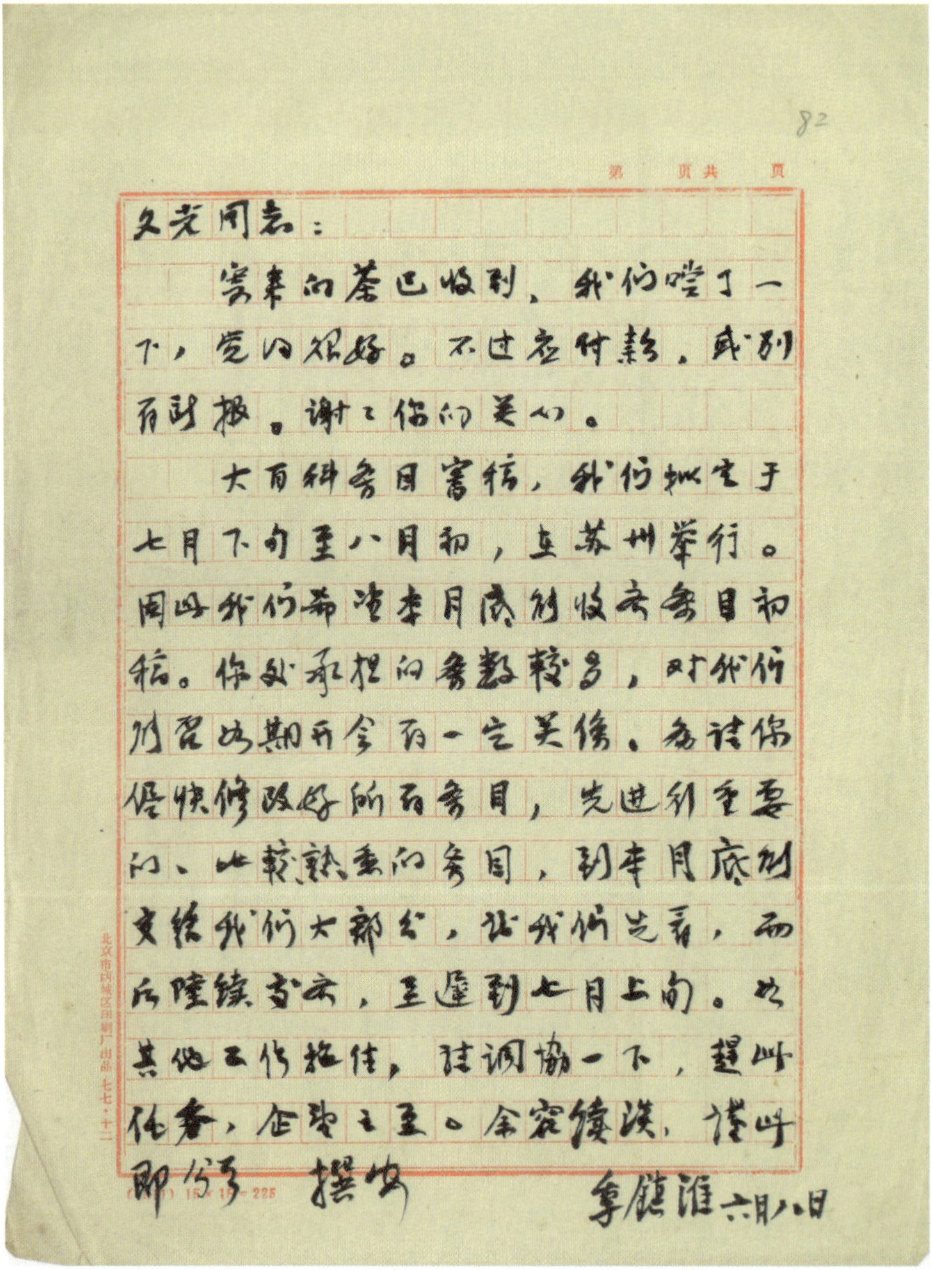

82

久光同志：

寄来的茶已收到，我们尝了一下，觉的很好。不过应付款，或别有所报。谢谢你们关心。

大百科条目审稿，我们拟定于七月下旬至八月初，在苏州举行。因此我们希望本月底能收齐条目初稿。你处承担的条数较多，对我们能否如期开会有一定关系。务请你们加快修改好所有条目，先进行重要的、比较熟悉的条目，到本月底能交给我们大部分，让我们先看，而后陆续交齐，至迟到七月上旬。如其他工作较忙，请调协一下，赶此任务，企盼之至。余容续谈，谨此即颂

撰安

季镇淮 六月八日

二十

81

文光同志：久未通讯，每以为念。暑假将到，但我们不得闲，反而更忙。暑中要作的事甚多。不知你写作大百科条目情况如何？我们将在暑中争取尽可多写一些，希望你们也这样。到九月里，我们将检查一次，看看究竟写了多少，还余多少，再作计划。鉴于近期告知，从现在起到九月里，能写出哪些条（在词和词论条目内选），以便统计。如不能写，亦请告知为盼。谨此即颂

著安

季镇淮
六月八日

二十一

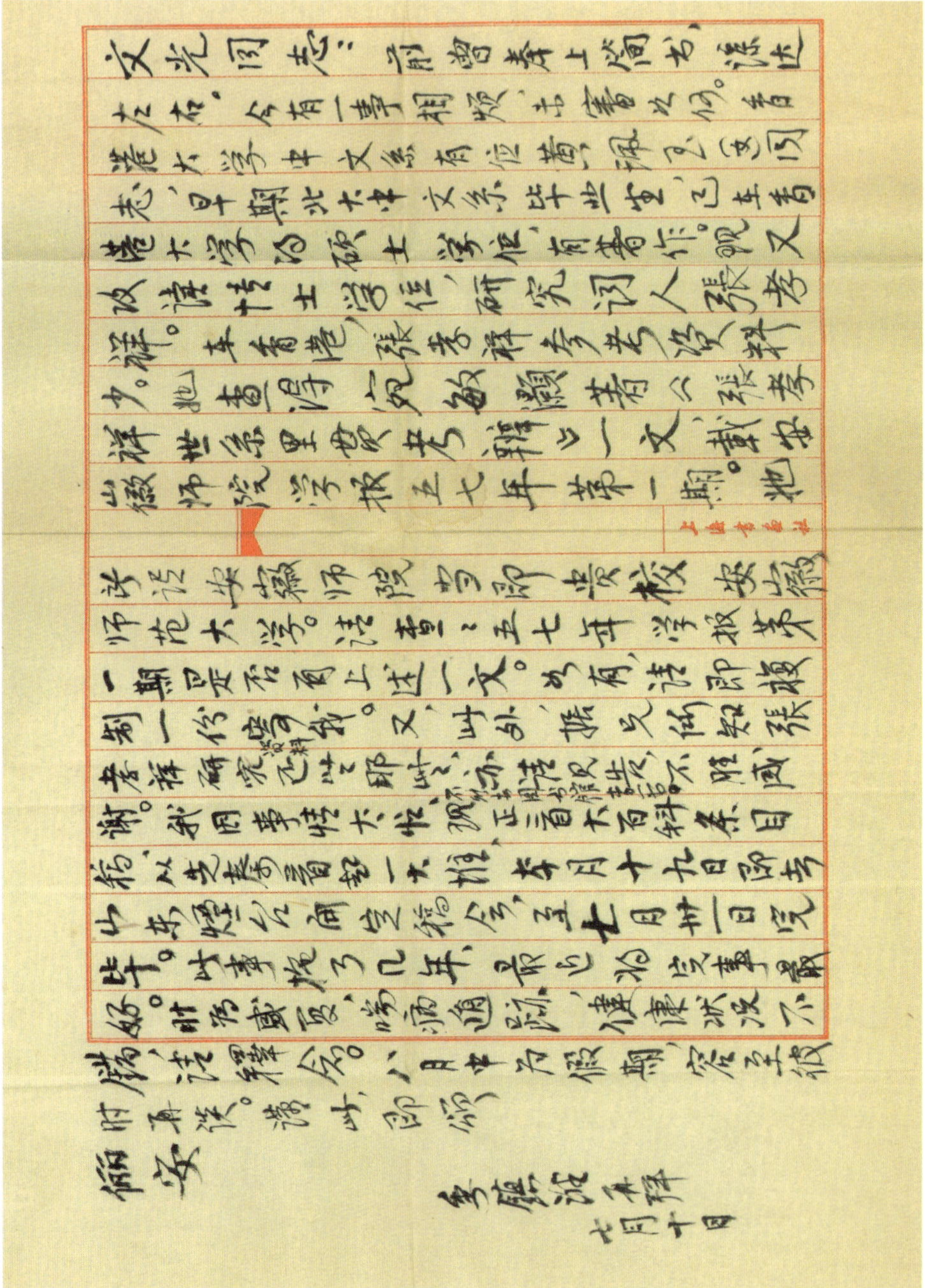
文光同志：前曾奉上短简，谅达
左右。今有一事相烦，[illegible]
[illegible]大学中文系有位黄[illegible]（女）同
志，早期北大中文系毕业生，已去青
海大学的硕士学位，有著作。现又
攻读博士学位，研究词人张孝
祥。[illegible]张孝祥[illegible]
力。她查[illegible]时发现[illegible]张孝
祥[illegible]一文，载安
徽师院学报五七年第一期。她
[illegible]安徽师院[illegible]安徽
师范大学。[illegible]五七年学报第
一期[illegible]上述一文。如有，请即复
制一份寄我。又，此外，[illegible]张
孝祥研究[illegible]
谢。[illegible]
稿，[illegible]本月十九日即去
山东[illegible]至七月廿一日完
毕。[illegible]
[illegible]
[illegible]
[illegible]
安
[illegible]拜
七月十四

文光同志：昨上一函，谅达左右。今晨得系办公室通知，系领导已同意我同顾国瑞同志这次参加芜湖举行的龚自珍诗文讨论会。惟希望我们不要住很好的房间，因为系中经费有限。我同意系领导的看法，务请给我和顾住一小房间，因为时间不过几天，住好

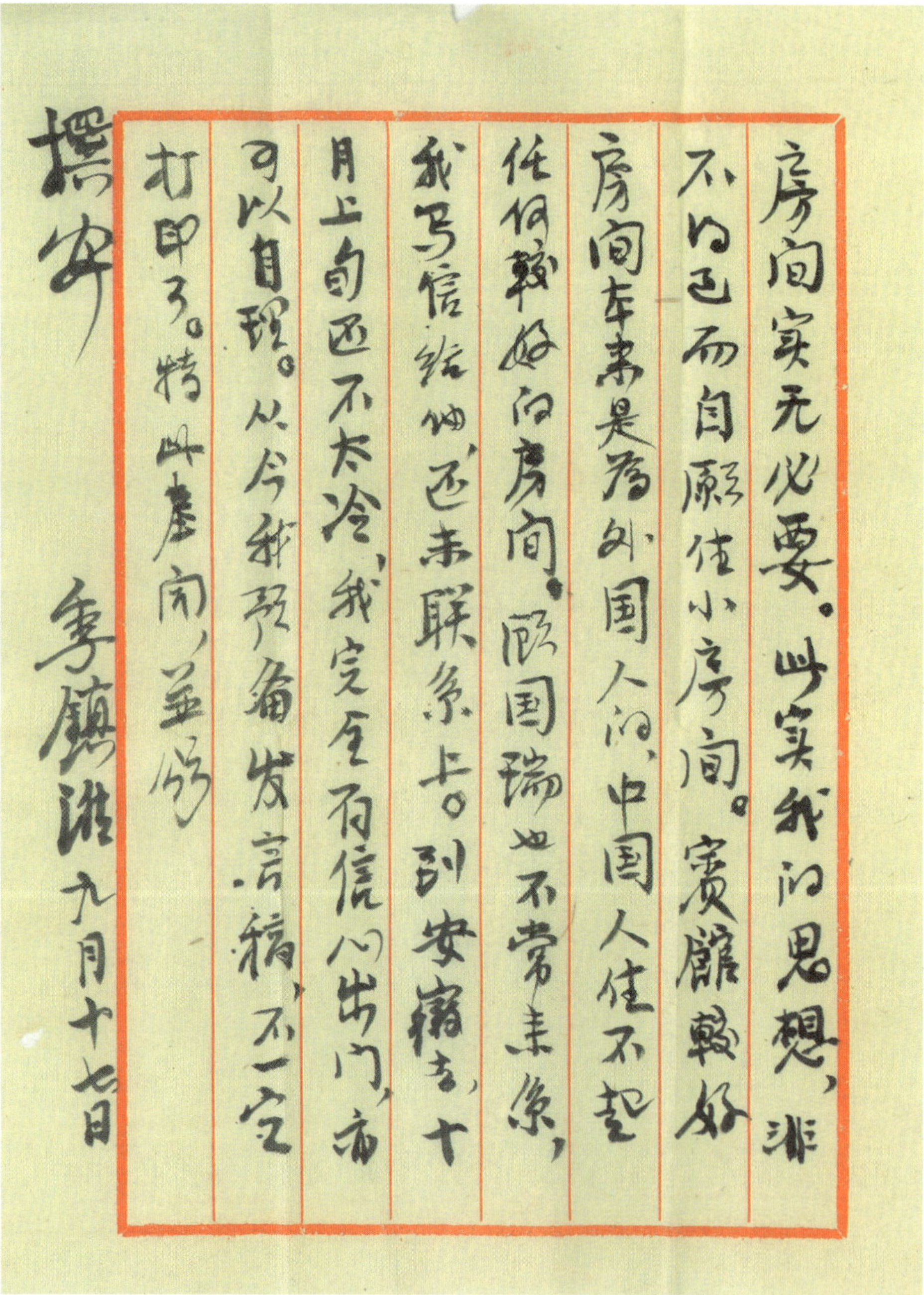
房间实无必要。此实我的思想，非不得已而自愿住小房间。宾馆较好房间本来是为外国人的，中国人住不起任何较好的房间。顾国瑞也不常来京，我写信给他，还未联系上。到安徽去，十月上旬还不太冷，我完全有信心出门，而可以自理。从今我预备发言稿，不一定打印了。特此奉闻，并颂

撰安

季羡林

九月十七日

二十三

文先兄：新年好。一月三日大札、贺年片、诗一纸，今一并奉悉。《大辞典》的编辑受到重视，欣慰无似。要把稳质量关，切实核对原书，校勘文字，修饰不妥的或者贫乏的词句，增补条目的遗漏，务期符合工具书的要求。此事关系重大，不能以轻易出之。但要争取早日出版，不能拖延，确非易事，必须尽力以赴。秋季杭州会议，我因病尚未恢复，恐不能成行，无可如何，只有当尽力而为，促其圆满成功。诗二首切引味，不视为马坡巷怀古，蕴含寄意，感佩殊甚。我已不能作诗，因大作而不能无动于中，谨成八句以和，请正。

和柳文先纪念龚自珍诞辰一百五十周年二首

宏音高座震群伦，忧患无端天下秋；
两议箫心难比例，一腔孤愤与谁俦。

近代诗风启自龚，从兹纵横已前踪。
与年白去原予定，宣江千山万木重。

季镇淮 1992,1,14.

顺候夫人及全家新年欢乐健康。

【书札释文】

一

文光同志：

日前你校地理系同志带来一信，得悉近况，甚慰。

三月二十日我随文学专业三年级去平谷参加“批林整风”运动，往返共二十天。四月八日回来交流思想收获，接着总结教育革命经验，目前仍在讨论中。近得校党委第一书记指示并经过全专业师生学习讨论，大家一致认为中文系文学专业在过去一年中执行的是革命路线，没犯路线错误。但在工作中、教学中出现较严重的问题，有回潮倾向。如果不及时纠正，走下去就有犯路线错误的危险。学员和一些青年教师贴出了不少大字报，批评了系领导，当然也涉及了一些教员。我们古代组关门编文学史，回避问题，不解决问题，实际在旧文学史上修修补补，就是大字报指责的内容之一。现在没有人再要求或希望我们继续编文学史。新的教学方案包括这半年的及三年的，正在讨论制定中。告诉你这些情况，意在说明你要文学史研究的材料实际是没有的，将来如何搞很难说，估计暂时不会再有文学史的研究了。至于龚自珍的研究我已停止七八年，偶然翻一下，已觉生疏，兴趣更非昔时可比。但还未放弃研究的企图，将来如有可能，还想彻底搞一下。主要是想跟踵他看一些佛书，弄通他的思想的全貌。从前你写的论文和搜集的有关资料，不知你发表过没有。中文系资料室屡经变动，论文无可查考。如在你校刊物发表过全部或一部分，还能找到，望寄我一份，留待参考。你找到的有关龚曾上万言书一事至为重要，有机会写一短文发表，提供学术界研究讨论，对弄清楚龚的政治思想大有帮助。但在目前估计发表这类短文的可能性还是不大的。北大中文系五五级有位同学杨天石（近作《王阳明》一书已出版），一直研究龚自珍，偶一相见，听其所谈，获益不少。你如能回到教学岗位，以龚自珍研究为重点，上窥乾嘉，下及近代，切实弄通这一段的思想文化包括文学的源流变迁，我想是很有意思的。我本人也很想留意于此，只是精力已有所不逮，虽有愿望，恐只是谈谈而已。因问龚自珍的研究资料，多说了几句，以当晤谈。

谨此布达，并祝安乐。

季镇淮

1973年4月25日

二

文光同志：

承寄阅学报，都收到，久欲奉书致谢，每以琐事未果，非常抱歉。近得大札及所书定庵诗一纸，欣慰之至，益增不安。

打倒四人帮，心情舒畅，精神亦佳。近来除教课外，参加“诗词曲赋选”工作，目前仍在进行。关于古典文学专门研究，似已搁置多年，系中既未提倡，个人亦无计划，文稿何有，更不待言。现拟清理旧稿，如觉有可用者当奉上，惟短期内可能性不大，乞谅。

大作诗词，甚盼见示。兹录呈旧作一首，请指正，余容续写。谨此，即颂

著安

季镇淮 拜上

1977年5月27日

三

文光同志：

二月一日大札奉悉。学报十册亦已收到。我于前月廿七日自淮安返抵家中，一切如常。春节中休息几天，始觉疲劳，今亦渐康复。目前学校开始新学期，有待完成工作，即增选诗选本，上册须三月交稿。此书出版后定当奉上请教。征求意见本问题很多，没有什么参考意义，不知还有存本否，似无寄上的必要。多承美意，索稿一篇。拟在韩愈研究范围内奉上一篇请教。旧有《韩愈》一稿，有叙事和议论两部分，叙事部分有连续性，只能截取一章；议论部分可独立成篇。我想寄《韩愈的诗论和诗作》一篇，是论的部分。不知兄意见如何，此题可用否？又学报载文最长能容多少字，怎样写比较符合要求，以及何时截稿等，望即来示见告，以便安排时间，如期应命。工作很多，往往临时决定新任务与旧计划相左，不能兼顾，只有拖延时间或仓卒应付，不免影响工作。容续谈，谨以奉复，即颂

编安

季镇淮 拜上

1978年2月23日

四

文光同志：

十二月九日来函欣悉。在广州时，收到所寄学报。近年身体较好，游兴不小，有机会能去黄山，实所愿望。明年毫无希望，当然也不能说得太绝对，黄山总是想去，万一有机会不会放过。明年一年主要是参加整编闻先生一多全集，并写纪念闻先生文章。目前整编班子还未组织起来，只读闻集，作准备工作。你的学报望我写一篇已久，至今未交卷，确如负债没

还，心中焦虑难过。实际临时任务，往往打断计划，不少约稿，不能如期实践诺言，每以为恨。今年能否寄给你们一篇，仍很难说。不过，我记住这件事，并未忘记，肯定要还债。你能回系进行教学研究工作，对业务进修似比较方便。现在编学报，也可以抽空读书、写文章。近代文学多下些力量，实有必要。我们有编近代文学史的计划，你虽不在这里，也可以参加。我们将搞出一个目录，你可以选择写一两章。也不必等待目录，有题目即可以研究并写出来。明年因为我要参加整编闻集工作，近代文学研究势必停下来。今年新招研究生，近代文学有两位归我指导，我因没有研究，实际也没有什么可指导的，说来也很惭愧。知悬念，絮语近况，以代晤谈。谨此并颂

编安

季镇淮

十二月廿六日

编者注：此信写于1979年12月26日。

五

文光同志：

好久没通讯，时间一错过就忘记。最近常想着要给你写信，告知主编大百科文学卷近代文学部分一事，条目确定后，请你写几条。大约到四五月间，条目即可定下来。望即有时间进行准备，主要在诗、文、词、文论等方面。详请容再奉告，不知你能有时间参加此项工作否？（恐怕要挤时间）我的身体不太好，秋冬以来经常闹哮喘气管炎，而会议、工作特多。现在主要参加《闻一多全集》整编工作，争取今年上半年能基本完成。此后即开始大百科主编工作。昨日收到来示，很高兴，并得黄叶村先生名画一幅，更喜出望外，请代向黄先生致谢，缓当图报。我住处有细竹若干枝，长久观察，想作一诗，竟作不出，近

来事务忙碌，诗兴更无。得黄先生竹画，张之壁上，在家看竹，出门又看竹，有诗意而无诗，终觉不满意。余再谈，谨此，即祝

俪安

季镇淮

元月十七日

编者注：此信约写于1980年。

六

文光同志：

寄来关于龚自珍的大作，匆匆拜读一过，觉得全面龚自珍的著作，当前颇有需要，急宜早日交出版社出版。所论大体中肯，文笔畅达，表现新面貌。偶有小意见，在该页边有简单签注供修改参考，总共条数不多，亦易改好。只有《尊隐》一篇，理解有问题，系从旧说而来，我的看法要有较大修改，在论其散文处。龚氏所尊之隐，决不是山中之民，而是道家柱下之史，在文末已说清楚。但他并不对山中之民的兴起，视为改朝换代必然的力量，而不称之为盗贼，这种识见是了不起的。篇末表示的他所最尊之隐，反而有消极意义，此等处足见龚氏思想的复杂性。久想注释此文，因循未果。全文一时不易说清楚，略谈聊供重读此文参考。近日发病频繁，目力又有问题，不能尽所欲言，请谅。谨此即颂

著安

季镇淮

十月廿日

编者注：此信约写于1980年。

七

文光同志：

二月廿五日大札敬悉。前北大图书馆同志自芜湖

回来，带给我的茶叶收到。多承关怀，容当报谢。召集数十人讨论龚学，我很赞成。北大参加发起，未知是否已得北大同意，要弄清楚。我们说话不算数，望请顾国瑞同（志）跟中文系打通。我预备参加此会，南方九十月间，天气还未冷，可以出门。我的喘病，年年到冬即发，不能出门。现在学术讨论会甚多，大抵赶热闹者多，真正讨论问题者少；或放言高论，不着边际，无法理解。我参加此类会甚少，至今还未参加一个。你出的题目小，无法放言，甚好。大百科条目仍未完成，少数收不到，我们还得补起来。另外，有些事临时加的，所以甚忙。近将开市政协会，四月底到苏州大学审稿，五月开第二届闻一多研究会，在武汉大学。余容再谈，谨此奉复，即颂

著安

季镇淮 拜上

二月五日

编者注：此信写于1985年2月5日。

八

文光同志：

去年十二月十二日大札敬悉。近来我教课已结束，但工作仍很多。寒假中主要搞大百科条目。我们也希望你在寒假中尽量利用较集中的时间搞条目。此事颇不容易，用力大而成果小，只好尽力而为。交稿时日不好过于硬性规定，请自斟酌可也。龚自珍稿如需小修改则照办，否则可缓图之。关于《近百年诗抄》写序问题，觉不好办，因为“五四”以后，诗界真正起了革命，对旧体诗如何评价不明确。你的意思我很赞成，“以诗证史”，但选诗就是作史，此本之龚自珍，有褒贬于其间，难免引起争议。如果只从鸦片战争选至“五四”以前，则比较好办。我意此事不宜过急，不妨大干，不必选，凡较好旧体而作者已逝世

者，则全抄之，目的在保存一方面史料；若得数十百家，汇编成巨册，对大家有用，不在欣赏其诗，而在观察其史。容再考虑，缓日续谈。谨此即颂

研安

季镇淮

一月十一日

编者注：此信写于1989年1月11日。

九

文光同志：

接奉7月31日大札及另二件，很高兴。主持编纂《中国近代文学大辞典》事，大有助于近代文学的研究，很重要，难度也大。我相信此事你一定办得好，获得成功。希望我承诺作一名顾问并为辞典作序，我高兴地接受，表示我对此事的支持和赞誉。词典是专家事业，我完全外行，所寄编写原则及细则，提不出什么意见，觉得很好。

大著《近百年诗家百评》，看了一遍，觉得许多首是写得好的。其中有现存的人物，发表时要多考虑。完全是过去的人，就是要写好诗。以诗的形式论人，限于形式字数，无法周全，只能重点突出，但不容易。长期研究的结果，而出以四句，比较理想。作诗就是作史，以切实为是。夏日炎热，微疾渐轻，避免过累，余不多及。谨此，即颂

俪安

季镇淮 拜复

1989年8月10日

十

文光兄：

去岁秋后一别，未通消息，不知辞典事进行如何，每以为念。托我写的《近代文学》条，已写成。

不过稍长了一点，共五千字，近日复印后即寄上。如觉过长，请兄删削，要上下联贯，各段分量大致相等。关于辞典的序，要到全书差不多完成了才能写。这本书一定很大，需要时间，务必争取充实、完满，具备工具书的资格。我近来身体还好，不敢出门，杂事颇多，亦甚紧张。师大学生带给我的茶叶和酥糖收到，谢谢。余容再谈，谨此，即颂

撰安

季镇淮 拜上

一九九一年一月十日

十一

文光兄：

五月一日大札及《中国近代文学大辞典》目录等均敬悉。这是大著，编出来很有用，我们乐意促其成。更望它完美精粹，避免仓卒求成的缺陷。因此，我仍要提点意见，就是加进“少数民族文学”一个栏目，有综述，也有作家、作品条目。加进这个栏目很重要，不必说了。嘱我写序，拟在六七月间完成，我有健康与目力问题，当量力而行。九月的杭州小会，希望能开，不过我不能参加，也是没办法的事，能得谅解。近日曾进城休息三天，往来折腾，不胜劳累，可见活动旅行，实难应付。余不一，谨此，即颂

俪安

季镇淮 拜上

五月十五日

编者注：此信写于1991年5月15日。

十二

文光同志：

前时寄上七律三题十首，未知能在学报上登载否，望不要勉强，不登不要紧，即置兄处作纪念。如

觉太多，只登一题，后二题不登亦可。最近我参加市政协会，把后一题改了一下，在会上结合发言，念了一下，颇能引起大家兴趣。本月十五日，我将随陈贻焮、冯钟芸、倪其新三位去东南沿海各高等学校中文系同人请教，为我们诗歌选提意见，可惜你们那里去不到。我最后还要回苏北探亲，大约明年一月下旬才能返京。余不一，谨此，即颂

研安

季镇淮

十二月十日

十三

文光同志：

接读来示，甚慰。目前事情不少，已开始研究韩愈问题，但进展缓慢，不能专心致意，很难希望下月中旬交给你一篇。怕误学报出版期限，特此奉告。我们诗选增选修订工作正在进行，说不定还将有修改蓝皮文学史工作。但我保证必抽时间写成韩愈诗论文一篇以报厚望。形势大好，颇想整理旧稿以应目前需要，惟时间紧迫，如愿实现所望，又颇不易。统此请祈亮察，并颂

编安

季镇淮拜上

三月卅一日

十四

文光同志：

六月八日来示奉悉。当时因为无具体可陈，未即复信。同月下旬，我在上海开会，讨论古典文学部分条目及编写凡例等。七月初返京。我已向出版社提名，请你参加近代文学条目编写工作。该社将寄给你一套条目及文件。八月初这里将开传达会议，外地同

志不必参加。会后我们将分配条目写作任务，此后我再具体告诉你负担哪些条目。我们共有十多人，每人所写条目不会太多，但要求相当严格，不能随便写。关键在切实的研究。近代文学基础差，很少现成的可供参考。望先一般地翻阅书目资料，熟悉情况。余容再谈，谨此即颂

俪安

季镇淮

七月卅日

十五

文光同志：

寄来二书收到，非常感谢。前曾函约参加大百科近代文学条目写作工作，出版社并已奉寄条目定稿及文件。至今未得复示，不知是否能够如约。甚盼见信后即请告知可否，以便进一步商定具体条目写作任务。匆匆，即颂

研安

季镇淮

九月十六日

十六

文光同志：

九月来示及其他二件均收到，望释念。关于写龚自珍一书，很好。所搜集龚自珍集外文，亦望尽快发表。今年故宫博物院院刊第一期发表龚自珍致邓守之书三封，并有注释，可参考。龚与吴式芬手札原藏北大图书馆善本室，所定写于道光十七八年，大概是对的。发表此等手稿，不知是否应与北大图书馆商议，征得其同意？关于对该札说明还可以。我因时间及身体关系，不能加以覆看。原件挂号寄回，请查收。大百科条目，诗、文、小说部分不少已分配定了。想请

你在第七页上选写《条目草案》、“总集”及“词”条目。其他条目如有兴趣，望一并具体告知。所有条目都要落实到撰稿人。条目选定后，请试写一条先在内部传观，此出版社要求。入秋以来，喘病时发，不能多写。容续谈。即颂

著安

李镇淮

九月廿九日

十七

文光同志：

三月十九日大札奉悉。令尊先生不幸逝世，谨向阖府表示慰问。王石岑先生惠示山水画一幅，非常感谢。我喜爱字画，可惜外行，不敢赞一词，仍请代为致意，问好。将来如有适当文艺一类作品，定当有以相报。关于大百科条目撰写问题，同人大抵忙于他务，进展缓慢，工作本身亦有困难。我因健康关系，很少分别联系，了解情况。你能从现在开始研究、动笔，亦不为晚。前时请你写有关词的条目，现在因为大家动手甚少，除已写成少数条目（有打印本，出版社寄发）外，极大多数条目，都可以写，爱写哪条即写哪条。决定后望来信告知即可。近来和暖，喘势已去，一切如常，请释念。谨此即颂

教安

李镇淮 拜复

三月廿七日

十八

文光同志：

北大图书馆系一女同学，为你带给我三样东西，感谢之至。毛笔最喜欢，有暇当用以临摹帖，亦乐事也。灵芝草甚大，不知如何用法。大青豆亦好，且知可有多种食法。陆续收到你不少东西，将来一定有以图报。北京土产不知有什么，容缓日图之。大百科工作难度不小，我目前已逐渐摆脱其他工作，正全力以赴。希望二月底至三月上旬能基本收齐条目，三月底全部完成。请你务必排除其他手头工作，陆续写好所承担的条目。这是无法摆开的一个沉重的包袱，早日用力完成任务早好。此后工作多得很，不要让这个包袱老背着，无法进行其他工作。但条目有定格，不能随便写。新意见并不要，而要扎实的事实，准确无误的事业，而以简练语言表达之。进行时愈认真愈好，以免走弯路。天气渐暖，我的身体亦渐好起来。只是太紧张了也不行，有血压高、眼睛视力不足等问题。主张不会错，就是依靠中青同志努力成其事。甚望最近二三月间集中力量从事于此工作，共同完成一个吃苦而难讨好的任务。

季镇淮

二月廿一日

十九

文光同志：

寄来的茶已收到，我们尝了一下，觉得很好。不过应付款，或别有所报。谢谢你的关心。

大百科条目审稿，我们拟定于七月下旬至八月初，在苏州举行。因此我们希望本月底能收齐条目初稿。你处承担的条数较多，对我们能否如期开会有一定关系。务请你尽快修改好所有条目，先进行重要的、比较熟悉的条目，到本月底能交给我们大部分，让我们先看，而后陆续交齐，至迟到七月上旬。如其他工作拖住，请调协一下，赶此任务，企望之至。余容续谈，谨此即颂

撰安

季镇淮

六月八日

二十

文光同志：

久未通讯，每以为念。暑假将到，但我们不得闲，反而更忙。暑中要做的事更多。不知你写作大百科条目情况如何？我们将在暑中争取时间多写一些，希望你也能这样。到九月里，我们将检查一次，看看落实多少，还余多少，再作计划。望于近期告知：从现在起到九月里，能写出哪些条（在词和词论条目内选），以便统计。如不能写，亦请告知为盼。谨此，即颂

著安

季镇淮

六月八日

二十一

文光同志：

前曾奉上简书，谅达左右。今有一事相烦，未审如何。香港大学中文系有位黄珮玉（女）同志，早期北大中文系毕业生，已在香港大学得硕士学位，有著作。现又攻读博士学位，研究词人张孝祥。在香港，张孝祥参考资料少。她查得宛敏灏著《张孝祥世系里贯考辨》一文，载《安徽师院学报》（一九）五七年第一期。她所说安徽师院当即贵校安徽师范大学。请查查（一九）五七年学报第一期是否有上述一文。如

有，请即复制一份寄我。又，此外，据兄所知张孝祥研究资料还有哪些，亦请见告，不胜感谢。我因事情太忙，不能去图书馆查书，现正看大百科条目稿，从先秦看起一大堆，本月十九日即去山东烟台开定稿会，至七月卅一日完毕。此事拖了几年，最近将完事最好。时为盛夏，喘病遁迹，健康状况不错，请释念。八月中为假期，容至彼时再谈。谨此，即颂
俪安

季镇淮 再拜

七月十日

二十二

文光同志：

昨上一函，谅达左右。今晨得系办公室通知，系领导已同意我同顾国瑞同志参加这次芜湖举行的龚自珍诗文讨论会，惟希望我们不要住很好的房间，因为系中经费有限。我同意系领导的看法，务请给我和顾住一小房间，因为时间不过几天，住好房间实无必要。此实我的思想，非不得已而自愿住小房间。宾馆较好房间本来是为外国人的，中国人住不起任何较好的房间。顾国瑞也不常来系，我写信给他，还未联系上。到安徽去，十月上旬还不太冷，我完全有信心出门，亦可以自理。从今我预备发言稿，不一定打印了。特此奉闻，并颂
撰安

季镇淮

九月十七日

二十三

文光兄：

新年好。一月三日大札、贺年片、诗一纸，合一函奉悉。《大辞典》的编辑受到重视，欣慰无似。要把稳质量关，切实核对原书，校勘文字，修饰不明白或多余词句。增补条目的遗漏，务期符合工具书的要求。此事关系重大，不能以轻易出之。但要争取早日出版，不能拖延，确非易事，必须全力以赴。秋季杭州会议，我因宿疾未根治，恐不能成行，无可如何，兄亦当尽力而为，促其圆满成功。诗二首均有味，可视为马坡巷怀古，蕴含秀发，成体势。我已不能作诗，因大作而不能无动于中，凑成八句以和，请正。

和孙文光纪念龚自珍诞辰一百五十周年二首

宏音高座震群流，忧患无端天下秋。
两议筹边难比例，一腔孤愤与谁侔。

近代诗风启自龚，从容纵横见高踪。
文章自古源于史，岂在千山万木重。

顺候夫人及全家新年欢乐健康。

季镇淮

1992年1月14日

程千帆（一通）

【书札墨迹】

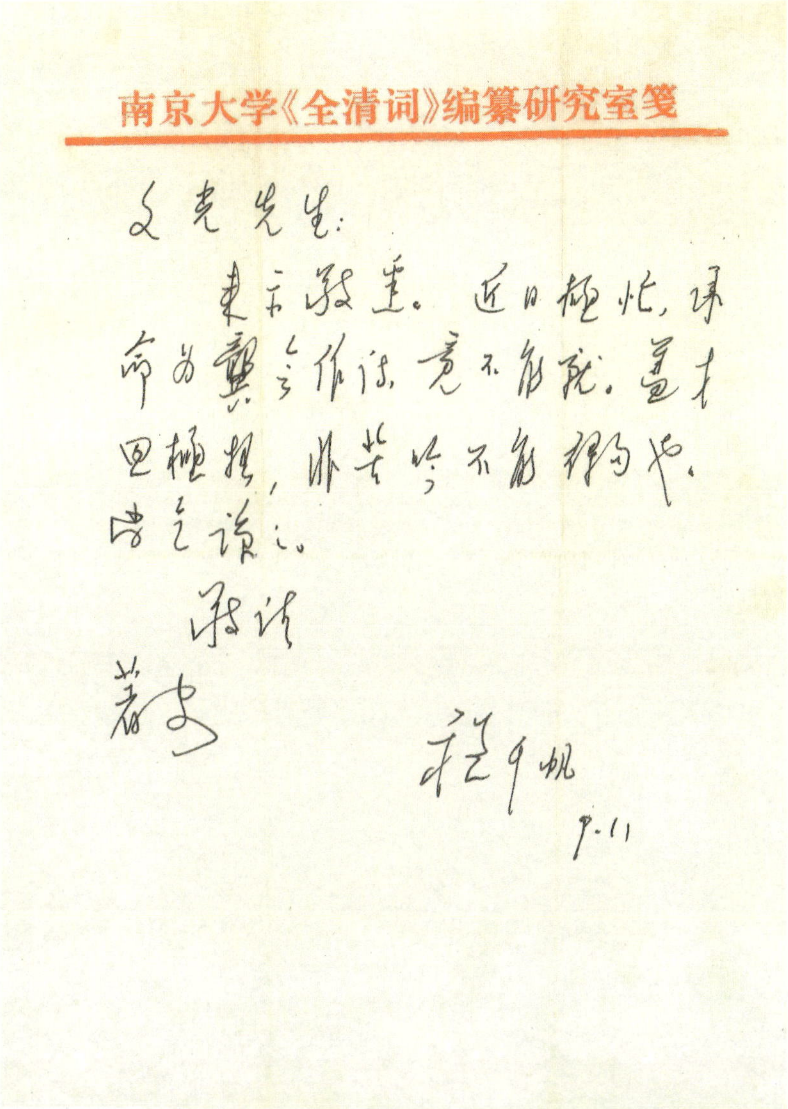
南京大学《全清词》编纂研究室笺

文光先生：

来示敬悉。近日极忙，承命为冀之作序，竟不能就。盖本因极想，非些时不能办也。幸乞谅之。

敬请

著安

程千帆

9.11

程千帆（1913—2000），原名逢会，改名会昌，字伯昊，号闲堂，湖南宁乡人。文学史家、教育家、南京大学教授。

【书札释文】

文光先生：

来示敬悉。近日极忙，承命为龚会作诗，竟不能就。盖才思极想，非苦吟不能得句也。尚乞谅之。

敬请

著安

程千帆

9月11日

编者注：此信写于1985年9月11日。

王　瑶(一通)

【书札墨迹】

王　瑶(1914—1989)，字昭琛，山西平遥人。文学史家、教育家，北京大学教授。

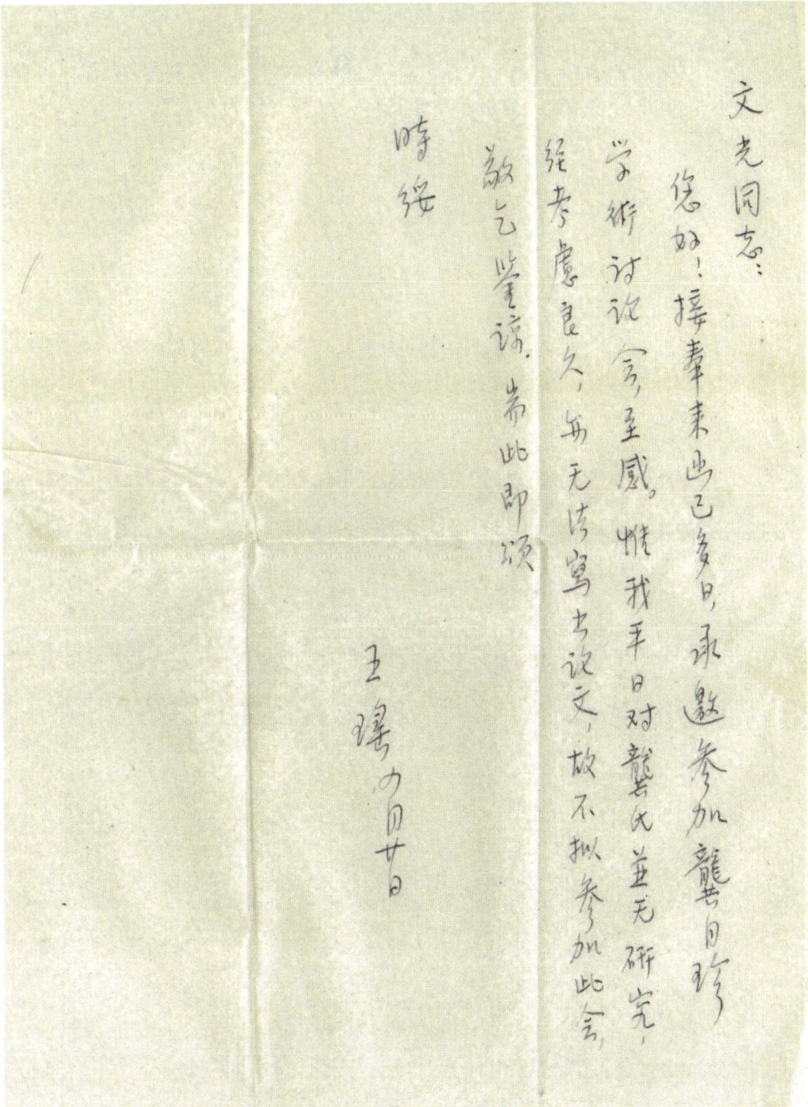

文光同志：
您好！接奉来函已多日，承邀参加龔自珍学術讨论会，至感。惟我平日对龔氏並无研究，经考虑良久，实无法写出论文，故不拟参加此会，敬乞鉴谅。专此即颂
时绥
王瑶 [illegible]月廿日

【书札释文】

文光同志:

您好!接奉来函已多日,承邀参加龚自珍学术讨论会,至感。惟我平日对龚氏并无研究,经考虑良久,亦无法写出论文,故不拟参加此会,敬乞鉴谅。专此即颂

时绥

王　瑶

四月廿日

编者注:此信写于1985年4月20日。

吴调公（四通）

【书札墨迹】

一

吴调公（1914—2000），原名鼎第，江苏镇江人。文艺理论家，南京师范大学教授。

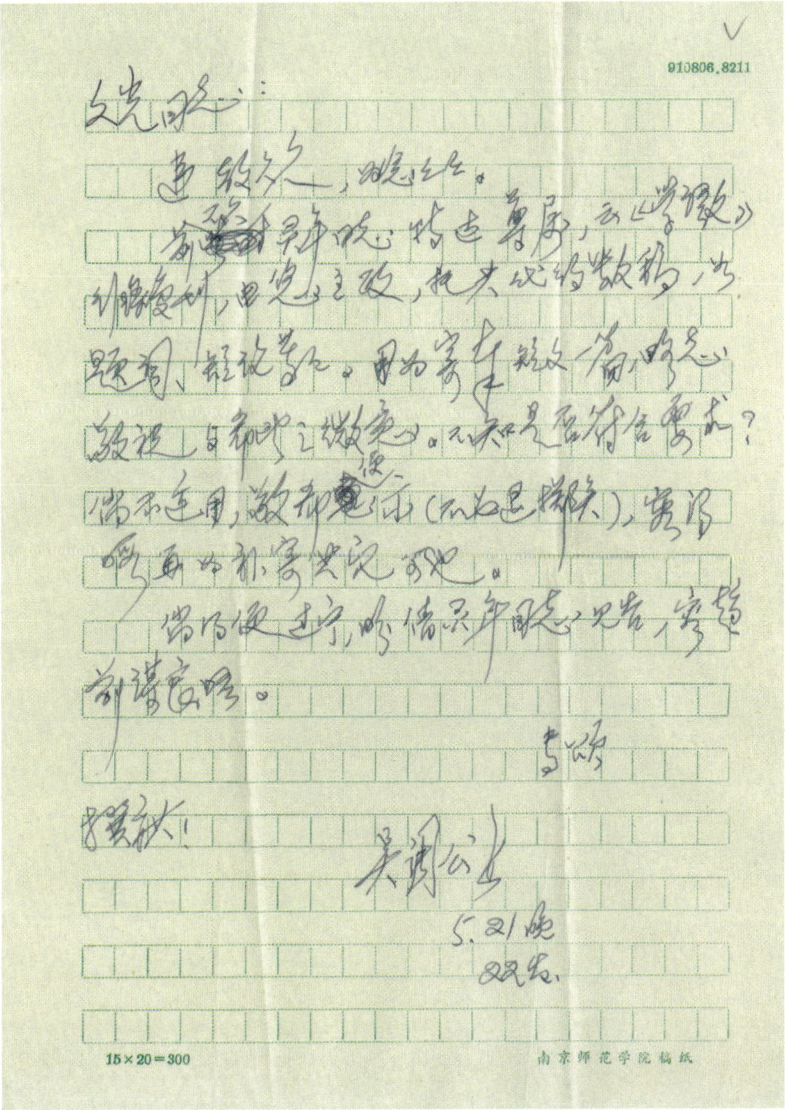

二

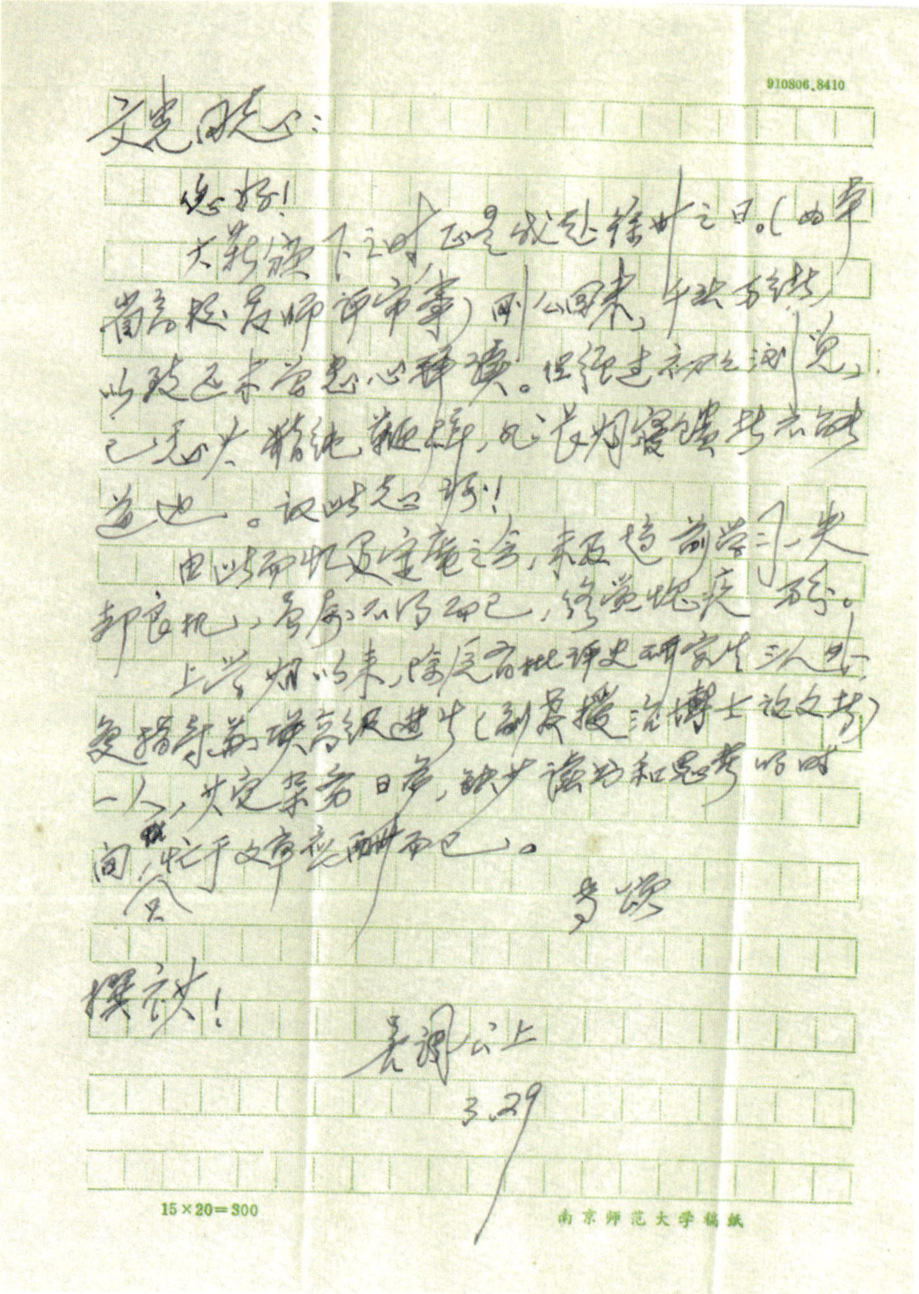
910806.8410

文亮同志：

您好！

大著颁下之时正是我赴徐州之日。(由市当高校教师评审事)刚从回来，半个多月，此时还未曾悉心拜读。但经过初步浏览，已觉其精纯难得，足以发扬……之道也。谨此志谢！

由此而放过定庵之会，未及趋前学习一次，却良机，为尔认得而已，终觉怅然了矣。

上学期以来，除为古代批评史研究生三人上课，还指导着两项高级进修(副教授论博士论文等)一人，实觉案劳日多，缺少读书和思考的时间，忙于文章应酬而已。

专此

撰安！

[illegible]公上

3.29

15×20=300　　南京师范大学稿纸

三

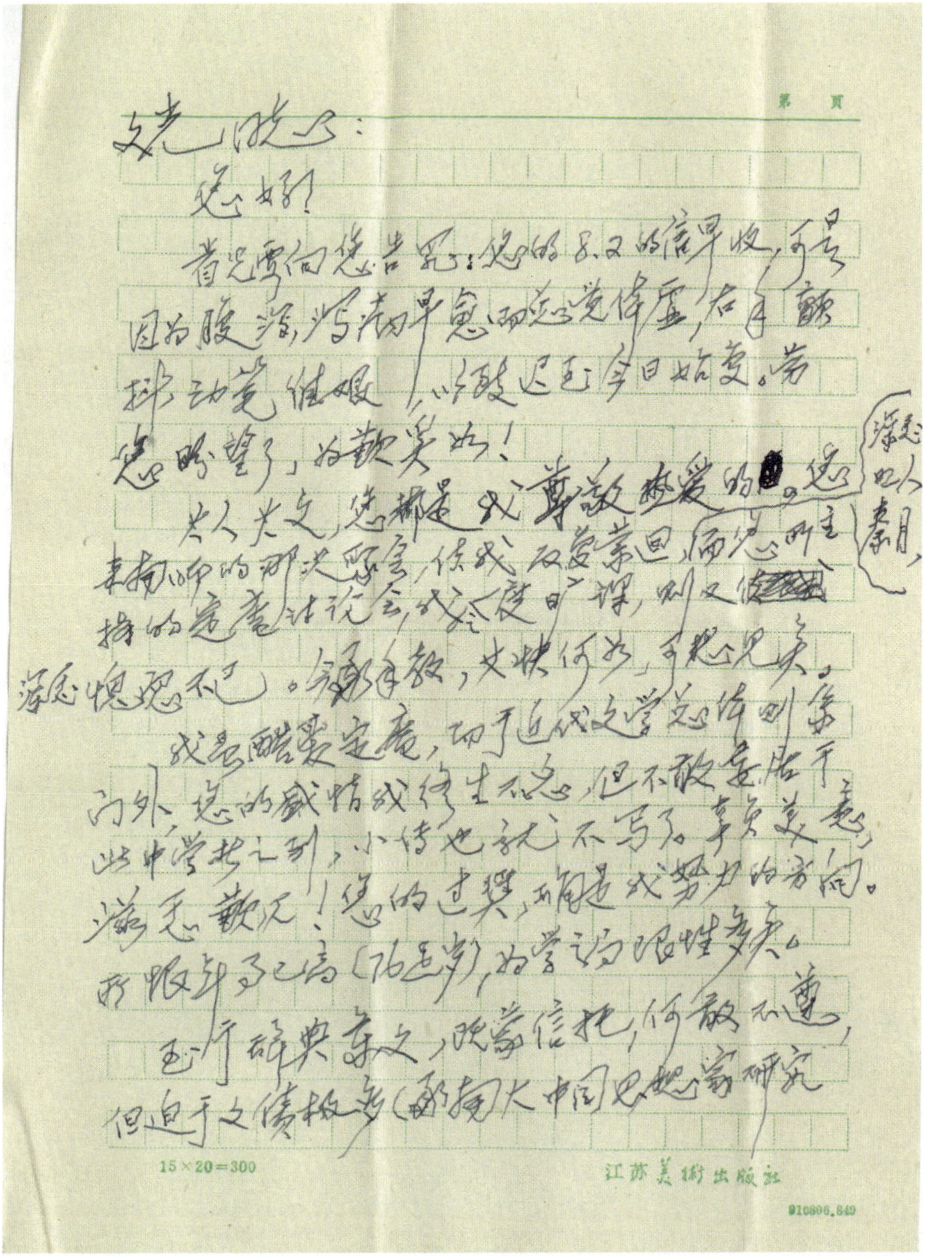

姚晓同志：

您好！

首先要向您告罪：您的8.2的信早收，可是因为腹泻，将病早愈，而您觉得坐，右手酸麻，动笔维艰，以致迟至今日始复。劳您盼望了，好歉疚的！

夫人大人，您都是我尊敬和爱的。深念二人来南师的那次聚会，使我不能忘怀。回忆您所主持的座谈讨论会，我会像当日听课，则又深念悔愧不已。今日手教，文章何好，可想见矣。

我是酷爱定庵，而于近代文学之作则在门外，您的盛情我终生不忘，但不敢忝居于此中学者之列，小传也就不写了。辜负美意，深为歉疚！您的过奖，确是我努力的方向。拜读大作（论定庵），为学诗很性急矣。

至于辞典条文，既蒙信托，何敢不遵，但迫于文债极多（参编大中国思想家研究

15×20=300　　江苏美術出版社

910806.849

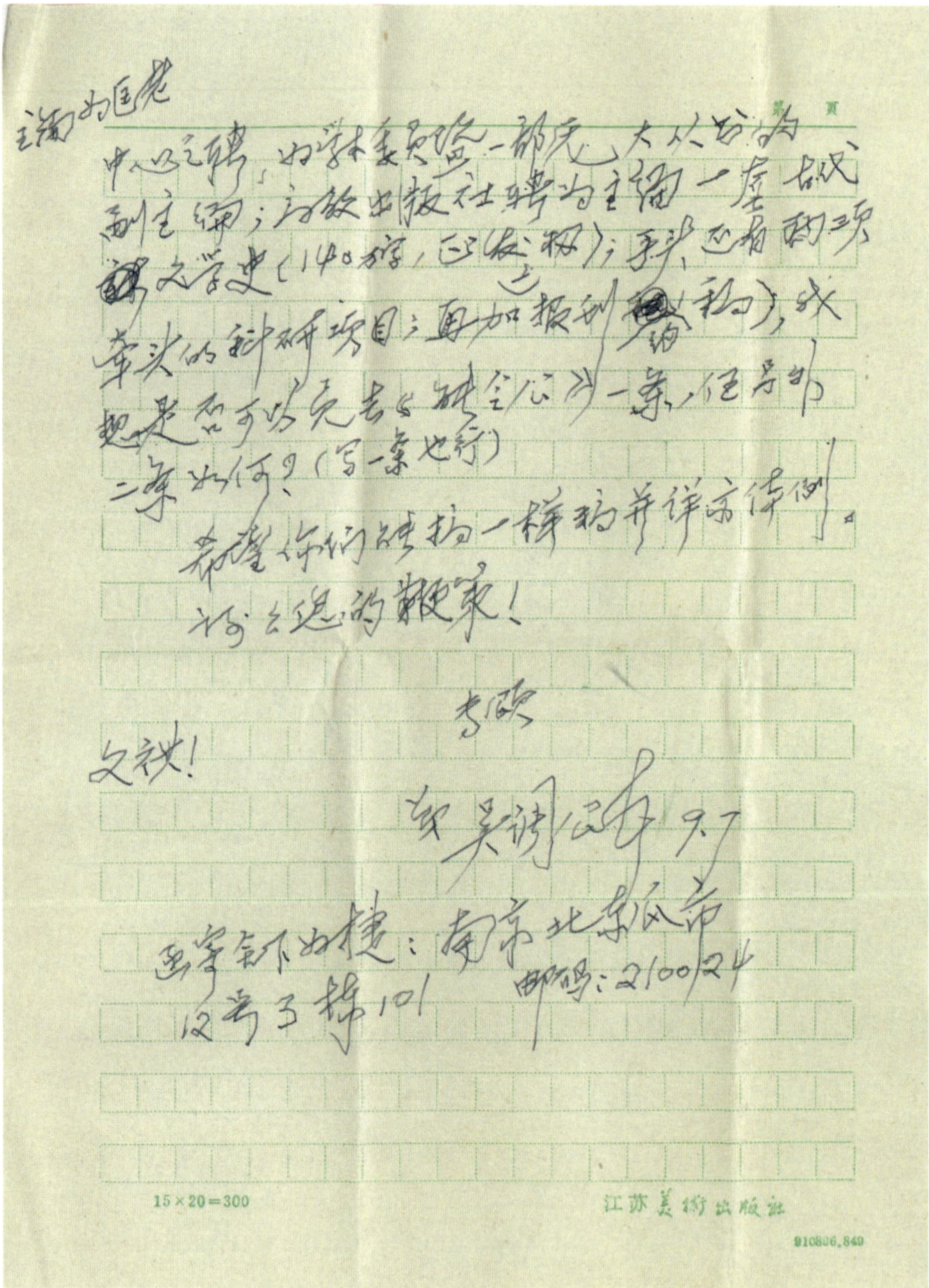

主编如匡老

中心之聘，为学术委员会一部分。大众书局为副主编；江苏出版社聘为主编一套古代文学史（140万字，已发稿）；手头还有两项牵头的科研项目之再加报到…稿），我想是否可以先去《[illegible]》一条，但另外二条如何？（写一条也行）

希望你们能搞一样稿并详示体例。

谢谢您的热情！

专颂

文祺！

弟 吴调公 9.7

通讯处如下：南京北京西路
汉[illegible]栋101　邮码：210024

15×20=300　江苏美术出版社

910806,849

四

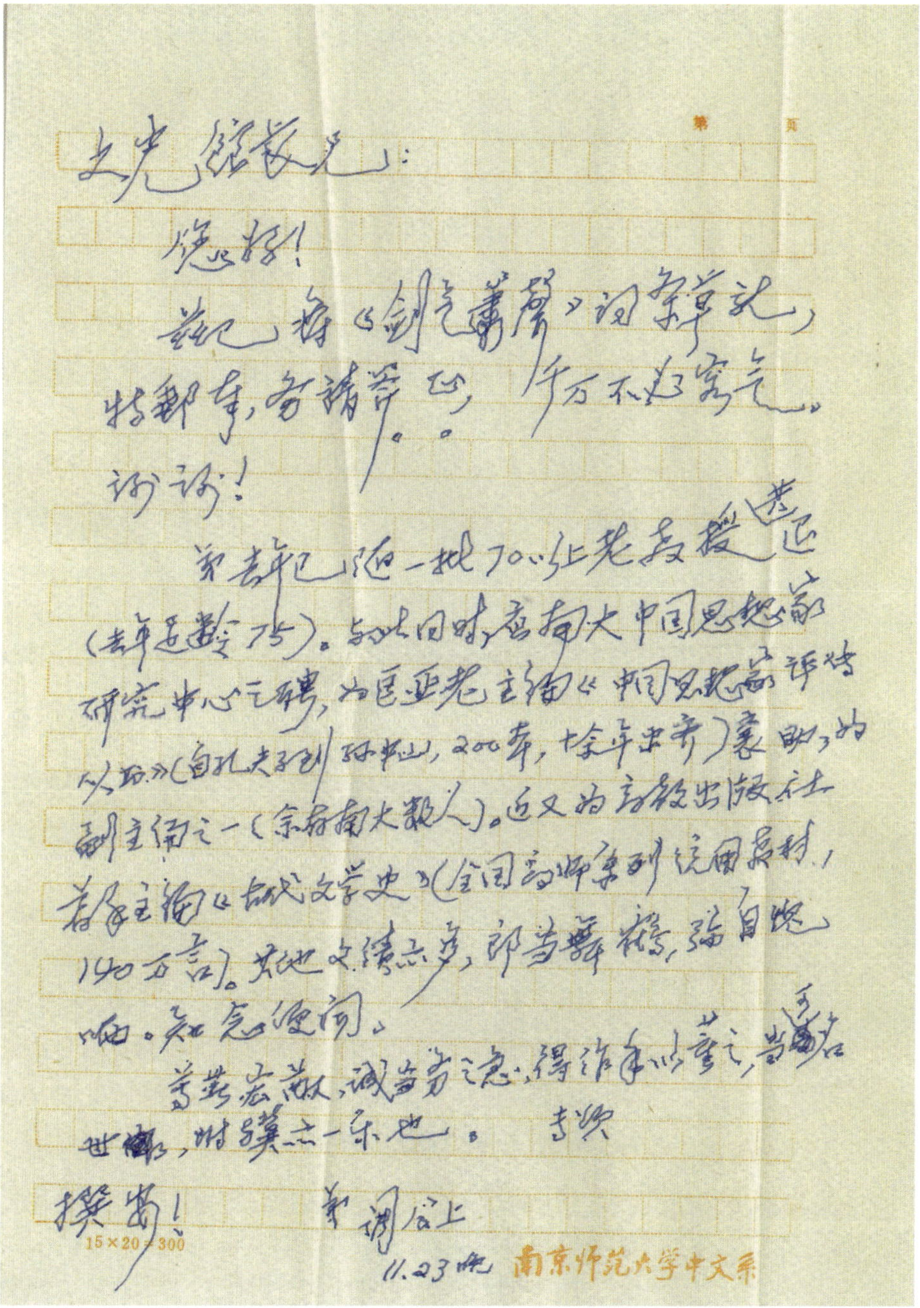

第　页

文光馆长兄：

您好！

兹已将《剑南诗稿》词条草就，特邮奉，务请笑纳，千万不必客气。

谢谢！

弟去年已随一批70以上老教授退休（去年适逢75）。与此同时，应南大中国思想家研究中心之聘，为匡亚明老主编《中国思想家评传丛书》（自孔夫子到孙中山，200本，十余年出齐）襄助，为南大出版社副主编之一（余为南大聘人）。近又为高教出版社聘为主编《古代文学史》（全国高师系列统编教材，140万言）。其他文债亦多，即当寄赠，请自晓啦。知念便闻。

芳蔼宏献，诚当务之急，得许年以董之，当留名世，则亦一乐也。　专此

撰安！

弟　调公上

11.23晚

15×20=300　南京师范大学中文系

【书札释文】

一

文光同志：

违教久久，为念之至。

前不久，灵年同志转达尊属，云《学语文》行将复刊，由您主政，托其代约数稿，如题词、短论等等。因而寄奉短文一篇，略志敬祝与希望之微意。不知是否符合要求？倘不适用，敬希便示（不必退掷矣），容得暇再为补寄其他可也。

倘得便过宁，盼请灵年同志见告，容趋前谋良晤。专颂

撰祺

吴调公　上

5月21日晚

22日发

编者注：此信写于1985年5月21日。

二

文光同志：

您好！

大著颁下之时，正是我赴徐州之日（为本省高校教师评审事）。刚刚回来，千头万绪，以致还未曾悉心拜读。但经过初初浏览，已感其精纯鞭辟，非长期寝馈者不能道也。谨此志谢！

由此而忆及定庵之会，未及趋前学习，失却良机，虽属不得而已，终觉愧疚万分。

上学期以来，除原有批评史研究生三人外，复指导苏联高级进修生（副教授治博士论文者）一人，其他杂务日多，缺少读书和思考的时间，只忙于文章应

酬而已。

专颂

撰祺

吴调公 上

3月29日

编者注：此信写于1986年3月29日。

三

文光同志：

您好！

首先要向您告罪：您的8月2日的信早收，可是因为腹泻，泻病早愈而总觉体虚，右手颤抖，动笔维艰，以致迟至今日始复。劳您盼望了，为歉奚如！

其人其文，您都是我尊敬热爱的，您来南师的那次聚会，使我反复萦迴，深感照人秦月，而您所主持的定庵讨论会，我之一度旷课，则已深感愧恧不已。今承手教，其快何如，可想见矣。

我虽酷爱定庵，而于近代文学总体则系门外，您的盛情，我终生不忘，但不敢妄居于此中学者之列，小传也就不写了。辜负美意，滋感歉仄！您的过奖，确是我努力的方向，所恨年事已高（76足岁），为学之局限性多矣。

至于辞典条文，既蒙信托，何敢不遵，但迫于文债极多（承南大中国思想家研究中心之聘，为学术委员暨一部庞大丛书的副主编，主编为匡老）；高教出版社聘为主编一套古代文学史（140万字，正发轫）；手头还有两项牵头的科研项目；再加报刊约稿；我想是否可以免去《能令公》一条，任另外二条如何？（写一条也行）

希望你们能搞一样稿并详示体例。

谢谢您的鞭策！

专颂

文祺!

弟 吴调公 顿首

9月7日

函寄舍下为捷：南京北东瓜市12号3栋101

邮码：210024

编者注：此信写于1990年9月7日。

四

文光馆长兄：

您好!

兹已将《剑气箫声》词条草就，特邮奉，务请斧正，千万不必客气。谢谢。

弟去年已随一批70（岁）以上老教授共退（去年足龄75）。与此同时，应南大中国思想家研究中心之聘，为匡亚老主编《中国思想家评传丛书》（自孔子到孙中山，200本，十余年出齐）襄助，为副主编之一（余有南大数人）。近又为高教出版社着手主编《古代文学史》（全国高师系列统用教材，140万言）。其他文债亦多，郎当舞鹤，弥自愧哂，知念便闻。

尊著宏猷，诚当务之急，得作手以董之，当可名世，附骥亦一乐也。

专颂

撰安!

弟 调公 上

11月23日 晚

编者注：此信写于1991年11月23日。

蒋维崧（二通）

【书札墨迹】

一

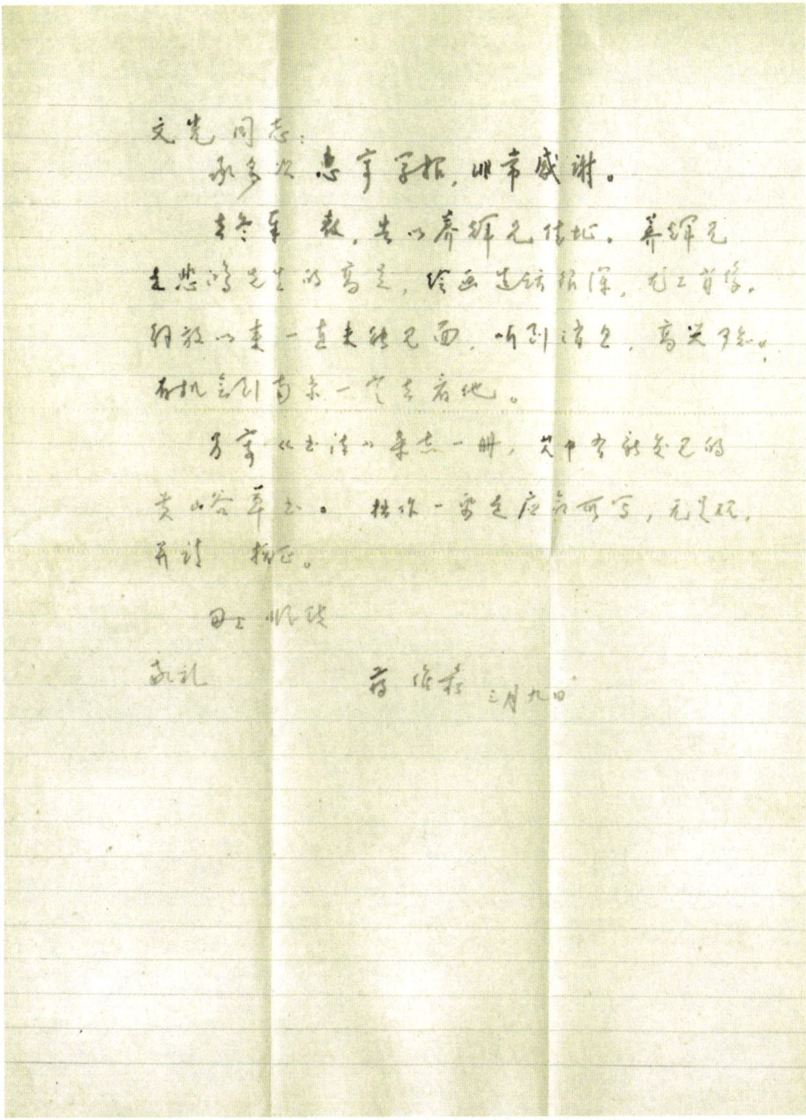

文光同志：

承多次惠寄字帖，非常感谢。

去冬奉 教，告以养晖兄住址。养晖兄是悲鸿先生的高足，绘画造诣极深，尤工肖像。解放以来一直未能见面，听到消息，高兴万分。有机会到南京一定去看他。

另寄《书法》杂志一册，其中有我给先生的黄山谷草书。拙作一字也写得不好，无足观，并请 指正。

匆上 顺颂

敬礼

蒋维崧 三月九日

蒋维崧（1915—2006），字峻斋，江苏常州人。语言学家、书法篆刻家，山东大学教授。

二

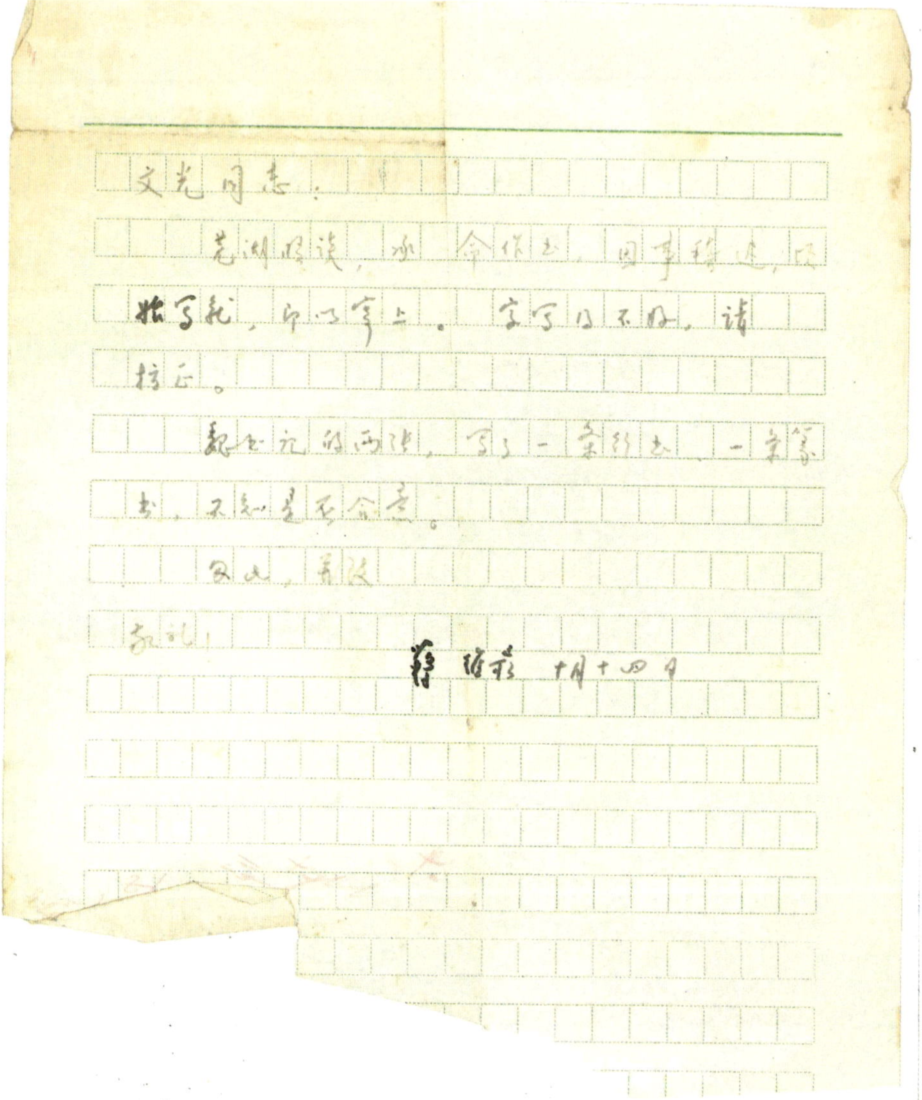

文光同志：

芜湖胜迹，承 命作书，因事稽迟，顷始写就，即以寄上。字写得不好，请指正。

[illegible]元的两张，写了一条行书、一条篆书，不知是否合意。

即此，并致

敬礼！

[illegible] 十月十四日

【书札释文】

一

文光同志：

承多次惠寄学报，非常感谢。

去年奉教，告以养辉兄住址。养辉兄是悲鸿先生的高足，绘画造诣很深，尤工肖像，解放以来，一直未能见面。听到消息，高兴可知。有机会到南京，一定去看他。

另寄《书法》杂志一册，其中有新发见的黄山谷草书。拙作一纸是应命所写，无足观，并请指正。

匆上，顺致

敬礼

蒋维崧

三月九日

编者注：此信写于1979年3月9日。

二

文光同志：

芜湖晤谈，承命作书，因事稽迟，顷始写就，即以寄上。字写得不好，请指正。魏书记的两张，写了一条行书，一条篆书，不知是否合意。

匆此，并致

敬礼！

蒋维崧

十月十四日

编者注：此信写于1979年10月14日。

范　泉（四通）

【书札墨迹】

一

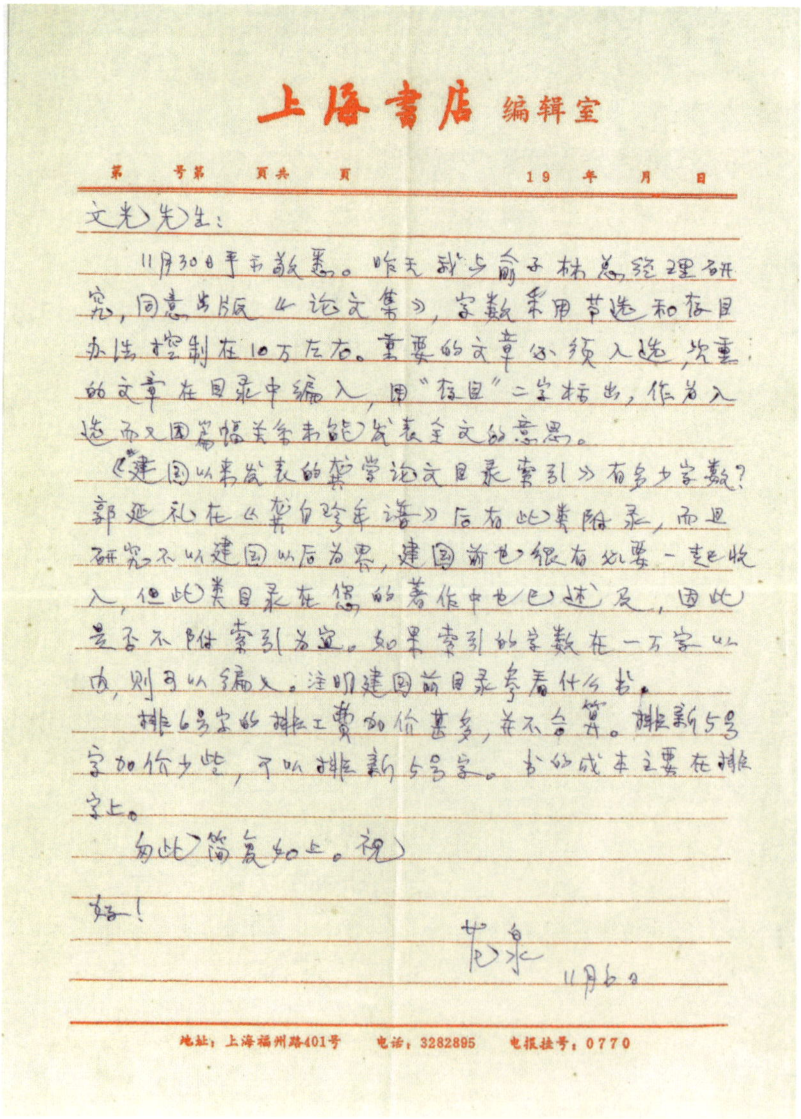

上海书店 编辑室

第　号第　页共　页　　19　年　月　日

文光先生：

11月30日手书敬悉。昨天我与俞子林总经理研究，同意出版《论文集》，字数采用节选和存目办法，控制在10万左右。重要的文章必须入选，次要的文章在目录中编入，用“存目”二字标出，作为入选而又因篇幅关系未能发表全文的意思。

《建国以来发表的龚学论文目录索引》有多少字数？郭延礼在《龚自珍年谱》后有此类附录，而且研究不以建国以后为界，建国前也很有必要一起收入，但此类目录在您的著作中也已述及，因此是否不附索引为宜。如果索引的字数在一万字以内，则可以编入。注明建国前目录参看什么书。

排6号字的排工费加价甚多，并不合算。排新5号字加价少些，可以排新5号字。书的成本主要在排字上。

匆此简复如上。祝

好！

范泉

11月6日

地址：上海福州路401号　电话：3282895　电报挂号：0770

范　泉（1916—2000），原名徐炜，江苏金山（今属上海市）人。作家、编辑家，《中国近代文学大系》总编。

二

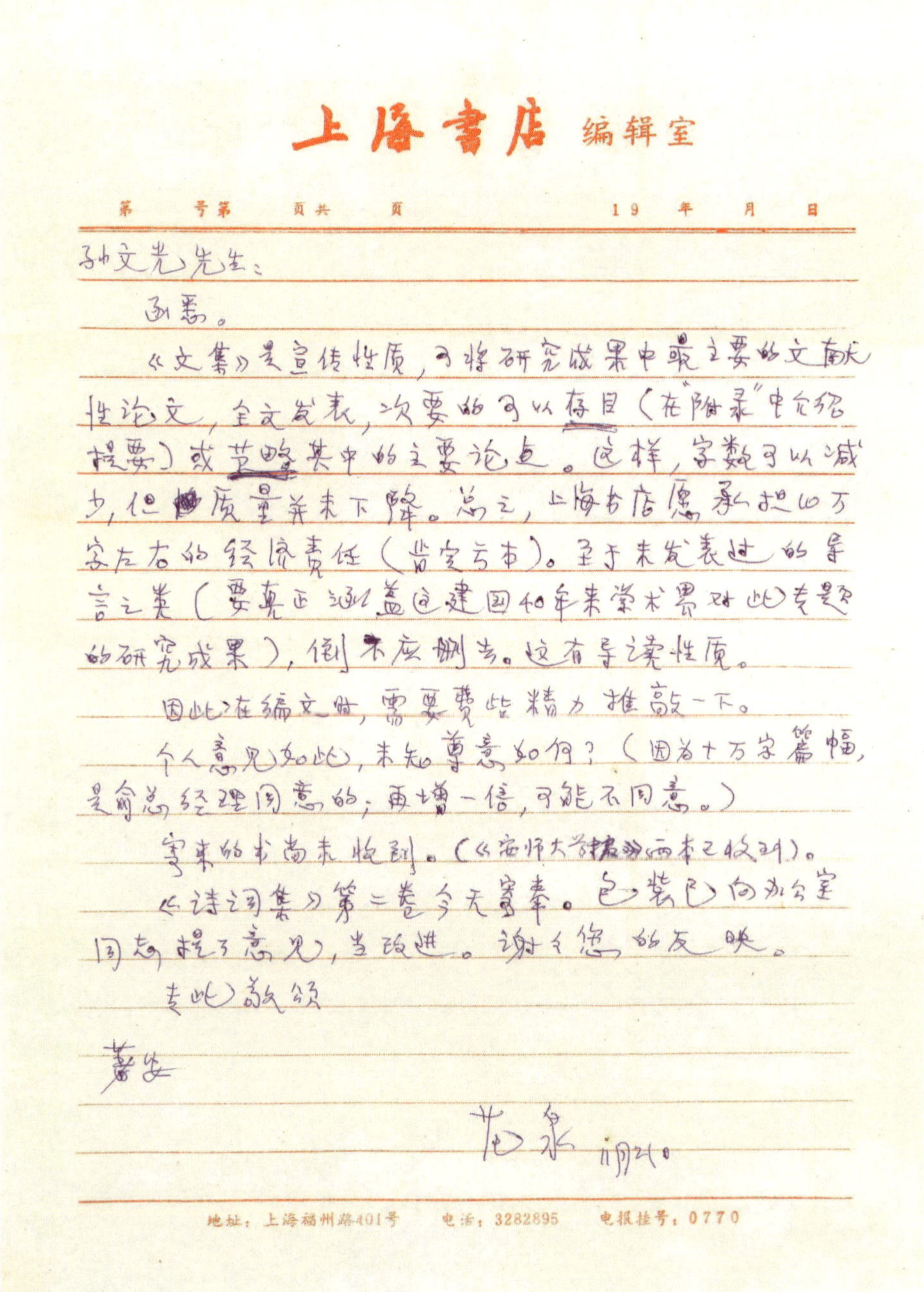

上海书店 编辑室

第　号第　页共　页　　19　年　月　日

孙文光先生：

函悉。

《文集》是宣传性质，可将研究成果中最主要的文献性论文，全文发表，次要的可以存目（在"附录"中介绍提要）或节略其中的主要论点。这样，字数可以减少，但质量并未下降。总之，上海书店愿承担40万字左右的经济责任（肯定亏本）。至于未发表过的导言之类（要真正涵盖自建国40年来学术界对此专题的研究成果），倒不应删去。这有导读性质。

因此，在编文时，需要费些精力推敲一下。

个人意见如此，未知尊意如何？（因为十万字篇幅，是俞总经理同意的，再增一倍，可能不同意。）

寄来的书尚未收到。（《安师大学报》两本已收到）。

《诗词集》第二卷今天寄奉。已装订，向办公室同志提了意见，当改进。谢谢您的反映。

专此，敬颂

著安

范泉　11月21日

地址：上海福州路401号　电话：3282895　电报挂号：0770

三

上海書店出版部

孙文先生：

寄奉《大系·总序》（初稿），敬请审视，并赐寄改正意见。谢谢！

专此函恳，并颂

著安。

范泉

6月10日

四

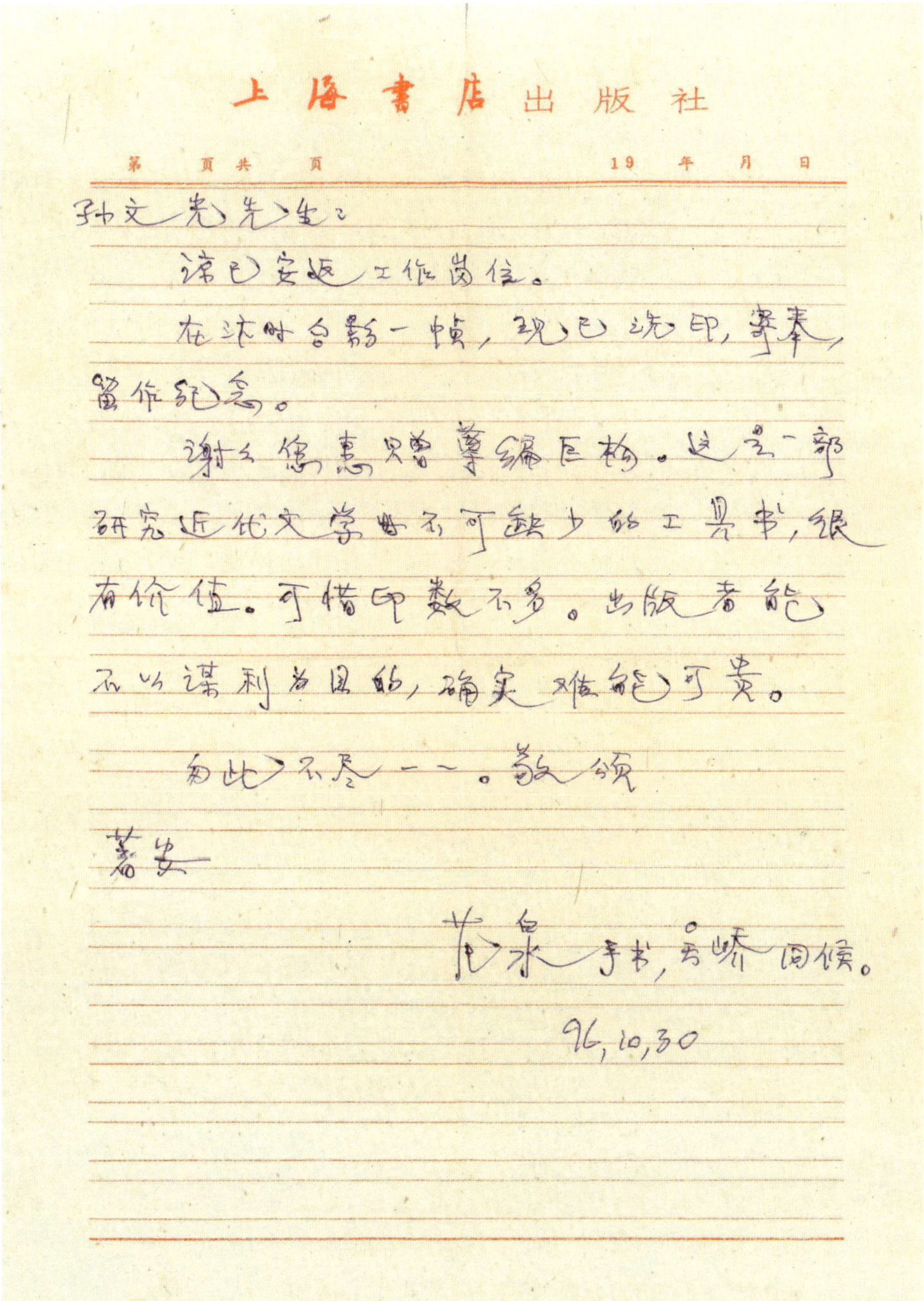
上海書店出版社

第　页共　页　　19　年　月　日

孙文光先生：

谅已安返工作岗位。

在沈时合影一帧，现已洗印，寄奉，留作纪念。

谢谢您惠赠尊编巨构。这是一部研究近代文学者不可缺少的工具书，很有价值。可惜印数不多。出版者能不以谋利为目的，确实难能可贵。

匆此不尽一一。敬颂

著安

范泉手书，吴峤同候。

96，10，30

【书札释文】

一

文光先生：

11月30日手示敬悉。昨天我与俞子林总经理研究，同意出版《论文集》[1]，字数采用节选和存目办法控制在10万左右。重要的文章必须入选，次重的文章在目录中编入，用“存目”二字标出，作为入选而又因篇幅关系未能发表全文的意思。

《建国以来发表的龚学论文目录索引》有多少字数？郭延礼在《龚自珍年谱》后有此类附录，而且研究不以建国以后为界，建国前也很有必要一起收入，但此类目录在您的著作中也已述及，因此是否不附索引为宜。如果索引的字数在一万字以内，则可以编入。注明建国前目录参看什么书。

排6号字的排工费加价甚多，并不合算。排新5号字加价少些，可以排新5号字。书的成本主要在排字上。

匆此简复如上。祝

好！

范　泉

11月6日[2]

编者注：①《论文集》：指《龚自珍研究论文集》，孙文光、王世芸编，上海书店1992年版。

②此信写于1991年11月6日。

二

孙文光先生：

函悉。

《文集》是宣传性质，可将研究成果中最主要的文献性论文，全文发表，次要的可以存目（在“附录”中介绍提要）或节略其中的主要论点。这样，字数可以减少，但质量并未下降。总之，上海书店愿承担10万字左右的经济责任（肯定亏本）。至于未发表过的导言之类（要真正涵盖这建国40年来学术界对此专题的研究成果），倒不应删去。这有导读性质。

因此在编文时，需要费些精力推敲一下。

个人意见如此，未知尊意如何？（因为十万字篇幅，是俞总经理同意的；再增一倍，可能不同意。）

寄来的书尚未收到。（《安师大学报》两本已收到。）

《诗词集》第二卷今天寄奉。包装已向办公室同志提了意见，当改进。谢谢您的反映。

专此　敬颂

著安

范　泉

11月21日

三

孙文光先生：

寄奉《大系·总序》（初稿），敬请审视，并赐寄改正意见。谢谢！

专此函恳，并颂

著安

范　泉

6月10日

四

孙文光先生：

谅已安返工作岗位。

在汴时合影一帧，现已洗印，寄奉，留作纪念。

谢谢您惠赠尊编巨构[①]，这是一部研究近代文学时不可缺少的工具书，很有价值，可惜印数不多。出版者能不以谋利为目的，确实难能可贵。

匆此不尽一一。敬颂

著安

范泉手书，吴峤同候

1996年10月30日

编者注：①尊编巨构：指《中国近代文学大辞典》。

周　劭（一通）

【书札墨迹】

周　劭（1916—2003），字黎庵，浙江镇海人。作家。

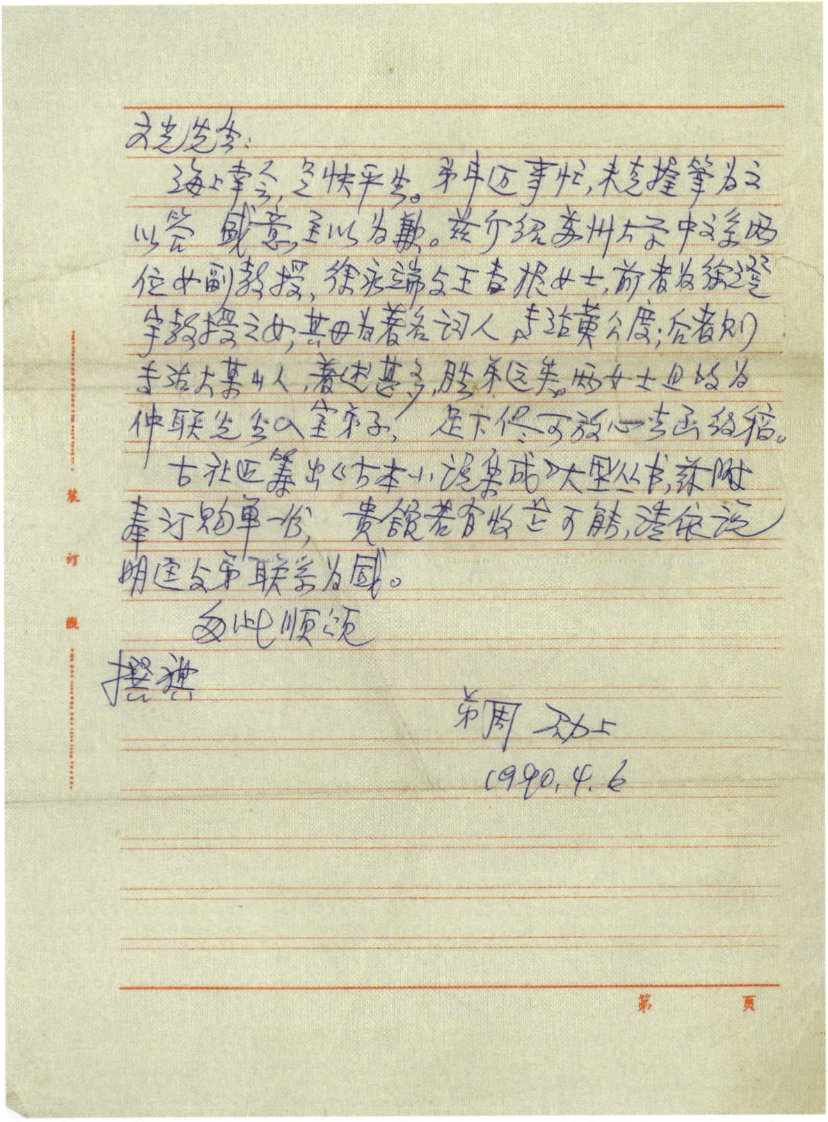

文芝先生：

海上幸会，至快平生。弟年迈事忙，未克捧笔为文以答盛意，至以为歉。兹介绍苏州大学中文系两位女副教授，徐永端女士、王喜根女士，前者为徐澄宇教授之女，其母为著名词人，专治黄公度；后者则专治大慕山人，著述甚多，胜弟远矣。两女士且皆为仲联先生之室弟子，足下但可放心去函接洽。

古社近筹出《古本小说集成》大型丛书，兹附奉订购单一份，贵馆若有收藏可能，请依说明径与弟联系为感。

匆此顺颂

撰祺

弟周劭上

1990.4.6

【书札释文】

文光先生：

海上幸会，足快平生。第年迈事忙，未克握笔为文以答盛意，至以为歉。兹介绍苏州大学中文系两位女副教授，徐永端与王杏根女士，前者为徐澄宇教授之女，其母为著名词人，专治黄公度；后者则专治大某山人，著述甚多，胜弟远矣。两女士且均为仲联先生入室弟子，足下尽可放心去函约稿。

古社近筹出《古本小说集成》大型丛书，兹附奉订购单一份，贵馆若有收藏可能，请依说明径与弟联系，为感。

匆此顺颂

撰祺

弟 周劭 上

1990年4月6日

刘逸生（九通）

【书札墨迹】

一

刘逸生（1917—2001），原名日波，广东香山人。作家、诗人，龚学研究专家。

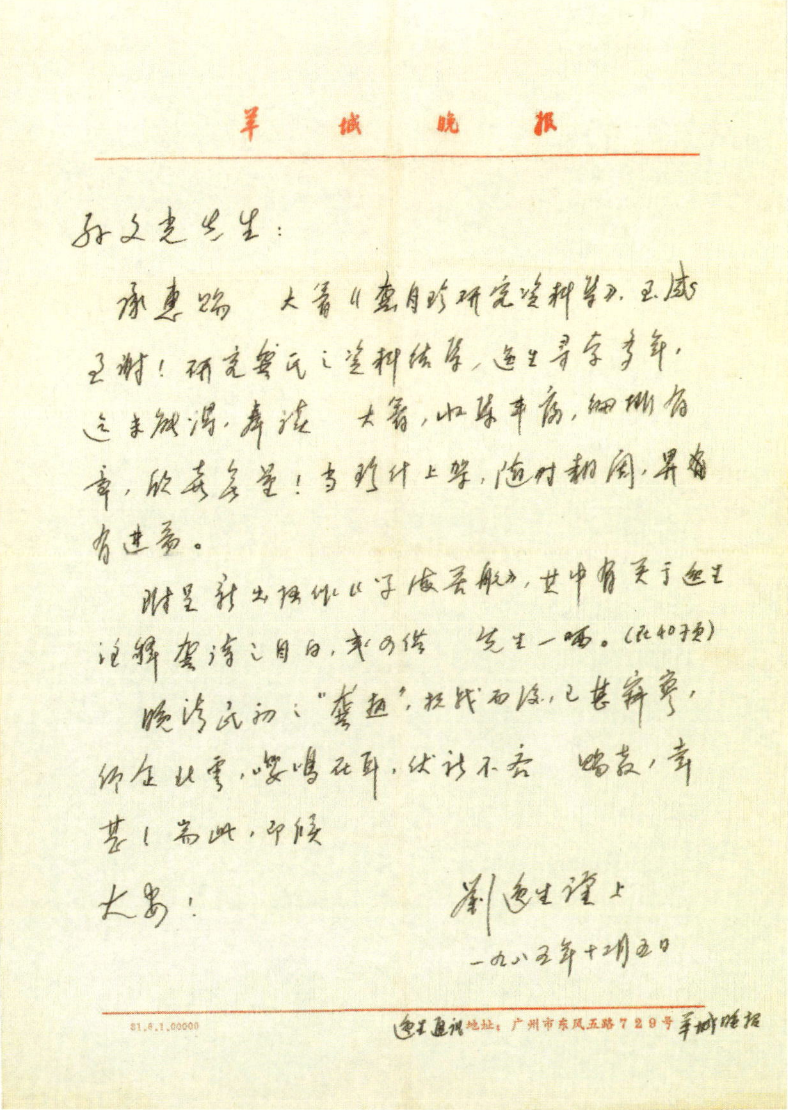

羊城晚报

孙文光先生：

承惠贻 大著《龚自珍研究资料集》，至感至谢！研究龚氏之资料结集，逸生寻索多年，迄未能得。屡读 大著，如获异宝，细微备至，欣慰无量！当珍什上架，随时翻阅，冀有进益。

附呈新出拙作《子夜吾歌》，其中有关于逸生注释龚诗之自白，或可供 先生一哂。（在40页）

晚清民初之"龚热"，抗战而后，已甚寂寞，何今北雪，嘤鸣在耳，伏请不吝 赐教，幸甚！幸甚！耑此，即候

大安！

刘逸生谨上

一九八五年十一月五日

81.8.1.00000

逸生通讯地址：广州市东风五路729号羊城晚报

二

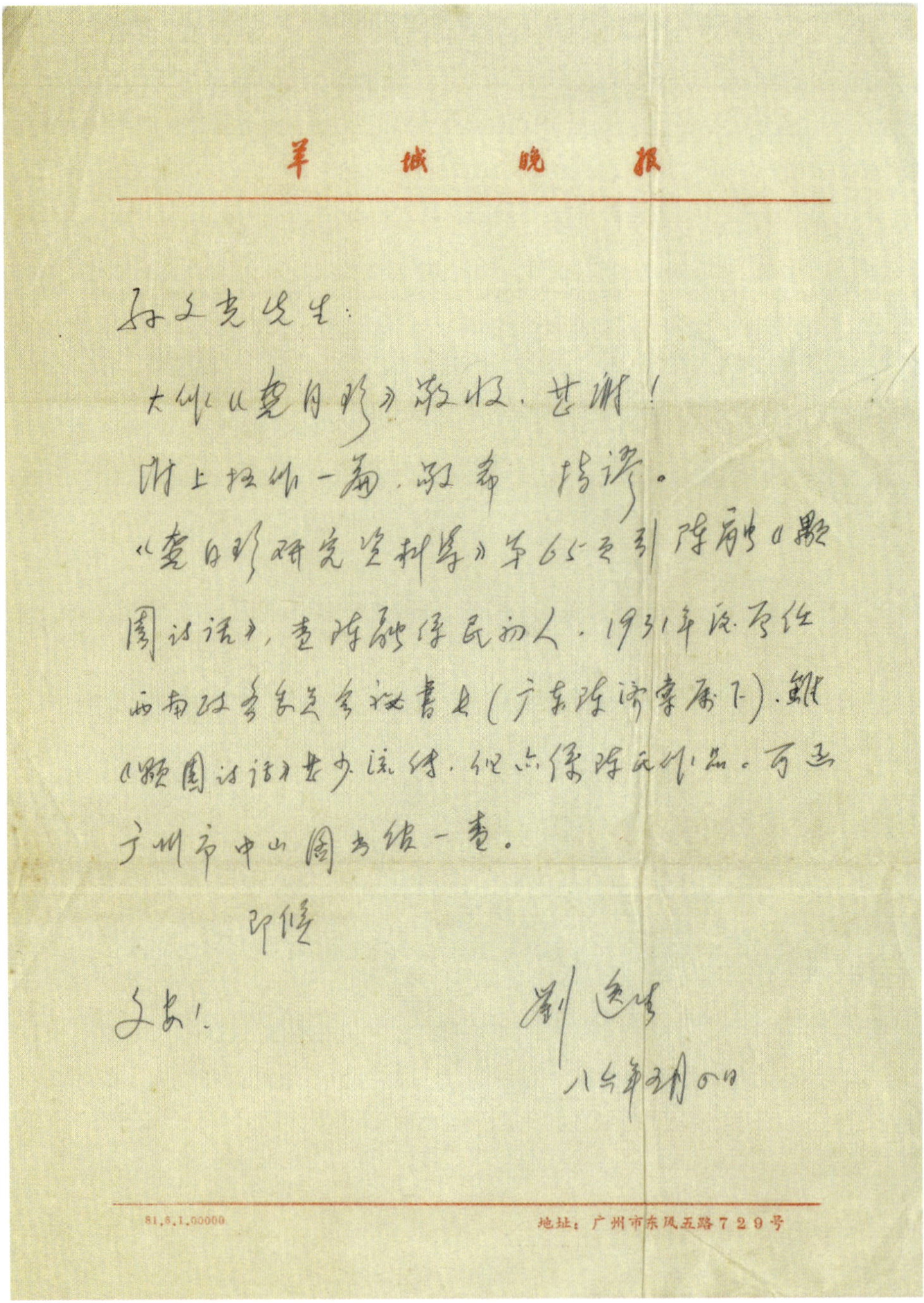
羊城晚报

孙文光先生：

大作《龚自珍》敬收，甚谢！

附上拙作一篇，敬希 指谬。

《龚自珍研究资料集》第65页引陈融《颙园诗话》，查陈融系民初人，1931年任西南政务委员会秘书长（广东陈济棠属下）。虽《颙园诗话》未见流传，但亦系陈氏作品。可函广州市中山图书馆一查。

即候

文安！

刘逸生

八六年三月四日

81.8.1.00000　　地址：广州市东风五路729号

三

20×15=300　　　　　　　　　　第　页

文亮先生：

大札敬悉。

建芳同志纪念馆的照片极好，十分感谢，并已在倡议书后签字，请收。

如将文亮斋字画（数百件即可）以全部捐赠，请您写一段消息，把你收藏名单全部列入，再寄给我，我将设法请羊城晚报刊出，以促进之。

专此，即颂

冬安！

劉逸生启

八六年十二月廿二日

中山大学古文献研究所

四

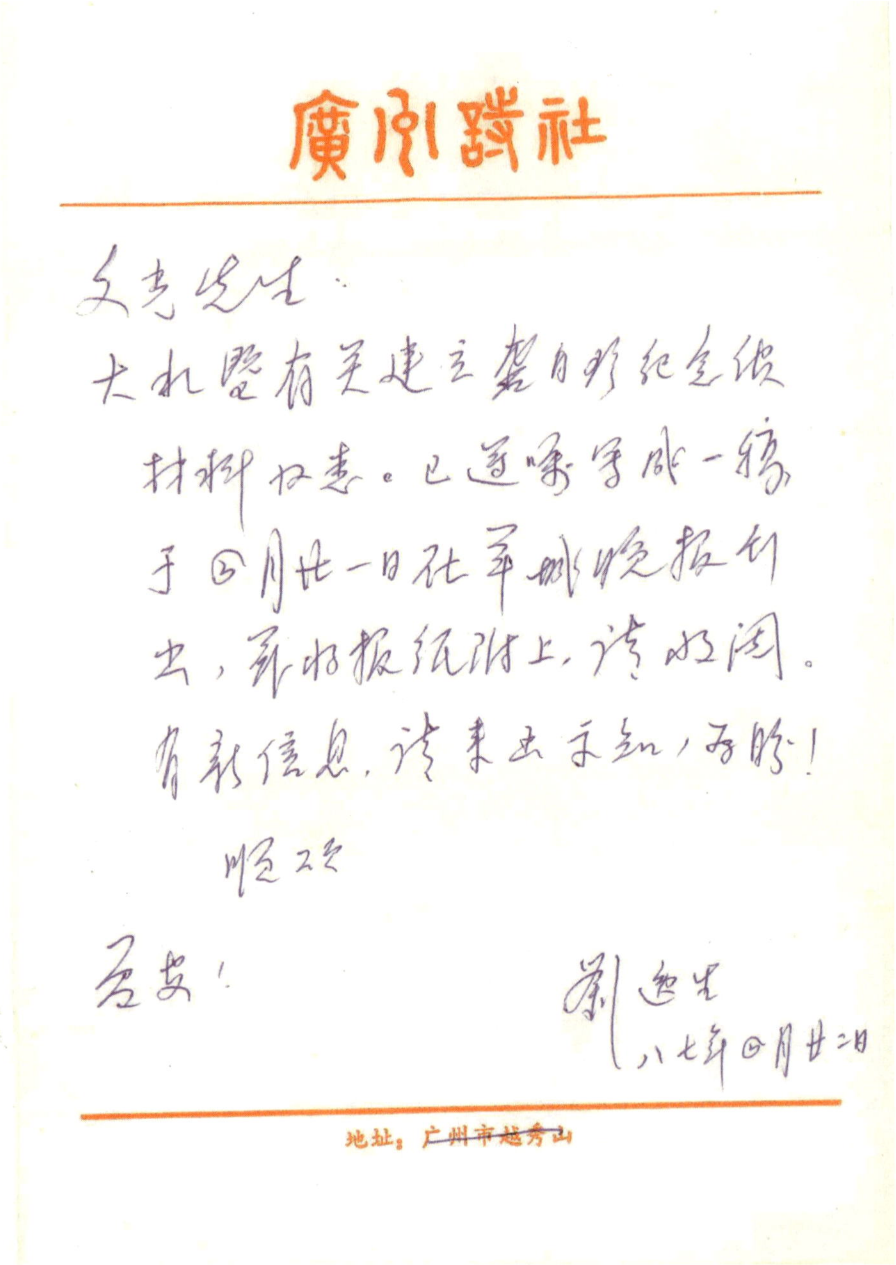

廣州詩社

文光先生：

大札暨有关建立龚自珍纪念馆材料收悉。已遵嘱写成一稿于四月廿一日在羊城晚报刊出，兹将报纸附上，请收阅。有新信息，请来函示知，为盼！

顺颂

春安！

刘逸生
八七年四月廿二日

地址：~~广州市越秀山~~

五

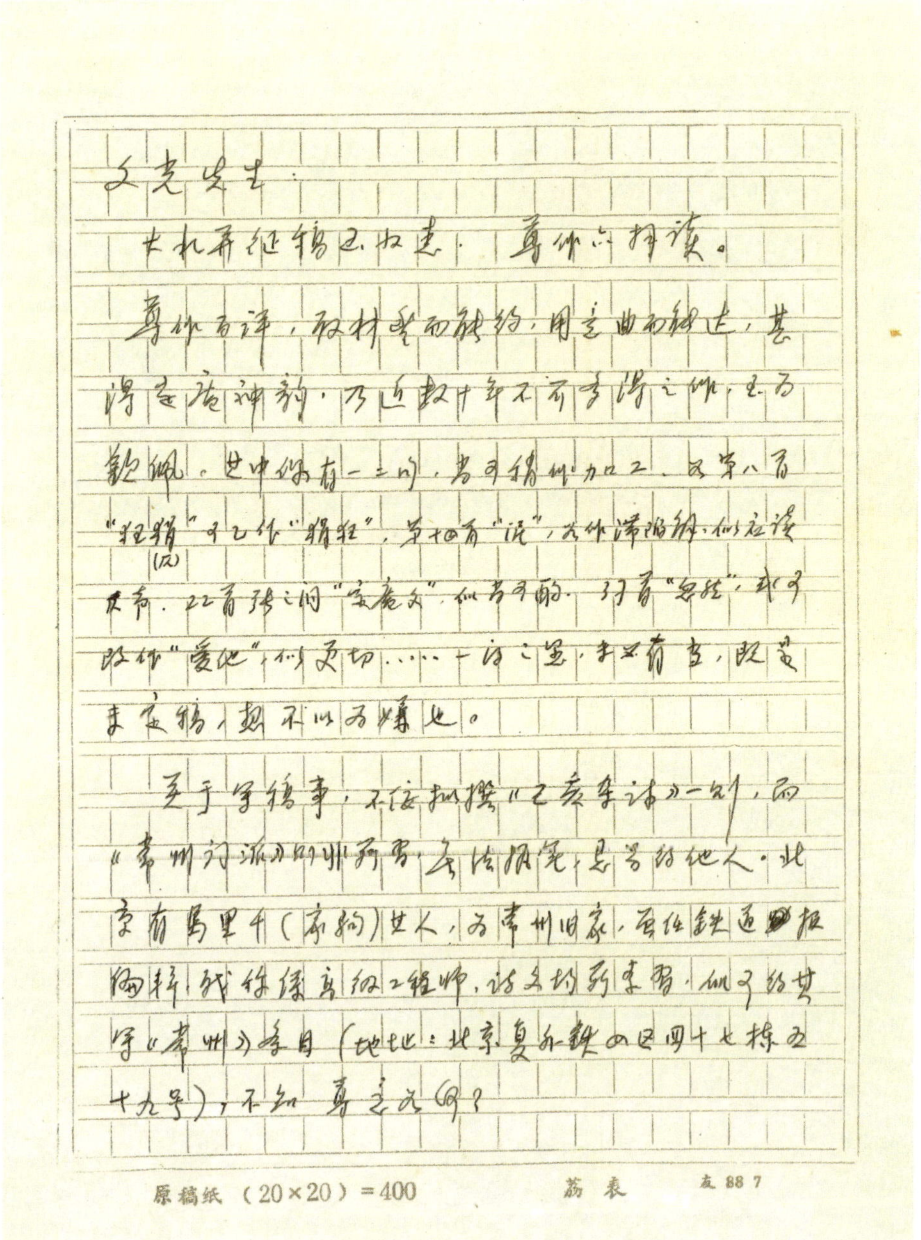

文光先生：

大札并征稿已收悉。尊作亦拜读。

尊作百许，取材丰而能约，用意曲而能达，甚得宋贤神韵，乃近数十年不可多得之作，至为钦佩。其中犹有一二字，尚可稍加加工。如第八首"狂猾"可改作"猾狂"，第十四首"浣"，若作"涤"须斟酌，似应读（仄）声。22首张之洞"宝庵文"，似尚可酌。33首"白发"，或可改作"爱他"，似更切……一得之愚，未必有当，既是未定稿，想不以为嫌也。

至于学稿事，不仅拟撰《之京集诗》一则，而《常州词派》所收甚为简略，亦非所长，是否另约他人。北京有马里千（本名）其人，为常州旧家，原任铁道部报编辑，现任铁道学院高级工程师，诗文均可参看，似可约其写《常州》专目（地址：北京复外铁四区四十七栋五十九号），不知尊意如何？

原稿纸（20×20）=400　　荔表　　友 88 7

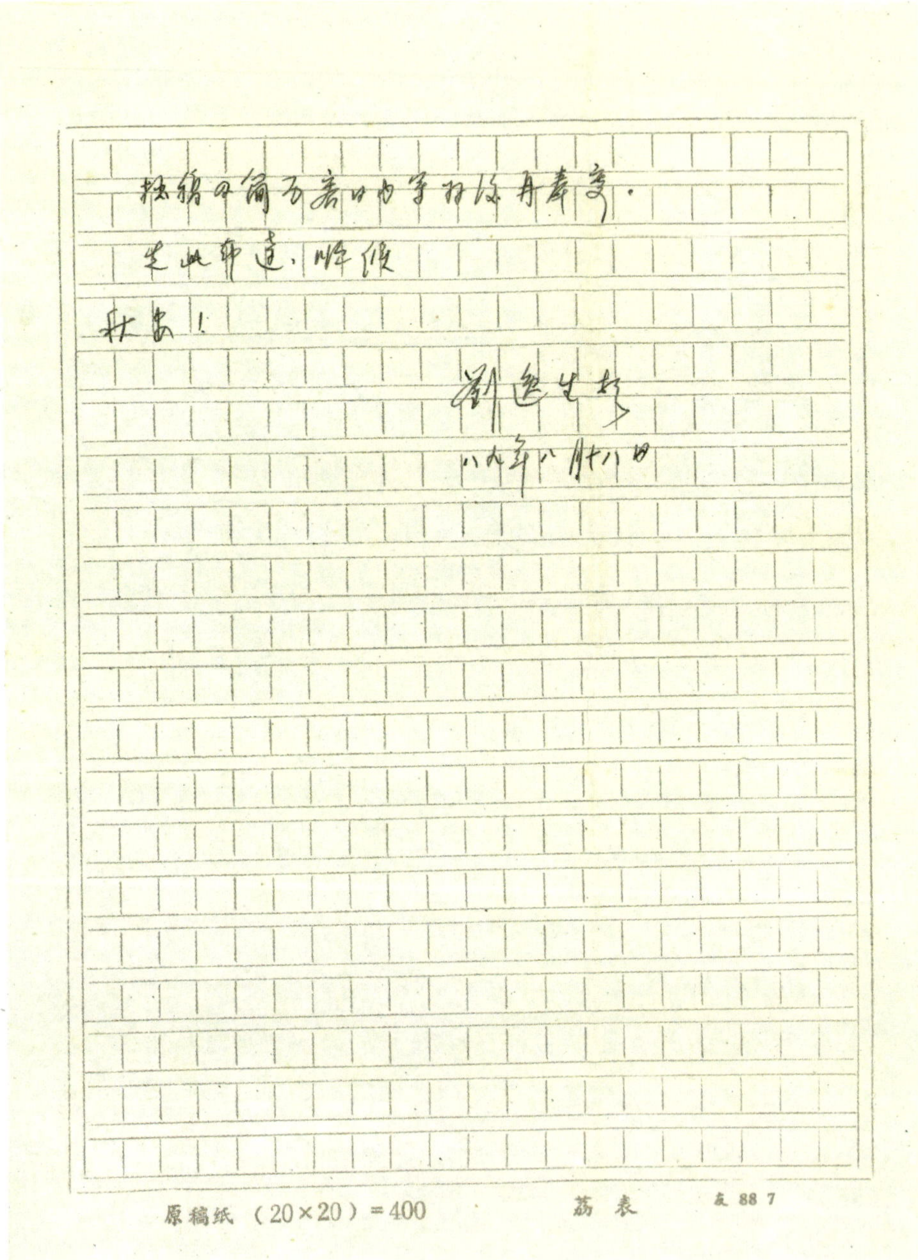

拙稿如蒙可用，以后学报须再奉复。

专此奉达，顺候

秋安！

刘逸生敬

八九年八月十八日

原稿纸（20×20）=400　荔表　友88 7

锡文先生：大札奉悉。

关于《中国近代文学史大辞典》广东部分条目撰写事，逸生因平日对乡邦文献甚少留心，故难以提供帮助。撰写条目亦有困难。惟中山大学古文献研究所内，设有「岭南文献研究室」，陈永正先生（曾撰《康有为诗文选》《王国维词注》《岭南历代诗选》等著作）为该室负责人，请迳与陈先生谈及，承其应允，愿代任撰述及组织他人撰述之责，此诚大

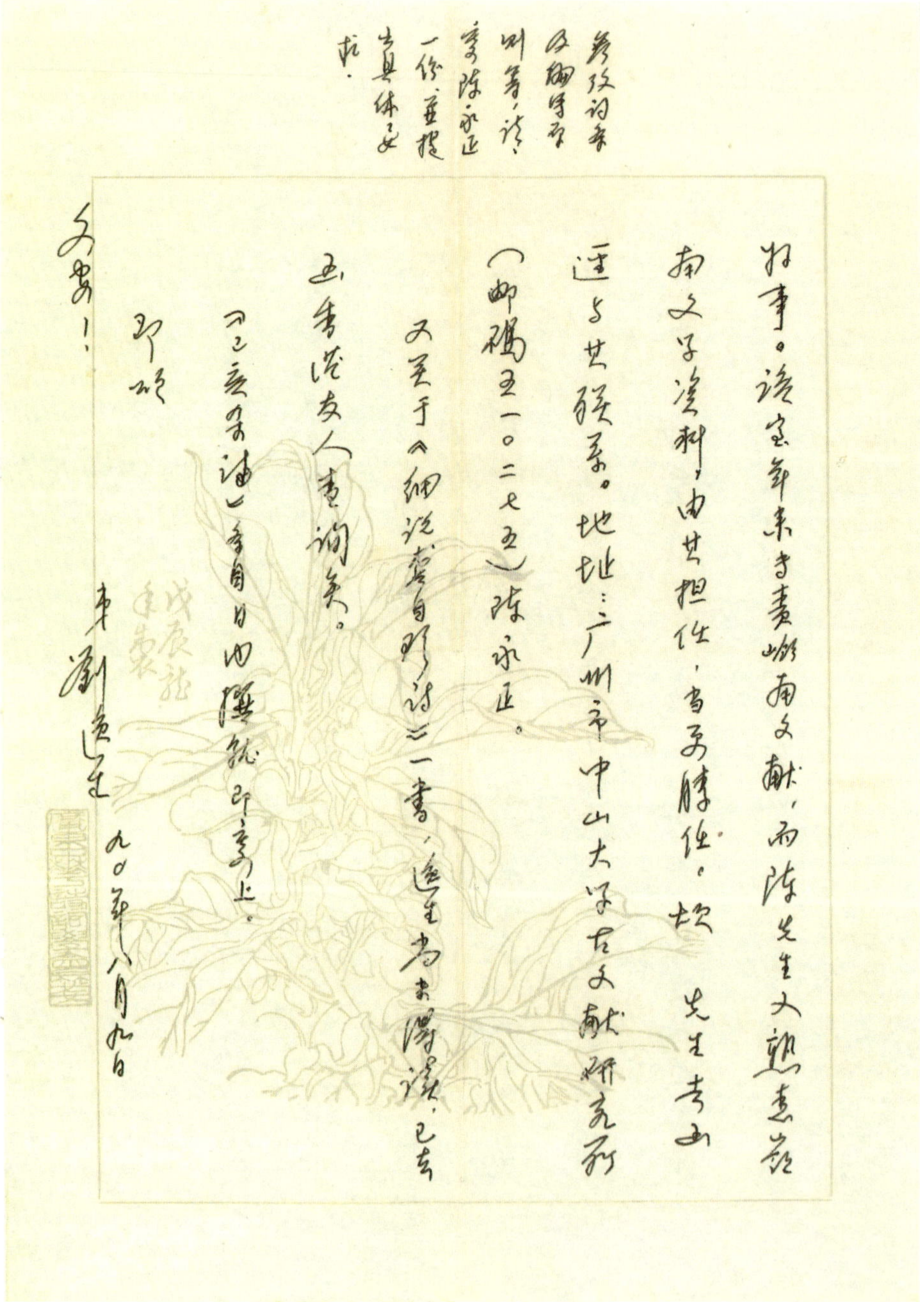

料事。该室年来专责岭南文献，而陈先生又熟悉岭南文学资料，由其担任，当更胜任。故先生专函迳与其联系。地址：广州市中山大学古文献研究所（邮码五一〇二七五）陈永正。

又关于《细说龚自珍诗》一书，逸生尚未读过，已去函香港友人查询矣。

《己亥杂诗》本月日内出版，即寄上。

即颂

文安！

弟刘逸生 九〇年八月九日

前段词条及编撰事则等，请与陈永正一谈，并提出具体要求。

七

孙文光先生：

近况定想佳胜！

前月曾寄上拙著港版《李白诗词选》及王镇远兄《剑气箫心》各一册，不知已收到否，甚念。

兹遵嘱寄上本人及刘斯奋、刘斯翰三人条目，请审阅。

本人近月眼疾不痊，写作困难，血压颇高，未知何疾，心绪不佳，故《己亥杂诗》之条目未能撰写，请另嘱别人为盼！

手此，特端奉达。即颂

秋安！

弟刘逸生 九〇年十一月十七日

通讯址：广州东风东路羊城晚报
（邮码510085）

原稿纸（20×20）=400

八

广东中华诗词学会

地址：广州市东山美华北路9号　邮编：510080　电话：754814

文光同志：

羊城一晤，大慰平生。想華旌已返贛垣，安泰為頌！

承催撰《己亥雜詩》一目，今已編就，緣書文字不宜過長，故只寫七八百字，大致尚可，敬煩大力斧正為感！

《龔編年詩》及據落有關係，請賜告。

專此即頌

夏安！

劉逸生啟

九一年五月九日

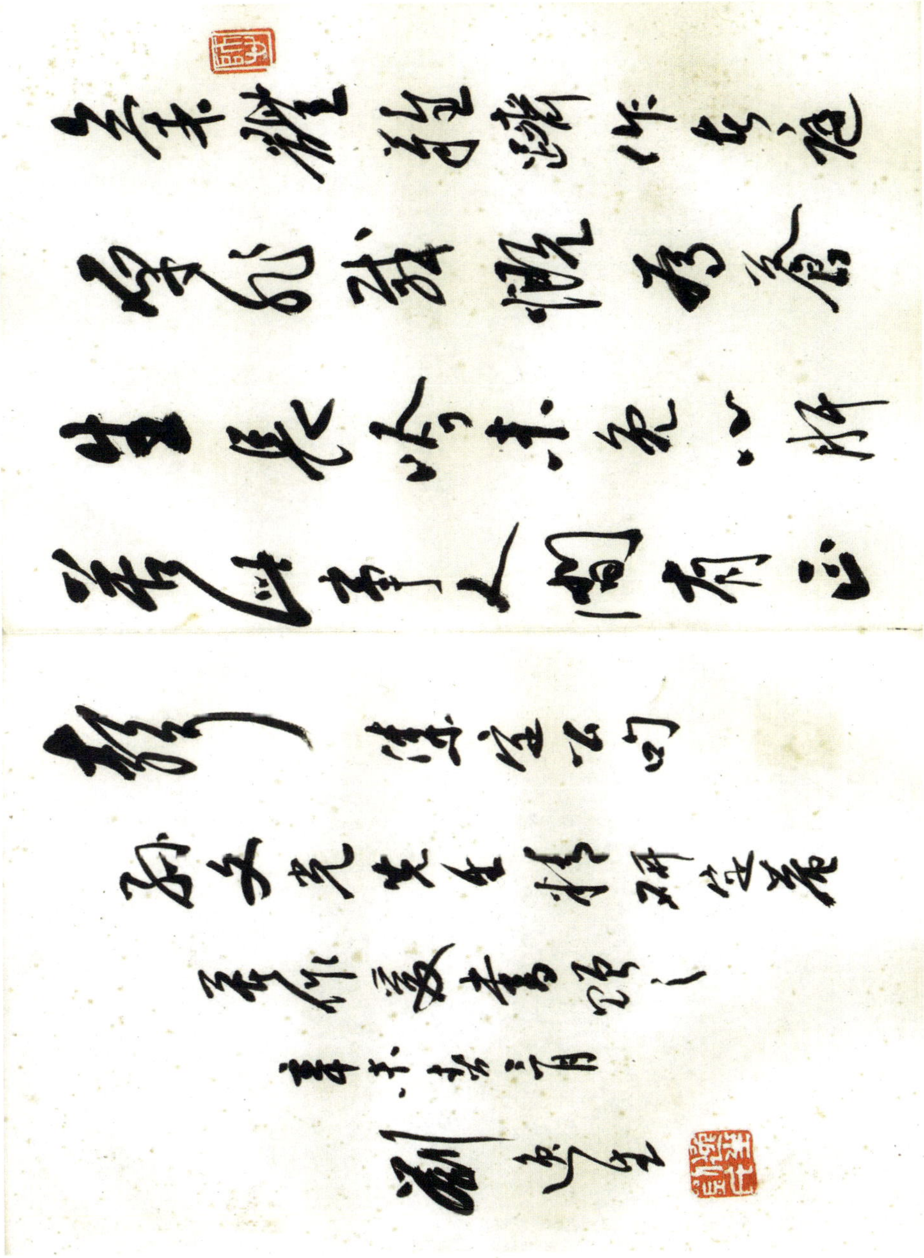

九

广东中华诗词学会

地址：广州市东山美华北路9号　邮编：510080　电话：754814

文光先生座右：近况何似，是期中辞典编撰工作尚进行否？两月来江淮大水，灾害至广重，本市文艺化界赤心，穗城亦进行捐献活动，本会参加书画义卖，弟尽微力耳。贵市近日情况较缓否？甚念。贵校想不致受大影响耳。弟注《龚自珍编年诗》，甚荷关注出版，亦已得广东人民出版社同意列入明年出版计划，此事终有眉目，聊可告慰。黄山书社方面，拟函提请结介，有劳烦代告知下情，至谢其盛意也。杭州龚自珍学术讨论

广东中华诗词学会

地址：广州市东山美华北路9号　邮编：510080　电话：754814

会，不知当在何省中召？本以为今夏大水，必影响数省有关心情，且交通亦不方便，不知改到明年否也。尊著已印行？便中盼示为感！

专此即颂

时安！

弟 刘逸生 上

九一年八月八日

前在报章所摄照片，现已晒出呈上，风采照人也。　又及。

【书札释文】

一

孙文光先生：

承惠赐大著《龚自珍研究资料集》，至感至谢！研究龚氏之资料结集，逸生寻索多年，迄未能得，奉读大著，收集丰富，编排有章，欣喜无量！当珍什上架，随时翻阅，畀有进益。

附呈新出拙作《学海苦航》，其中有关于逸生注释龚诗之自白，或可供先生一哂。（在407页）

晚清民初之“龚热”，抗战而后，已甚寂寥，所企北云，嘤鸣在耳，伏祈不吝赐教，幸甚！

专此即候

大安！

刘逸生 谨上

一九八五年十二月五日

二

孙文光先生：

大作《龚自珍》敬收，甚谢！

附上拙作一篇，敬希指谬。

《龚自珍研究资料集》第65页引陈融《颙园诗话》，查陈融系民初人。1931年后，曾任西南政务委员会秘书长（广东陈济棠属下）。虽《颙园诗话》甚少流传，但亦系陈氏作品，可函广州市中山图书馆一查。

即候

文安！

刘逸生

一九八六年五月四日

三

文光先生：

大札敬悉。

建龚自珍纪念馆的意见极好，十分赞成，并已在倡议书后签字，请收。

如将各名家学者的签名收齐后，请您写一段消息（数百字即可），把倡议者名单全部列入，再寄给我，我将设法请《羊城晚报》刊出，以促进之。

专复，即颂

冬安！

刘逸生　顿首

一九八六年十二月廿二日

四

文光先生：

大札暨有关建立龚自珍纪念馆材料收悉。已遵嘱写成一稿，于四月廿一日在《羊城晚报》刊出，兹将报纸附上，请收阅。

有新消息，请来函示知，为盼！

顺颂

夏安！

刘逸生

一九八七年四月廿二日

五

文光先生：

大札并征稿函收悉。尊作亦拜读。

尊作百评，取材丰而能约，用意曲而能达，甚得定庵神韵，乃近数十年不可多得之作，至为钦佩。其中偶有一二句，尚可稍作加工。如第八首“狂狷”（仄）可乙作“狷狂”；第十四首“泥”，如作滞陷解，似应读仄声；22首张之洞“定庵文”，似尚可酌；37首“忽然”，或可改作“爱他”，似更切……一得之愚，未必有当，既是未定稿，想不以为嫌也。

关于写稿事，不佞拟撰《已亥杂诗》一则，而“常州词派”，则非所习，无法执笔，恳另约他人。北京有马里千（家驹）其人，为常州旧家，曾任铁道报编辑，职称系高级工程师，诗文均所素习，似可约其写《常州》条目（地址：北京复外铁四区四十七栋五十九号），不知尊意如何？

拙稿及简历，容日内写好后再奉寄。

先此布达，顺候

秋安！

刘逸生 顿首

一九八九年八月十八日

六

孙文光先生：

大札奉悉。

关于《中国近代文学大辞典》广东部分条目撰写事，逸生因平日对乡邦文献甚少留心，故难以提供鄙见，撰写条目亦有困难。唯中山大学古文献研究所内，设有“岭南文献研究室”，陈永正先生（曾撰《康有为诗文选》《王国维词注》《岭南历代诗选》等著作）为该室负责人，顷已与陈先生谈及，承其答允，愿代任撰述及组织作者撰述之意，此诚大好事。该室年来专责岭南文献，而陈先生又熟悉岭南文学资料，由其担任，当更胜任。烦先生去函径与其联系。地址：广州市中山大学古文献研究所（邮编五一〇二七五）陈永正。

又关于《细说龚自珍诗》一书，逸生尚未得读，已去函香港友人查询矣。

《已亥杂诗》条目，日内撰就即寄上。即颂

文安！

弟 刘逸生

一九九〇年八月九日

七

孙文光先生：

近况定想佳胜！

前月曾寄上拙著港版《龚自珍诗选》及王镇远著《剑气箫心》各一册，不知已收到否，甚念。

前遵嘱寄上本人及刘斯奋、刘斯翰三人条目，请审阅。

弟近日眼疾不痊，写作困难，血尿发作，未知何症，心绪不佳，故《己亥杂诗》之条目未能撰写，请另嘱别人为盼！

手此盼赐复音。即颂

秋安！

弟 刘逸生

一九九〇年十一月十七日

通讯[地]址：广州东风东路羊城晚报(邮码510085)。

八

文光同志：

羊城一晤，大慰平生，想华旌已返黉居，安泰为颂。

承嘱撰《已亥杂诗》一目，今已缮就，辞书文字不宜过冗，故只写七八百字，大致尚可，敬祈大力斧正为感！

《龚编年诗》如接洽有头绪，请赐告。

手此即颂

夏安！

刘逸生 顿首

一九九一年五月九日

气体难跻作者庭，原非感慨为苍生。
长吟未免心肝苦，此事人间有正声。

集定公句

孙文光先生精研定庵著作，爰书赠之。

刘逸生

辛未春三月

九

文光先生座右：

近况何似，暑期中辞典编撰工作尚进行否？两月来江淮大水，灾害严重，牵动炎黄亿万系心，穗城亦进行捐献活动，弟曾参加书画义卖，聊尽微力耳。芜市近日情况恢复否？甚念。学校想不致受大影响耳。弟注《龚自珍编年诗》，甚劳关注出版，兹已得广东人民出版社同意列入明年出版计划，此事终有着落，聊可告慰。黄山书社方面，极感热情绍介，有便烦代告知下情，并谢其盛意也。杭州龚自珍学术讨论会，不知尚在筹备中否？弟以为今夏大水，恐影响数省学者心情，且交通亦不方便，不知改到明年为妥，尊意如何？便中盼示为感！

手此即颂

时安！

弟 刘逸生 顿首

一九九一年八月八日

前在敝寓所摄照片，现已晒出，呈上，风采照人也。又及。

孟永祈（一通）

【书札墨迹】

孟永祈（1917—2007），江苏武进人。教育家孟宪承之子。外国文学专家，曾任职于华东师范大学、合肥师范学院、安徽师范大学、安徽大学。

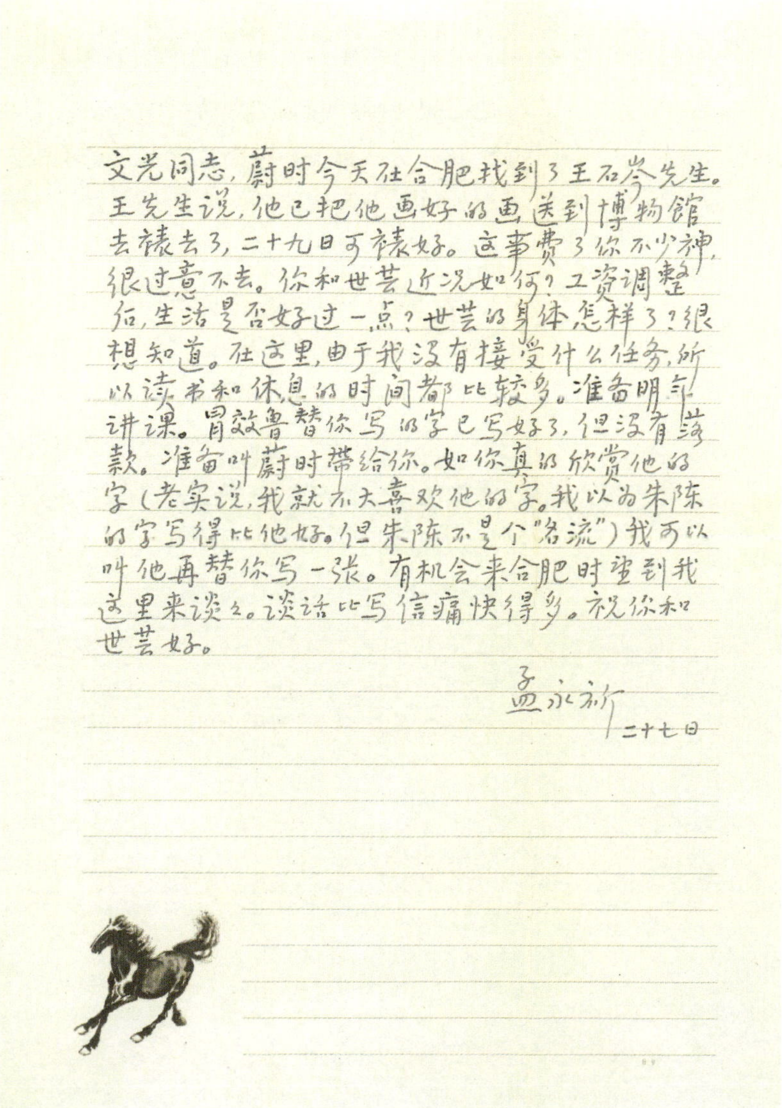

文光同志，蔚时今天在合肥找到了王石岑先生。王先生说，他已把他画好的画送到博物馆去裱去了，二十九日可裱好。这事费了你不少神，很过意不去。你和世芸近况如何？工资调整后，生活是否好过一点？世芸的身体怎样了？很想知道。在这里，由于我没有接受什么任务，所以读书和休息的时间都比较多。准备明年讲课。胃效鲁替你写的字已写好了，但没有落款。准备叫蔚时带给你。如你真的欣赏他的字（老实说，我就不大喜欢他的字。我以为朱陈的字写得比他好。但朱陈不是个"名流"）我可以叫他再替你写一张。有机会来合肥时望到我这里来谈谈。谈话比写信痛快得多。祝你和世芸好。

子
孟永祈
二十七日

【书札释文】

文光同志：

蔚时今天在合肥找到了王石岑先生。王先生说，他已把他画好的画送到博物馆去裱去了，二十九日可裱好。这事费了你不少神，很过意不去。你和世芸近况如何？工资调整后，生活是否好过一点？世芸的身体怎样了？很想知道。在这里，由于我没有接受什么任务，所以读书和休息的时间都比较多。准备明年讲课。冒效鲁替你写的字已写好了，但没有落款，准备叫蔚时带给你。如你真的欣赏他的字（老实说，我就不大喜欢他的字。我以为朱陈的字写得比他好。但朱陈不是个“名流”），我可以叫他再替你写一张。有机会来合肥时望到我这里来谈谈。谈话比写信痛快得多。祝你和世芸好。

孟永祈

二十七日

编者注：此信写于1980年9月27日。

王士菁（一通）

【书札墨迹】

王士菁（1918—2016）、原名葛秉曙、江苏沐阳人。鲁迅研究专家。曾任北京鲁迅博物馆馆长。

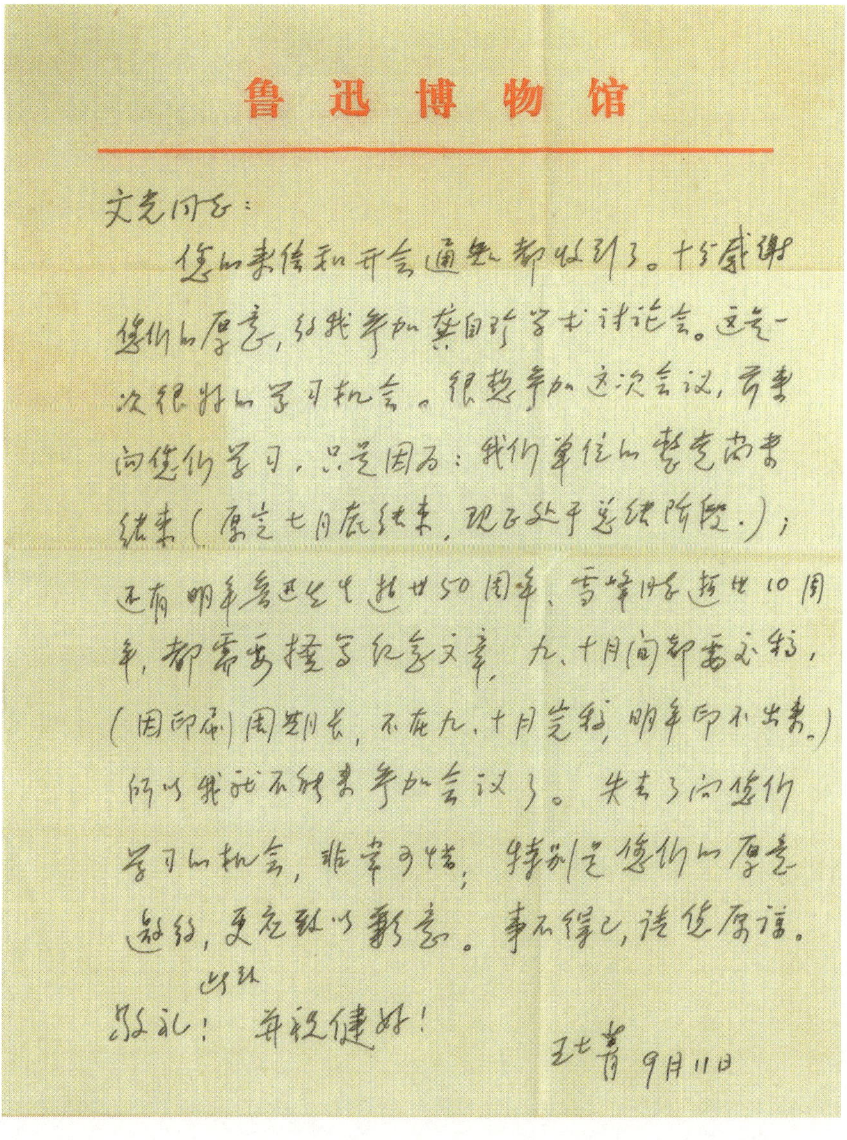

鲁迅博物馆

文尧同志：

您的来信和开会通知都收到了。十分感谢您们的厚意，约我参加龚自珍学术讨论会。这是一次很好的学习机会。很想参加这次会议，前来向您们学习，只是因为：我们单位的整党尚未结束（原定七月底结束，现正处于总结阶段。）；还有明年鲁迅先生逝世50周年、雪峰同志逝世10周年，都需要撰写纪念文章，九、十月间都要交稿，（因印刷周期长，不在九、十月交稿，明年印不出来。）所以我就不能来参加会议了。失去了向您们学习的机会，非常可惜；特别是您们的厚意邀约，更应致以歉意。事不得已，请您原谅。

此致

敬礼！并祝健好！

王士菁 9月11日

【书札释文】

文光同志：

您的来信和开会通知都收到了。十分感谢您（们）的厚意，约我参加龚自珍学术讨论会。这是一次很好的学习机会。很想参加这次会议，前来向您（们）学习，只是因为：我们单位的整党尚未结束（原定七月底结束，现正处于总结阶段）；还有明年鲁迅先生逝世50周年、雪峰同志逝世10周年，都需要撰写纪念文章，九十月间都要交稿（因印刷周期长，不在九十月完稿，明年印不出来），所以我就不能来参加会议了。失去了向您（们）学习的机会，非常可惜；特别是您（们）的厚意邀约，更应致以歉意。事不得已，请您原谅。

此致

敬礼！并祝健好！

王士菁

9月11日

编者注：此信写于1985年9月11日。

杨友仁（一通）

【书札墨迹】

杨友仁（1918—2007），江苏昆山人。著名文史学者，曾任职于上海古籍出版社、上海书店出版社。

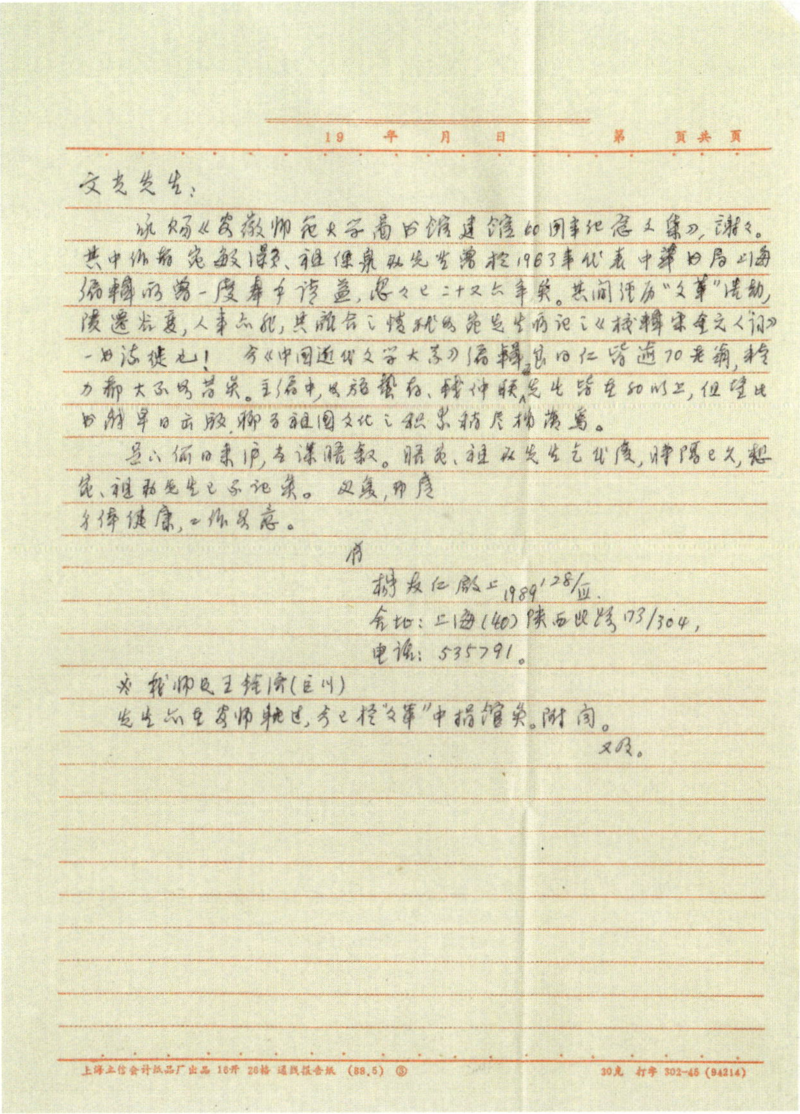

19 年 月 日 第 页共 页

文友先生：

承赐《安徽师范大学图书馆建馆60周年纪念文集》，谢谢。其中所载宛敏灏、祖保泉两先生曾于1963年代表中华书局上海编辑所第一度奉手请益，忽忽已二十又六年矣。其间经历"文革"浩劫，缘遇岁变，人事亦非，其难会之情犹如宛老先生所记之《校辑宋金元人词》一书流徙也！今《中国近代文学大系》编辑员同仁皆逾70老翁，精力都大不如昔矣。主编中，如施蛰存、钱仲联两先生皆在80以上，但望此书能早日出版，聊为祖国文化之积累稍尽棉薄焉。

吾人倘日来沪，当谋晤叙。晤宛、祖两先生之时，睽隔已久，想宛、祖两先生已不记矣。又复，即颂

身体健康，工作如意。

弟

杨友仁敬上 1989/1/28/夜.

寓址：上海（40）陕西北路173/304，

电话：535791。

※我师友王镗济（巨川）先生亦在安师执教，今已于"文革"中捐馆矣。附问。

又及。

上海立信会计纸品厂出品 16开 28格 通讯报告纸 (88.5) ⑤ 30克 打字 302-45 (94214)

【书札释文】

文光先生：

承赐《安徽师范大学图书馆建馆60周年纪念文集》，谢谢。其中作者宛敏灏、祖保泉两先生曾于1963年代表中华书局上海编辑所时曾一度奉手请益，忽忽已二十又六年矣。其间经历“文革”浩劫，陵迁谷变，人事亦非，其离合之情，犹如宛先生所记之《校辑宋金元人词》一书流徙也！今《中国近代文学大系》编辑室同仁皆逾七十老翁，精力都大不如昔矣。主编中，如施蛰存、钱仲联两先生皆在八十以上，但望此书能早日出版，聊为祖国文化之积累稍尽绵薄焉。

足下何日来沪，当谋晤叙。晤宛、祖两先生乞代候。时隔已久，想宛、祖两先生已不记矣。匆复，即候身体健康，工作如意。

弟 杨友仁 启上

1989年1月28日

我师兄王铨济（巨川）先生亦在安师耽过，今已于“文革”中捐馆矣。附闻。

又及。

舍址：上海（40）陕西北路173/304。

电话：535791。

陈旭麓（一通）

【书札墨迹】

陈旭麓（1918—1988），初名修禄，湖南双峰人。历史学家，华东师范大学教授。

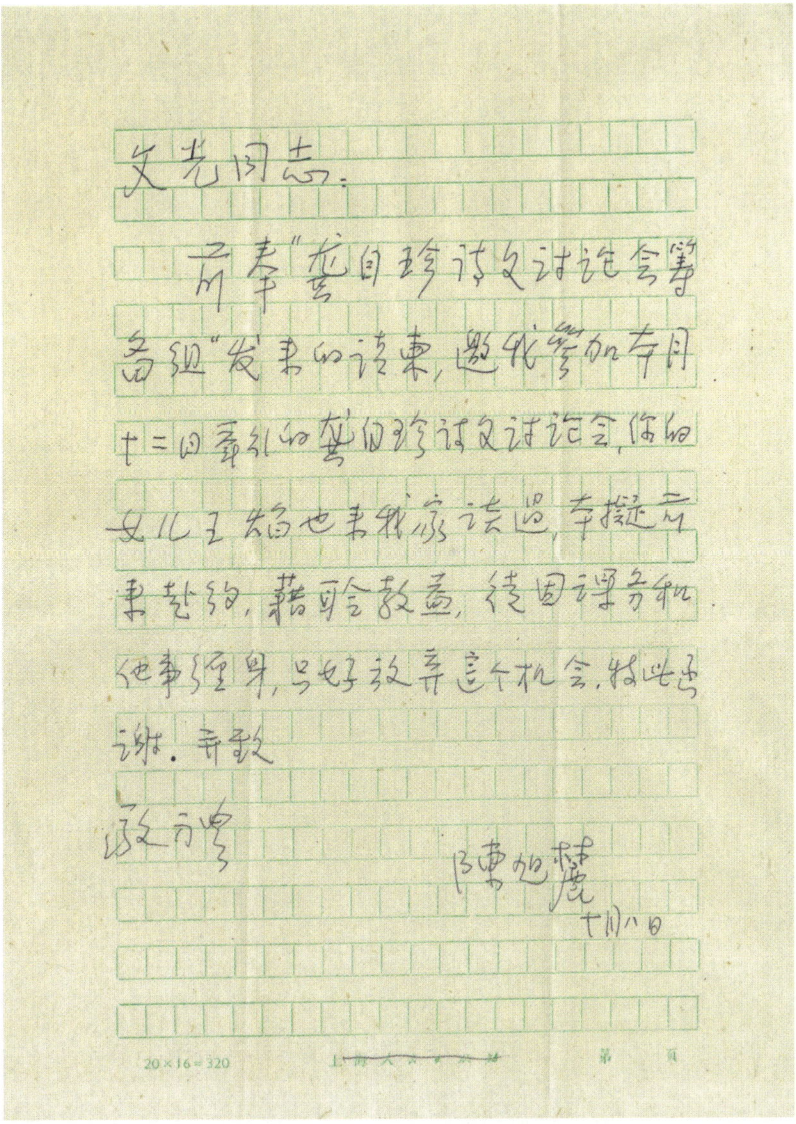
文光同志：

前奉"龚自珍诗文讨论会筹备组"发来的请柬，邀我参加本月十二日举行的龚自珍诗文讨论会，你的女儿王焰也来我家谈过，本拟前来赴约，藉聆教益，徒因课务和他事缠身，只好放弃这个机会，特此函谢。并致

敬礼

陈旭麓

十月八日

20×16=320　第　页

【书札释文】

文光同志：

前奉“龚自珍诗文讨论会筹备组”发来的请柬，邀我参加本月十二日举行的龚自珍诗文讨论会，你的女儿王焰也来我家谈过，本拟前来赴约，藉聆教益，徒因课务和他事缠身，只好放弃这个机会，特此函谢，并致

敬礼

陈旭麓

十月八日

编者注：此信写于1985年10月8日。

何满子（一通）

【书札墨迹】

何满子（1919—2009），原名孙承勋，浙江富阳人。文史学家、杂文家，上海古籍出版社编审。

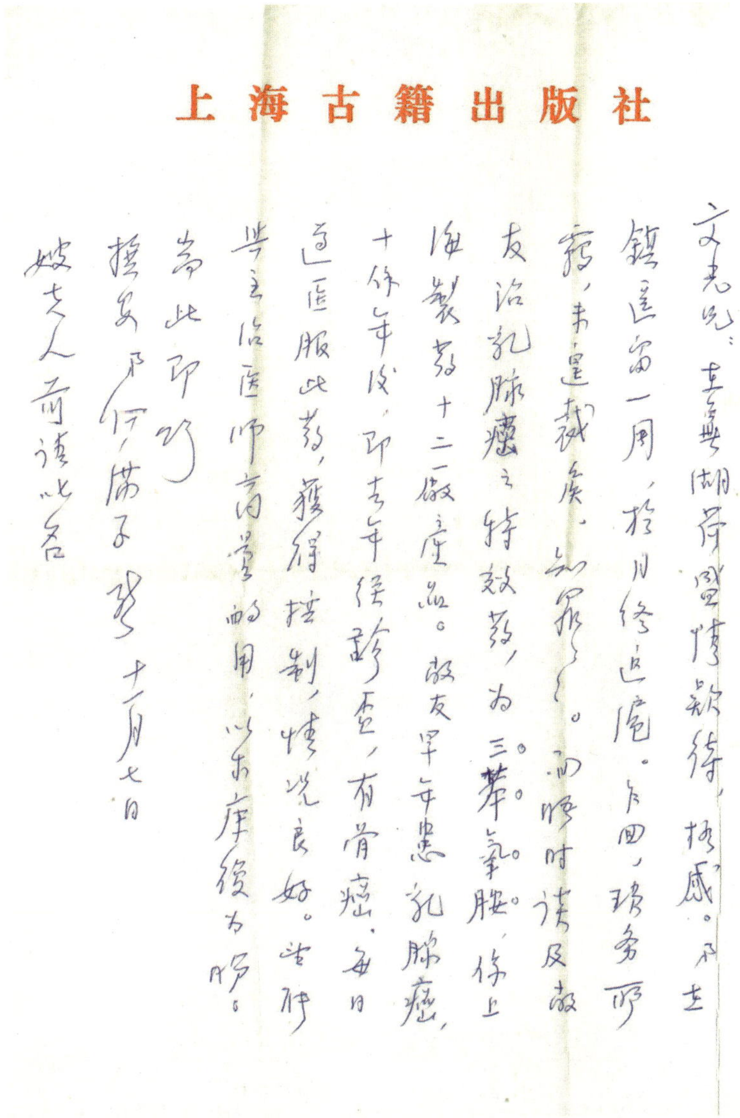
上海古籍出版社

文光兄：[illegible]湖州[illegible]款待，极感。承[illegible]
[illegible]一周，[illegible]月终[illegible]。[illegible]，[illegible]
[illegible]，未[illegible]，[illegible]。而晤时谈及敝
友治乳腺癌之特效药，为三苯氧胺，系上
海制药十二厂出品。敝友早年患乳腺癌，
十余年后，即去年经诊查，有骨癌，每日
遵医服此药，获得控制，情况良好。[illegible]
与主治医师商量服用，以求康复为盼。
专此即颂
撰安 弟何满子 [illegible] 十一月七日
嫂夫人前请[illegible]

【书札释文】

文光兄：

在芜湖荷盛情款待，极感。弟在镇逗留一周，于月终返沪。乍回，琐务所羁，未遑裁候，知罪知罪。面晤时谈及敝友治乳腺癌之特效药，为三苯氧胺，系上海制药十二厂产品。敝友早年患乳腺癌，十余年后，即去年经诊查，有骨癌，每日遵医服此药，获得控制，情况良好。望能与主治医师商量酌用，以求康复为盼。专此即颂

撰安

弟 何满子 启

十一月七日

嫂夫人前，请叱名。

编者注：此信写于1985年11月7日。

吴孟复（四通）

【书札墨迹】

一

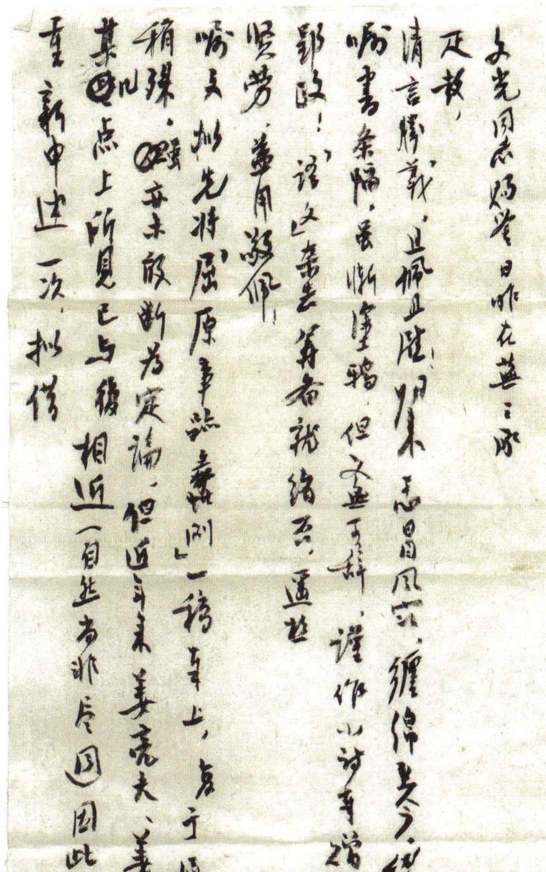

吴孟复（1919—1995），原名常焘，安徽庐江人。文史学家，安徽古籍丛书编审委员会主任委员、安徽教育学院教授。

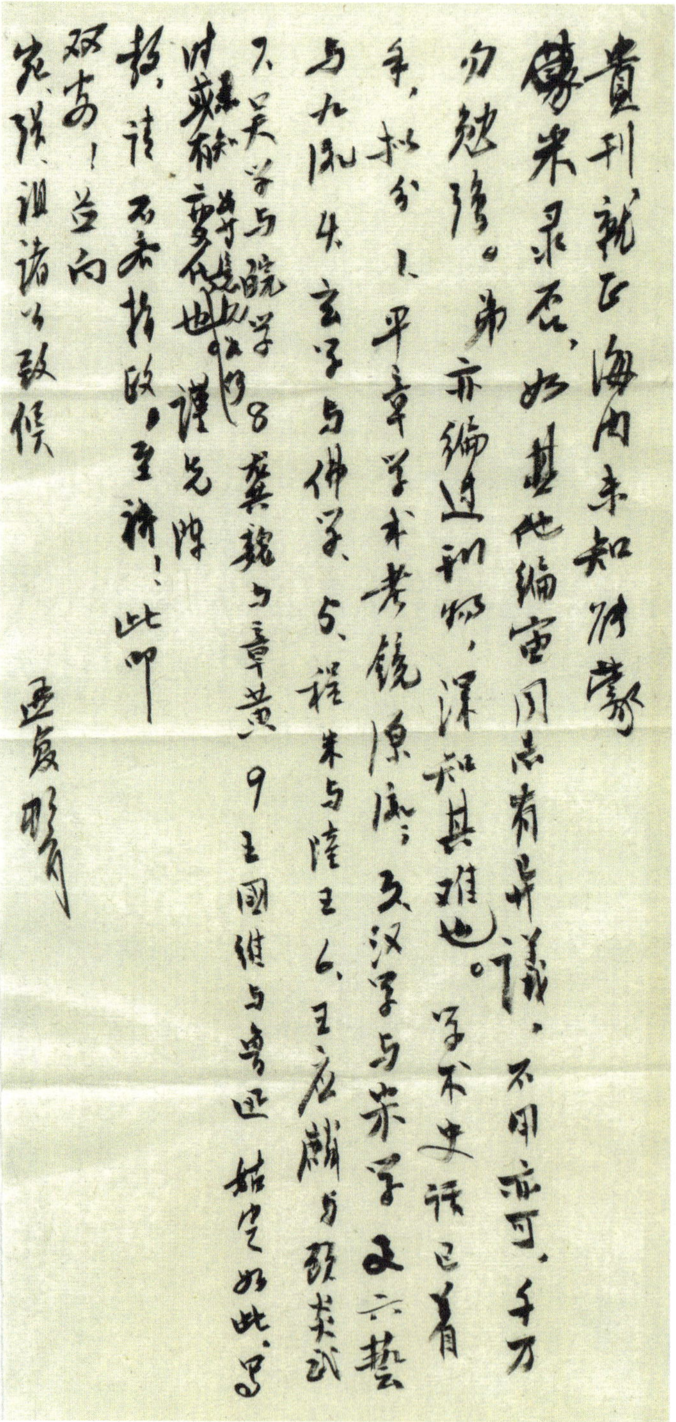

贵刊既在海内，未知何時發表采录否，如其他编审同志有异议，不用亦可，千万勿勉强。弟亦编过刊物，深知其难也。学术史话已有手，拟分1、平章学术考镜源流；2、汉学与宋学；3、六艺与九流；4、玄学与佛学；5、程朱与陆王；6、王应麟与顾炎武；7、吴学与皖学；8、龚魏与章黄；9、王国维与鲁迅。姑定如此，写时或有增损变化也。谨先陈教，请不吝指政，至祷！此叩
双安！并向
宪、强、祖诸公致候

迅庚 顿首

二

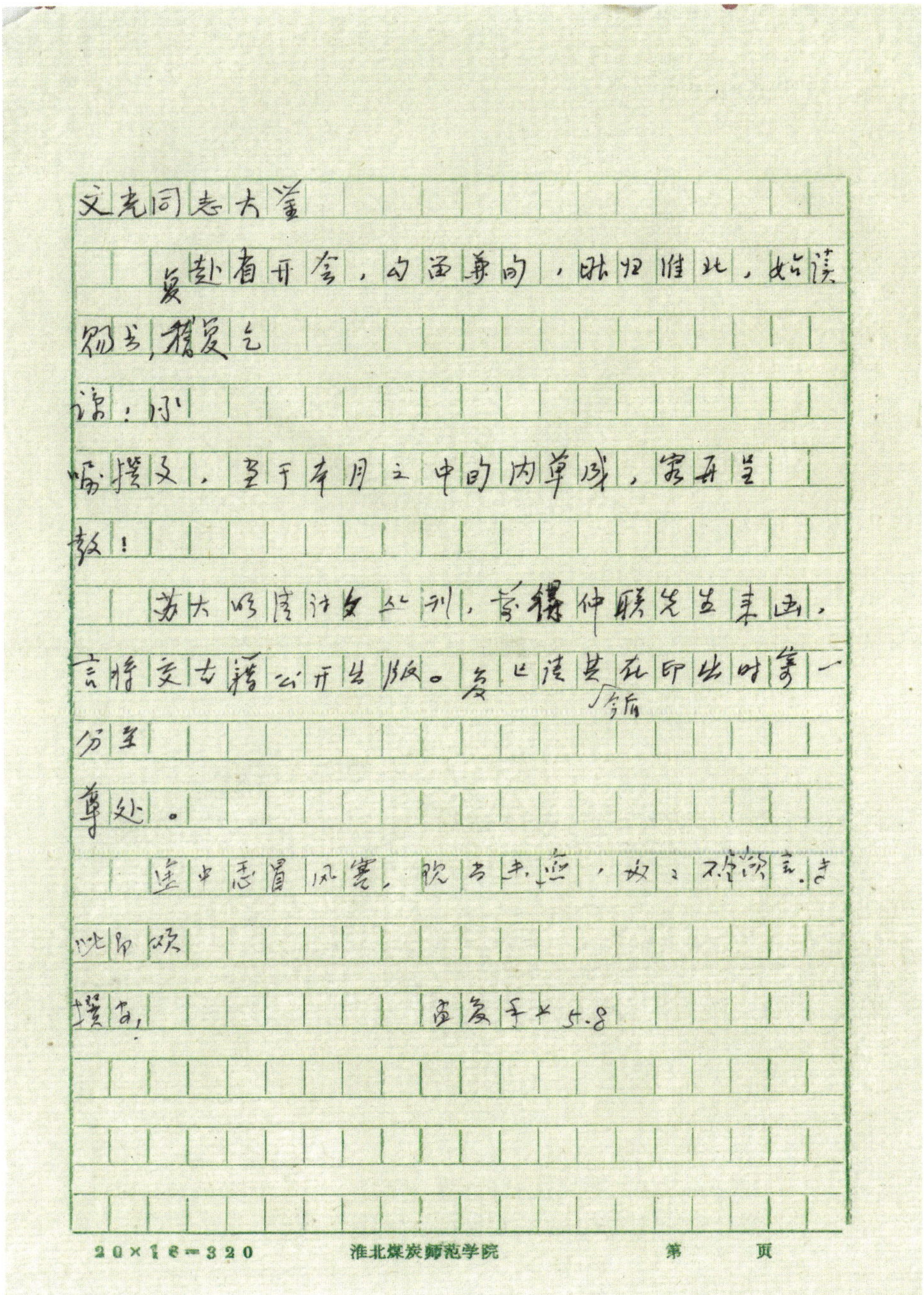
文光同志大鉴

复赴省开会，勾留兼旬，昨归淮北，始读惠书，稽复乞谅：所嘱撰文，当于本月之中旬内草成，容再呈教！

苏大明清诗文丛刊，前钱仲联先生来函，言将交古籍公开出版。复已请其今后在印出时寄一份至尊处。

途中感冒风寒，归来未愈，故匆匆不尽欲言。草此即颂

撰安，

孟复手上 5.8

20×16=320　淮北煤炭师范学院　第　页

三

文光兄：

去岁，晤江城

教，甚为欣快！

博闻伟识，造诣宏深，尤为佩慰！弟去岁曾为定以作四诗，当时病中，忘未奉上；昨检箧中得之，谨录呈

教，聊博

一笑耳！读子弟书稿如已成后印，费用多少，

示知即奉（仍寄淮北煤师院弟手两个内四书）。匆此并候

吟安！ 弟 [illegible] 5.9

20×15=300 淮北煤师院古籍研究室 第 页

定庵学术思想讨论会，将于芜湖举行。因病未赴，因献四诗

先生学本段金沙（龚诗：阿翁学本段金沙），底事看同卖饼家。万卷书生来飒爽，一杯清献皖南茶。

诗无近话吾不倦，涵泳经文亦夙心。一事与君差契合，敢将太史证麟经。

别开生面百年经，魏晋文章发古馨。迟暮空山聊听雨，固知缱绻雅莫幽灵。

江左吟坛百辈多，横江更听楚人歌。君看两戒山河内，未必无双祇浙波。

谨呈

文亮乡兄吟正

弟吴孟复呈稿

四

淮北煤师院古籍研究室

文光吾兄史席：去冬晤
教，斯聚出意料之外，且佩且喜，此非阿
好之言也。所惜匆匆别去，未得多聆，为憾！
淮北煤师院拟刊《古籍研究》一种（今年
出两期，明年将改季刊）。万望
惠以大作，特别希望将《汉书王莽评》
先摘录五千——一万字，寄来在第一期
刊出。又《苏子斋集》亦望
代为复印寄下（复印费由弟奉上），拟先在《研究》上抽刊（印，烦先标点一下）
部分，以后再推
荐给出版社。此刊拟在六月付排们，故望
早赐为荷！弟昨日咯血，今日已力疾作书，言不尽意。专此
敬颂
双安！
弟孟复拜上

为便，请代编稿
稿件请挂号寄淮北

11021851　地址：安徽省淮北市

【书札释文】

一

文光同志赐鉴：

日昨在芜，承疋教，清言胜义，且佩且慰！归来感冒风寒，缠绵至今，稽候为歉！嘱书条幅，虽惭涂鸦，但义无可辞，谨作小诗奉赠，并乞郢政！《语文》杂志筹备就绪否？遥想贤劳，益用敬佩。

嘱文拟先将《屈原事迹蠡测》一稿奉上。复于屈原，所见与众稍殊，虽亦未敢断为定论，但近年来，姜亮夫、姜书阁诸君在某几点上所见已与复相近（自然当非尽同），因此再将拙说重新申述一次，拟借贵刊就正海内，未知能蒙采录否？如其他编审同志有异议，不用亦可，千万勿勉强。弟亦编过刊物，深知其难也。学术史话已着手，拟分：1. 平章学术，考镜源流；2. 六艺与九流；3. 汉学与宋学；4. 玄学与佛学；5. 程朱与陆王；6. 王应麟与顾炎武；7. 吴学与皖学；8. 龚魏与章黄；9. 王国维与鲁迅。姑定如此，写时或有变化，未知尊意如何也！谨先陈教，请不吝指政，至祷！此叩

双安！

并向

宛、张、祖诸公致候

孟复 顿首

编者注：此信写于1983年。

二

文光同志大鉴：

复赴省开会，勾留兼旬，昨归淮北，始读赐书，稽复乞谅！承嘱撰文，当于本月之中旬内草成，容再

呈教！

苏大明清诗文丛刊，前得仲联先生来函，言将交古籍公开出版。复已请其今后在印出时寄一份至尊处。

途中感冒风寒，现尚未愈。匆匆不尽欲言。

专此即颂

撰安！

孟复 手上

5月8日

编者注：此信写于1983年5月8日。

三

文光兄：

去岁，鸠江晤教，甚为欣快！博闻伟识，造诣宏深，尤为佩慰！弟去岁曾为定公作四诗，当时病中，忘未奉上；昨检箧中得之，谨录呈教，聊博一笑耳。《龚学斋稿》乞代复印，费用多少，示知即奉（仍寄淮北煤师院，弟三两日内回去）。匆此并请

吟安！

弟 孟复

5月9日

定庵学术思想讨论会，将于芜湖举行。因病未赴，因献四诗。

先生学本段金沙（龚诗："阿翁学本段金沙"），底事看同卖饼家。

万卷书生来飒爽，一杯清献皖南茶。

诗无达诂吾不凭，涵泳经文亦夙心。

一事与君差契合，欲将太史证麟经。

别开生面百年经，魏晋文章发古馨。

迟暮空山聊听雨，固知渊雅出幽灵。

江左吟坛百辈多，横江更听楚人歌。
君看两戒山河内，未必无双祇浙波。

录呈
文光乡兄吟正

弟 吴孟复 呈稿

编者注：此信写于1985年5月9日。

四

文光乡兄史席：

去冬晤教，渊雅出意料之外，且佩且喜，此非阿好之言也。所惜匆匆别去，未得多聆，为憾！

淮北煤师院拟刊《古籍研究》一种（今年出两期，明年将改季刊），万望惠以大作。特别希望将《汉书五家评》先摘录五千至一万字，当在第一期刊出。又，《龚学斋集》亦望代为复印寄下（复印费由弟奉上），即烦兄标点一下，拟先在《研究》上抽刊部分，以后再推荐给出版社。此刊拟在六月付排，故望早赐为荷！

弟昨日方咯血，今日勉强作书，言不尽意，专颂

双安！

弟 孟复 拜上

尚恒兄处请代为约稿，稿件请挂号寄淮北。

编者注：此信写于1987年。

尹笑天（三通）

【书札墨迹】

一

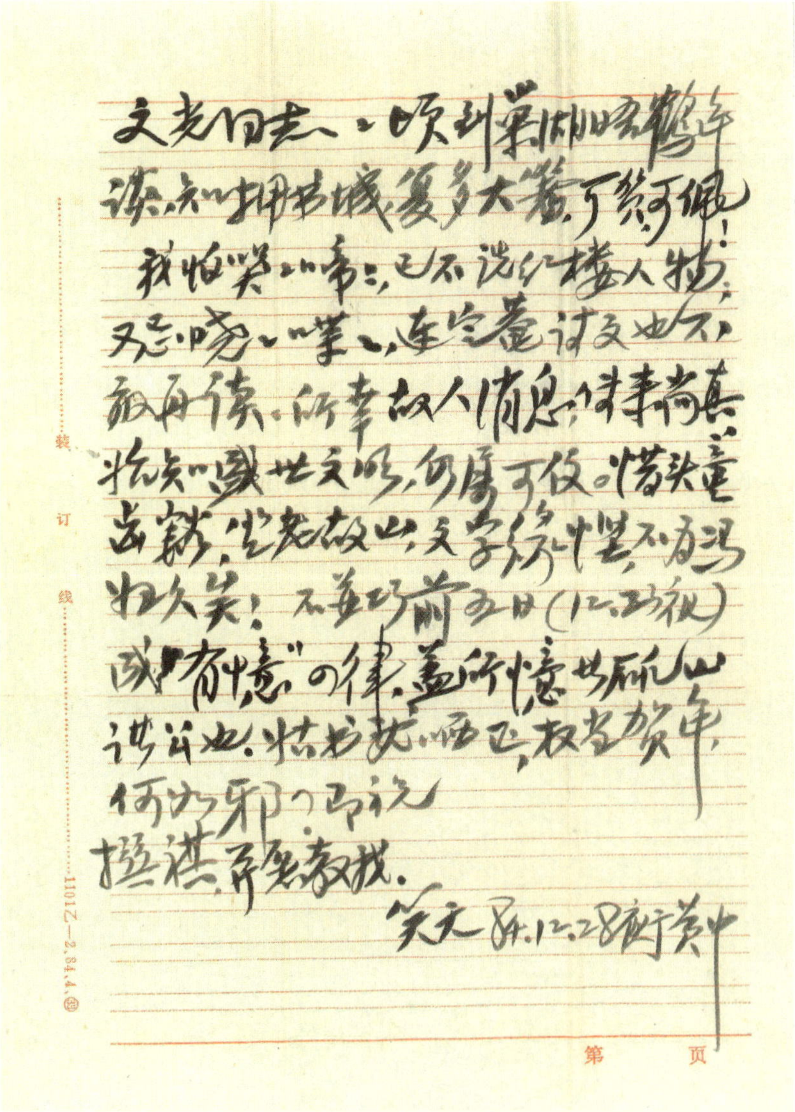
文光同志：顷到巢湖晤鹤年谈，知将印书成集多大篇，可贺可佩！
　我怕哭哭啼啼，已不谈红楼人物；又忌嘻嘻嗟嗟，连合叠诗文也不敢再读。所幸故人消息，时来尚甚怡；知盛世文明，何属可仪。惜我童齿豁，坐老故山，文字缘悭，不有得归久矣！不意巧前五日（12.23夜）成"有忆"四律，盖所忆者砚山诸公也。特抄录呈正，权当贺年，何如耶？即祝
撰祺，并望教我。
笑天拜 12.28夜于黄中

第　页

尹笑天（1919—1995），安徽巢湖人。曾任砚山中学、黄山中学语文教师。

二

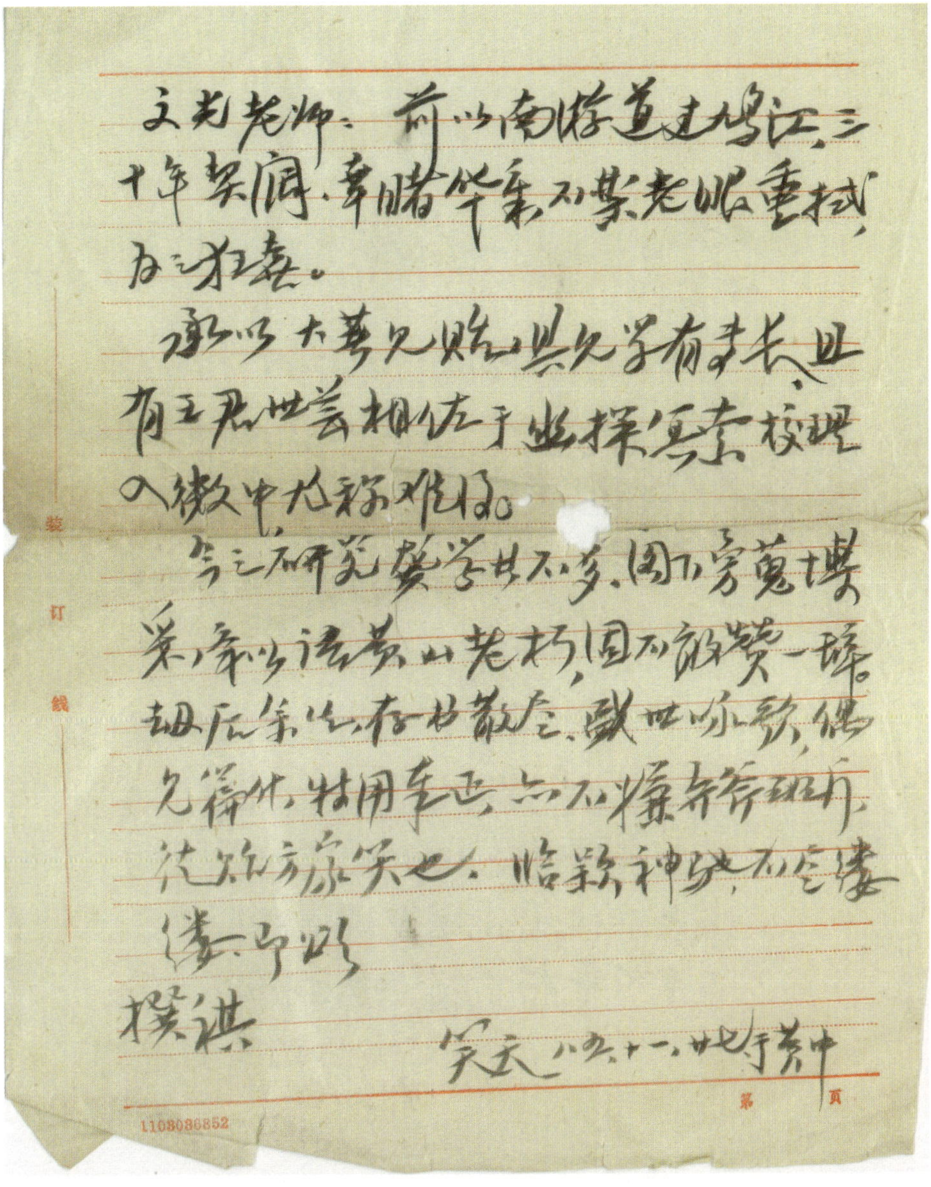

装订线

文光老师：前以南游道过九江，三十年契阔，幸睹笑容，不禁老眼重拭，为之狂喜。

承以大著见贻，具见学有专长，且有王君世尝相佐于幽探冥索校理之微，中尤称难得。

今之研究黄学者不多，阁下旁蒐博采，欲以话黄山老朽，固不能赞一辞。劫后余生，存者散亡，试世所歆，借兄篇什，特用奉还，亦不揣弄斧班门，徒贻方家笑也。临颖神驰，不尽缕缕，即此

撰祺

笑天 八六、十一、廿七于黄州

第 页

1108086852

三

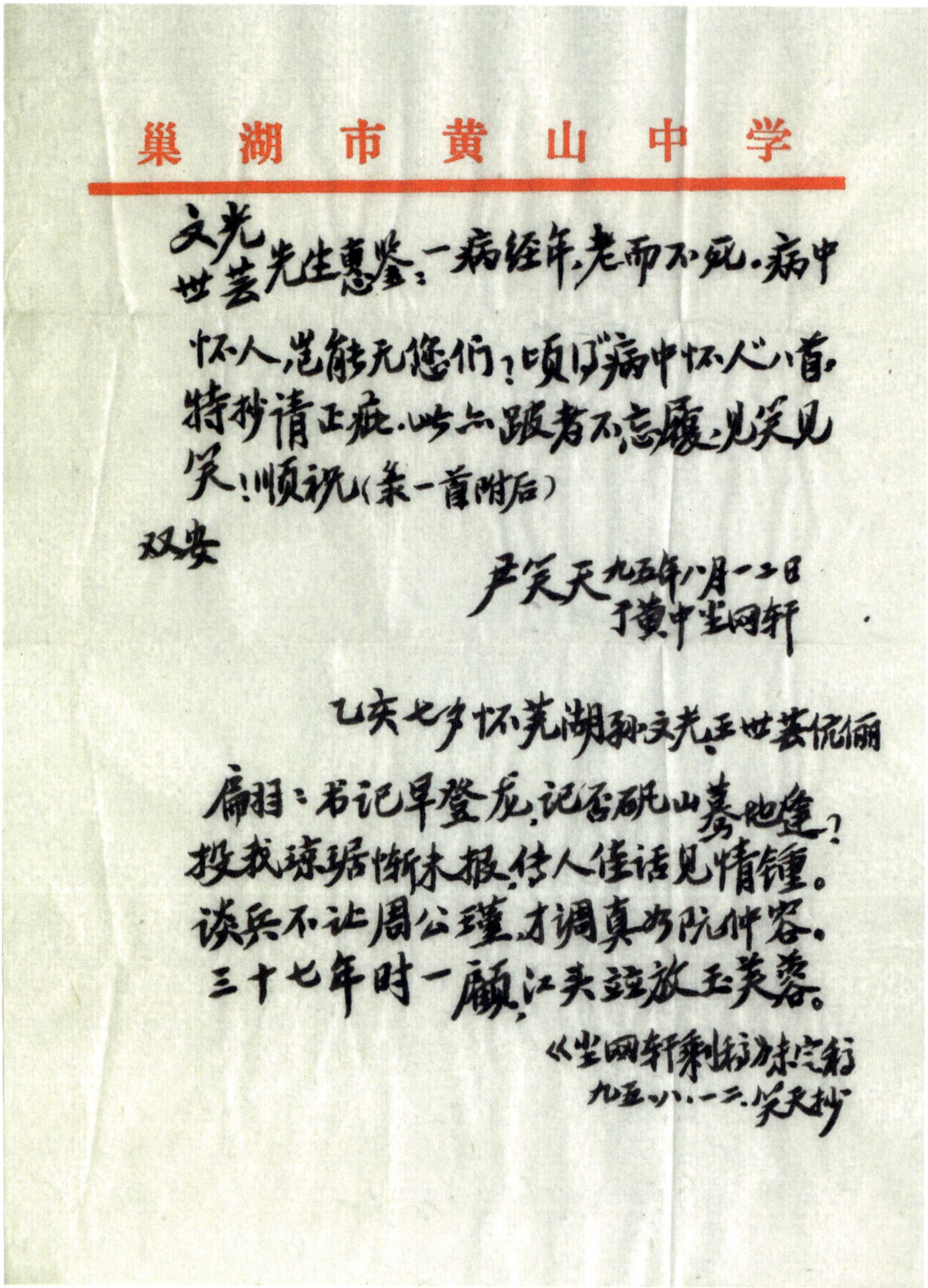

巢湖市黄山中学

文光
世芸先生惠鉴：一病经年，老而不死。病中怀人，岂能无您们？顷得病中怀人八首，特抄请正疵。此亦跛者不忘履之见笑见笑！顺祝（兼一首附后）
双安

严笑天 九五年八月一二日
于黄中尘网轩

乙亥七夕怀芜湖孙文光、王世芸伉俪

翩翩书记早登龙，记否砚山蓦地逢？
投我琼琚惭未报，传人佳话见情钟。
谈兵不让周公瑾，才调真如阮仲容。
三十七年时一顾，江头竞放玉芙蓉。

《尘网轩剩稿》未定稿
九五·八·一二·笑天抄

【书札释文】

一

文光同志：

顷到巢湖晤鹤年谈，知拥书城，复多大著，可贺可佩！

我怕哭哭啼啼，已不说红楼人物；又忌哓哓喋喋，连定庵诗文也不敢再读。所幸故人消息传来尚真，始知盛世文明，仍属可信。惜头童齿豁，坐老故山，文字缘悭，不为冯妇久矣！碰巧前五日（12月23日夜）成“有忆”四律，盖所忆者，矾山诸公也。姑书就哂正，权当贺年，何如耶？即祝

撰祺，并愿教我

笑天

1984年12月28日夜于黄中

二

文光老师：

前以南游，道过鸠江，二十年契阔，幸睹华章，不禁老眼重拭，为之狂喜。

承以大著见贻，具见学有专长，且有王君世芸相佐，于幽探冥索校理入微中，尤称难得。

今之研究龚学者不多，阁下旁搜博采，举以语黄山老朽，固不敢赞一辞。劫后余生，存书散尽；盛世咏歌，偶见篇什，特用奉正，亦不嫌弄斧班门，徒贻方家笑也。临颖神驰，不尽缕缕。即颂

撰祺

笑天

一九八五年十一月廿七日于黄中

三

文光、世芸先生惠鉴：

一病经年，老而不死。病中怀人，岂能无您(们)？顷得《病中怀人》八首，特抄请正疵。此亦跛者不忘履，见笑见笑！顺祝（录一首附后）

双安

尹笑天

一九九五年八月十二日于黄山尘网轩

已亥七夕，怀芜湖孙文光王世芸伉俪

翩翩书记早登龙，记否矶山蓦地逢？
投我琼琚惭未报，传人佳话见情钟。
谈兵不让周公瑾，才调真如阮仲容。
三十七年时一顾，江头并放玉芙蓉。

《尘网轩剩稿》未定稿

一九九五年八月十二日 笑天 抄

虞　丹（一通）

【书札墨迹】

虞　丹（1920—2015），原名蒋文杰，安徽歙县人。长期从事新闻工作，曾任上海《新民晚报》总编辑，上海市委办公厅研究室主任。

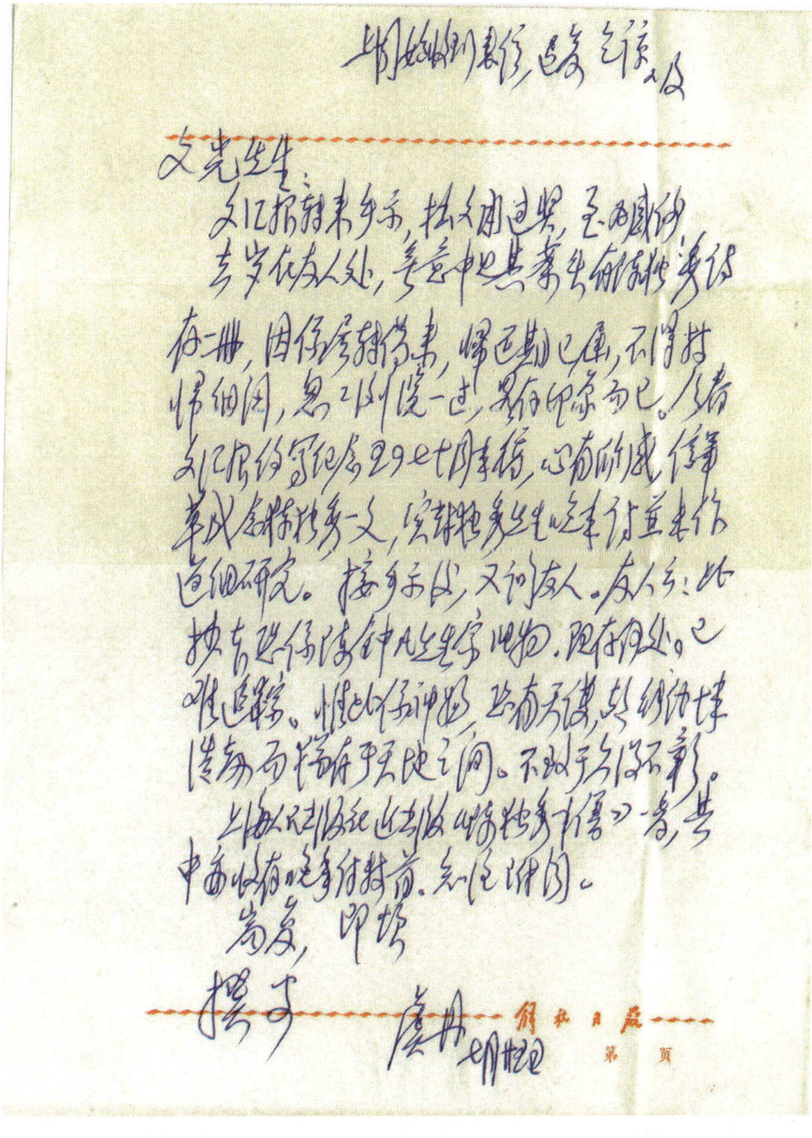
文光先生：

虞丹

解放日报

第　页

【书札释文】

文光先生：

《文汇报》转来手示，拙文承过奖，至为感谢。

去年在友人处，无意中见其案头有陈独秀诗存一册，因系展转借来，归还期已罄，不得持归细阅，匆匆浏览一过，略存印象而已。今春《文汇报》约写纪念“五四”七十周年稿，心有所感，信笔草成《念陈独秀》一文，实对独秀先生晚年诗并未作过细研究。接手示后，又询友人。友人云：此抄本恐系陈钟凡先生家旧物，现存何处，已难追踪。惟此系神物，恐有天使，故能经十年浩劫而犹存于天地之间。不致于久没不彰。

上海人民出版社近出版《陈独秀年谱》一书，其中亦收有晚年诗数首，知注附闻。

专复，即颂

撰安

虞　丹

七月廿五日

上周始收到来信，迟复乞谅。又及。

编者注：此信写于1989年7月25日。

丁景唐（一通）

【书札墨迹】

丁景唐（1920—2017），浙江镇海人。作家、出版家，曾任上海文艺出版社社长兼总编辑。

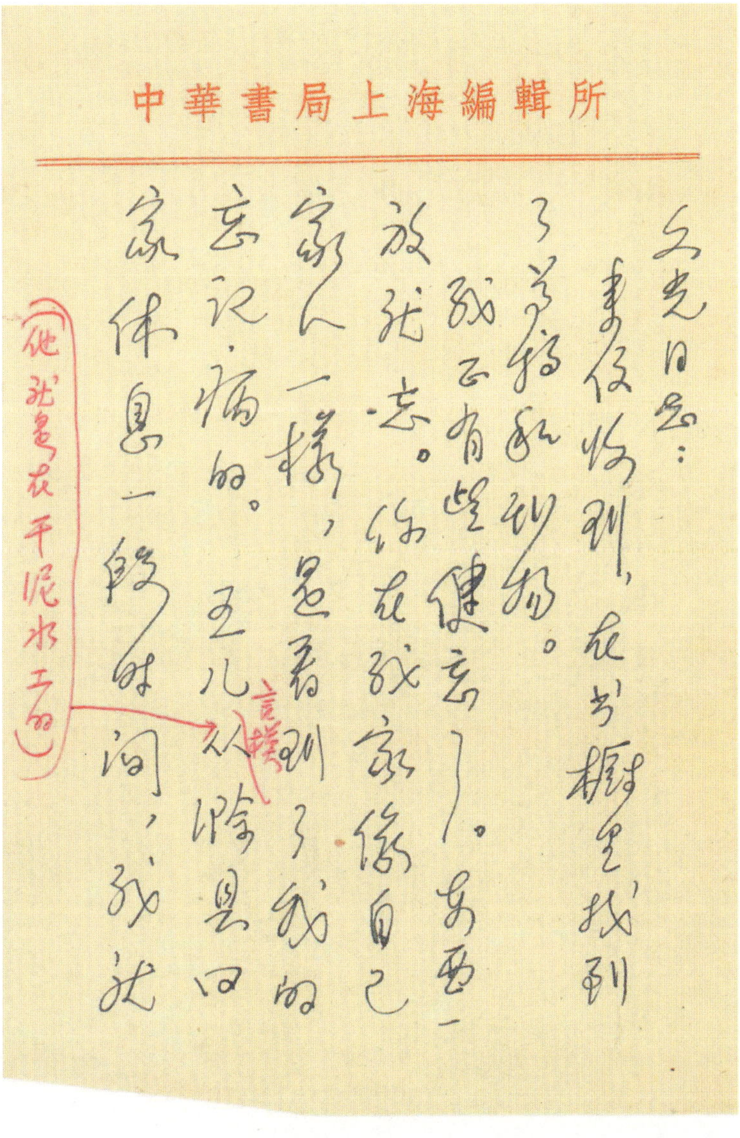
中華書局上海編輯所

文光同志：

来信收到，在书橱里找到了文稿和抄稿。

我不胜健忘了。东西一放就忘。你在我家像自己家人一样，是看到了我的忘记病的。王儿（他就是在干泥水工的）人除是回家休息一段时间，我就

乙

上海人民出版社

了他继续你未完成的工作，让他试试看，把习作的一课课交给一下。待我看后，再修改一次，寄给你求正。如果你同意，而他写后有关画水平细说，请你带他一下，在你修改后，算是两人合作。

时间过得快，而我常在寻找古画中丢了不少时光。

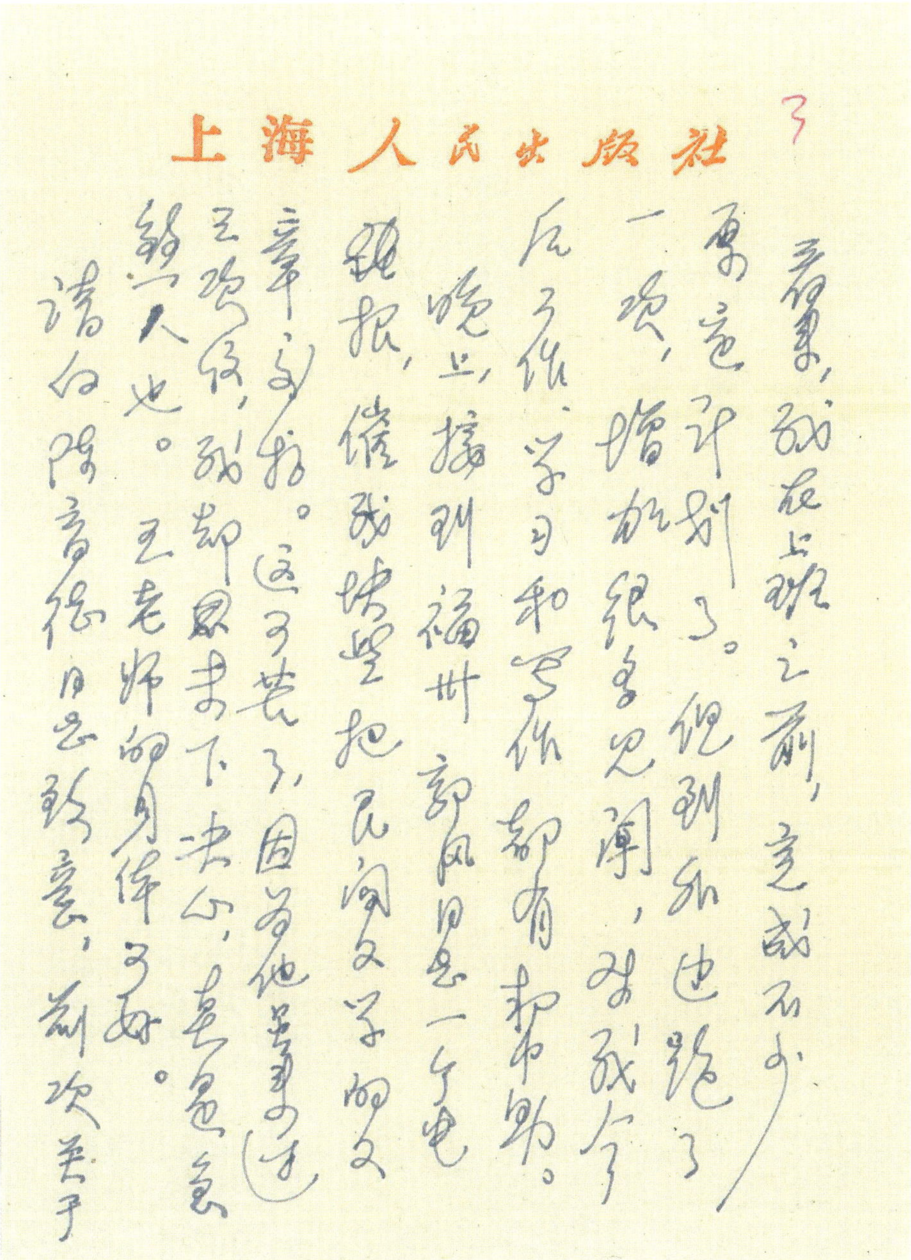

上海人民出版社

3

前些，就在上班之前，这或不少原意计划了。但到外边跑了一趟，增加很多见闻，对我今后工作、学习和写作都有和帮助。

晚上，接到福州郭风同志一个电报，催我快些把民间文学的文章寄给。这下苦了，因为他要的（讲）三地传说，我却很未下决心，甚是意外人也。

王老师的身体可好。

请向陈音德同志致意，前次关于

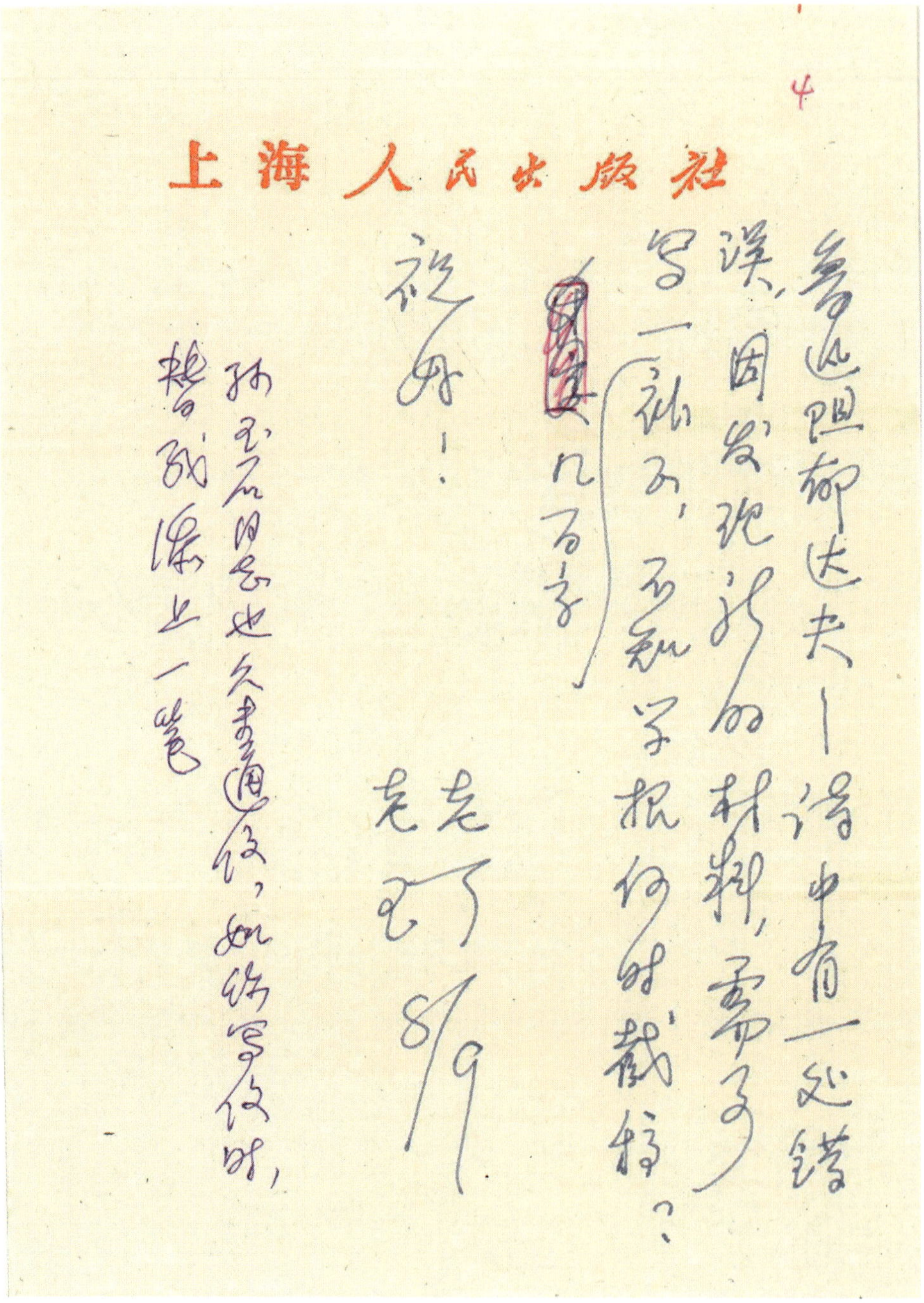

上海人民出版社

鲁迅赠郁达夫一诗中有一处错误，因发现新的材料，需予写一短文，不知学报何时截稿？[illegible]几百字

祝好！

克[illegible]
克己 8/9

孙玉石同志也久未通信，如你写信时，替我添上一笔

【书札释文】

文光同志：

来信收到。在书橱里找到了尊稿和刊物。

我真有些健忘了。东西一放就忘。你在我家像自己家人一样，是看到了我的忘记病的。五儿言模（他就是在干泥水工的）从滁县回家休息一段时间，我就要他继续你未完成的工作，让他试试看，把《最初的一课》介绍一下。待我看后，再修改一次，寄你求正。如果你同意，而他写后有相当水平的话，请你带他一下，在你修改后，算是两人合作。

时间过得快，而我常在寻找东西中丢了不少时光。看来，我在上班之前，完成不了原定计划了。但到外边跑了一次，增加很多见闻，对我今后工作、学习和写作，都有帮助。

晚上，接到福州郭风同志一个电报，催我快些把民间文学的文章交稿。这可苦了，因为他虽来过三次信，我都未下决心，真是急煞人也。王老师的身体可好？

请向陈育德同志致意，前次关于鲁迅阻郁达夫——诗中有一处错误，因发现新的材料，需要写（一）几百字补正，不知学报何时截稿？

祝好！

老丁　老王①

9月8日②

孙玉石同志也久未通信，如你写信时，替我添上一笔。

编者注：①老王：即王汉玉（1917—2002），丁景唐夫人。

②此信写于1979年9月8日。

杨尚模(一通)

【书札墨迹】

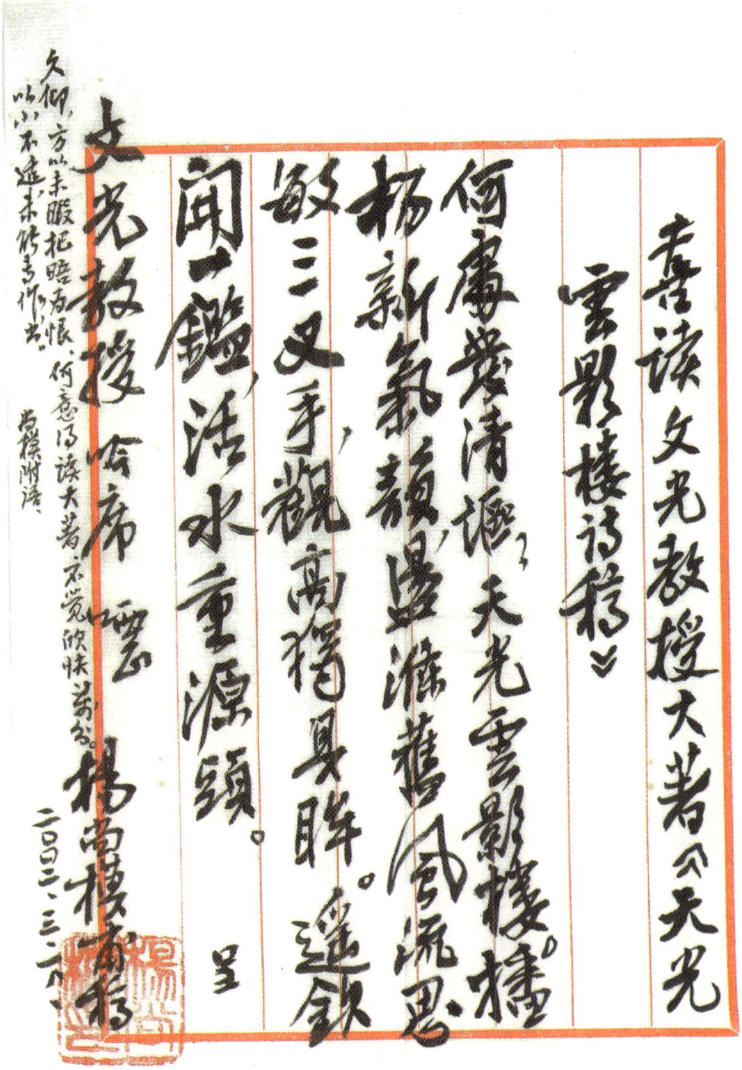

喜读文光教授大著《天光云影楼诗稿》

何处觉清趣？天光云影楼。楼扬新气韵，继旧风流思。敏三叉手，观离独具眸。遥钦闻一鉴，活水重源头。

文光教授吟席 正之

杨尚模稿 呈

二〇〇二、三、二六

久仰，方以未暇拜晤为憾，何意得读大著，不觉欣快若狂。以小小不遂未能寄作出。尚模附语。

杨尚模(1920—2011)，字柳溪，号江淮既叟，安徽无为人。早年入国立安徽大学，攻读教育学，兴办私学；后长期从事中学文史教学，擅长诗书画。

【书札释文】

喜读文光教授大著《天光云影楼诗稿》

何处发清讴？天光云影楼。
播扬新气韵，荡涤旧风流。
思敏三叉手，观高独具眸。
遥钦开一鉴，活水重源头。

呈
文光教授　吟席　哂正

杨尚模甫稿
二〇〇二年三月一八日

久仰，方以未暇把晤为恨，何意得读大著，不觉欣快万分。以小不适，未能专作书。

尚模　附语

汤柏林(一通)

【书札墨迹】

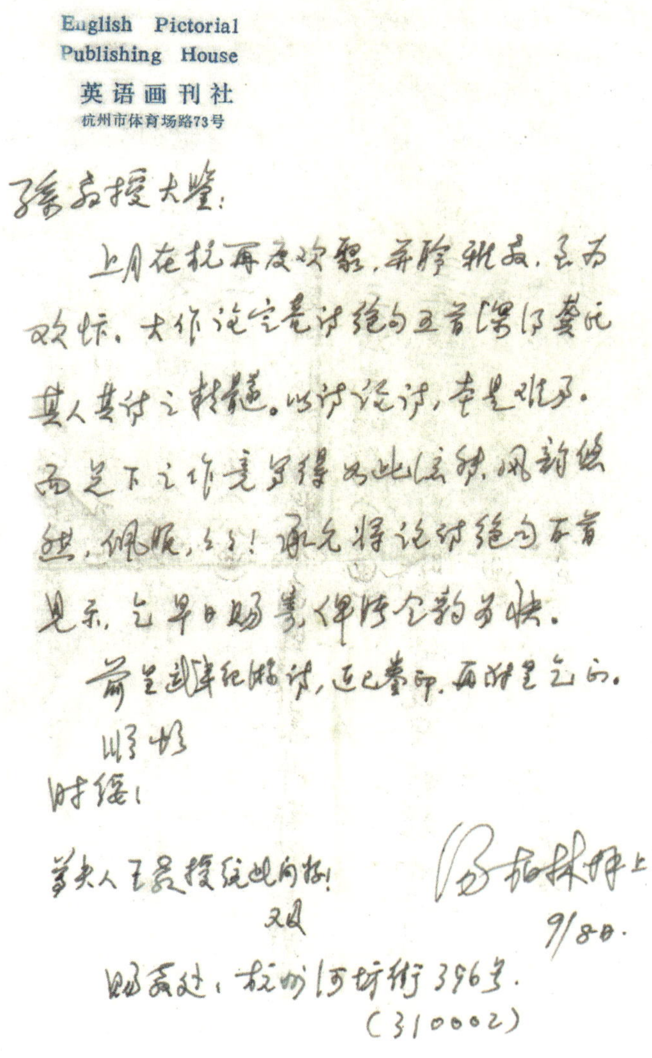
English Pictorial
Publishing House
英语画刊社
杭州市体育场路73号

张教授大鉴：

上月在杭再度欢聚，并晤新友，至为欢忭。大作论白石诗绝句五首深得姜氏其人其诗之精髓。以诗论诗，本是难事。而足下之作竟写得如此凝练，风韵悠然，佩服，佩服！承允将论诗绝句百首见示，乞早日赐寄，俾得全豹为快。

前呈武夷纪游诗，近已誊印，再附呈乞正。

顺颂

时绥！

尊夫人王教授统此问好！

又及

汤柏林拜上

9/8日。

赐函处：杭州河坊街396号。

(310002)

汤柏林(1922—)，安徽无为人。安徽大学外国文学系毕业，爱好诗词，执教于大学、中学近五十年。

【书札释文】

孙教授大鉴：

上月在杭再度欢聚，并聆雅教，至为欢忭。大作论定庵诗绝句五首，深得龚氏其人其诗之精髓。以诗论诗，本是难事。而足下之作，竟写得如此流转，风韵悠然，佩服，佩服！承允将论诗绝句五首见示，乞早日赐寄，俾睹全豹为快。

前呈武夷纪游诗，近已誊印，再附呈乞正。

顺颂

时绥！

汤柏林拜上

9月8日

尊夫人王教授统此问好！又及

赐教处：杭州河坊街396号（310002）

编者注：此信写于1992年9月8日。

吴小如（五通）

【书札墨迹】

一

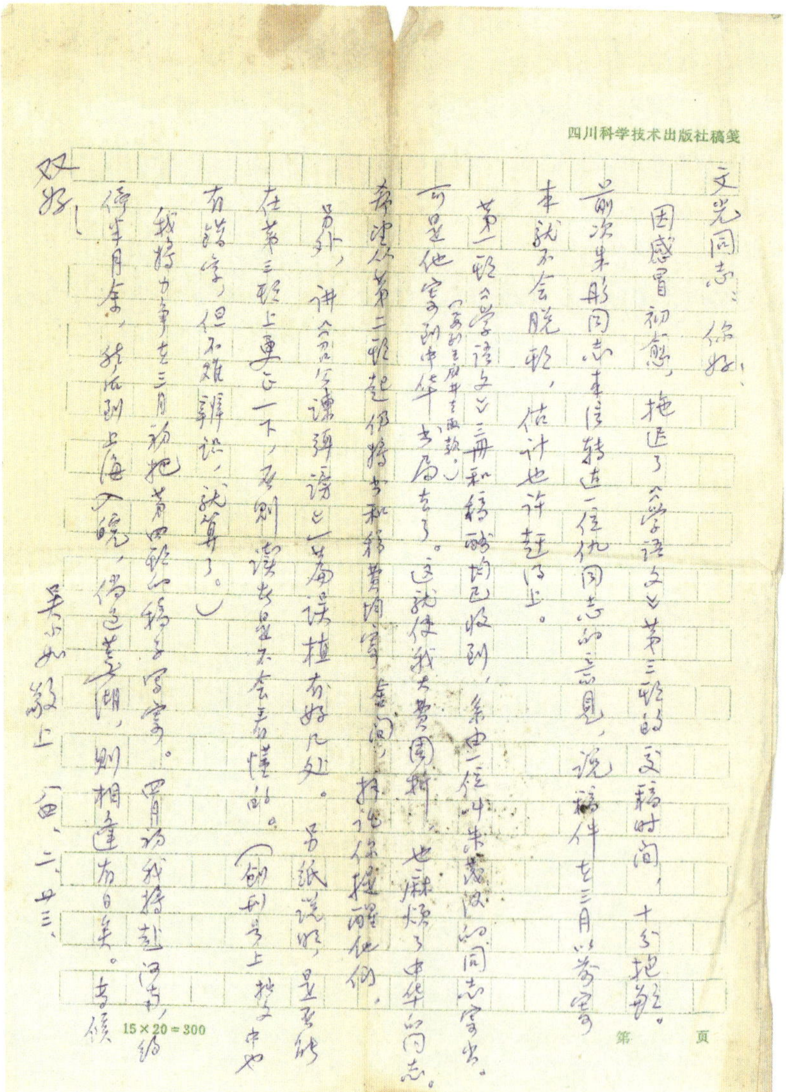
四川科学技术出版社稿笺

文光同志：你好！

因感冒初愈，拖延了《文学语文》第三辑的交稿时间，十分抱歉。前次来彤同志来信转达一位仇同志的意见，说稿件在三月以前寄来就不会脱期，估计也许赶得上。

第一辑《文学语文》三册和稿酬均已收到，系由一位叫朱蕙波的同志寄出。（寄的是原书三册和稿费。）可是他寄到中华书局去了。这就使我大费周折，也麻烦了中华的同志。希望从第二辑起你将书和稿费均寄舍间，请代你提醒他们。

另外，讲《念奴娇》一篇误植有好几处。另纸说明，是否能在第三辑上更正一下，否则读者是不会看懂的。（如刊出上按字中也有错字，但不难辨识，就算了。）

我将力争在三月初把第四辑的稿子写完。四月初我将赴河南，约停半月余，然后到上海、安徽，倘过芜湖，则相逢有日矣。专候

双好！

吴小如敬上 四、二、廿三、

15×20＝300　第　页

吴小如（1922—2014），原名同宝，字少若，安徽泾县人。文学史家，北京大学教授。

二

文光同志，你好！

现再寄上拙文一篇，请转《学语文》。第三篇至迟要何时交卷，盼先联系。你们的刊物为双月刊，每期提前几时发稿？只要我掌握时间规律，估计不会误事。匆匆，祝

双好！

小如 拜上

九、廿七

三

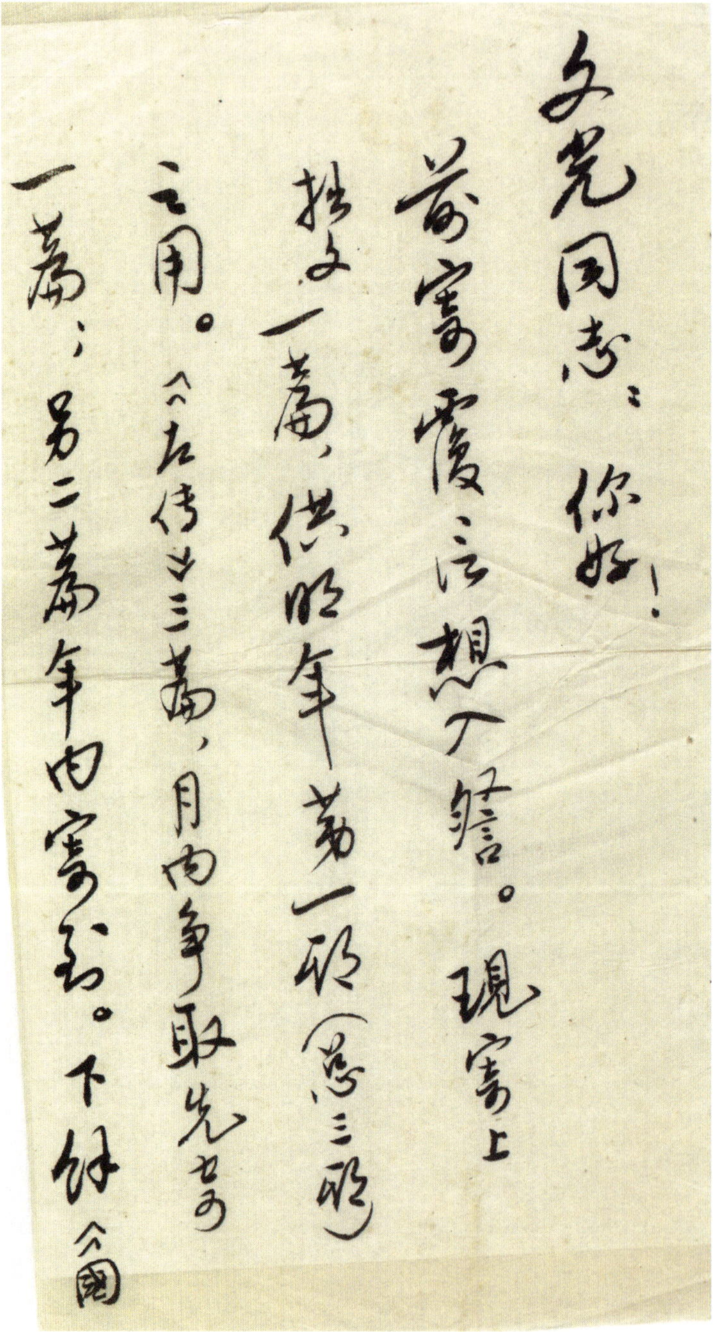
文光同志：你好！
前寄霞之诗，想不错。现寄上拙文一篇，供明年第一期（总三期）之用。《左传》三篇，月内争取先寄去一篇；第二篇年内寄去。下舒 公園

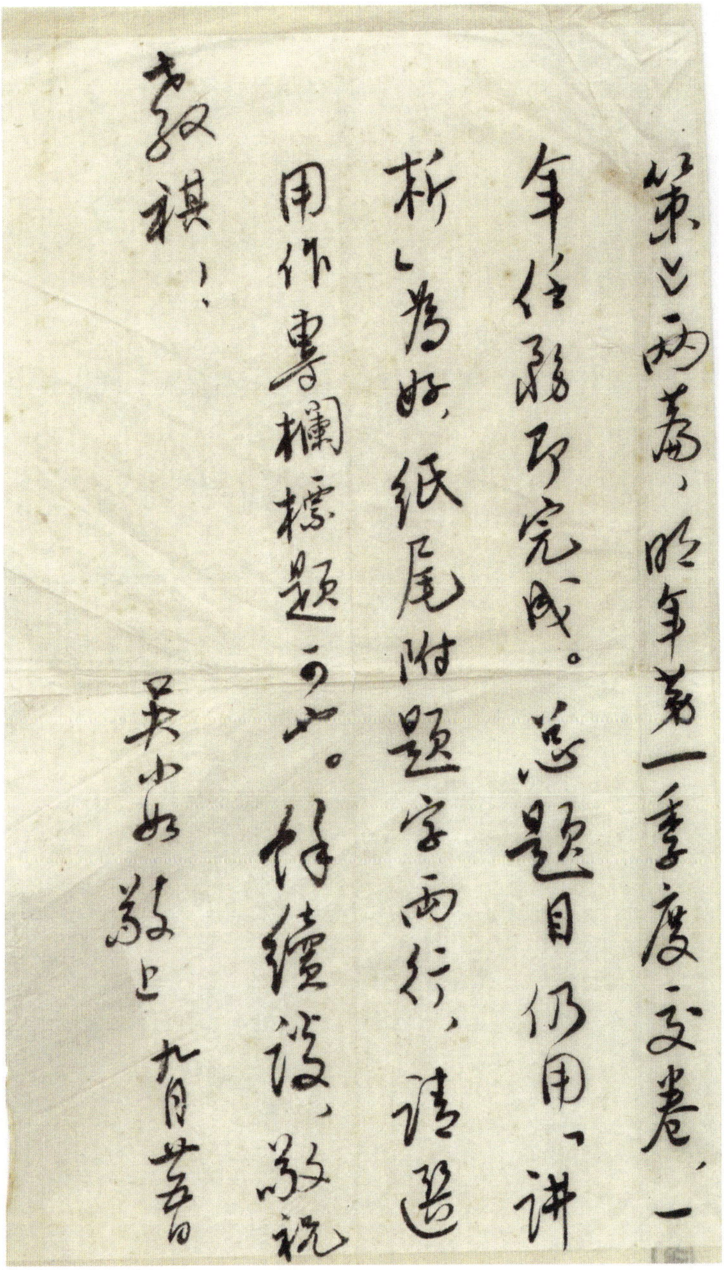
第二两篇，明年第一季度交卷，一
年任务即完成。总题目仍用"讲
析"为好，纸尾附题字两行，请选
用作专栏标题可也。待续谈，敬祝
著祺！
吴小如敬上 九月廿五日

四

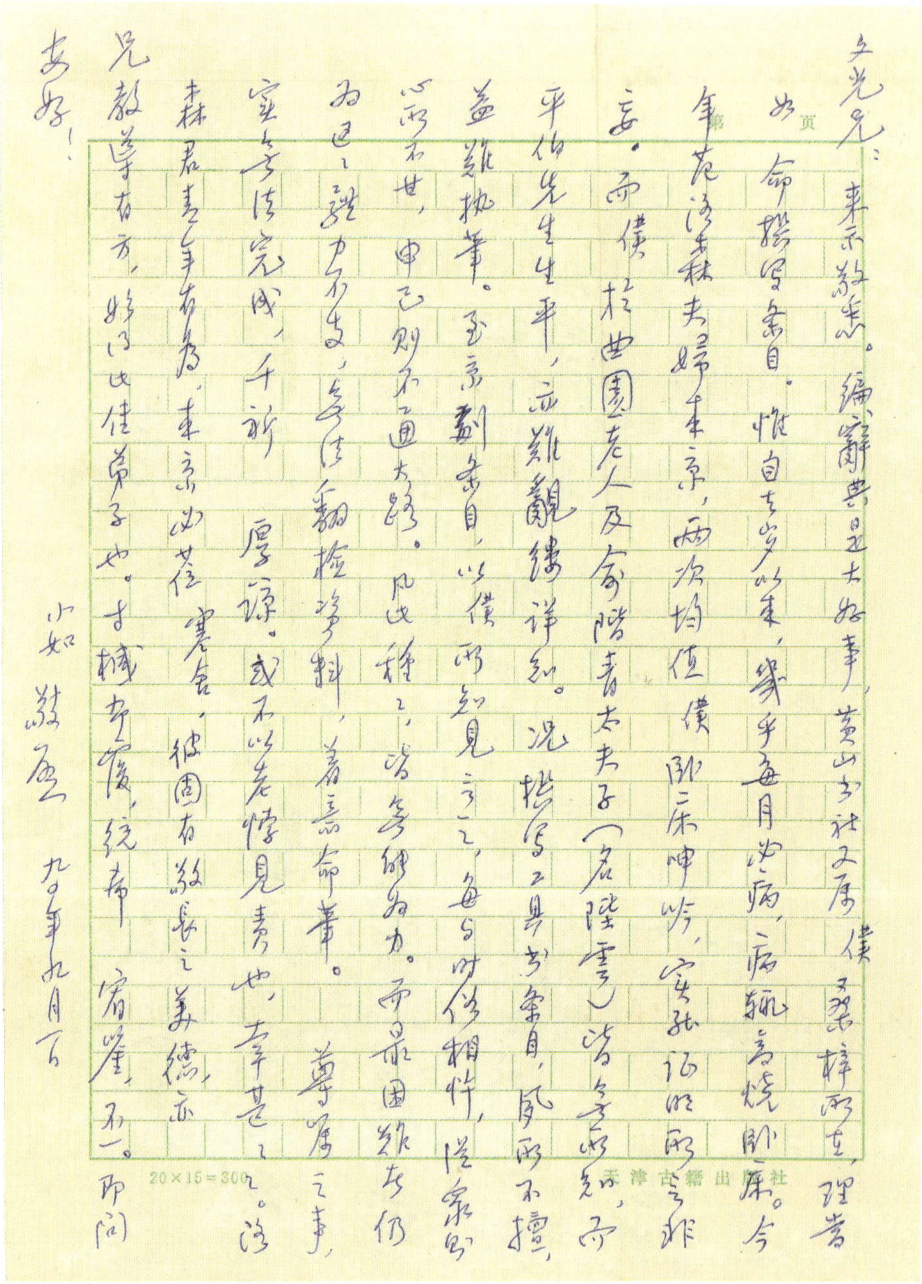

文光兄：来示敬悉。编辞典是大好事，黄山书社又慷慨梓行之，理当如命撰写条目。惟自去岁以来，几乎每月必病，病辄高烧卧床。今年苑峰、秋夫妇来京，两次均值僕卧床呻吟，实非讹所言非妄。而僕于世园老人及家阶青太夫子（名陛云）皆无所知，而平伯先生生平，亦难覼缕详知。况撰写工具书条目，夙所不擅，益难执笔。至京剧条目，以僕所知见言之，每与时俗相忤，从众则心所不甘，申己则不通大路。凡此种种，皆无能为力。而最困难者仍为近年体力不支，无法翻检资料，着意命笔。尊属之事，实无法完成，千祈原谅。或不以老悖见责也，幸甚幸甚。涤森君素年有为，来京必往寒舍，彼固有敬长之美德，亦兄教导有方，始得此佳弟子也。寸楮奉复，统希宥鉴，不一。即问

安好！

小如敬上 九〇年九月下

五

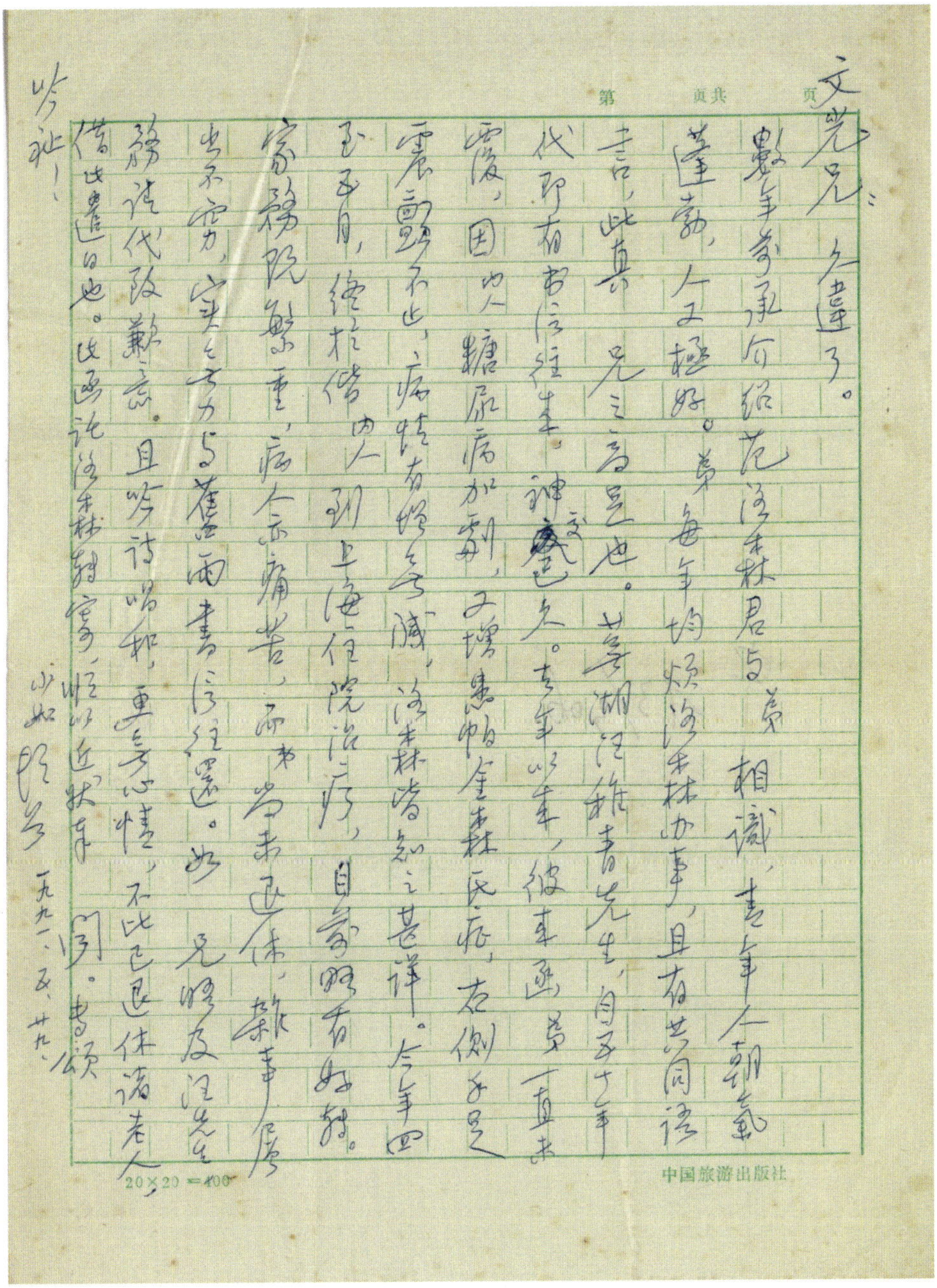

第　　页共　　页

文光兄：久違了。

數年前承介紹范泳林君與弟相識，青年人朝氣蓬勃，人亦極好。弟每年均煩泳林办事，且有共同語言，此真　兄之高見也。蕪湖汪維青先生，自弟七十年代即有书信往来，神交已久。去年以来，彼來函弟一直未覆，因內人糖尿病加劇，子增患帕金森氏症，右側手足震顫不止，病情有增无減，泳林諸知之甚詳。今年四五月，經托借內人到上海住院治疗，自家則有好轉。家務既繁重，病人亦痛苦，而弟尚未退休，教事屢出不窮，实在无力与舊雨書信往還。如　兄晤及汪先生務請代致歉意。且吟詩唱和，更无心情，不比已退休諸老人，借此遣日也。此函託泳林轉寄，怡以近狀奉　聞。专頌

吟祉！

小如頓首　一九九一、五、廿九。

20×20＝400　　中国旅游出版社

附

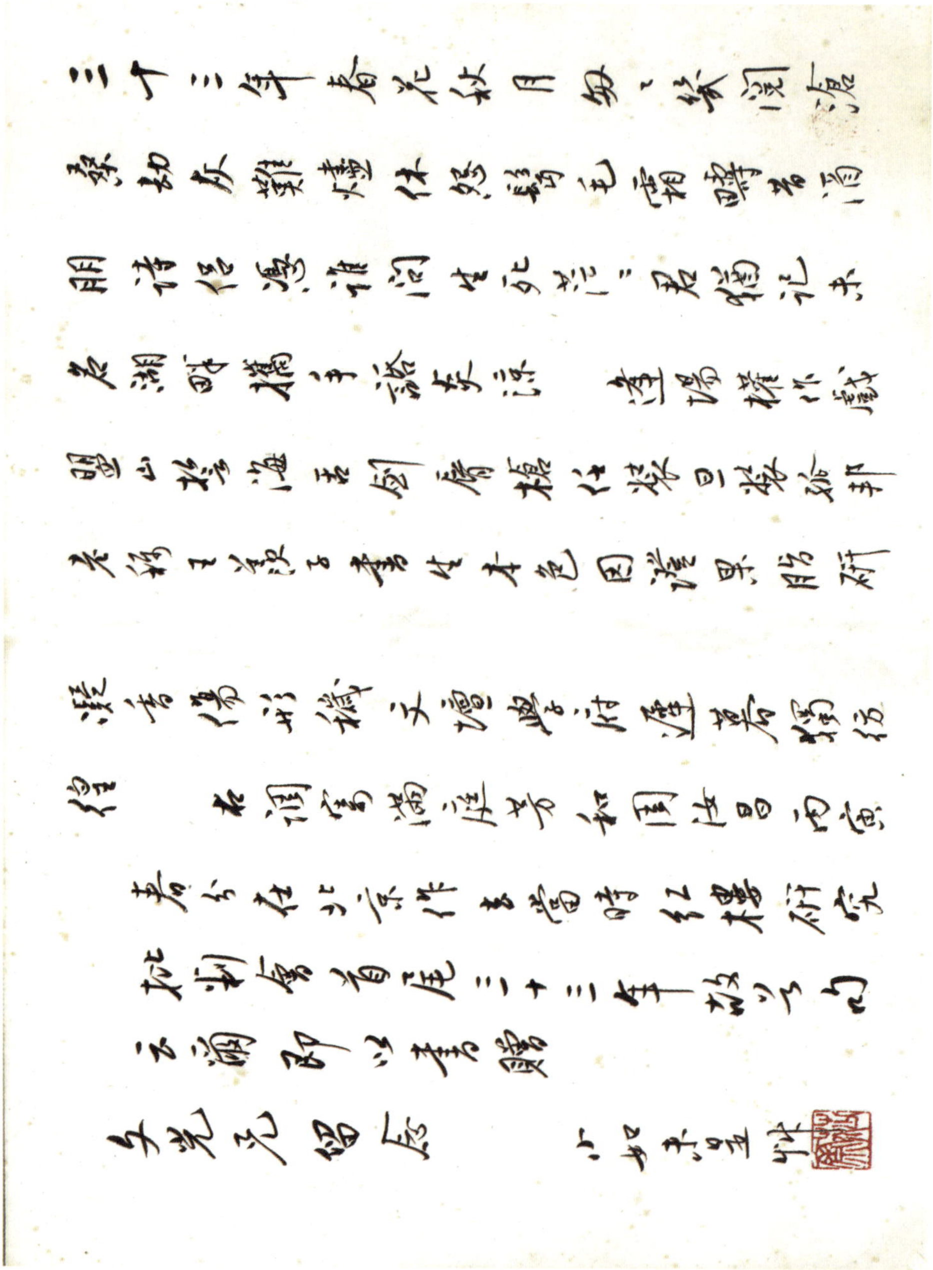

【书札释文】

一

文光同志：

你好！

因感冒初愈，拖迟了《学语文》第三期的交稿时间，十分抱歉。前次朱彤同志来信转达一位仇同志的意见，说稿件在三月以前寄来就不会脱期，估计也许赶得上。

第一期《学语文》三册和稿酬均已收到，系由一位叫朱茂汉的同志寄出。可是他寄到中华书局去了（要到王府井去取款）。这就使我大费周折，也麻烦了中华的同志。希望从第二期起仍将书和稿费均寄舍间，拜托你提醒他们。

另外，讲《召公谏弭谤》一篇误植有好几处。另纸说明，是否能在第三期上更正一下，否则读者是不会看懂的。（创刊号上拙文中也有错字，但不难辨识，就算了。）

我将力争在三月初把第四期的稿子写寄。四月初我将赴河南，约停半月余，然后到上海入皖，倘至芜湖，则相逢有日矣。专候

双好！

吴小如 敬上

一九八四年二月廿三日

二

文光同志：

你好！

现再寄上拙文一篇，请转《学语文》。第三篇至迟要何时交卷，盼先期告知。你们的刊物如为双月刊，

每期提前几时发稿？只要我掌握时间规律，估计不会误事。匆匆，祝
双好！

小如 顿首
九月廿七日

三

文光同志：

你好！

前寄复信想入察。现寄上拙文一篇，供明年第一期（总三期）之用。《左传》三篇，月内争取先寄一篇；另二篇年内寄到。下余《国策》两篇，明年第一季度交卷，一年任务即完成。总题目仍用“讲析”为好。纸尾附题字两行，请选用作专栏标题可也。余续谈，敬祝
教祺！

吴小如 敬上
九月廿五日

编者注：此信写于1984年9月25日。

四

文光兄：

来示敬悉。编辞典是大好事，黄山书社又属仆桑梓所在，理当如命撰写条目。惟自去岁以来，几乎每月必病，病辄高烧卧床。今年范洛森夫妇来京，两次均值仆卧床呻吟，实能证明所言之非妄，而仆于曲园老人及俞阶青太夫子（名陛云）皆无所知，而平伯先生生平，亦难覼缕详知。况撰写工具书条目，夙所不擅，益难执笔。至京剧条目，以仆所知见言之，每与时俗相忤，从众则心所不甘，申己则不通大路。凡此种种，皆无能为力。而最困难者仍为区区体力不支，无法翻检资料，着意命笔。

尊嘱之事，实无法完成，千祈原谅。或不以老悖见责也，幸甚幸甚。洛森君青年有为，来京必莅寒舍，彼固有敬长之美德，亦兄教导有方，始得此佳弟子也。寸椷布覆，统希宥鉴，不一。即问

安好！

小如 敬启

一九九〇年九月一日

五

文光兄：

久违了。

数年前，承介绍范洛森君与弟相识，青年人朝气蓬勃，人又极好。弟每年均烦洛森办事，且有共同语言。此真兄之高足也。芜湖汪稚青先生，自五十年代即有书信往来，神交已久。

去年以来，彼来函弟一直未复，因内人糖尿病加剧，又增患帕金森氏症，右侧手足震颤不止，病情有增无减，洛森皆知之甚详。今年四至五月，终于偕内人到上海住院治疗，目前略有好转。家务既繁重，病人亦痛苦，而弟尚未退休，杂事层出不穷，实无力与旧雨书信往还。如兄晤及汪先生，务请代致歉意。且吟诗唱和，更无心情，不比已退休诸老人，借此遣日也。此函托洛森转寄，顺以近状奉闻。专颂

吟祉！

小如 顿首

一九九一年五月廿九日

附

三十三年，春花秋月，匆匆几阅沧桑，劫灰难烬，休怨鬓毛霜。畴昔酒朋诗侣，凭谁问，生死茫茫。君犹记，未名湖畔，携手话炎凉。　　逢场权作戏，盟山誓海，舌剑唇枪，任装旦装孤，邦老称王。羡子书生本色，因证果，脂研凝香。伤形秽，文坛学府，迟暮独彷徨。

右调寄满庭芳和周汝昌丙寅春分在北京作，去当时红楼研究批判会首尾三十三年，故首句云尔。即以书赠

文光兄　留念

小如　未是草

刘　彪（一通）

【书札墨迹】

刘　彪（1923—），安徽桐城人。芜湖市卫生局离休干部。芜湖诗词学会名誉会长。

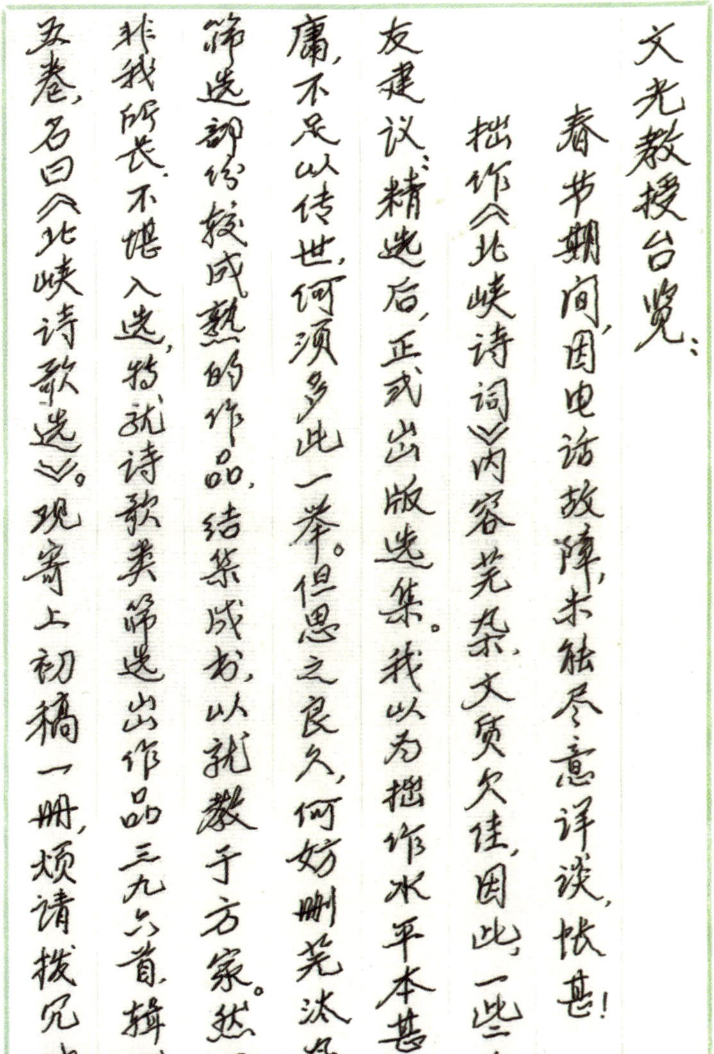

文光教授台览：

春节期间，因电话故障，未能尽意详谈，怅甚！

拙作《北峡诗词》内容芜杂，文质欠佳，因此，一些吟友建议，精选后，正式出版选集。我以为拙作水平本甚平庸，不足以传世，何须多此一举。但思之良久，何妨删芜汰杂，筛选部份较成熟的作品，结集成书，以就教于方家。然词非我所长，不堪入选，特就诗歌类筛选出作品三九六首，辑成五卷，名曰《北峡诗歌选》。现寄上初稿一册，烦请拨冗披阅，并继以文心，本存优汰劣之精神，大力删削，最终能保留三百首，我意已足。如能赐一序，则更感激不尽。

阳春三月，温寒互现，希多珍摄！顺颂

撰安！

老友 刘彪 手上

二〇一五年四月十二日

所请之事，烦神费力，不必急于求成，如能秋季後我，乃所赖也。

又及

【书札释文】

文光教授台览：

春节期间，因电话故障，未能尽意详谈，怅甚！

拙作《北峡诗词》内容芜杂，文质欠佳，因此，一些吟友建议：精选后，正式出版选集。我以为拙作水平本甚平庸，不足以传世，何须多此一举。但思之良久，何妨删芜汰杂，筛选部分较成熟的作品，结集成书，以就教于方家。然词非我所长，不堪入选，特就诗歌类筛选出作品三九六首，辑成五卷，名曰《北峡诗歌选》。现寄上初稿一册，烦请拨冗披阅，并望以文心，本存优汰劣之精神，大力删削，最终能保留三百首，我意已足。如能赐一序，则更感激不尽。

阳春三月，温寒互现，希多珍摄！顺颂

撰安！

老友 刘彪 手上

二〇一五年四月十二日

所请之事，烦神费力，不必急于求成，如能秋季复我，乃所愿也。又及

彭　靖（一通）

【书札墨迹】

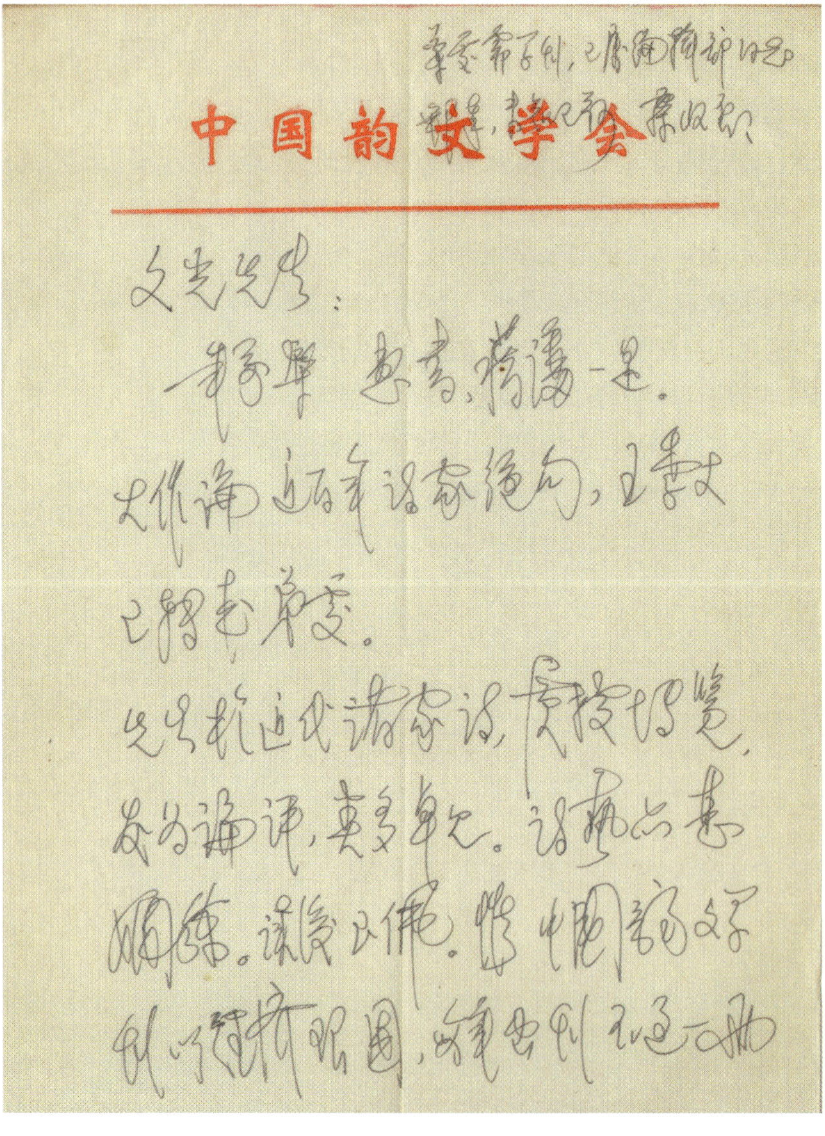
中国韵文学会

文光先生：

[illegible]

彭　靖（1923—1990），字岩石，湖南涟源人。湘潭大学教授。

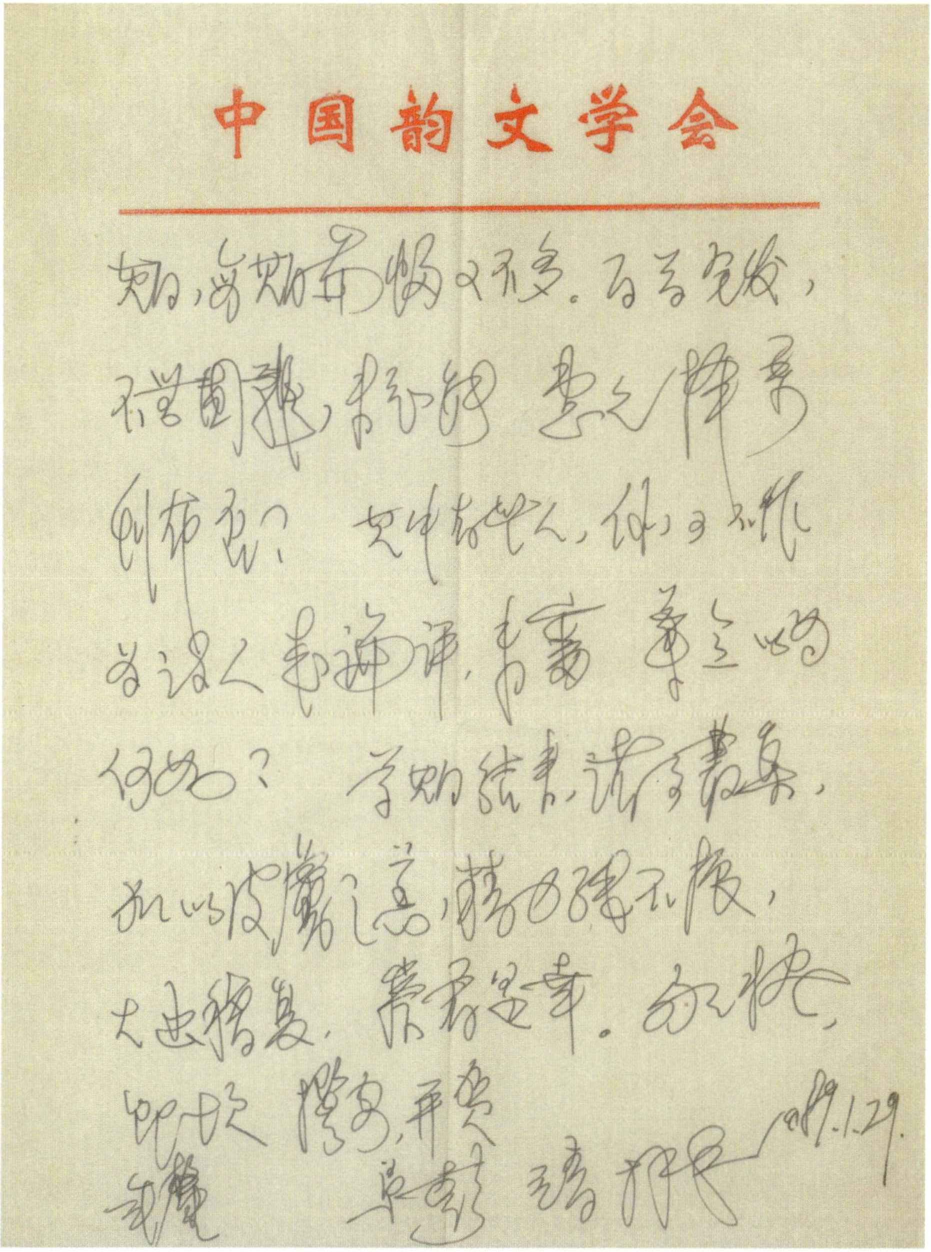

中国韵文学会

89.1.29.

彭 靖（一通）

【书札释文】

文光先生：

年前察惠书，藉谛一是。大作论近百年诗家绝句，王季丈[①]已转至弟处。

先生于近代诸家诗，广搜博览，发为论评，类多卓见。诗艺亦甚娴练，读后至佩。惟《中国韵文学刊》，以经济艰困，每年出刊不过一两期，每期篇幅又不多。百首全发，不无困难，未知能惠允择要刊布否？其中有些人，似可不作为诗人来论评，未审尊意以为何如？学期结束，诸事丛集，加以皮肤之恙，精力殊不振，大函稽复，察宥是幸。匆匆未尽，即颂

撰安，并贺年厘

弟 彭靖 拜

1989年1月29日

编者注：①王季丈，指王季思先生。

冯其庸（一通）

【书札墨迹】

冯其庸（1924—2017），江苏无锡人。中国人民大学教授。

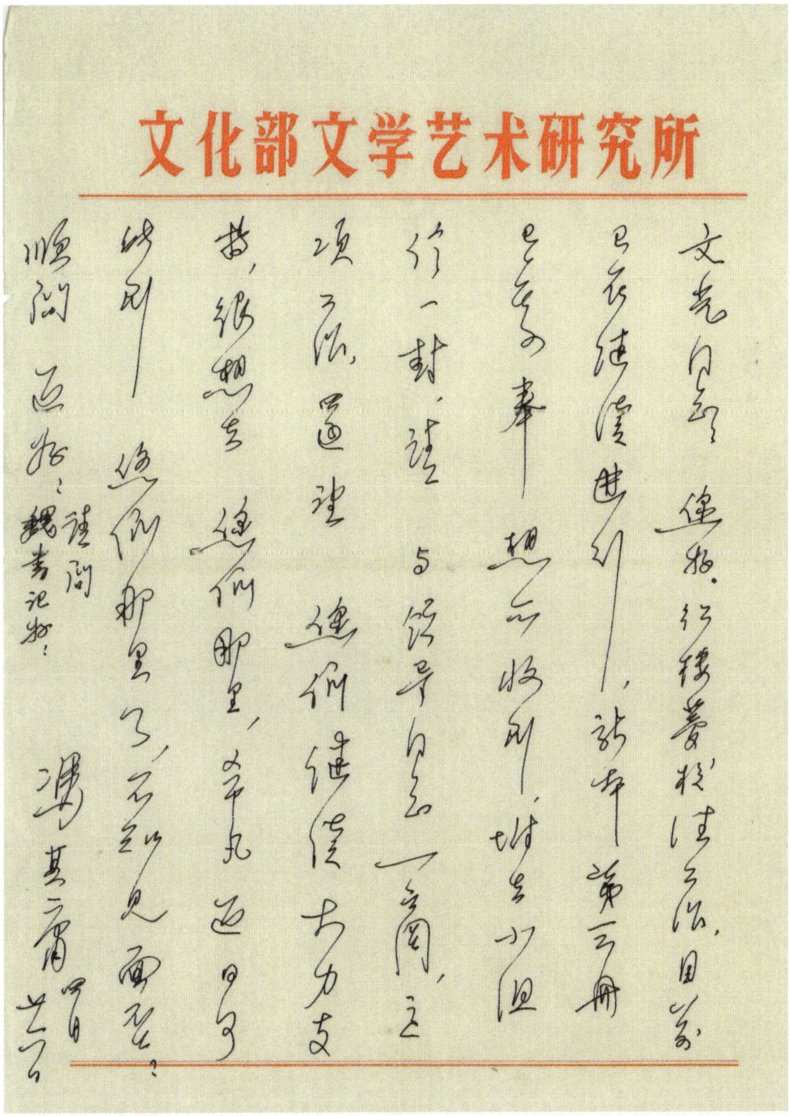

文化部文学艺术研究所

【书札释文】

文光同志：

您好。《红楼梦》校注工作，目前已在继续进行。新本第三册已寄奉，想亦收到。附去小组信一封，请与领导同志一商，这项工作还望您（们）继续大力支持。很想去您（们）那里，希凡近日可能到您（们）那里了，不知见面否？顺问

近好！

请问

魏书记好！

冯其庸

四月廿二日

编者注：此信约写于1975年。

徐　味（一通）

【书札墨迹】

徐　味（1924—2012），江苏沐阳人。诗人、作家。曾任安徽文联副主席。

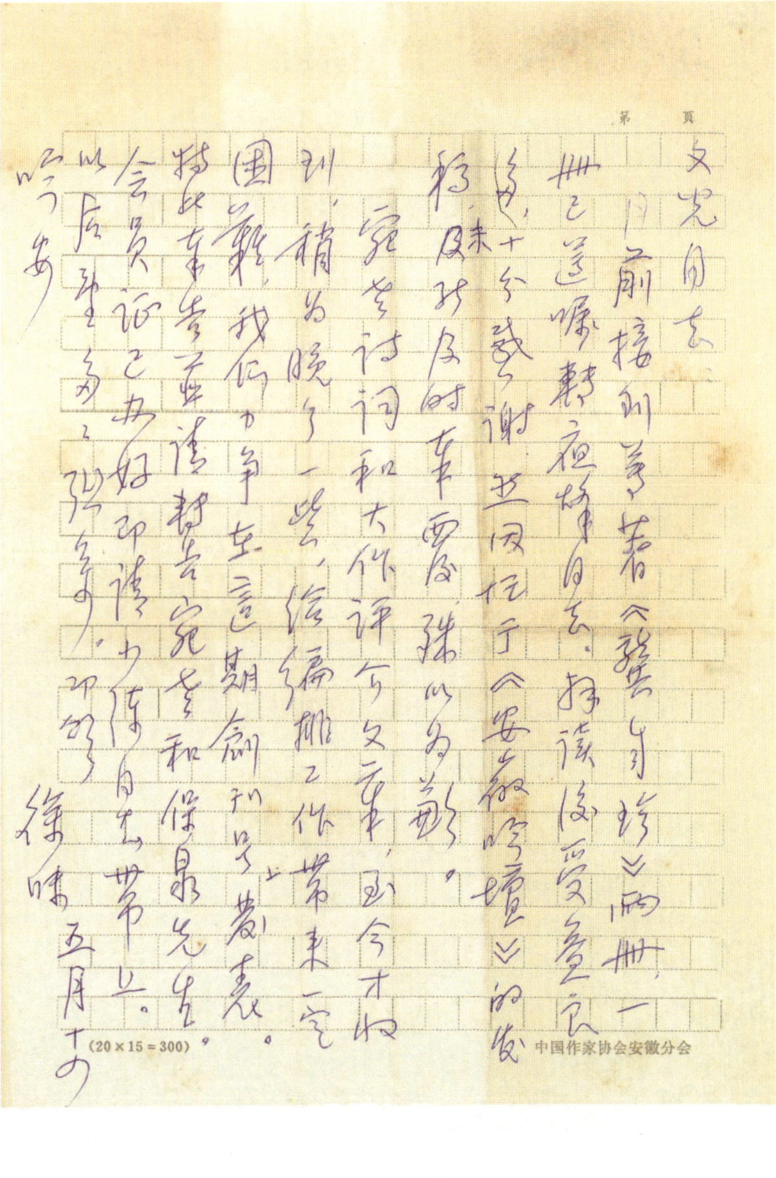
第　页

文光同志：

日前接到尊著《艺乡诗踪》两册，一册已遵嘱转夜帆同志。拜读后受益良多，十分感谢。并因忙于《安徽吟坛》的发稿，味未及时奉覆，殊以为歉。

宛老诗词和大作评介文章，函今才收到，稍为晚了一些，给编辑工作带来一定困难，我们力争在这期刊物上发表。特此奉告，请转告宛老和保泉先生。会员证已办好，即请小陈同志带上。以后望多多联系，即颂

吟安

徐味　五月十四

（20×15＝300）　中国作家协会安徽分会

【书札释文】

文光同志：

月前接到尊著《龚自珍》两册，一册已遵嘱转夜烽同志，拜读后受益良多，十分感谢。然因忙于《安徽吟坛》的发稿，未能即时奉复，殊以为歉。

宛老诗词和大作评介文章，至今才收到，稍为晚了一些，给编排工作带来一定困难，我们力争在这期创刊号上发表。特此奉告，并请转告宛老和保泉先生。会员证已办好，即请小陈同志带上。以后望多多联系。即颂

吟安

徐 味

五月十四日

编者注：此信写于1986年5月14日。

刘国瑞（一通）

【书札墨迹】

刘国瑞（1924—），安徽庐江人。台湾联经出版事业公司总经理。

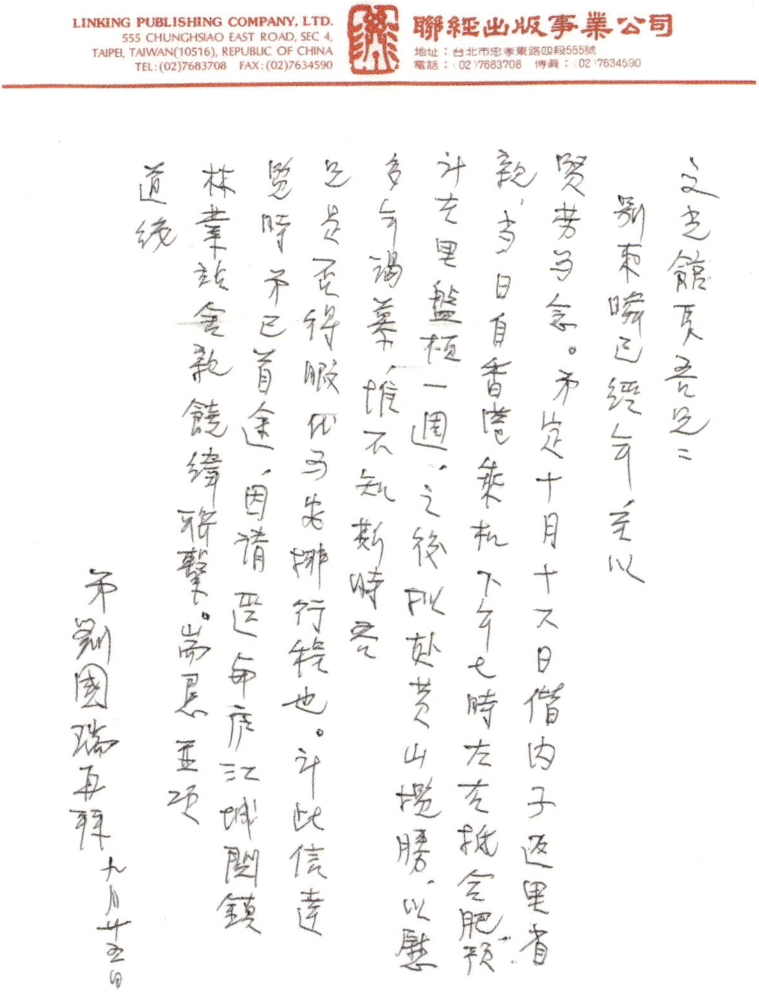
LINKING PUBLISHING COMPANY, LTD.
555 CHUNGHSIAO EAST ROAD, SEC 4,
TAIPEI, TAIWAN(10516), REPUBLIC OF CHINA
TEL:(02)7683708 FAX:(02)7634590

聯經出版事業公司
地址：台北市忠孝東路四段555號
電話：(02)7683708 傳眞：(02)7634590

文忠館長吾兄：

別來瞬已經年，至以賢勞為念。弟定十月十六日偕內子返里省親，當日自香港乘机下午七時左右抵合肥，預計在里盤桓一週，之後仍赴黃山攬勝，以慰多年渴慕，惟不知斯時吾兄是否得暇作為先導行程也。計此信達覽時弟已首途，因請逕函廬江城關鎮林業站金執饒緯聯繫。耑此 並頌

道綏

弟劉國瑞再拜 九月廿五日

【书札释文】

文光馆长吾兄：

别来瞬已经年，至以贤劳为念。弟定十月十六日偕内子返里省亲，当日自香港乘机下午七时左右抵合肥，预计在里盘桓一周，之后拟赴黄山揽胜，以慰多年渴慕，惟不知斯时吾兄是否得暇代为安排行程也。计此信达览时，弟已首途，因请径与庐江城关镇林业站舍亲饶纬联系。专恳并颂

道绥

弟 刘国瑞 再拜

九月廿五日

编者注：此信约写于1992年。

吴文治（一通）

【书札墨迹】

吴文治（1925—2009），江苏江阴人。中国人民大学教授。

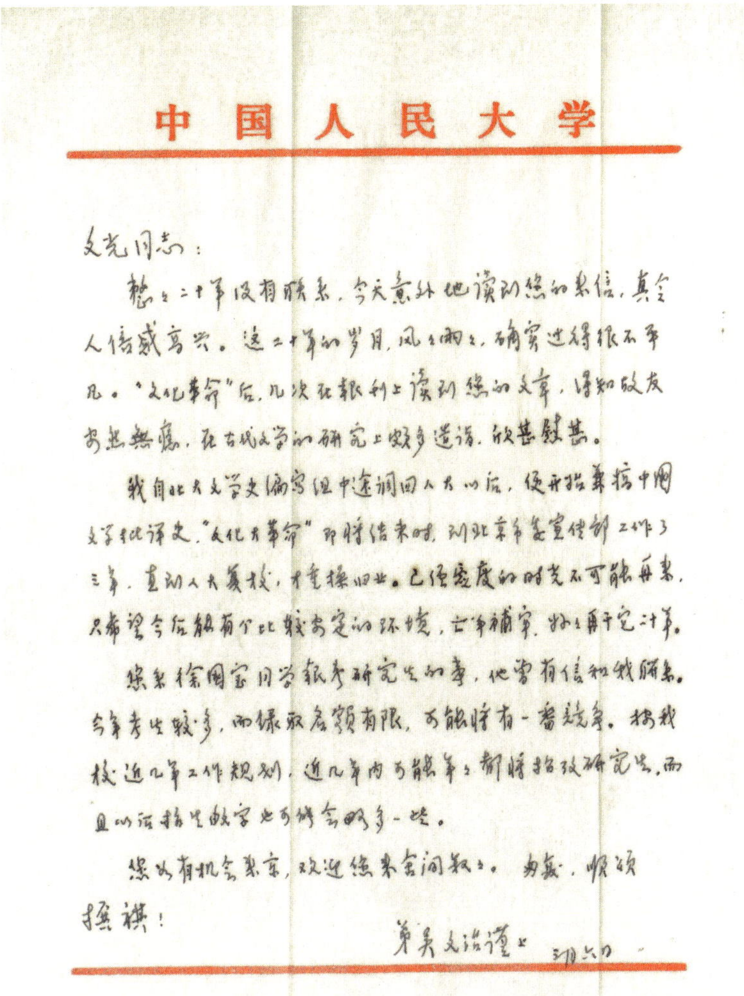
中国人民大学

文光同志：

悠悠二十年没有联系，今天意外地读到您的来信，真令人倍感高兴。这二十年的岁月，风风雨雨，确实过得很不平凡。"文化革命"后，几次在报刊上读到您的文章，得知故友安然无恙，在古代文学的研究上颇多造诣，欣甚慰甚。

我自北大文学史编写组中途调回人大以后，便开始专搞中国文学批评史。"文化大革命"即将结束时，到北京市委宣传部工作了三年。直到人大复校，才重操旧业。已经虚度的时光不可能再来，只希望今后能有个比较安定的环境，亡羊补牢，好好再干它廿年。

您来徐国宝同学报考研究生的事，他曾有信和我联系。今年考生较多，而录取名额有限，可能将有一番竞争。据我校近几年工作规划，近几年内可能年年都将招收研究生，而且以后招生数字也可能会略多一些。

您如有机会来京，欢迎您来舍间叙叙。匆复，顺颂

撰祺！

弟吴文治谨上　3月6日

【书札释文】

文光同志：

整整二十年没有联系，今天意外地读到您的来信，真令人倍感高兴。这二十年的岁月，风风雨雨，确实过得很不平凡。“文化革命”后，几次在报刊上读到您的文章，得知故友安然无恙，在古代文学的研究上上颇多造诣，欣甚慰甚。

我自北大文学史编写组中途调回人大以后，便开始兼搞中国文学批评史。“文化大革命”即将结束时，到北京市委宣传部工作了三年，直到人大复校，才重操旧业。已经虚度的时光不可能再来，只希望今后能有个比较安定的环境，亡羊补牢，好好再干它二十年。

您系徐国宝同学报考研究生的事，他曾有信和我联系。今年考生较多，而录取名额有限，可能将有一番竞争。按我校近几年工作规划，近几年内可能年年都将招收研究生，而且以后招生数字也可能会略多一些。

您如有机会来京，欢迎您来舍间叙叙。匆复，

顺颂

撰祺！

吴文治 谨上

三月六日

编者注：此信约写于1981年。

王运熙（一通）

【书札墨迹】

王运熙（1926—2014），江苏金山人（今属上海市）。复旦大学教授。

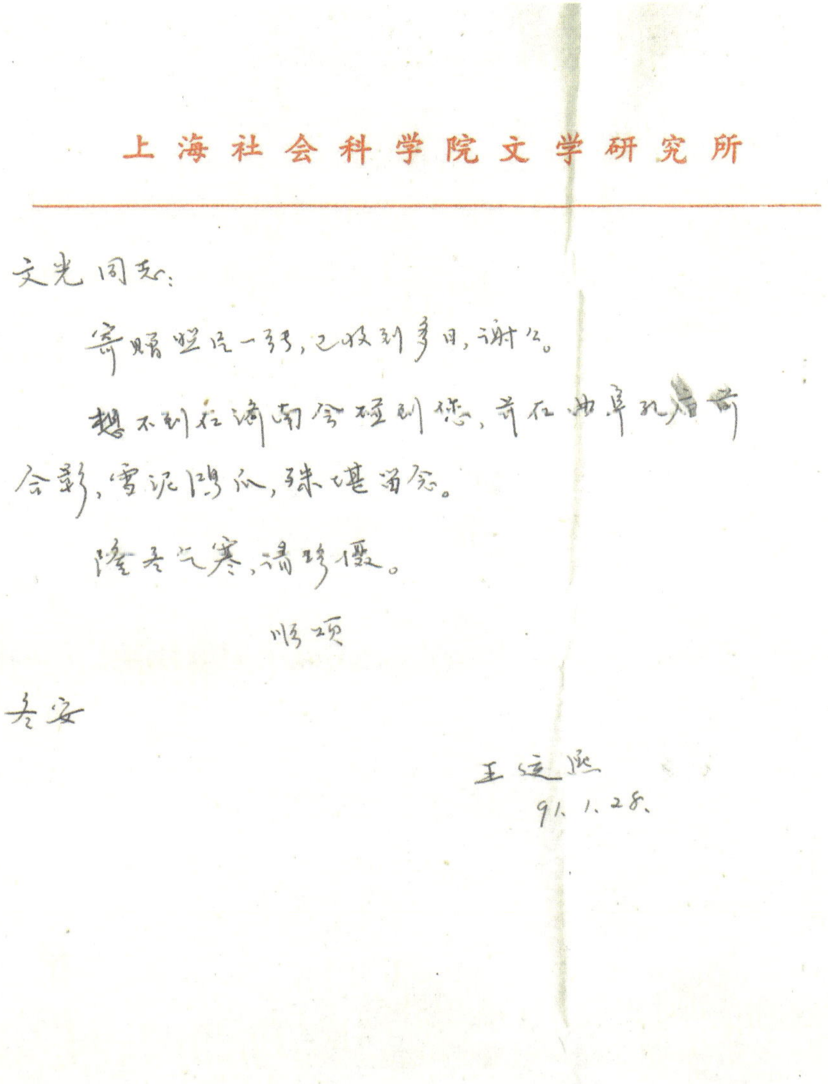
上海社会科学院文学研究所

文光同志：

寄赠照片一张，已收到多日，谢谢。

想不到在济南会碰到您，并在曲阜孔庙前合影，雪泥鸿爪，殊堪留念。

隆冬气寒，请珍摄。

顺颂

冬安

王运熙

91.1.28.

【书札释文】

文光同志：

寄赠照片一张，已收到多日，谢谢。

想不到在济南会碰到您，并在曲阜孔庙前合影，雪泥鸿爪，殊堪留念。

隆冬气寒，请珍摄。

顺颂

冬安

王运熙

1991年1月28日

李希凡（五通）

【书札墨迹】

一

李希凡（1927—2018），原名锡范，字畴九，生于北京通州，祖籍浙江绍兴。红学家、文学评论家。

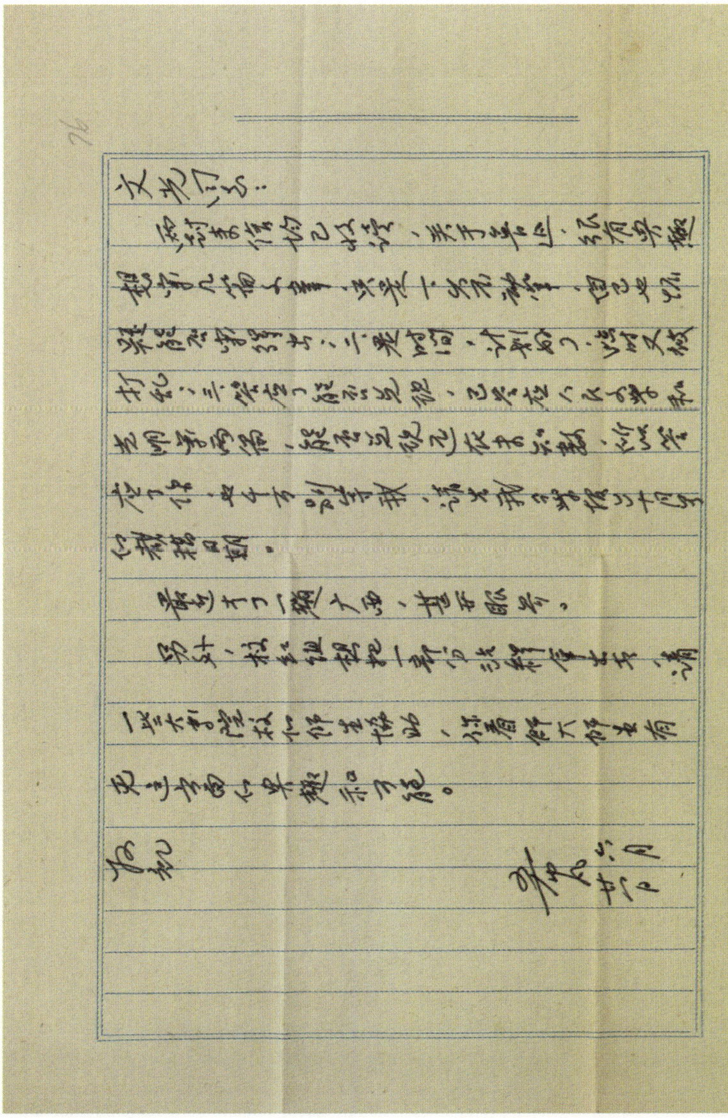

二

文光同志：

八月十八日信早已收到，因为正为人民文学摘篇文章，没什么新词儿，摘得很苦，拿得很艰涩，就忘了复你的信了。紧接着，毛主席去了，举国悲痛的不幸，多少天来，大家无言相对，泪眼不干，连震情是否缓和，也没有人管了。

谢谢你的关心，在地震期间，我一直住在文研所，给古研室赶文章，因为我们宿舍已不许进屋了。文研所还可以避避地震。今年很不幸，从年初总理逝世开始，就没好日子，七八个月的时间，夺走了三位常委，三个领袖人物，再加上地震，我们真是需要铁肩膀才能担起来。

文章事，最近还较困难，没有时间。我的书回想记，修校订，还要等这一阵子。结此，人民文学加了任务，赶忙而已。我自己仍只有几篇文章的计划，等些时间再说而已。

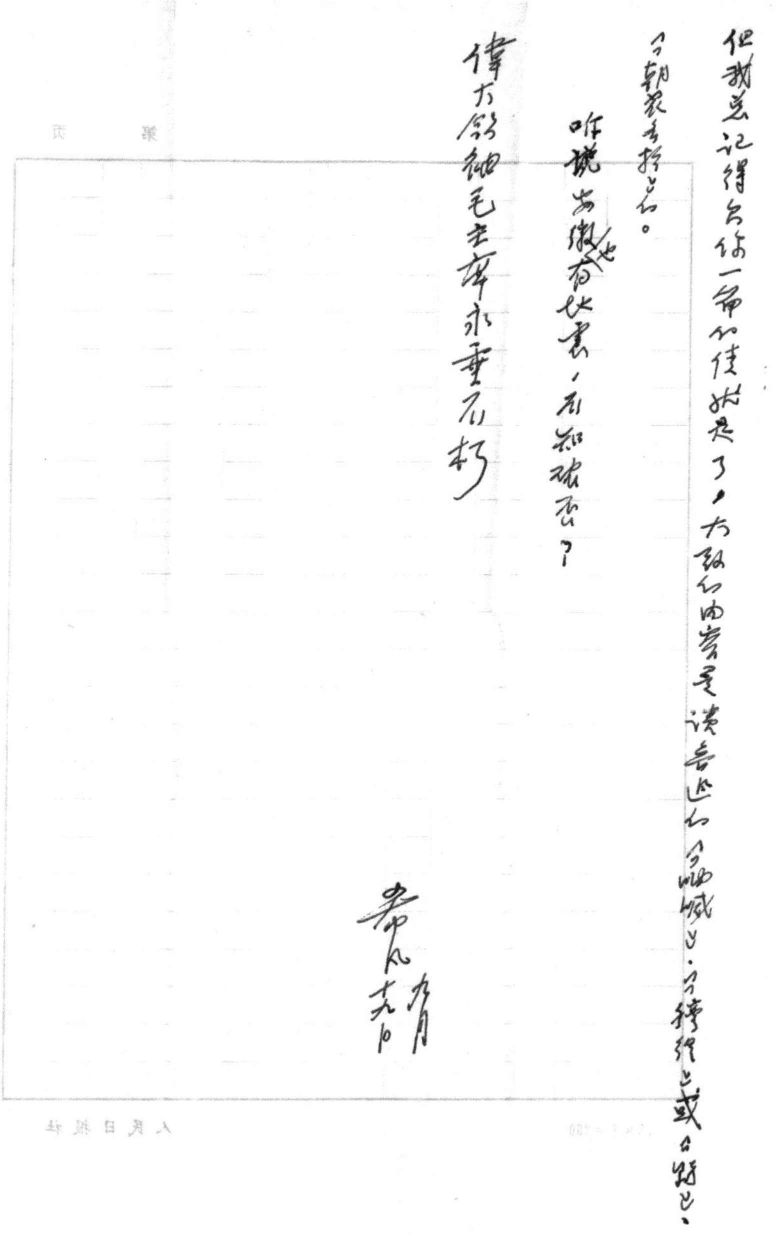

但我总记得您给一篇的传然是了，大致的内容是读书迟的、寂寞的、艰辛的或不好的，也朝气蓬勃的。

听说安徽也有些书，不知确否？

伟大领袖毛主席永垂不朽

希凡
九月十日

三

77

文光同志：

带来的油画早已收到，还款寄还，写信要还，忙得实在喘不过气了，想过校订组们那段生活，岂不得乎？

明天去沙，首作公开讲话，召开几个座谈会，然后去南宁，可惜，又不能去安徽，真是遗憾。云南的西双版纳，广西的桂林，安徽的黄山，都是我十分向往的地方，可惜，我只去了桂林，还是去年完成任务的，其他地方不知什么时候才能如愿。不过，撇去心的事，人们大都惦惜。真应该好好干点事了。

近来忙得如何？甚念。

敬礼

[illegible]

[illegible]月

四

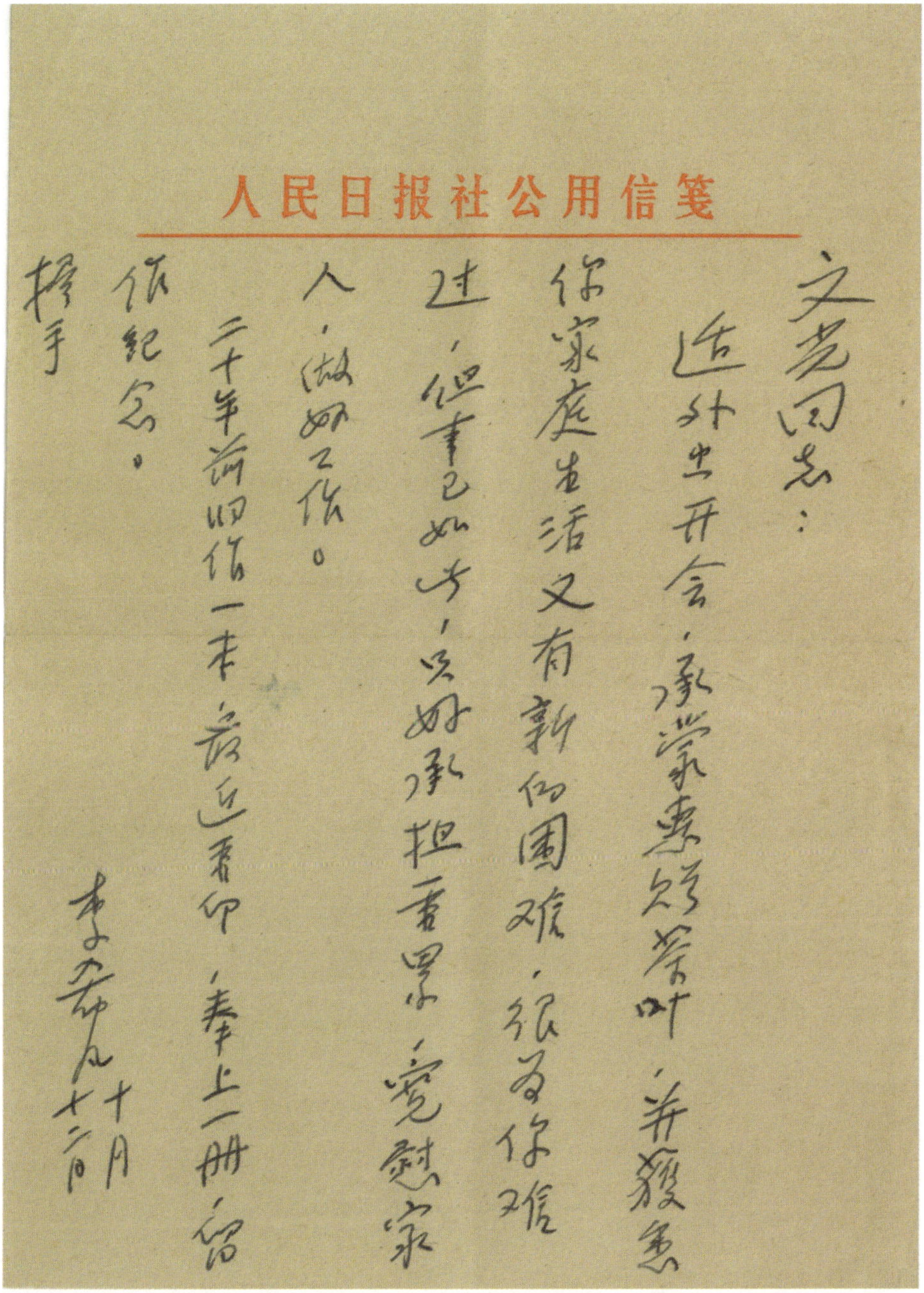
人民日报社公用信笺

文光同志：

近外出开会，承蒙惠赐茶叶，并获悉你家庭生活又有新的困难，很为你难过，但事已如此，只好承担重累，宽慰家人，做好工作。

二十年前旧信一本，最近重印，奉上一册，留作纪念。

握手

李希凡
十月十六日

五

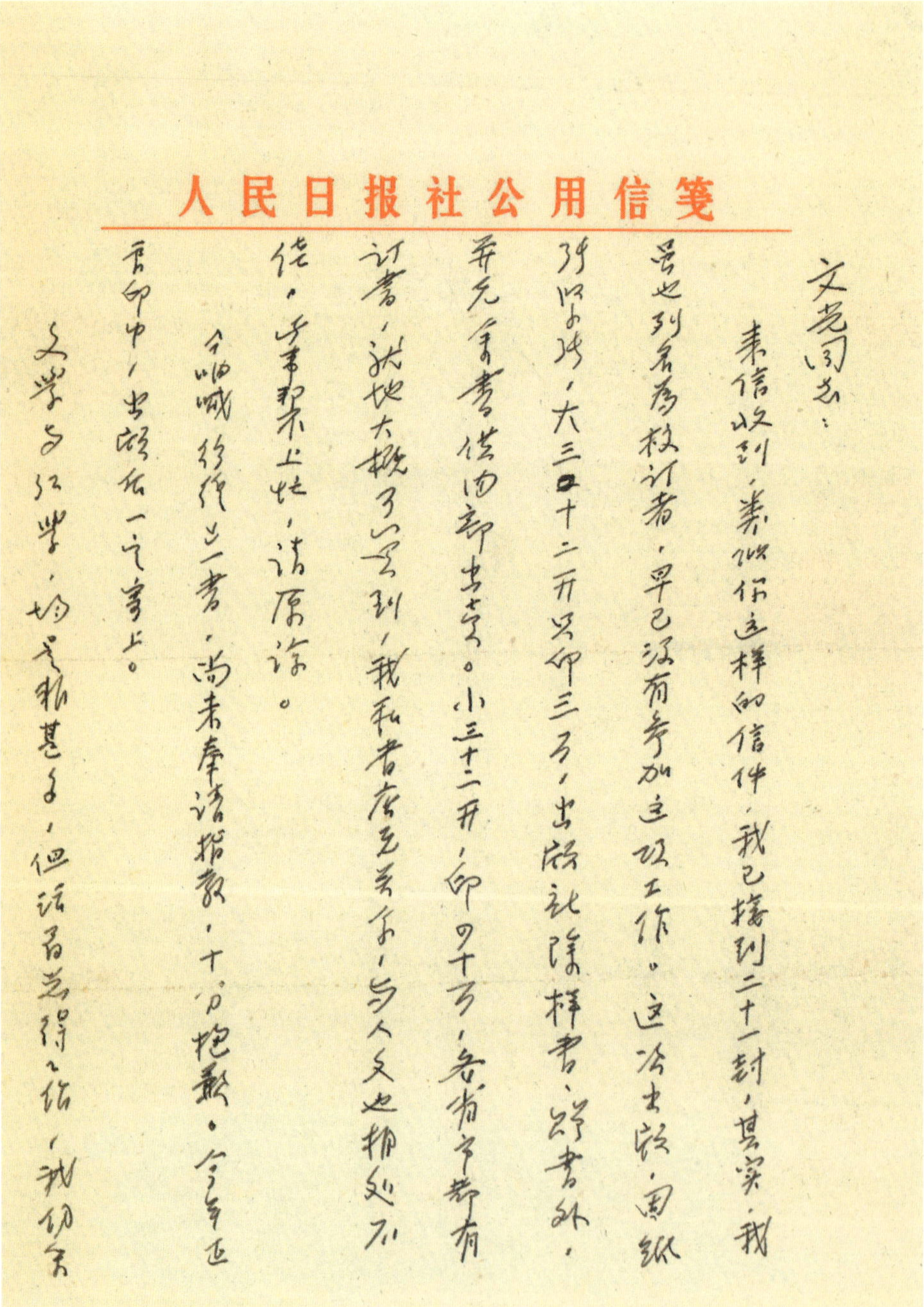
人民日报社公用信笺

文光同志：

来信收到，类似你这样的信件，我已接到二十一封，其实，我只是列名为校订者，早已没有参加这项工作。这次出版，因纸张紧张，大三十二开只印三万，出版社除样书、赠书外，并无余书供内部出售。小三十二开，印四十万，各省市都有订书，外地大概可以买到，我和书店无关系，与人文也相处不佳，实帮不上忙，请原谅。

今[illegible]之一书，尚未奉请指教，十分抱歉。今年正再印中，出版后一定寄上。

文学与红学，均无根基了，但话有若得之信，我切实

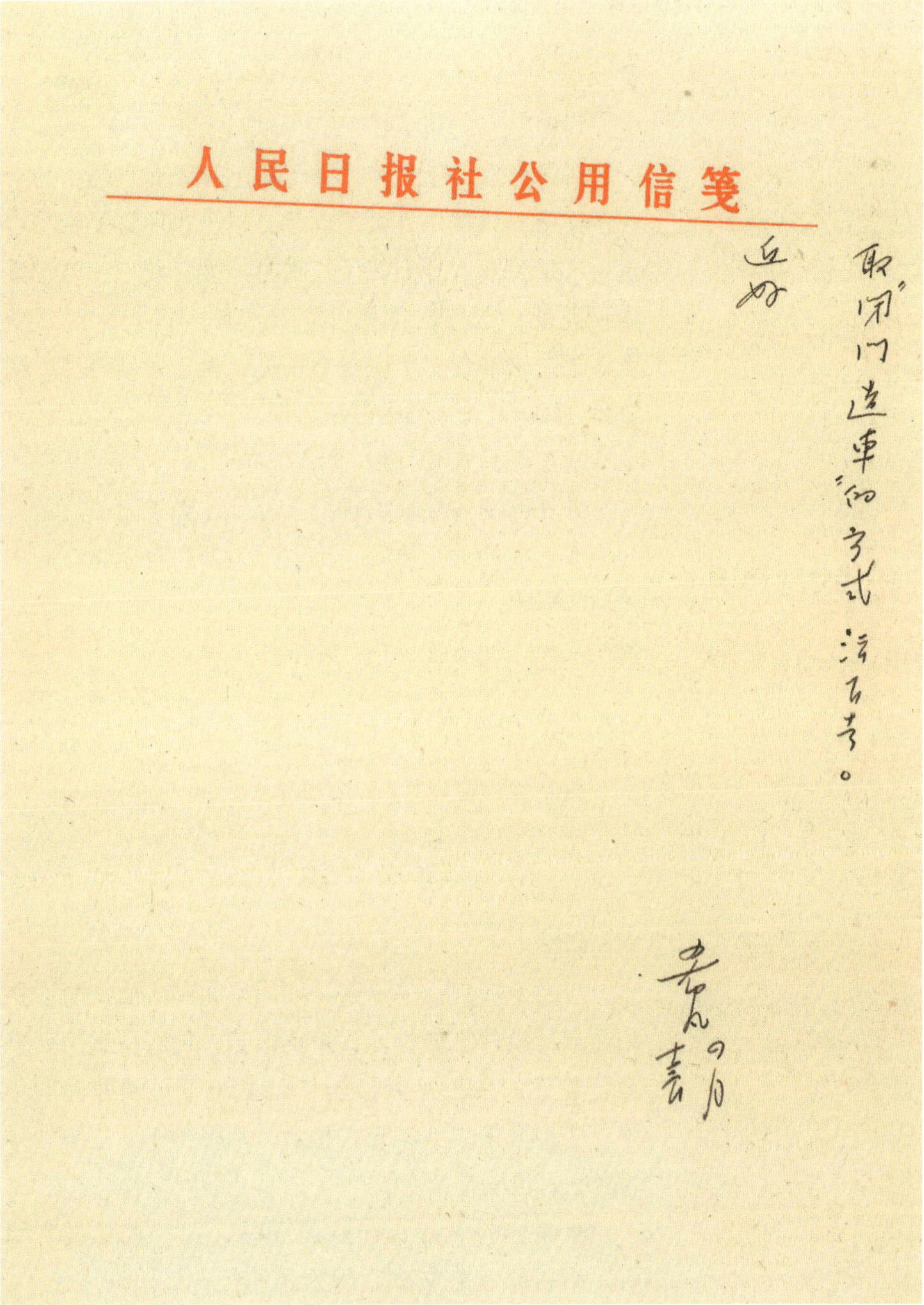

人民日报社公用信笺

取"闭门造车"的方式，请参考。

近好

希凡
四月廿二

【书札释文】

一

文光同志：

两封来信均已收读。关于鲁迅，很有兴趣，想写几篇文章，只是一，久不动笔，自己也怀疑能否写得出；二是时间，计划好了，临时又被打乱；三答应了能否兑现，已答应人民文学和光明写两篇，能否兑现，还在未知数。所以答应了你，也千万别等我，请告我《学报》十月号的截稿日期。

最近走了一趟广西，甚开眼界。

另外，校《红》组想把一部分注释拿出去，请一些大专院校的师生协助，你看师大师生有无这方面的兴趣和可能。

敬礼

希　凡

六月廿八日

编者注：此信约写于1975年。

二

文光同志：

八月十八日信早收到，因为正为《人民文学》挤篇文章，没什么新词儿，挤得很苦，写得很丧气，就忘了复你的信了。紧接着，就发生了举国悲痛的不幸。多少天来，大家无言相对，泪眼不干，连震情是否紧张，也没有人管了。

谢谢你的关心，在躲震期间，我一直住在文研所，给鲁研室赶文章，因为我的宿舍已不许进屋了，文研所还可以逃避躲震。今年很不幸，从年初总理逝世开始，就没好日子，七个月的时间，夺走了三位常委，三个领袖人物，再加上地震，我们真是需要铁肩膀才能担起来。

文章事，最近还较困难，没有时间，我仍未回报社，除校订，还要管管文学工作组、《人民文学》的工作，瞎忙而已。我自己倒是有几篇文章的计划，只是时间不由自己，但我总记得欠你一篇的债就是了，大致的内容是谈鲁迅的《呐喊》《彷徨》或《野草》《朝花夕拾》的。

听说安徽也有地震，不知确否？

伟大领袖毛主席永垂不朽

希　凡

九月十九日

编者注：此信约写于1976年。

三

文光同志：

带来的油早已收到，汇款寄迟，复信更迟，忙得实在喘不过气了，想过校订组的那段生活，岂可得乎？

明大去沪，为纪念《讲话》开几个座谈会，然后去南京，可惜，又不能去安徽，真是遗憾。云南的西双版纳，广西的桂林，安徽的黄山，都是我十分向往的地方，可惜，我只去了桂林，还是去年完成任务的，其他地方谁知什么时候才能如愿。不过，揪出“四人帮”，人心大欢畅。真应该好好干点事了。

近来忙得如何？甚念。

敬礼

希　凡

四月十五日

编者注：此信约写于1977年。

四

文光同志：

适外出开会，承蒙惠赠茶叶，并获悉你家庭生活又有新的困难，很为你难过。但事已如此，只好承担重累，宽慰家人，做好工作。

二十年前旧作一本，最近重印，奉上一册，留作纪念。

握手

李希凡

十月十二日

编者注：此信约写于1979年。

五

文光同志：

来信收到，类似你这样的信件，我已接到二十一封，其实，我虽也列名为校订者，早已没有参加这项工作。这次出版，因纸张紧张，大三十二开只印三万，出版社除样书、赠书外，并无余书供内部出卖。小三十二开，印四十万，各省市都有订书，就地大概可以买到，我和书店无关系，与人文也相处不佳，此事帮不上忙，请原谅。

《呐喊 彷徨》一书，尚未奉请指教，十分抱歉。今年正开印中，出版后一定寄上。

文学与红学，均是非甚多，但活着总得工作，我仍采取“闭门造车”的方式活下去。

近好

希　凡

四月十三日

聂石樵　邓魁英（一通）

【书札墨迹】

聂石樵（1927—2018），山东蓬莱人。文学史家，北京师范大学教授。

邓魁英（1929—），河北乐亭人。北京师范大学教授。

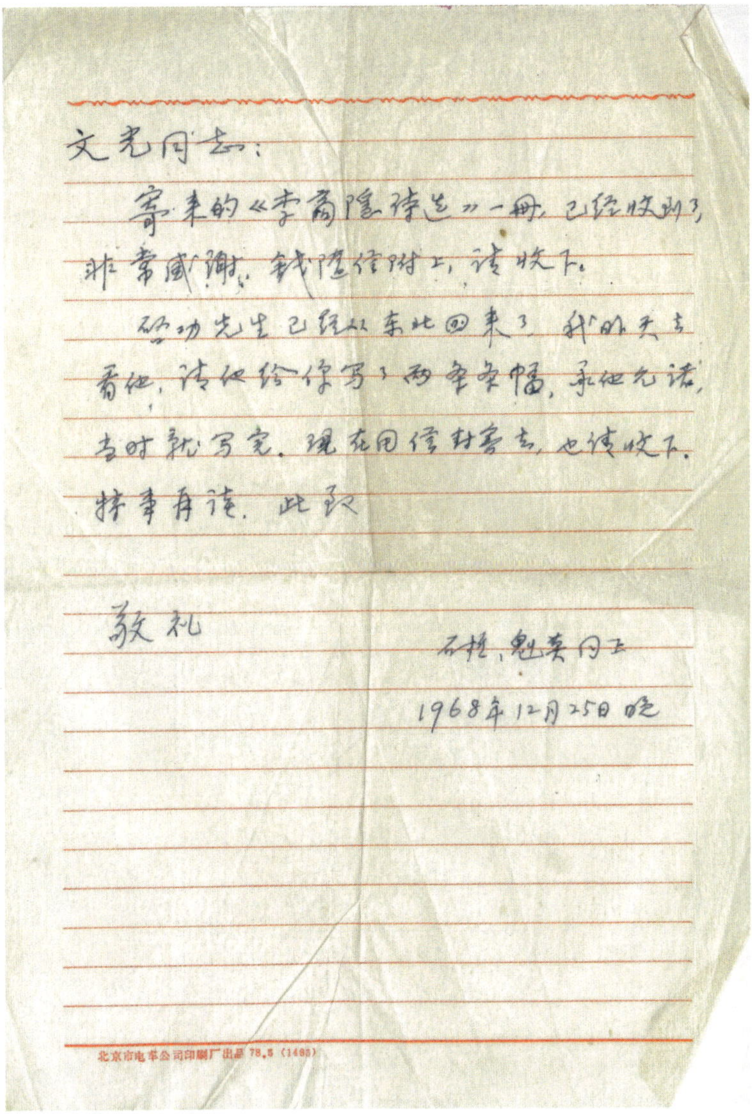

文光同志：

寄来的《李商隐诗选》一册，已经收到了，非常感谢。钱随信附上，请收下。

启功先生已经从东北回来了，我们昨天去看他，请他给你写了两个条幅，承他允诺，当时就写完。现在同信封寄去，也请收下。余事再谈，此致

敬礼

石樵、魁英同上

1968年12月25日晚

北京市电车公司印刷厂出品 78.5（1483）

【书札释文】

文光同志：

寄来的《李商隐诗选》一册，已经收到了，非常感谢。钱随信附上，请收下。

启功先生已经从东北回来了，我昨天去看他，请他给你写了两条条幅，承他允诺，当时就写完，现在用信封寄去，也请收下。

此致

敬礼

石樵、魁英 同上

1968年12月25日晚

王冠亚（一通）

【书札墨迹】

王冠亚（1929—2013），湖北武汉人。安徽省黄梅戏剧院国家一级编剧。

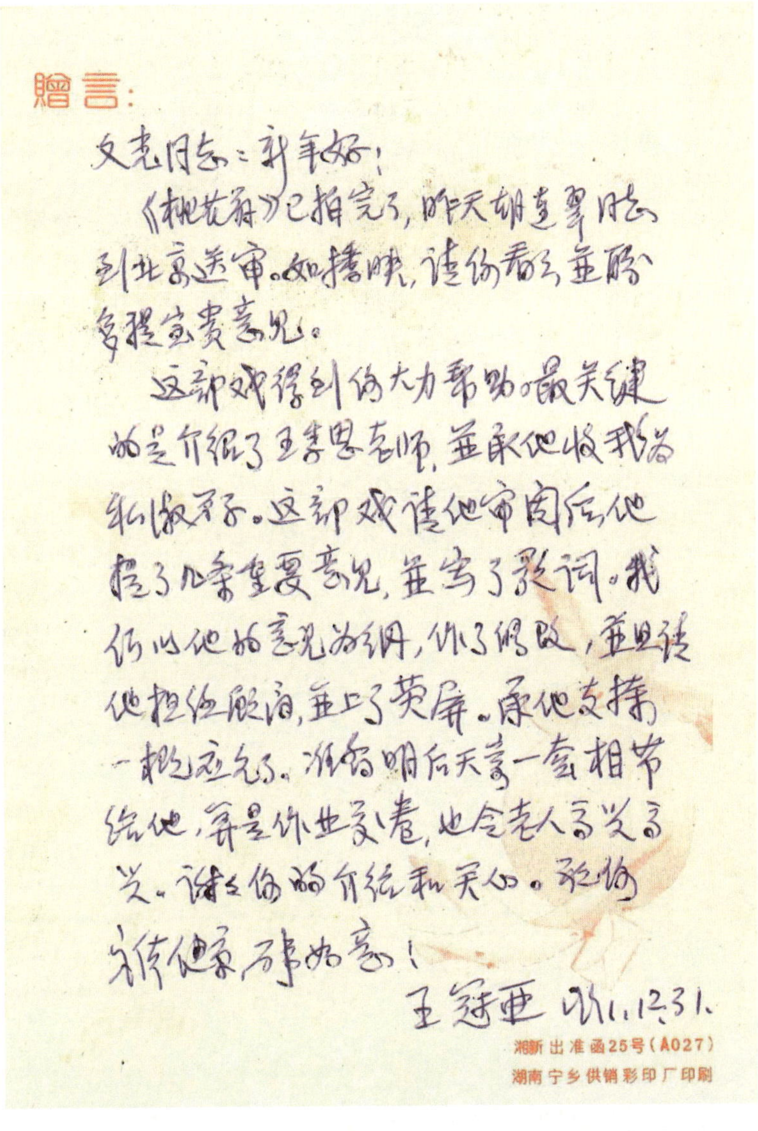
赠言：

文忠同志：新年好！

《桃花扇》已拍完了，昨天胡连翠同志到北京送审。如播映，请你看看，并盼多提宝贵意见。

这部戏得到你大力帮助。最关键的是介绍了王季思老师，并承他收我为私淑弟子。这部戏请他审阅后他提了几条重要意见，并写了歌词。我们以他的意见为纲，作了修改，并且请他担任顾问，并上了荧屏。承他支持一概应允了。准备明后天寄一盒相带给他，算是作业交卷，也令老人高兴高兴。谢谢你的介绍和关心。祝你

福健康万事如意！

王冠亚 1991.12.31.

湘新出准函25号（A027）
湖南宁乡供销彩印厂印刷

【书札释文】

文光同志：

新年好！

《桃花扇》已拍完了，昨天胡连翠同志到北京送审。如播映，请你看看，并盼多提宝贵意见。

这部戏得到你大力帮助。最关键的是介绍了王季思老师，并承他收我为私淑弟子。这部戏请他审阅后，他提了几条重要意见，并写了歌词。我们以他的意见为纲，作了修改，并且请他担任顾问，并上了荧屏。承他支持，一概应允了。准备明后天寄一套相带给他，算是作业交卷，也令老人高兴高兴。谢谢你的介绍和关心。祝你

身体健康，万事如意！

王冠亚

1991年12月31日

范一辛（一通）

【书札墨迹】

范一辛（1927—），江苏常州人。上海人民出版社编审。

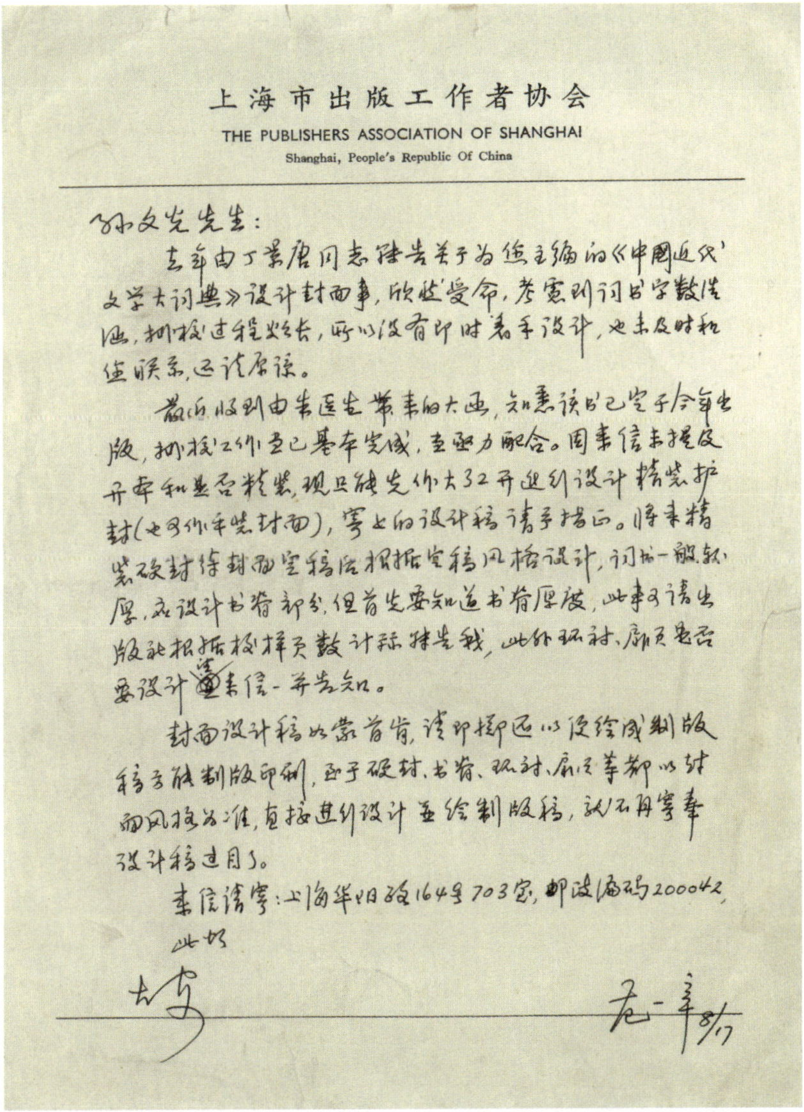
上海市出版工作者协会
THE PUBLISHERS ASSOCIATION OF SHANGHAI
Shanghai, People's Republic Of China

孙文光先生：

去年由丁景唐同志转告关于为您主编的《中国近代文学大词典》设计封面事，欣然受命，考虑到词书字数浩繁，排校过程较长，所以没有即时着手设计，也未及时和您联系，还请原谅。

最近收到由吴匡先生带来的大函，知悉该书已定于今年出版，排校工作已基本完成，当全力配合。因来信未提及开本和是否精装，现只能先作大32开进行设计精装护封（也可作平装封面），寄上的设计稿请予指正。将来精装硬封须封面定稿后根据定稿风格设计，词书一般较厚，应设计书脊部分，但首先要知道书脊厚度，此事可请出版社根据校样页数计算结果告我，此外环衬、扉页是否要设计，请来信一并告知。

封面设计稿如蒙首肯，请即挂还，以便绘成制版稿予付制版印刷，至于硬封、书脊、环衬、扉页等都以封面风格为准，直接进行设计并绘制版稿，就不再寄奉设计稿过目了。

来信请寄：上海华山路164号703室，邮政编码200042，

此致

敬礼

范一辛 8/7

【书札释文】

孙文光先生：

去年由丁景唐同志转告关于您主编的《中国近代文学大辞典》设计封面事，欣然受命。考虑到词书字数浩涵，排校过程烦长，所以没有即时着手设计，也未及时和您联系，还请原谅。

最近收到由朱医生带来的大函，知悉该书已定于今年出版，排校工作当已基本完成，当亟力配合。因来信未提及开本和是否精装，现只能先作大32开进行设计精装护封（也可作平装封面）。寄上的设计稿请予指正。将来精装硬封，待封面定稿后，根据定稿风格设计。词书一般较厚，应设计书脊部分，但首先要知道书脊厚度，此事可请出版社根据校样页数计标告我，此外环衬、扉页是否要设计，望来信一并告知。

封面设计稿如蒙首肯，请即掷还，以便绘成制版稿，方能制版印刷，至于硬封、书脊、环衬、扉页等，都以封面风格为准，直接进行设计并绘制版稿，就不再寄奉设计稿过目了。

来信请寄：上海华阳路164号703室，邮政编码：200042。

此颂

大安

范一辛

8月17日

编者注：此信写于1994年8月17日。

梅　节（一通）

【书札墨迹】

梅　节（1928—），原名挺秀，广东台山人。毕业于北京大学。现为香港梦梅馆总编辑。

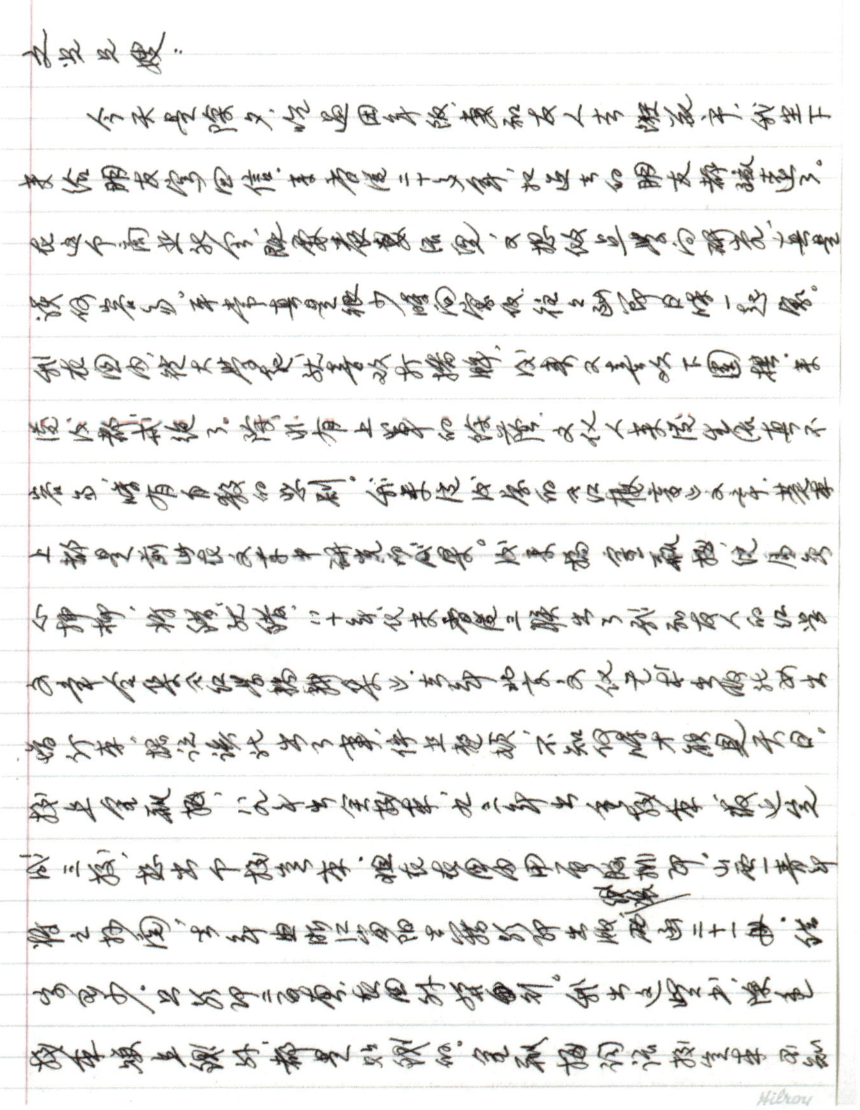

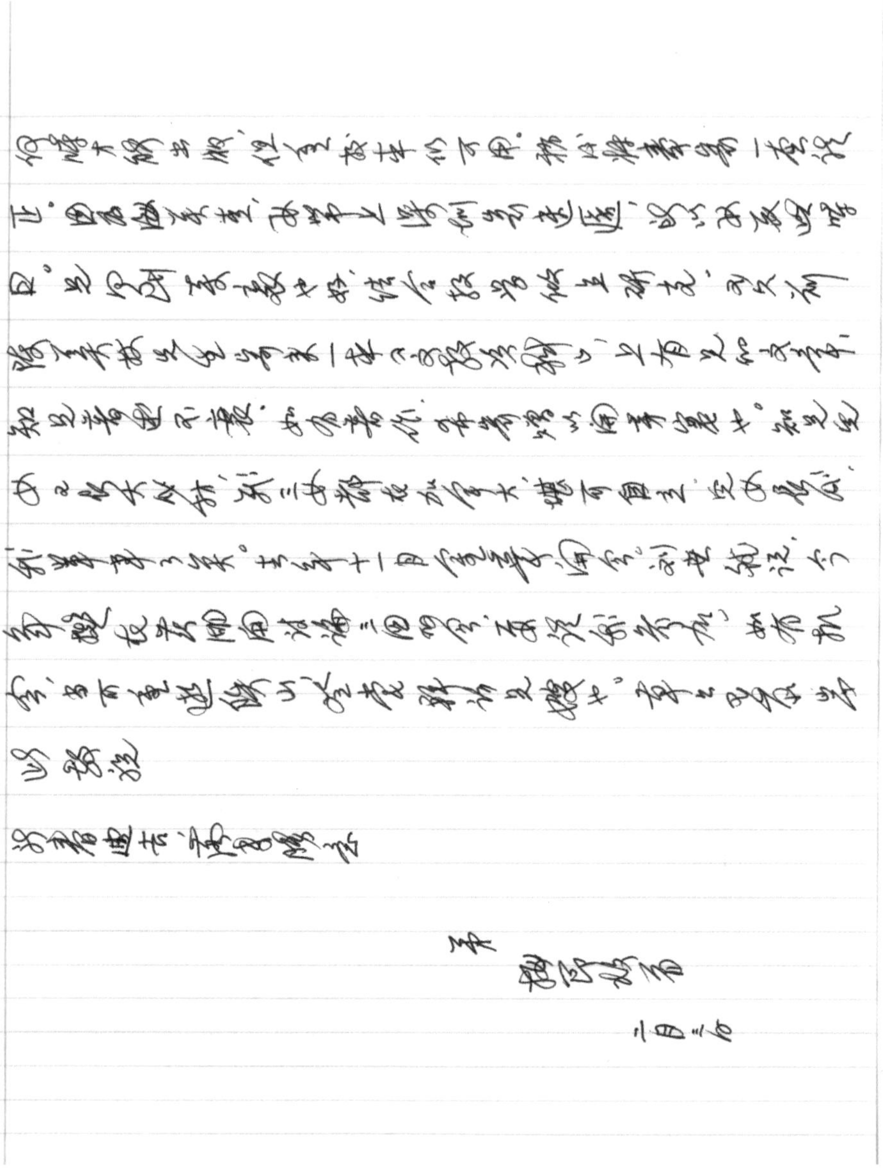

【书札释文】

文光兄嫂：

今天是除夕，吃过团年饭，妻和友人去逛花市，我坐下来给朋友写回信，来香港二十多年，把过去的朋友都疏远了。在这个商业社会，既要养妻活儿，又想做点学问研究，真是谈何容易。平常真是很少时间写信，往往到节日时一起写。我在内地，从大学起，就喜欢打桥牌，后来又喜欢下围棋，来港后都戒绝了。除非有上辈的余荫，文化人来港生活真不容易，时有自杀的悲剧。我来港后写的《红楼梦》文章，基本上都是前此在文革中研究的成果。后来搞《金瓶梅》，纯属无心插柳，将错就错。八十年代末，香港三联出了我和友人的红学文章合集《红学耦耕集》，去年北京文化艺术出版社要出增订本，据说该社出了事，停业整顿，不知何时才能见天日。校点《金瓶梅》，（一九）八九年出全校本，（一九）九三年出重校本，最近完成三校，想出个校定本，现在在内地用电脑排印，山西一青年将之抄阅。去年由浙江富阳古籍影印出版线装两函二十一册，错字不少，只印二百套，在国外发行。我出这些书，除重校本赚点钱外，都是赔钱的。《金瓶梅词话》校定本不知何时才能出版。但重校本仍可用，稍后将奉寄一套校正。因为海关查，要带上深圳寄速递，所以要花些时日。兄回到系里也好，结合教学做点研究，不久前陈美林先生寄来一本

《文教资料》，上有兄的文章，知兄著述不衰，如有著作，希寄赠以开茅塞也。知兄儿女已长大成材，我三女都在加拿大，堪可自立。儿女长成，我辈事了矣。去年十一月，金华开会，刘世德说，今年拟在芜湖开讨论《三国》的会，要请我参加。如有机会，当可重游铁山，登堂拜访兄嫂也。草草不恭，专此敬祝

新春迪吉，万事胜意

弟 梅节 顿首

二月三日

编者注：此信写于2000年2月3日。

徐宗勉（一通）

【书札墨迹】

徐宗勉（1928—），安徽庐江人。曾任《历史研究》《中国社会科学》总编辑。

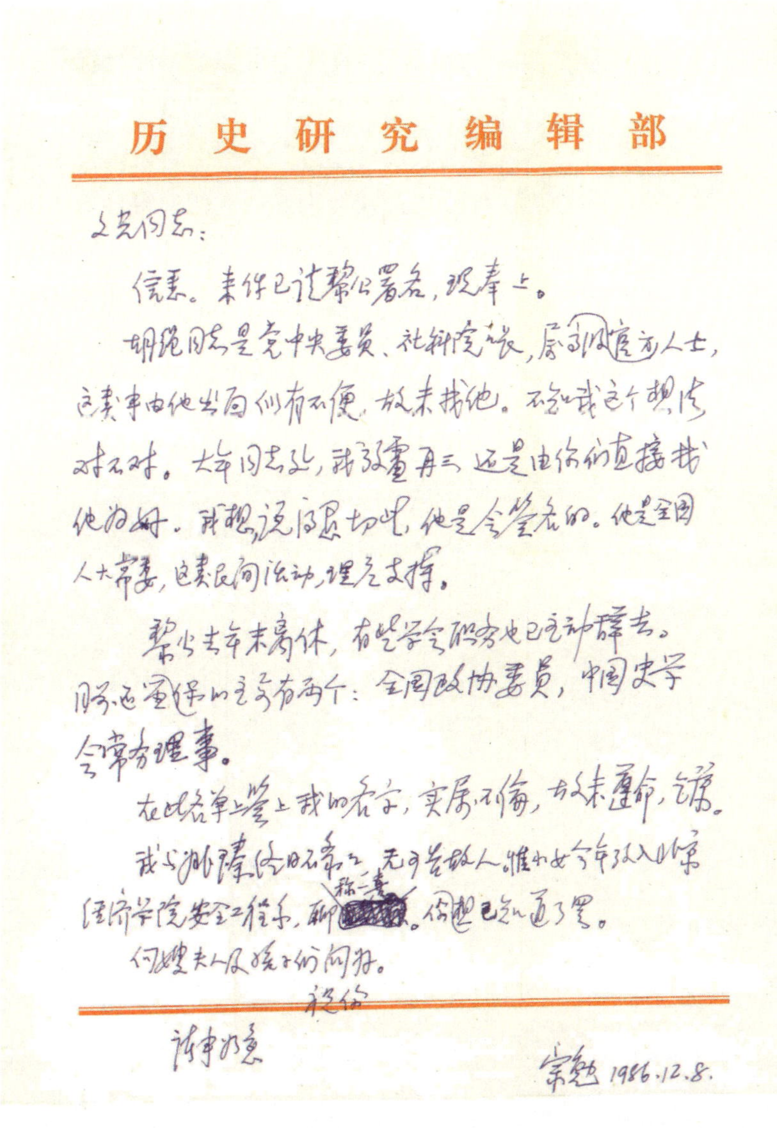

历史研究编辑部

文元同志：

信悉。来件已请黎公署名，现奉上。

胡绳同志是党中央委员、社科院院长，属于官方人士，这类事由他出面似有不便，故未找他。不知我这个想法对不对。大年同志处，我已经重申，还是由你们直接找他为好。我想，说得恳切些，他是会签名的。他是全国人大常委，这类民间活动，理应支持。

黎公去年末离休，有些学会职务也已先行辞去。眼下还保留的主要有两个：全国政协委员，中国史学会常务理事。

在此名单上签上我的名字，实属不伦，故未遵命，乞谅。

我与沪滨除旧日同事二三，无可告故人。惟小女今年考入北京经济学院安全工程系，聊[illegible]。你想已知道了罢。

问嫂夫人及孩子们问好。

祝你

诸事如意

宗勉 1986.12.8.

【书札释文】

文光同志：

信悉。来件已请黎公[1]署名，现奉上。

胡绳同志是党中央委员、社科院院长，属官方高级人士，这类事由他出面似有不便，故未找他。不知我这个想法对不对。大年同志处，我考虑再三，还是由你们直接找他为好。我想说得恳切些，他是会签名的。他是全国人大常委，这类民间活动，理应支持。

黎公去年末离休，有些学会职务也已主动辞去。目前，还保留的主要有两个：全国政协委员、中国史学会常务理事。

在此名单上签上我的名字，实属不伦，故未遵命，乞谅。

我与姚臻终日碌碌，无可告故人。惟小女今年考入北京经济学院安全工程系，聊称一喜。想你已知道了罢。

向嫂夫人及孩子们问好。祝你

诸事如意

宗　勉

1986年12月8日

编者注：①黎公：指黎澍。

蔡厚示（一通）

【书札墨迹】

蔡厚示（1928—），江西南昌人。福建省社科院研究员。

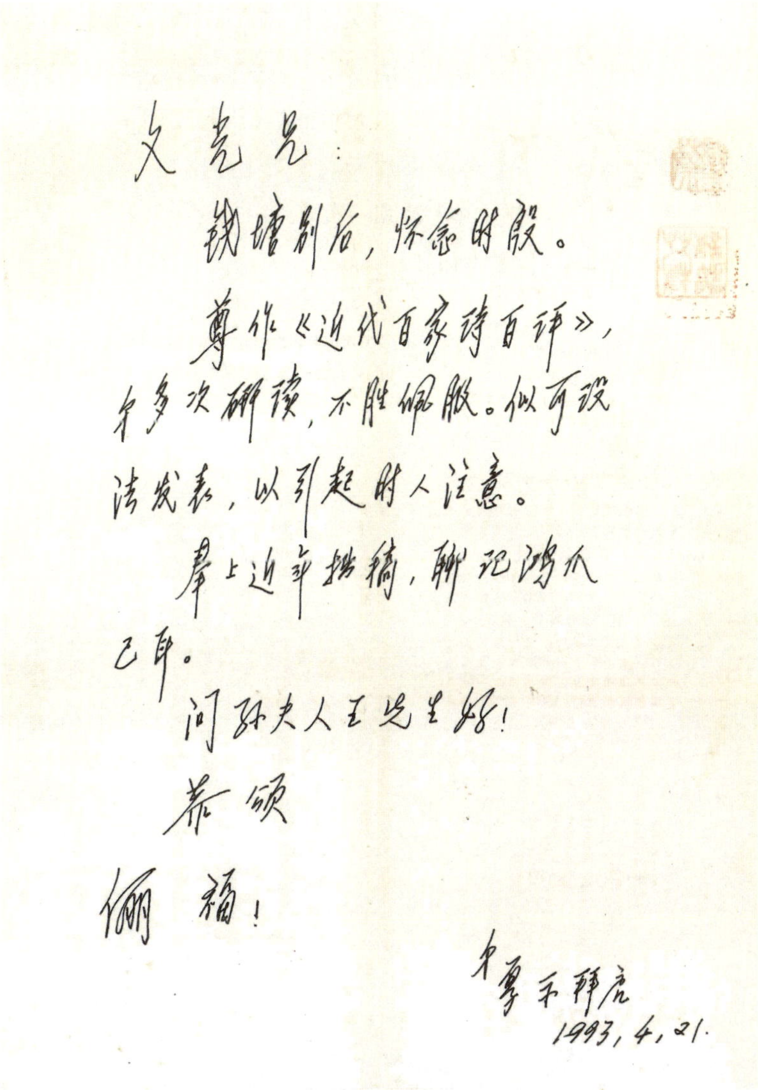
文亮兄：

钱塘别后，怀念时殷。

尊作《近代百家诗百评》，弟多次研读，不胜佩服。似可设法发表，以引起时人注意。

奉上近年拙稿，聊记鸿爪已耳。

问候夫人王先生好！

恭颂

俪福！

厚示拜启

1993，4，21.

【书札释文】

文光兄：

钱塘别后，怀念时殷。

尊作《近代百家诗评》，弟多次研读，不胜佩服。似可设法发表，以引起时人注意。

奉上近年拙稿，聊记鸿爪已耳。

问孙夫人王先生好！

恭颂

俪福！

弟 厚示 拜启

1993年4月21日

李灵年(一通)

【书札墨迹】

李灵年(1930—),江苏铜山人。南京师范大学教授。

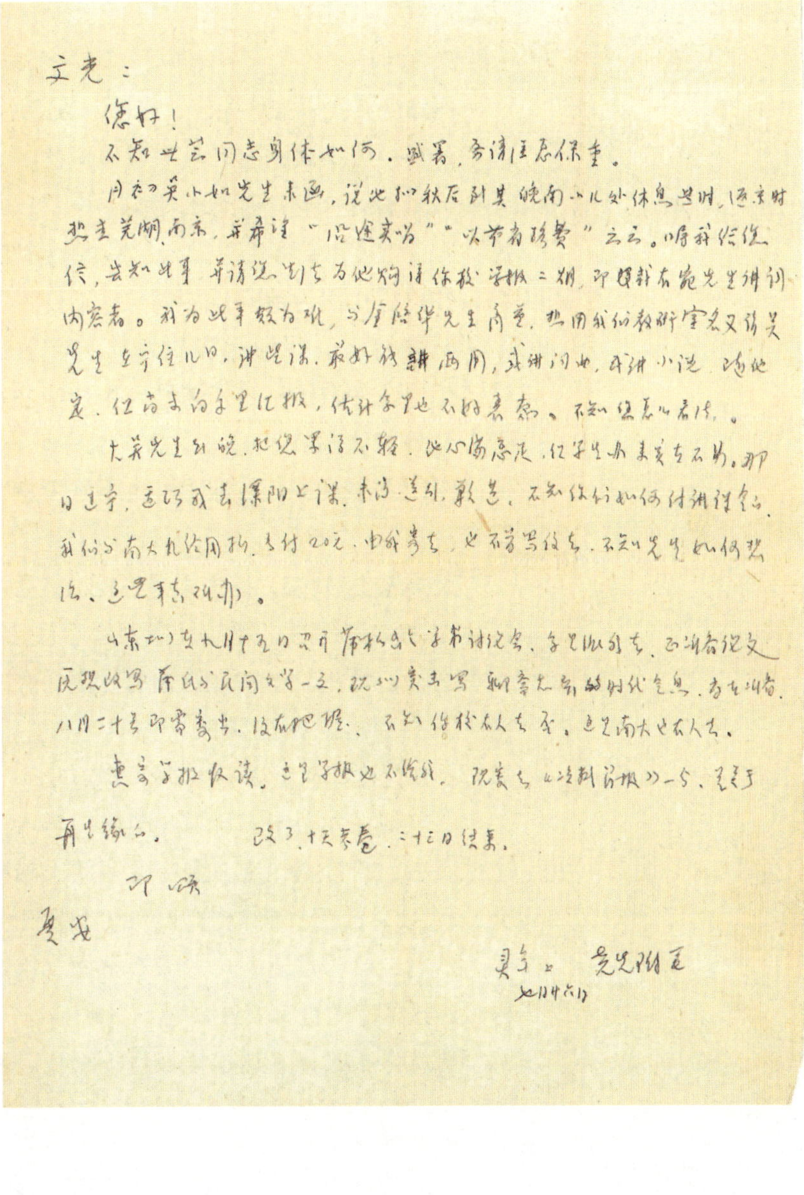

文光：

您好！

不知世芸同志身体如何。盛暑，务请注意保重。

月初吴小如先生来函，说他于秋后到皖南小儿处休息些时，返京时想去芜湖、南京，并希望"沿途采风""以节省路费"云云。嘱我给您写信，告知此事，并请您们为他约请作报[?]，学报二期，即载有吴先生讲词内容者。我为此事颇为难，今会陈华先生商量，想用我们教研室名义请吴先生来宁住几日，讲些课，最好能讲两周，或讲诗也，或讲小说，随他定。但需由系里代报[?]，估计系里也不好表态。不知您意见如何。

大英先生到皖，想您等得不轻[?]。此心倘意后[?]，但学生亦未走失[?]。那日走了，适巧我去溧阳上课，未得送别，歉甚。不知您们如何付讲课金的。我们以南大名义用款，每付20元，由我寄去，也不好写信去。不知先生如何想法，这些事真难办。

山东大学九月廿五日要开蒲松龄学术讨论会，今已收到通知，正准备论文，[?]改写蒲氏的民间文学一文，现以突出写聊斋之前[?]的时代气息。[?]八月二十号即需寄出，没有把握。不知您校有人去否，这里南大也有人去。

惠寄学报收读。这里学报也不给我。现寄去《江海学刊》一本，望予[?]再生缘论[?]。　改了十天考卷，二十日结束。

即颂

夏安

灵年上　爱光附笔

七月廿六日

【书札释文】

文光：

您好！

不知世芸同志身体如何？盛暑，务请注意保重。

月初，吴小如先生来函，说他拟秋后到其皖南小儿处休息些时，返京时想去芜湖、南京，并希望“沿途卖唱”“以节省路费”云云。嘱我给您信，告知此事，并请您生法为他购得你校学报二期，即载有宛先生讲词内容者。我为此事颇为难，与金启华先生商量，想用我们教研室名义请吴先生在宁住几日，讲些课，最好能讲两周，或讲词曲、或讲小说，随他定，但尚未向系里汇报，估计系里也不好表态，不知您怎么看法？

大吴先生[①]到皖，把您累得不轻，他心满意足，但学生办来实在不易。那日过宁，适巧我去溧阳上课，未得送行，歉甚。不知你们如何付讲课金的。我们与南大几经周折，各付20元，由我寄去，也不曾写信去，不知先生如何想法。这些事真难办。

山东拟在九月十五日召开蒲松龄学术讨论会，系里派我去，正准备论文，原想改写蒲氏与民间文学一文，现拟突击写《聊斋志异》的时代气息，尚在准备，八月二十号即需寄出，没有把握。不知你校有人去否？这里南大也有人去。

惠寄学报收读。这里学报也不给我。现寄去《资料简报》一份，是关于《再生缘》的。

改了十天考卷，二十三日结束。

即颂

夏安

灵年 上　尧先 附笔

七月廿六日[②]

编者注：①大吴先生：指吴组缃先生。

②此信写于1980年7月26日。

郭维森(一通)

【书札墨迹】

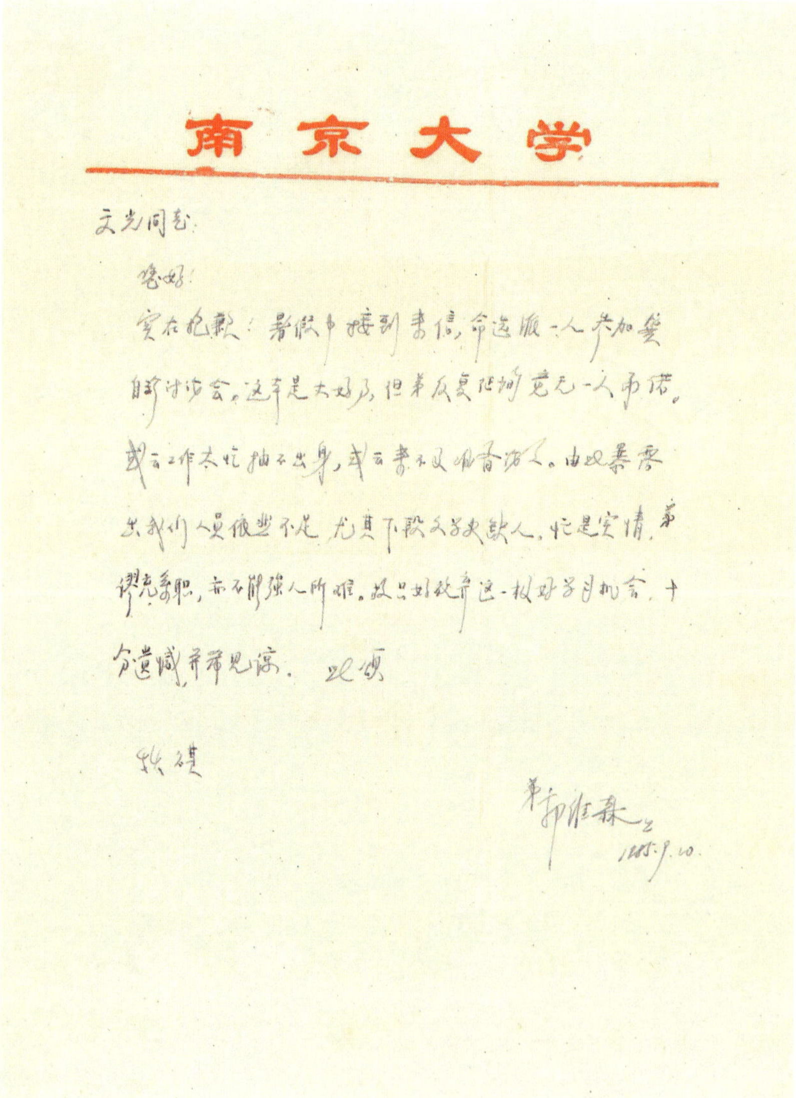
南京大学

文光同志：

您好！

实在抱歉！暑假中接到来信，命选派一人参加龚自珍讨论会。这本是大好事，但我反复征询竟无一人承诺。或云工作太忙抽不出身，或云素不及晚清诗文。由此暴露出我们人员很些不足，尤其下段文学史缺人，忙是实情，弟兼系职，亦不能强人所难。故只好放弃这一极好学习机会，十分遗憾，并希见谅。此致

敬礼

弟郭维森上
1985.9.10

郭维森（1931—2011），祖籍安徽亳州，生于江苏镇江。南京大学中文系教授。曾任南京大学中文系主任。

【书札释文】

文光同志：

您好！

实在抱歉！暑假中接到来信，命选派一人参加龚自珍讨论会，这本是大好事，但弟反复征询，竟无一人承诺。或云工作太忙抽不出身，或云来不及准备论文。由此暴露出我们人员依然不足，尤其下段文学史缺人。忙是实情，弟谬充系职，亦不能强人所难，故只好放弃这一极好学习机会，十分遗憾，并希见谅。

此颂

秋祺

弟 郭维森 上

1985年9月10日

沈天佑（一通）

【书札墨迹】

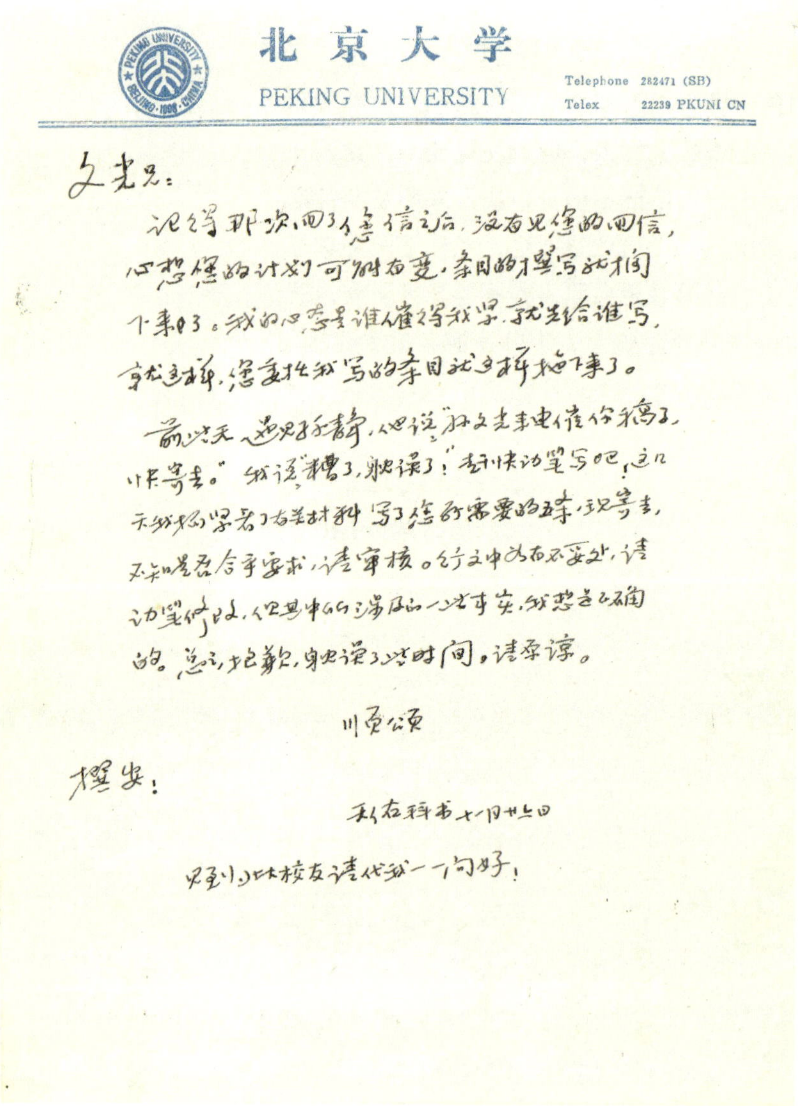

北京大学
PEKING UNIVERSITY
Telephone 282471 (SB)
Telex 22239 PKUNI CN

文光兄：

记得那次回了您信之后，没有见您的回信，心想您的计划可能有变，条目的撰写就搁下来了。我的心意是谁催得我紧，就先给谁写，就这样，您要托我写的条目就这样搁下来了。

前些天遇见孙静，他说"孙文光来电催你稿了，快寄去。"我说"糟了，耽误了！赶快动笔写吧！"这几天我找出若干有关材料，写了您所需要的五条，现寄去，不知是否合乎要求，请审核。行文中如有不妥处，请动笔修改，但其中所涉及的一些事实，我想是正确的。总之，抱歉，耽误了些时间，请原谅。

顺颂

撰安！

天佑拜书 七月廿六日

见到北大校友请代我一一问好！

沈天佑（1931—2010），上海崇明人。中国古典文学研究专家，北京大学中文系教授。

【书札释文】

文光兄：

记得那次回了您信之后，没有见您的回信，心想您的计划可能有变，条目的撰写就搁下来了。我的心态是谁催得我紧，就先给谁写，就这样，您委托我写的条目就这样拖下来了。

前些天，遇到孙静，他说："孙文光来电催你稿子，快寄去。"我说："糟了，耽误了！"赶快动笔写吧！这几天我抓紧看了有关材料，写了您所需要的五条现寄去，不知是否合乎要求，请审核。行文中如有不妥处，请动笔修改，但其中所涉及的一些事实，我想是正确的。总之，抱歉，耽误了些时间，请原谅。

顺颂

撰安！

天佑 拜书

十一月廿六日

见到北大校友请代我一一问好！

编者注：此信约写于1994年。

谢　冕（一通）

【书札墨迹】

谢　冕（1932—　），福建福州人。诗人、文艺评论家、北京大学教授。

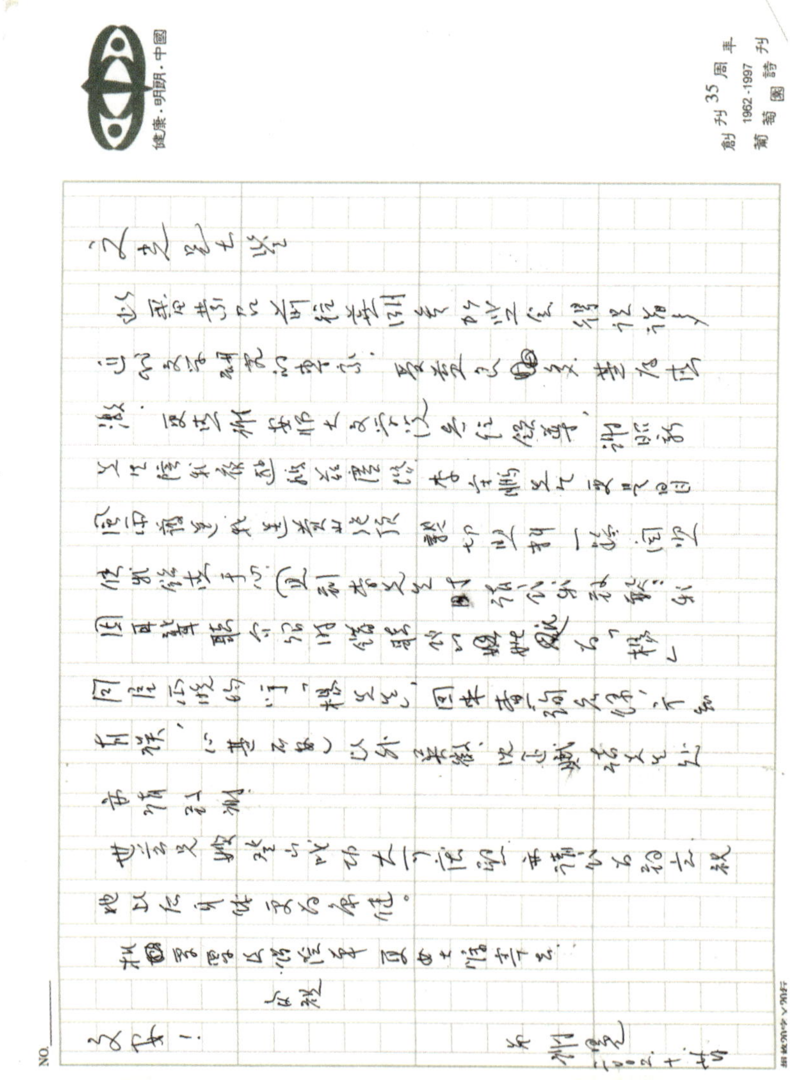

【书札释文】

文光兄大鉴：

此番蒙召前往芜湖参加盛会，得识诸多近代文学研究的专家，受益良多，甚为感激；更感谢安师大文学院各位领导：谢昭新先生陪我夜游鸠兹广场，李守鹏先生更是冒风雨护送我上黄山绝顶，亲切照料，一路关照，使我铭感于心（见到李先生时，请代我致歉：我因耳聋，听介绍时，错听他的姓氏为“杨”，同屋两晚，均呼“杨先生”，回来查询名录，方知有误，心甚不安）。此外，吴微、沈正赋诸先生处，亦请致谢。

世芸兄嫂登山成功，大可庆慰，亦请代为致意，祝她此后身体更为康健。

机票及保险单，夏女士嘱寄去。

匆祝

文安！

弟 谢冕

二〇〇二年十月廿日

孙　静（一通）

【书札墨迹】

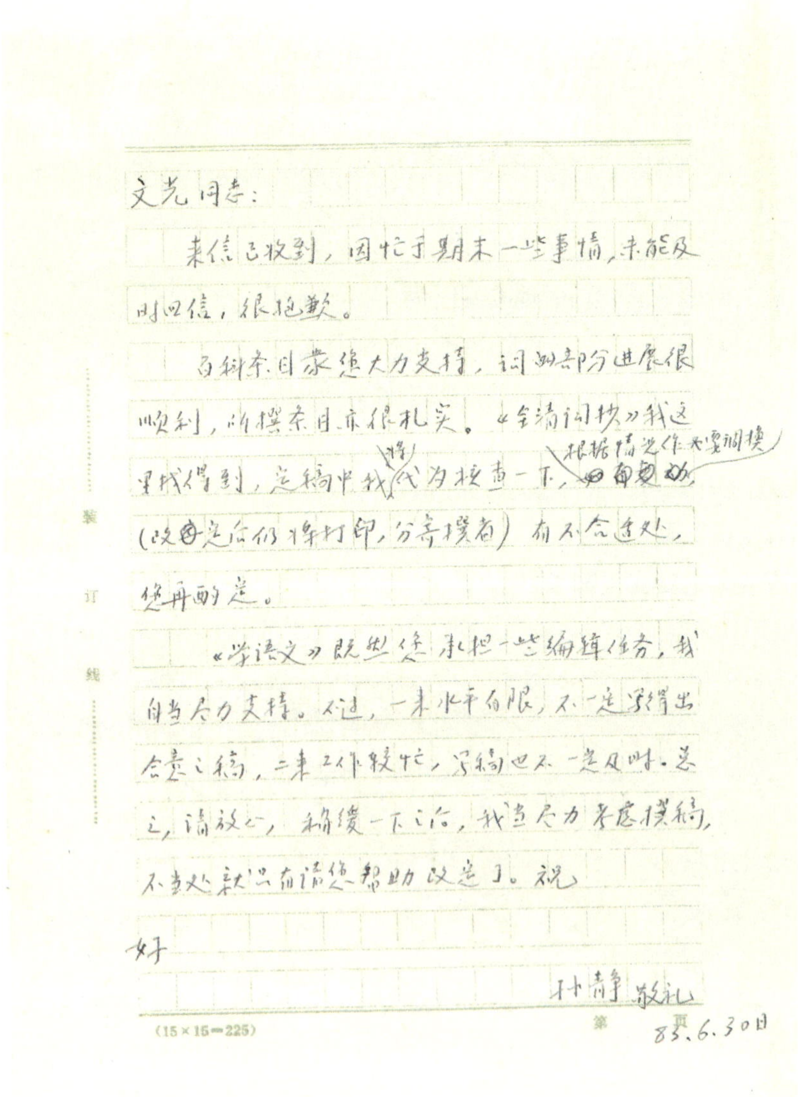

文光同志：

来信已收到，因忙于期末一些事情，未能及时回信，很抱歉。

百科条目蒙您大力支持，词曲部分进展很顺利，所撰条目亦很扎实。《全清词抄》我这里找得到，定稿中我将代为核查一下，根据情况作必要调换（改定后仍将打印，分寄撰者）有不合适处，您再酌定。

《学语文》既然您来担一些编辑任务，我自当尽力支持。不过，一来水平有限，不一定写得出合意之稿，二来工作较忙，写稿也不一定及时。总之，请放心，稍缓一下之后，我当尽力考虑撰稿，不当之处就只有请您帮助改定了。祝

好

孙静 敬礼

85.6.30日

（15×15=225）　　第　　页

孙　静（1932—　），辽宁西丰人。文学史家，北京大学教授。

【书札释文】

文光同志：

来信已收到，因忙于期末一些事情，未能及时回信，很抱歉。

百科[①]条目蒙您大力支持，词的部分进展很顺利，所撰条目亦很扎实。《全清词抄》我这里找得到，定稿中我将代为核查一下，根据情况作必要调换（改定后仍将打印，分寄撰者），有不合适处，您再酌定。

《学语文》既然您承担一些编辑任务，我自当尽力支持。不过，一来水平有限，不一定写得出合意之稿；二来工作较忙，写稿也不一定及时。总之，请放心，稍缓一下之后，我将尽力考虑撰稿，不当处就只有请您帮助改定了。祝

好

孙静 敬礼

1983年6月30日

编者注：①百科：指《中国大百科全书》。

管　林（一通）

【书札墨迹】

第　页

文光同志：

来信已收到多日。

遵嘱代购50本《龚自珍研究》之事，我与钟贤培同志曾多次托人到广州有关书店询问，都说现已售完。该书印数太少，仅8000本，加上去年初出版，所以不易购到。未能完成购书任务，非常抱歉。

应邀参加龚自珍诗文讨论会，本想参加。但因最近我校要召开党代会，不好请假，加上每周要给研究生讲一次课，所以难以赴会，真对不起。我校钟贤培、陈永标二同志将届时赴会。

在此，谢谢你们对我的邀请，并预祝这次讨论会取得圆满成功。致

敬礼

管林

10月5日

江文 2508489　　198　年　月　日

管　林（1933—　），江西广丰（今属上饶）人。中国近代文学研究专家，曾任中国近代文学学会副会长、华南师范大学校长。

【书札释文】

文光同志：

来信已收到多日。

遵嘱代购50本《龚自珍研究》之事，我与钟贤培同志曾多次托人到广州有关书店询问，都说现已售完。该书印数太少，仅8000本，加上去年初出版，所以不易购到。未能完成购书任务，非常抱歉。

应邀参加龚自珍诗文讨论会，本想参加，但因最近我校要召开党代会，不好请假，加上每周要给研究生讲一次课，所以难以赴会，真对不起。我校钟贤培、陈新璋二同志拟届时赴会。

在此，谢谢你们对我的邀请，并预祝这次讨论会取得圆满成功。致

敬礼

管 林

10月5日

编者注：此信写于1985年10月5日。

周笃文（六通）

【书札墨迹】

一

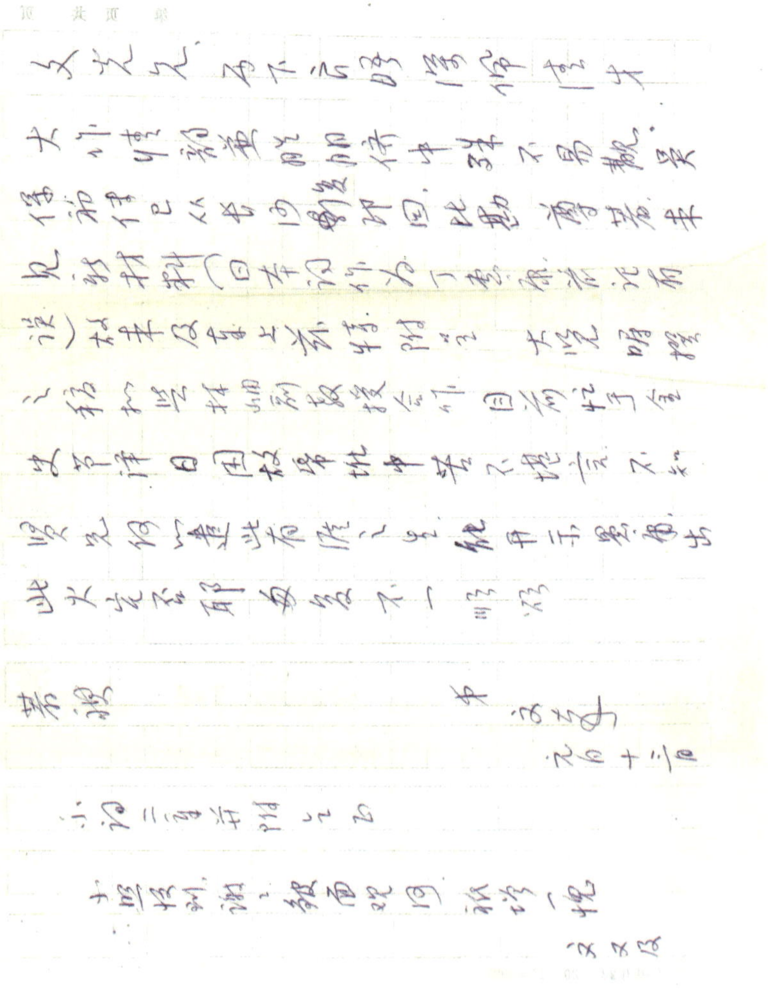

周笃文（1934—），字晓川，湖南汨罗人。中国新闻学院教授。

水调歌头　庚午秋日陪徽学讨论会诸公游泰山作

卅载一弹指，重来岱宗秋。名山松桧无恙，白了少年头。霜木纷披照眼，潭影参差凝绿，坦道路上高丘。碑碣摩苔藓，古意浩悠悠。

抚古松，攀云道，御风游。振衣直上千仞，云物数齐州。喜伴儒林鸿硕，更约海西佳士，诗酒结绸缪。瑞色压千里，逸兴接天浮。

蓦山溪·襄樊宜城道中

朝暾初起，触境皆清美。佳色望难收，遍林壑、霜红似绣。岫云卷絮，天焰向天横，江若练，艇如梭，织出秋无际。

征轮突突，迤逦穿云水。白屋隐秋篁，恍身到、桃源洞里。卧龙诗篇，高蹈竟如何：呼浊醪，届重阳，莫负溪山意。

文光词兄指教

晓川草稿

二

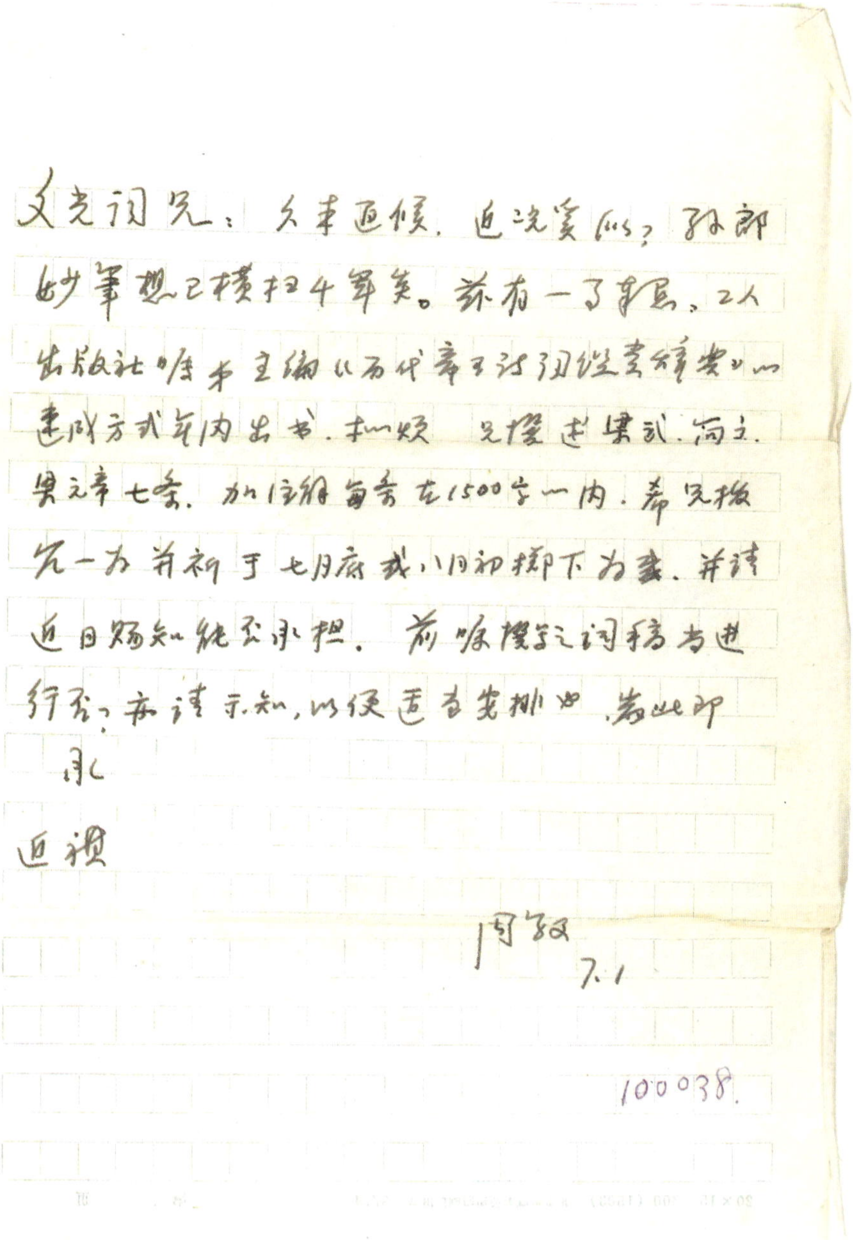

文光词兄：久未通候，近况安否？孙郎妙笔想已横扫千军矣。弟有一事奉恳：工人出版社嘱弟主编《历代帝王诗词鉴赏辞典》，以速成方式在内出书。拟烦兄撰述梁武、简文、梁元帝七条，加注解每条在1500字以内。希兄拨冗一为，并祈于七月底或八月初掷下为盼。并请近日赐知能否承担。前嘱撰写之词稿尚进行否？亦请示知，以便适当安排也。专此即颂

近祺

周笃文

7.1

100038.

三

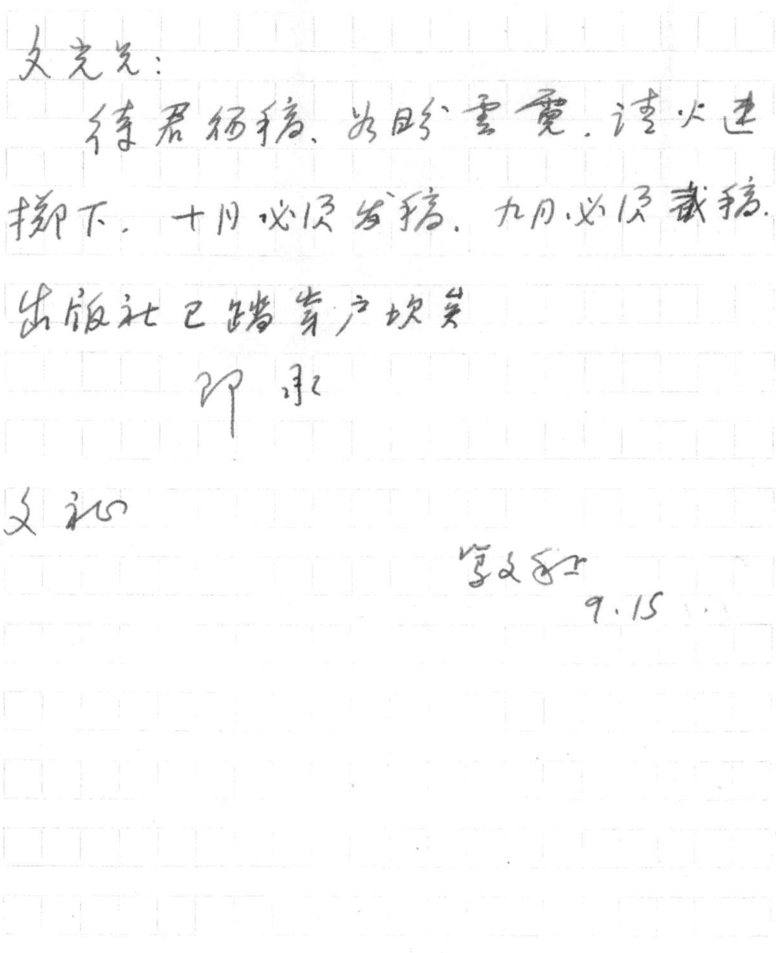

文元兄：

徐君杨稿，如盼云霓，请火速掷下，十月必须发稿，九月必须截稿，出版社已踏穿户坎矣

即承

文祉

笃文拜上

9.15

四

文光兄：很对不起，给耽误了。现在再忙也要突击，立功赎罪。但手头只有"陈文述——顾春"的条目，其它的在四川友人处，既经除我暨林岫外，不要他人搅活，则只得请您将其它条目另行写下，愈快愈好。专此，即颂

研祺。

帝王诗词已在排印中，大作很好，谢谢。

苏文纪

3.13.

五

文亮兄：

十四日函，昨始拜读，承教了。条目当遵嘱重订删、林岫女士分担十条，函到时已成六条，可能多数有些溢出，由兄删先查。“近代词”一条，文字有稍印兄手笔，我以为大文要言不烦，毋须二字。其它条依命完成，本周日（廿一日）首途赴渝完稿后将从重庆寄出，如有急事请寄630020重庆市观音桥中国新闻学院二部周笃文收

专此，即颂

研祺

弟 笃文
4.19

张蓉事已向教务方面打招呼。

并告

六

中国新闻学院

文光兄：久违了。大著与及稿费收到有日，因以贱恙入院多时，近始稍愈，迟复为歉。文论得很好，于近现代一页有补缺拾遗之功，图可参资，稍暇当细加拜读。

文远许君地址如下：

630015 重庆市现代工人报编辑部

专此布达，敬祝

新春纳祜 美意绵绵

周学文
2/12

北京　信箱8127　电挂　5036

【书札释文】

一

文光兄：

历下良晤，深佩清才。大作情韵并胜，朋侪中殊不易觏。吴保初传已从长沙复印回，比勘尊著，未见新材料（日本词作为丁惠康前记有误），故未及（时）奉上，兹特附呈大览。嘱撰之稿，拟与林岫副教授合作，目前忙于金史节译，日困故纸堆中，苦不堪言，不知贤兄何以遣此有涯之生，能开示愚庸出此火宅否耶！匆复不一，顺颂

著祺

弟 文 顿首

元月十三日

小词二首并附，乞正。

小照收到，谢谢。皱面观河，只增一愧。

文 又及

编者注：此信写于1991年1月13日。

附

水调歌头·庚午秋日陪赋学讨论会诸公游泰山作

卅载一弹指，重赏岱宗秋。名山松桧无恙，白了少年头。霜木纷披照眼，潭影参差凝绿，坦路上高丘。碑碣摩苔藓，古意浩悠悠。　抚长松，攀索道，御风游。振衣直上千仞，云外数齐州。喜伴儒林鸿硕，更约海西佳士，诗酒结绸缪。瑞色盈千里，逸兴接天浮。

蓦山溪·襄樊安康道中

朝暾初起，触境皆清美。佳色望难收，遍林壑霜红似绮。岫云卷絮，夭矫向天横。江若练，艇为梭，织出秋无际。　　征轮突突，迤逦穿云水。白屋隐松篁，恍身到桃源洞里。卧龙诸葛，高躅竟如何？呼浊酒，展重阳，莫负深山意。

文光词兄　拍教

晓川　贡稿

二

文光词兄：

久未通候，近况奚似？孙郎妙笔想已横扫千军矣。兹有一事奉恳，工人出版社嘱弟主编《历代帝王诗词鉴赏辞典》，以速成方式年内出书，拟烦兄撰述梁武、简文、梁元帝七条，加注解每条在1500字以内，希兄拔冗一为，并祈于七月底或八月初掷下为感。并请近日赐知能否承担。前嘱撰写之词稿尚进行否？亦请示知，以便适当安排也。专此即承

近祺

周笃文

7月1日

编者注：此信写于1991年7月1日。

三

文光兄：

待君赐稿，如盼云霓，请火速掷下。十月必须发稿，九月必须截稿，出版社已踏穿户坎矣。

即承

文祉

笃文　手上

9月15日

编者注：此信写于1991年9月15日。

四

文光兄：

很对不起，给耽误了。现在再忙也要突击，立功赎罪。但手头只有“陈文述”“顾春”的条目，其他的在四川友人处。既然除我与林岫外，不要他人揽活，则只得请您将其他条目另行寄下，愈快愈好。专此即承

研祺

帝王诗词已在排印中，大作很好，谢谢。

笃文 手上

3月13日

编者注：此信写于1992年3月13日。

五

文光兄：

十四日函，昨始奉读，承教了。条目当遵嘱赶制，林岫女士分担十条，函到时已成六条，可能字数有些溢出，由兄删定夺。“近代词”一条，文学百科即兄所撰，我以为大文要言不烦，毋须二手。其他将依命完成。弟后日（廿一口）首途赴渝，完稿后将从重庆寄出，如有急事请寄630020重庆市观音桥中国新闻学院二部000收。

专此即承

研祺

弟 文 顿首

4月19日

张荣事已向教务方面打招呼，并告

编者注：此信写于1992年4月19日。

◇

◇

六

文光兄：

久违了。大辞典及稿费收到有日，因以贱恙入院多时，近始稍愈，迟复为歉。书编得很好，于近现代一段，有补缺普及之功，可喜可贺。稍暇当细加拜读。

文远新君地址于下：

630015　重庆市现代工人报编辑部

专此布达，敬祝

新春纳祜，美意绵绵

周笃文

12月20日

编者注：此信写于1997年12月20日。

赵齐平（二通）

【书札墨迹】

一

赵齐平（1934—1993），四川崇州人。文学史家，北京大学教授。

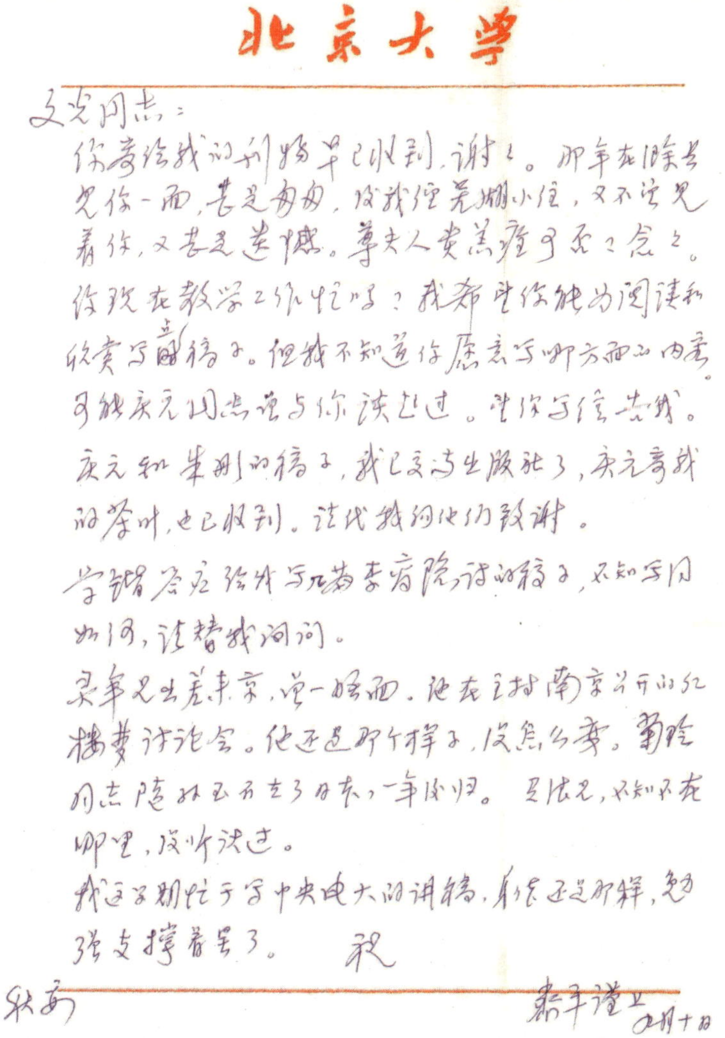

北京大学

文光同志：

你寄给我的刊物早已收到，谢谢。那年在滁县见你一面，甚是匆匆，后我经芜湖小住，又未能见着你，又甚是遗憾。尊夫人贵恙痊可否？念念。

你现在教学工作忙吗？我希望你能为阅读和欣赏写篇稿子。但我不知道你愿意写哪方面的内容。可能庆元同志曾与你谈起过。望你写信告我。

庆元和朱琍的稿子，我已交与出版社了，庆元寄我的茶叶，也已收到。请代我向他们致谢。

学錩答应给我写几篇李商隐诗的稿子，不知写得如何，请替我问问。

吴章兄出差来京，曾一晤面。他去参加南京召开的红楼梦讨论会。他还是那个样子，没怎么变。蒯晓同志随林玉芳去了日本，一年后归。吴法兄，不知现在哪里，没听说过。

我这学期忙于写中央电大的讲稿，身体还是那样，勉强支撑着罢了。 祝

秋安

齐平谨上 九月十日

二

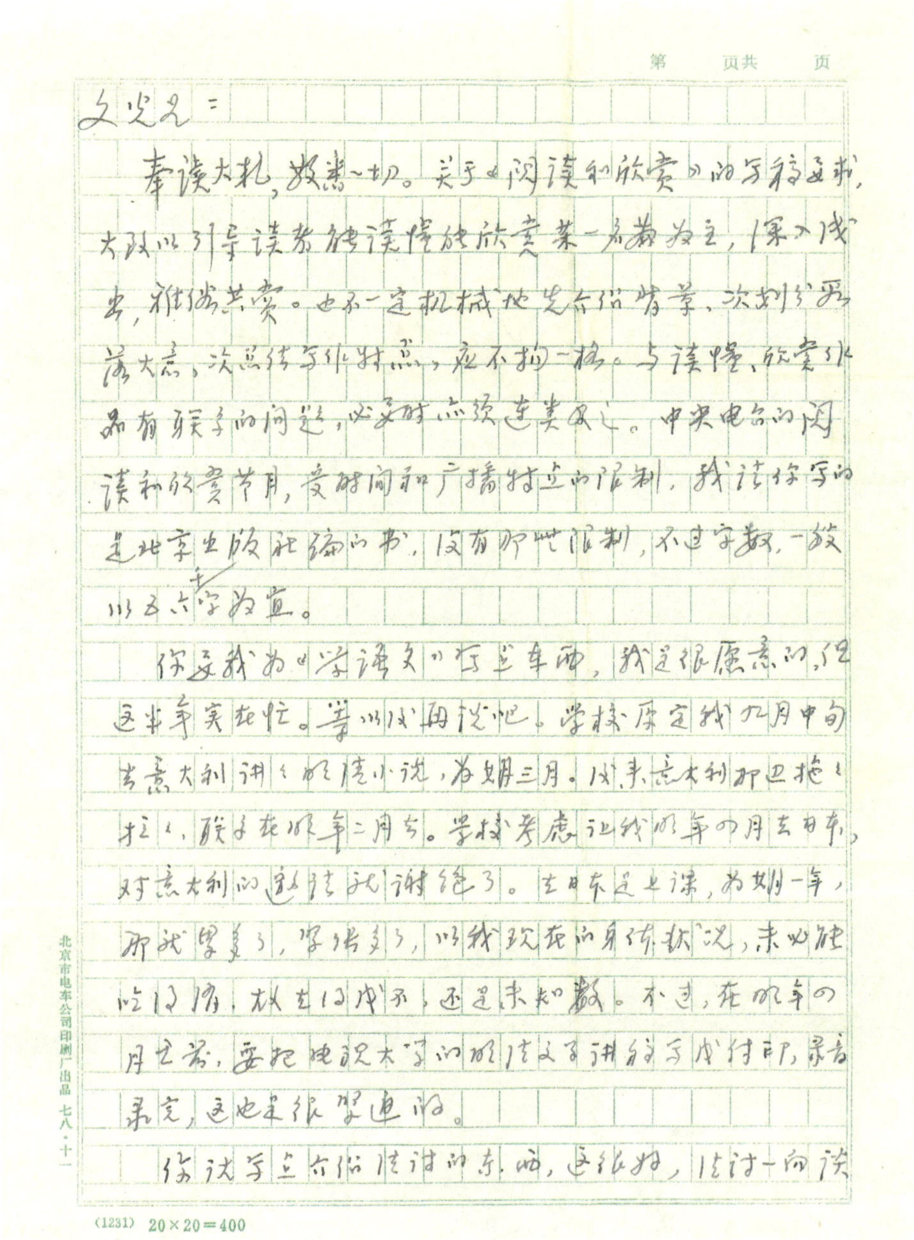

第　　页共　　页

文光兄：

奉读大札，敬悉一切。关于《阅读和欣赏》的写稿要求，大致以引导读者领读作品欣赏某一名篇为主，深入浅出，雅俗共赏。也不一定机械地先介绍背景、次划分段落大意、次总结写作特点，应不拘一格。与读懂、欣赏作品有联系的问题，必要时亦须连类及之。中央电台的阅读和欣赏节目，受时间和广播特点的限制，我估你写的是北京出版社编的书，没有那些限制，不过字数，一般以五六千字为宜。

你要我为《学语文》写点东西，我是很愿意的，但这半年实在忙。等以后再说吧。学校原定我九月中旬去意大利讲讲明清小说，为期三月。后来意大利那边拖拖拉拉，改在明年二月去。学校考虑让我明年四月去日本，对意大利的邀请就谢绝了。去日本是上课，为期一年，那就学生多了，学得多了，以我现在的身体状况，未必能吃得消，故去得成否，还是未知数。不过，在明年四月之前，要把北京大学的明清文学讲稿写成付印，录音录完，这也是很紧迫的。

你说写点介绍清诗的东西，这很好，清诗一向读

（1231）　20×20＝400

北京市电车公司印刷厂出品　七八·十一

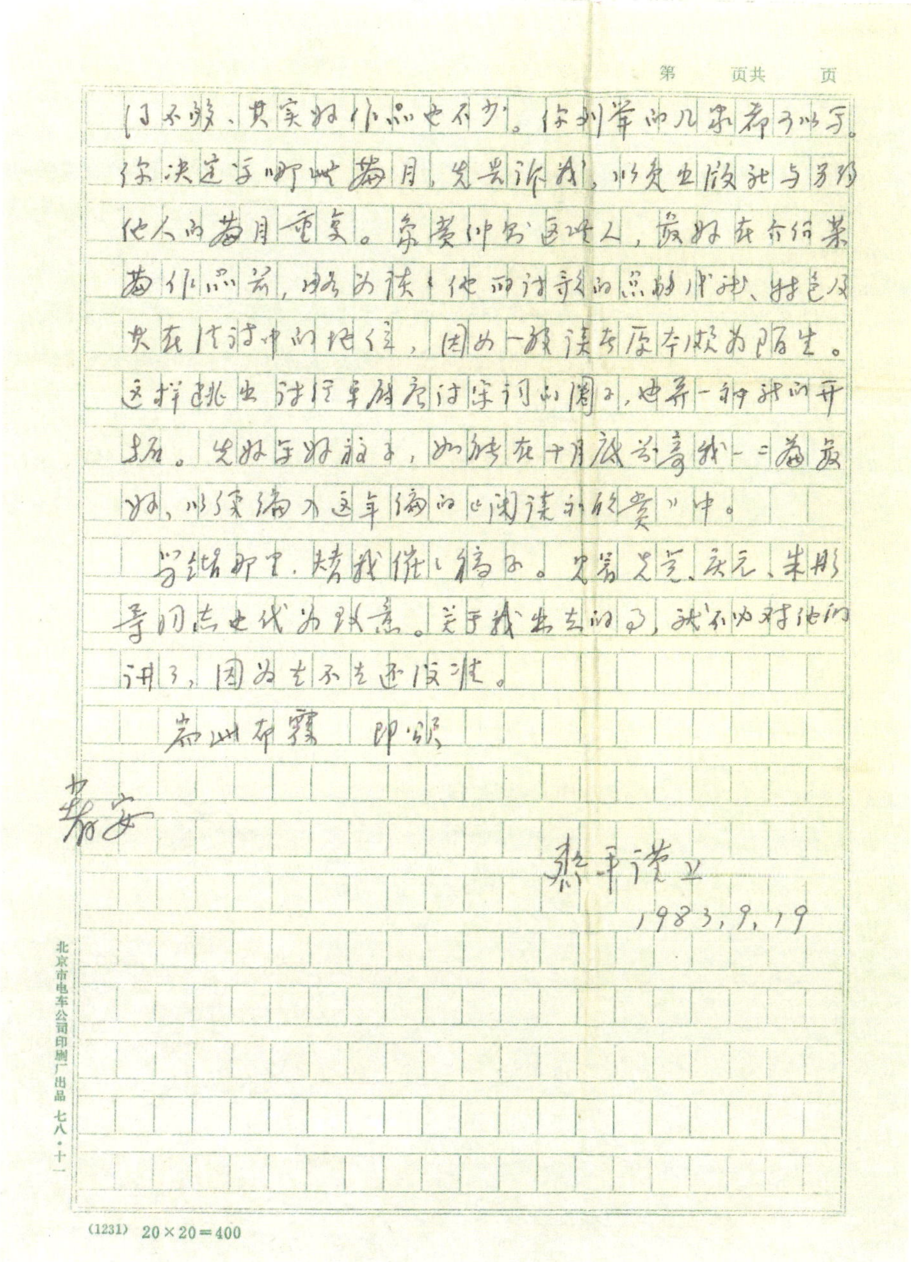

第　　页共　　页

们不够、其实好作品也不少。你列举的几家都可以写。你决定写哪些篇目，先告诉我，以免出版社与另约他人的篇目重复。象黄仲则这些人，最好在介绍某篇作品前，略为谈谈他们诗歌的总的特征、特色及其在清诗中的地位，因为一般读者原本较为陌生。这样跳出诗经楚辞唐诗宋词的圈子，也算一种新的开拓。先生写好稿子，如能在十月底前寄我一二篇最好，以便编入这年编的《阅读和欣赏》中。

写稿都可以，请我催催稿子。先写先生、庆元、朱彤等同志也代为致意。关于我出去的事，我不必对你们讲了，因为去不去还没准。

草此布覆　即颂

著安

齐平谨上

1983.9.19

北京市电车公司印刷厂出品　七八·十一

(1231)　20×20＝400

【书札释文】

一

文光同志：

你寄给我的刊物早已收到，谢谢。那年在滁县见你一面，甚是匆匆；后我经芜湖小住，又不曾见着你，又甚是遗憾。尊夫人贵恙痊可否？念念。你现在教学工作忙吗？我希望你能为阅读和欣赏写点稿子。但我不知道你愿意写哪方面的内容。可能庆元同志曾与你谈起过，望你写信告我。庆元和朱彤的稿子，我已交与出版社了。庆元寄我的茶叶，也已收到，请代我向他们致谢。

学锴答应给我写几篇李商隐诗的稿子，不知写得如何，请替我问问。

灵年兄出差来京，曾一晤面，他在主持南京公开的《红楼梦》讨论会。他还是那个样子，没怎么变。菊玲同志随孙玉石去了日本，一年后归。有德兄不知在哪里，没听说过。

我这学期忙于写中央电大的讲稿，身体还是那样，勉强支撑着罢了。祝

秋安

齐平 谨上

九月十日

编者注：此信写于1983年9月10日。

二

文光兄：

奉读大札，敬悉一切。关于《阅读和欣赏》的写稿要求，大致以引导读者能读懂能欣赏某一名篇为主，深入浅出，雅俗共赏。也不一定机械地先介绍背

景，次划分段落大意，次总结写作特点，应不拘一格。与读懂、欣赏作品有联系的问题，必要时亦须连类及之。中央电台的阅读和欣赏节目，受时间和广播特点的限制，我请你写的是北京出版社编的书，没有那些限制，不过字数，一般以五六千字为宜。

你要我为《学语文》写点东西，我是很愿意的，但这半年实在忙。等以后再说吧。学校原定我九月中旬去意大利讲讲明清小说，为期三月。后来意大利那边拖拖拉拉，联系在明年二月去。学校考虑让我明年四月去日本，对意大利的邀请就谢绝了。去日本是上课，为期一年，那就累多了，紧张多了，以我现在的身体状况，未必能吃得消，故去得成不，还是未知数。不过，在明年四月之前，要把电视大学的明清文学讲稿写成付印，录音录完，这也是很紧迫的。

你说写点介绍清诗的东西，这很好，清诗一向谈得不够，其实好作品也不少。你列举的几家都可以写。你决定写哪些篇目，先告诉我，以免出版社与另约他人的篇目重复。像黄仲则这些人，最好在介绍某篇作品前，略为谈谈他的诗歌的□□成就、特色及其在清诗中的地位。因为一般读者原本颇为陌生。这样跳出《诗经》、乐府、唐诗宋词的圈子，也算一种新的开拓。先写好稿子，如能在十月底前寄我一二篇最好，以便编入这年编的《阅读和欣赏》中。

学锴那里，替我催催稿子。见着先觉、庆元、朱彤等同志也代为致意。关于我出去的事，就不必对他们讲了，因为去不去还没准。

专此布覆，即颂

著安

齐平 谨上

1983年9月19日

孙钦善（一通）

【书札墨迹】

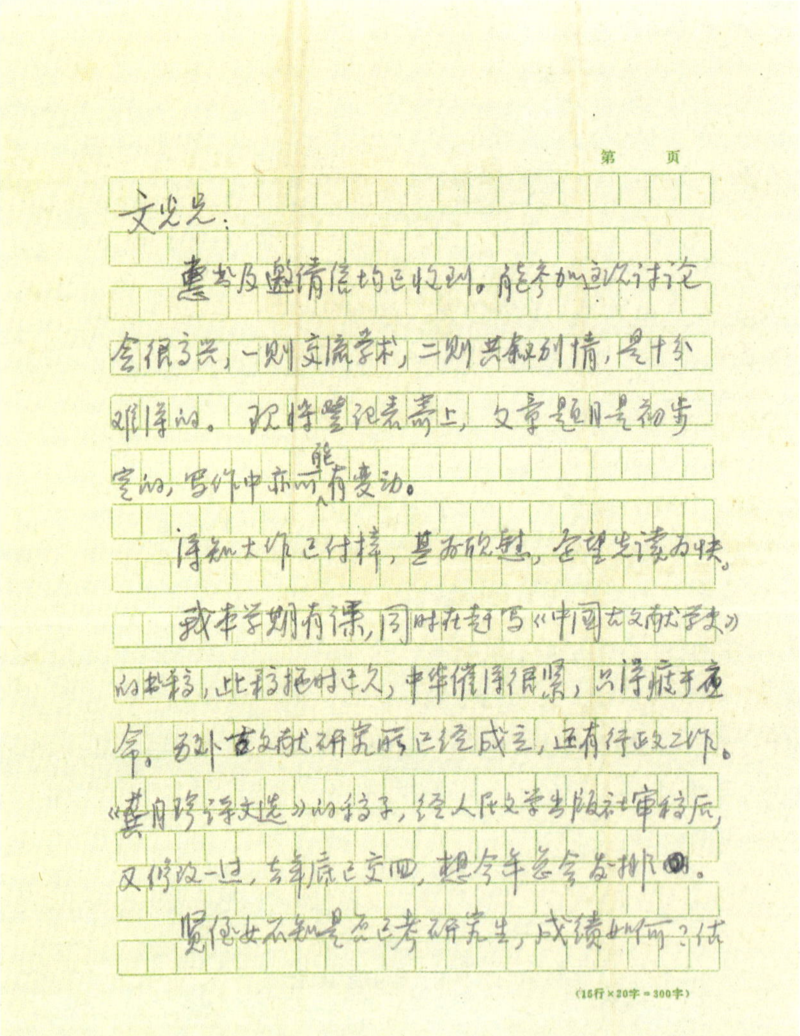

文光兄：

惠书及邀请信均已收到。能参加这次讨论会很高兴，一则交流学术，二则共叙别情，是十分难得的。现将登记表寄上，文章题目是初步定的，写作中亦可能有变动。

得知大作已付梓，甚为欣慰，企望先读为快。

我本学期有课，同时在赶写《中国古文献学史》的书稿，此稿拖时已久，中华催得很紧，只得疲于奔命。另外古文献研究所已经成立，还有行政工作。《龚自珍诗文选》的稿子，经人民文学出版社审稿后，又修改一过，去年底已交回，想今年总会出版。

贤侄女不知是否已考研究生，成绩如何？估

孙钦善（1934—），山东乳山人。古典文献家，北京大学教授。

第　页

计录取是没有问题的。不知最后选择的志愿是什么？

双生同志现在潮州中华党委工作，任办公室主任，我们也是好久没见面了。其他老同学都很好。　即颂

撰安

钦善上

85.3.21

（15行×20字＝300字）

【书札释文】

文光兄：

惠书及邀请信均已收到。能参加这次讨论会很高兴，一则交流学术，二则共叙别情，是十分难得的。现将登记表寄上，文章题目是初步定的，写作中亦可能有变动。

得知大作已付梓，甚为欣慰，企望先读为快。

我本学期有课，同时在赶写《中国古文献学史》的书稿，此稿拖时已久，中华催得很紧，只得疲于应命。另外，古文献研究所已经成立，还有行政工作。《龚自珍诗文选》的稿子，经人民文学出版社审稿后，又修改一过，去年底已交回，想今年总会发排。

贤侄女不知是否已考研究生，成绩如何？估计录取是没有问题的。不知最后选择的志愿是什么？

双生同志现已调到中华党委工作，任办公室主任，我们也是好久没见面了。其他老同学都很好。

即颂

撰安

钦善 上

1985年3月21日

黄珮玉（一通）

【书札墨迹】

黄珮玉（1934— ），出生于香港。1953年入北京大学中文系学习，1984年获香港大学硕士学位，先后在香港大学、香港中文大学任教。张孝祥研究专家。

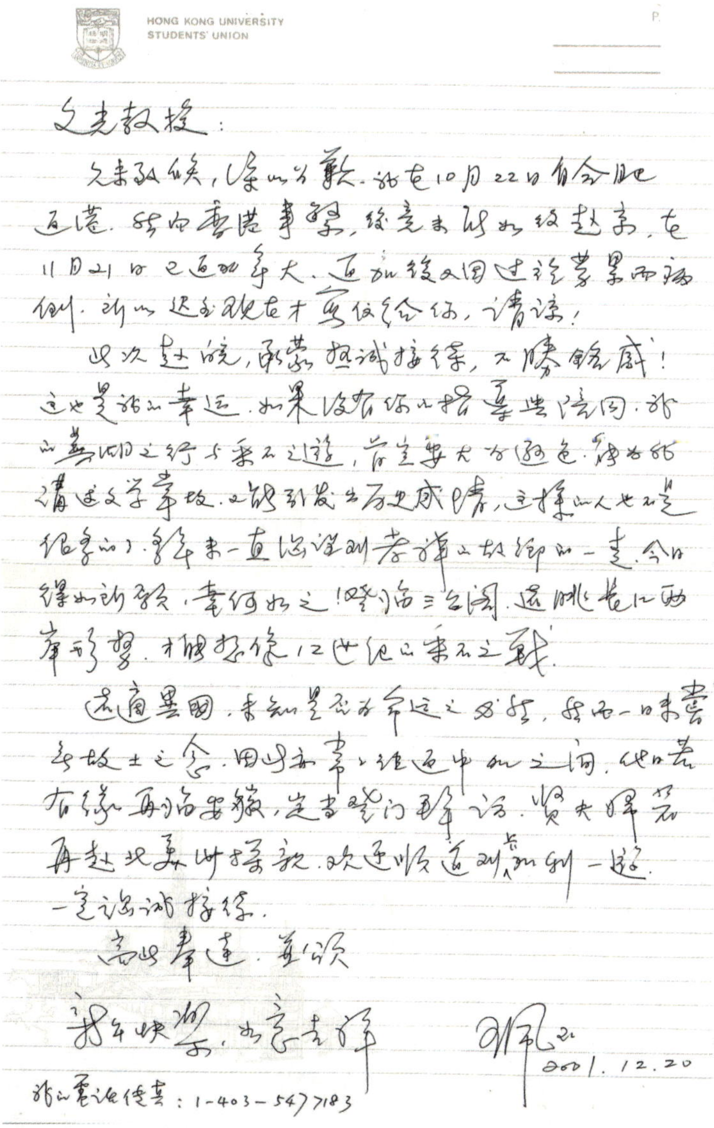
HONG KONG UNIVERSITY
STUDENTS' UNION

文光教授：

久未联系，深以为歉。我在10月22日自合肥返港，我向香港书院结交来所的授赵家，在11月21日已返加拿大。返加后又因过度劳累而病倒，所以迟至现在才写信给你，请谅！

此次赴皖，承蒙热诚接待，不胜铭感！这也是我的幸运。如果没有你的指导与陪同，我的寻根之行亦未必这么顺利，肯定要大打折扣。你为我讲述文学掌故，又能引发出历史感情，这样的人也不是很多的了。多年来一直想到孝祥的故乡的一走，今日得如所愿，喜何如之！登临三台阁，远眺长江两岸形势，相信孝祥12世纪的未了之愿。

这趟寻根，未知是否为命运之安排，我只一味怀着对故土之念，因此亦常常往返中加之间。他日若有缘再临安徽，定当登门拜访。贤夫妇若再赴北美州探亲，欢迎顺道到加拿大一游，一定诚谢接待。

专此奉达，并颂

新年快乐，也祝吉祥

珮玉
2001.12.20

我的电话传真：1-403-5477183

【书札释文】

文光教授：

久未致候，深以为歉。我在10月22日自合肥返港，然而香港事繁，后竟未能如约赴京。在11月21日已返加拿大。返加后又因过于劳累而病倒，所以迟至现在才写信给你，请谅！

此次赴皖，承蒙热诚接待，不胜铭感！这也是我的幸运，如果没有你的指导与陪同，我的芜湖之行与采石之游，肯定要大为逊色。能为我讲述文学掌故，又能引发出历史感情，这样的人也不是很多的了。多年来一直渴望到孝祥的故乡走一走，近日得如所愿，幸何如之！登临三台阁，远眺长江两岸形势，才能想象12世纪的采石之战。

远适异国，未知是否为命运之必然，然而一日未尝无故土之念，因此亦常常往返中加之间，他日若有缘再临安徽，定当登门拜访，贤夫妇若再赴北美州探亲，欢迎顺道到卡加利一游，一定竭诚接待。

专此奉达，并颂

新年快乐，如意吉祥

珮　玉

2001年12月20日

费振刚（一通）

【书札墨迹】

费振刚（1935—），辽宁辽阳人。文学史家，北京大学教授。曾任北京大学中文系主任。

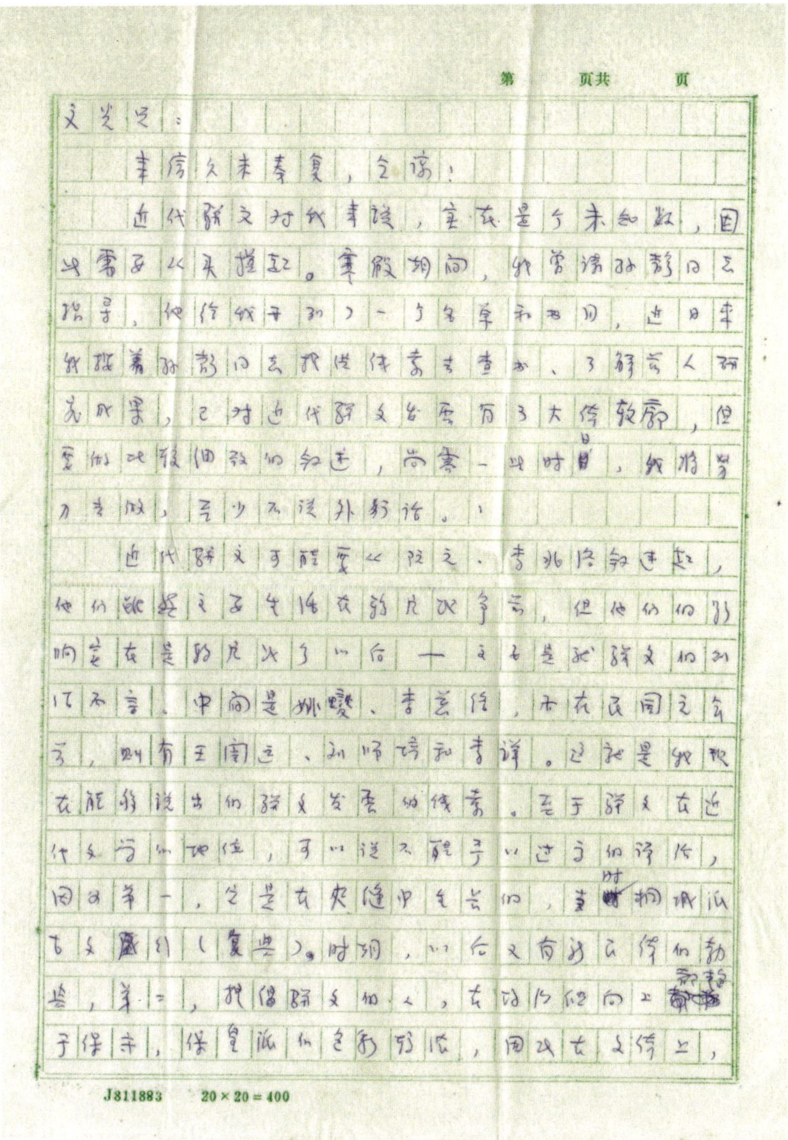

第　　页共　　页

文光兄：

来信久未奉复，乞谅！

近代骈文对我来说，实在是个未知数，因此需要从头搞起。寒假期间，我曾请孙彭同志指导，他给我开了一个书单和书目，近日来我按着孙彭同志找些传书去查看、了解前人研究成果，已对近代骈文发展有了大体轮廓，但要做比较细致的叙述，尚需一些时日，我将努力去做，至少不说外行话。

近代骈文可能要从阮元、李兆洛叙述起，他们虽然主要生活在鸦片战争前，但他们的影响主要是鸦片战争以后——之后是骈文的门门不言，中间是姚燮、李慈铭，而在民国之前，则有王闿运、刘师培和李详。这就是我现在能够说出的骈文发展的线索。至于骈文在近代文学的地位，可以说不能予以过高的评价，因为第一，它是在夹缝中生长的，当时桐城派古文盛行（复兴）时期，以后又有新民体的勃兴，第二，提倡骈文的人，在政治倾向上趋于保守，保皇派的色彩较浓，因此在文学上，

J811883　　20×20=400

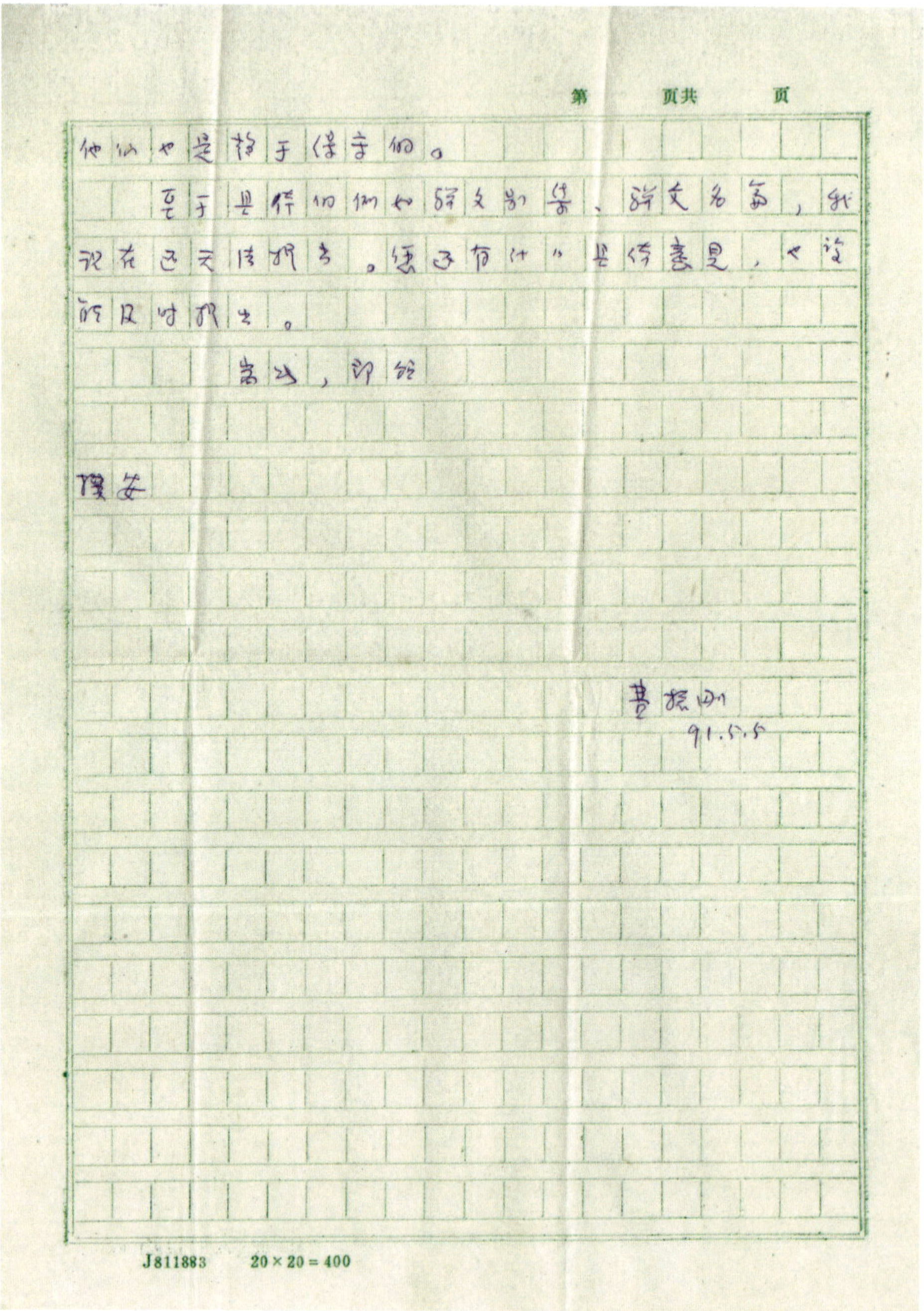

第　页共　页

他们也是趋于保守的。

至于具体的例如群文影集、群文名篇，我现在已无法找到。您还有什么具体意见，也请能及时提出。

专此，即颂

撰安

章振明

91.5.5

J811883　20×20＝400

【书札释文】

文光兄：

来信久未奉复，乞谅！

近代骈文对我来说，实在是个未知数，因此需要从头摸起。寒假期间，我曾请孙静同志指导，他给我开列了一个名单和书目，近日来我按着孙静同志提供线索去查书，了解前人研究成果，已对近代骈文发展有了大体轮廓，但要做比较细微的叙述，尚需一些时日，我将努力去做，至少不说外行话。

近代骈文可能要从阮元、李兆洛叙述起，他们虽然主要生活在鸦片战争前，但他们的影响实在是鸦片战争以后——主要是就骈文的创作而言。中间是姚燮、李慈铭。而在民国元年前，则有王闿运、刘师培和李详。这就是我现在能够说出的骈文发展的线索。至于骈文在近代文学的地位，可以说不能予以过高的评价，因为第一，它是在夹缝中生长的，当时桐城派古文盛行（复兴）时期，以后又有新民体的勃兴。第二，提倡骈文的人，在政治倾向上都趋于保守，保皇派的色彩较浓，因此在文体上，他们也是趋于保守的。

至于具体的，例如骈文别集、骈文名篇，我现在还无法提出。您还有什么具体意见，也望能及时提出。

专此，即颂

撰安

费振刚

1991年5月5日

阎国忠（二通）

【书札墨迹】

一

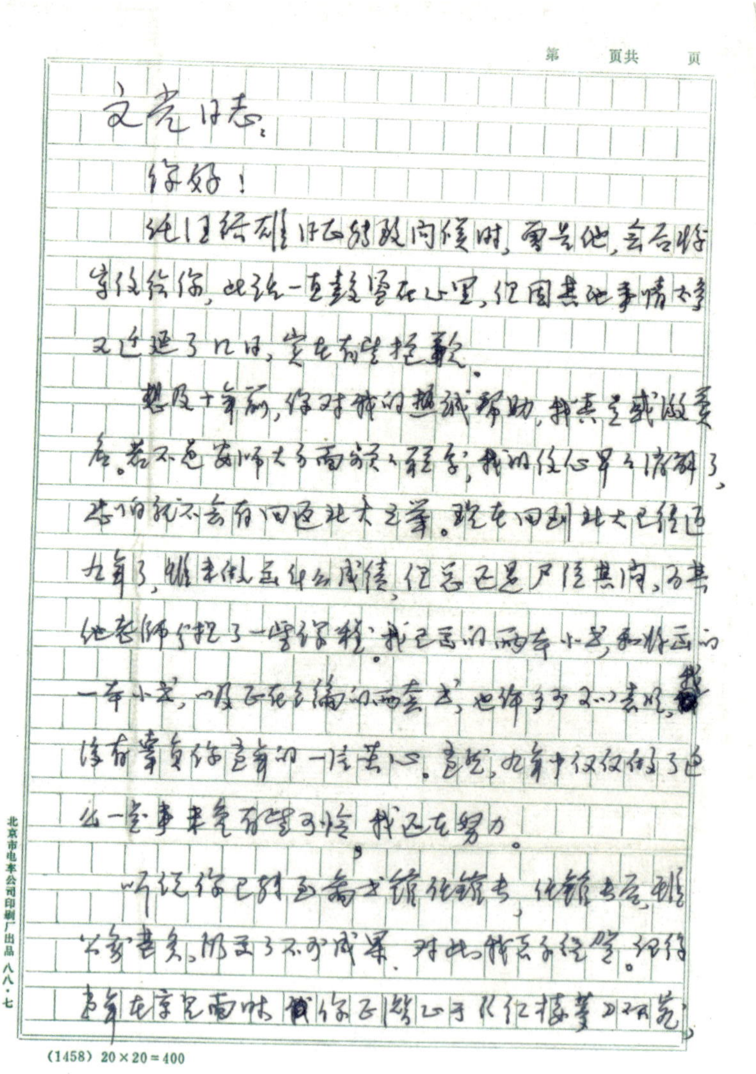

第　　页共　　页

文亮同志：

你好！

托汪绍雄同志转致问候时，曾告他，会写封信给你，此话一直装在心里，但因其他事情太多又迟延了几日，实在有些抱歉。

想及十年前，你对我的热诚帮助，我真是感激万分。若不是安师大方面给予种种[illegible]，我的信心早已消解了，恐怕就不会有回返北大之举。现在回到北大已经九年了，虽未做出什么成绩，但总还是尽其所能，与其他老师们担了一些任务。我已写了两本小书，和将要写的一本小书，以及正在主编的两套书，也许多少可以表明，我没有辜负你当年的一番苦心。当然，九年中仅仅做了这么一点事来是有些可怜，我还在努力。

听说你已转到图书馆任馆长，任馆长后，虽然事务繁多，仍取得了不少成果，对此我表示祝贺。记得当年在[illegible]时，我们[illegible]

北京市电车公司印刷厂出品　八八·七

（1458）20×20＝400

阎国忠（1935— ），河北昌黎人。北京大学哲学系教授。

第　　页共　　页

真写出了有全国影响的论著，我是很钦佩的。不知道这本集子选些什么，是否又有了新的课题？

孙玉石与我在一起时，常提起你。我认识你，还应当感谢他。

寄去两本书，望批评指正。

顺问

全家安好！

阎国忠

1988.12.5

北京市电车公司印刷厂出品 八八·七

（1458）20×20＝400

二

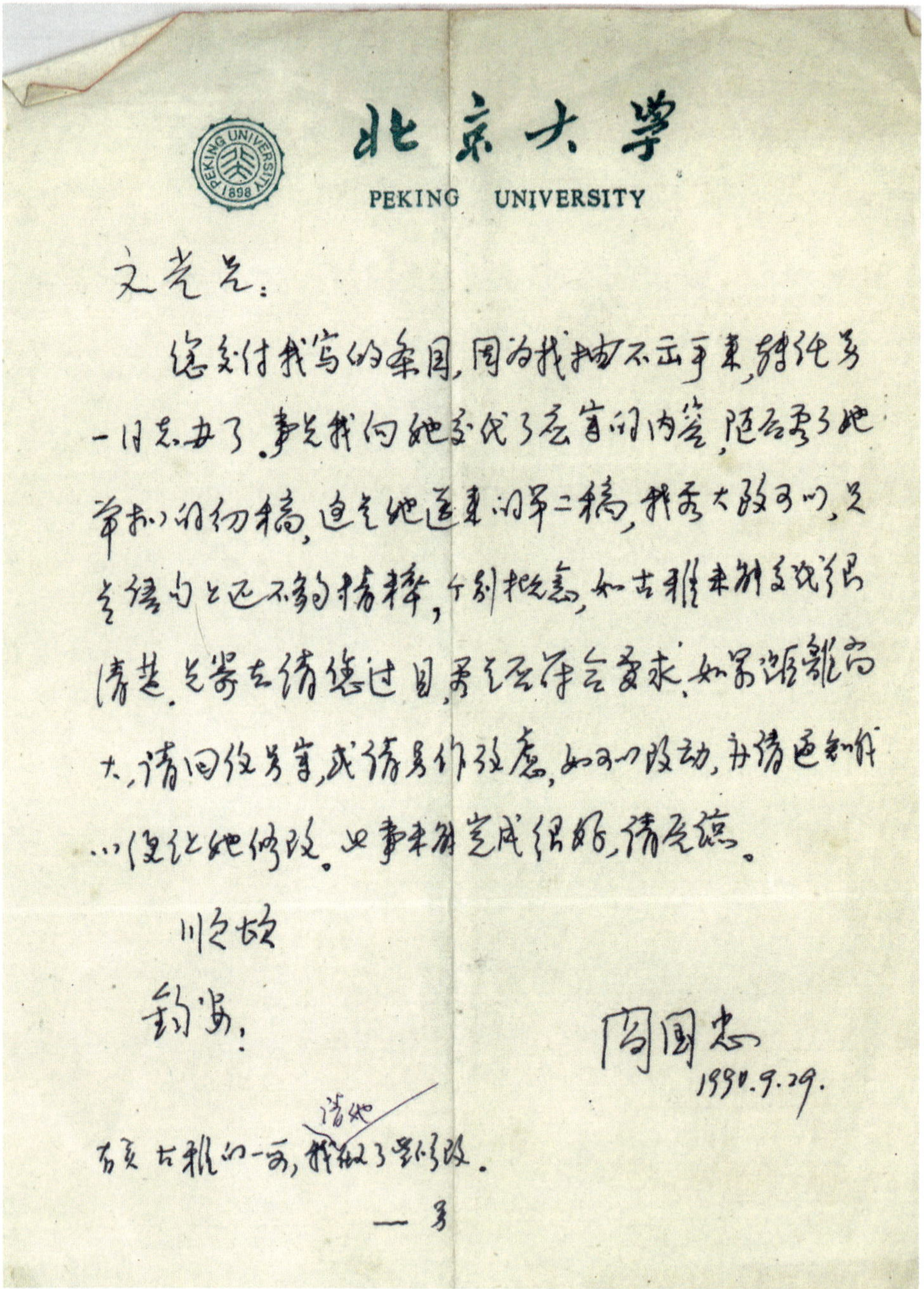

北京大學
PEKING UNIVERSITY

文光兄：

您交付我写的条目，因为我抽不出手来，转给另一同志办了。事先我向她交代了应有的内容，随后看了她第一次的初稿，这是她送来的第二稿，我看大致可以，只是结构上还不够精粹，个别地方，如古雅未能交代得清楚。只好请您过目，看是否符合要求，如果距离太大，请回信告我，或请另作考虑，如可以改动，亦请函知，以便让她修改。此事未能完成很好，请原谅。

顺致

敬安！

阎国忠
1990.9.29.

另交古雅的一页，请她做了些修改。

——又

【书札释文】

一

文光同志：

你好！

托汪裕雄同志转致问候时，曾告他，会后将写信给你，此话一直鼓荡在心里，但因其他事请太多，又迁延了几日，实在有些抱歉。

想及十年前，你对我的热诚帮助，我真是感激莫名。若不是安师大方面频频联系，我的信心早早消解了，恐怕就不会有回返北大之举。现在回到北大已经近九年了，虽未做出什么成绩，但总还是尸位其间，为其他老师分担了一些课程。我已出的两本小书，和将出的一本小书，以及正在主编的两套书，也许多少可以表明，没有辜负你当年的一片苦心。当然，九年中仅仅做了这么一点事未免有些可怜，我还在努力。

听说你已转至图书馆任馆长。任馆长后，虽公务甚多，仍出了不少成果，对此，我表示祝贺。记得当年在京见面时，你正潜心于《红楼梦》研究，并写出了有全国影响的论著，我是很敬佩的。不知近年来忙些什么，是否又有了新的课题？

孙玉石与我在一起时，常提起你。我认识你，当然还要感谢他。

寄去两本书，望批评指正。

顺问

全家安好！

阎国忠

1988年12月5日

二

文光兄：

您交付我写的条目，因为我抽不出手来，转托另一同志办了。事先我向她交代了应写的内容，随后看了她草拟的初稿，这是她送来的第二稿，我看大致可以，只是语句上还不够精粹，个别概念，如古雅未能交代很清楚。先寄去请您过目，看是否符合要求。如果距离尚大，请回信另写，或请另作考虑，如可以改动，亦请通知我以便让她修改。此事未能完成很好，请原谅。

顺颂

钧安！

阎国忠

1990年9月29日

有关“古雅”的一段，我请她做了些修改。——另

孙玉石（二通）

【书札墨迹】

一

孙玉石（1935— ），辽宁海城人。北京大学教授。曾任北京大学中文系主任。

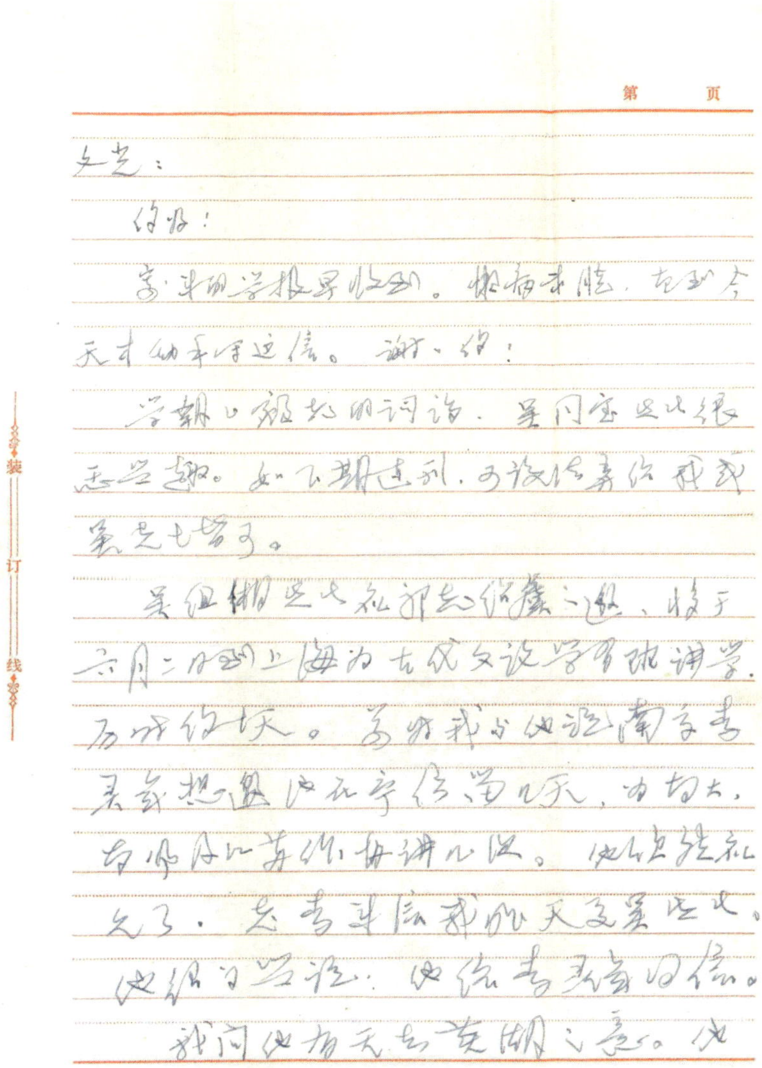

第　　页

谊，並祝安吉。邮寄[illegible]过目的。很
想去。但学校很繁忙[illegible]。此地上
海之外，路费均由单位出。

蕴之之[illegible]补结婚。你们何不
存念，并不必为[illegible]回故乡。请
蕴之之去讲讲，"保险"[illegible]
[illegible]了。

蕴之七月初旬[illegible]到上海。十天后
即可返回到南京[illegible]约四五天。
你们如能[illegible]请之勉之，可
在此间[illegible]到上海后[illegible]
上海你再[illegible]。
周日[illegible]
可[illegible]了。

[illegible]

装　订　线

北京制本厂印制　七八·五（1487）

第　页

致

敬礼!

孙玉石敬上

五月廿八日

装　订　线

北京制本厂印制　七八·五　(1487)

二

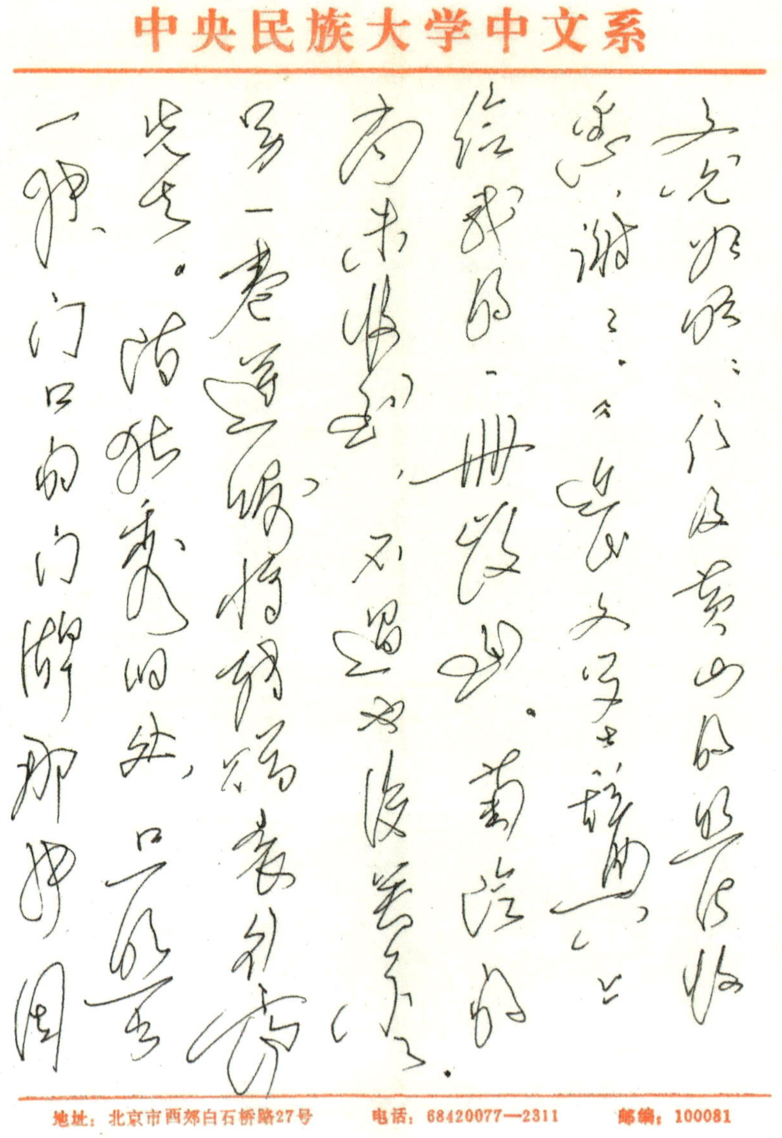
中央民族大学中文系

地址：北京市西郊白石桥路27号　　电话：68420077—2311　　邮编：100081

中央民族大学中文系

昱鹏老弟：来札收悉，

吴先生请为中江书院

题写下之横，书签书。此

外另给你的书法送上，再版

请示正！致

暑安！

玉石 上

七月七日

地址：北京市西郊白石桥路27号 电话：68420077—2311 邮编：100081

【书札释文】

一

文光：

你好！

寄来的学报早收到，懒病未脱，直到今天才动手写这信，谢谢你！

学报上宛老的词话，吴同宝先生很感兴趣。如下期连刊，可设法弄给我或吴先生皆可。

吴组缃先生应郭老绍虞之邀，将于六月二日到上海为古代文论学习班讲学，历时约七天。前时我与他说，南京李灵年想邀他在宁停留几天，为南大、南师及江苏作协讲几次。他欣然应允了。老李来信，我昨天交吴先生。他很高兴说，他给李灵年回信。

我问他有无去芜湖之意。他说：生在安徽，却未去过黄山，很想去。但学校经费卡得紧。此次上海之行，路费均由那边出。

吴先生现精神很好，倘你们那有意，是否也仿老李的做法，请吴先生去讲讲，顺便也就看看风景了。

吴先生行程，六月二日到上海。十天后，即可返回到南京，停留约四五天。倘你与领导商议有邀请之意，可在此间直接写信到上海巨鹿路上海作协文论组王文生转吴组缃即可。因为你收到我信后，再来信给吴先生，可能收不到了。

王世芸身体恢复如何？甚念。祝

安好！

玉石并菊玲 上

五月廿八日

编者注：此信写于1980年5月28日。

二

文光如晤：

信及黄山的照片收悉，谢谢！

《近代文学大辞典（上）》，给我的一册收到，菊玲的尚未收到，不过也没关系。另一卷，遵嘱将转赠袁行霈先生。

陈独秀的住处[1]，只照出一张。门口的门牌那张，因是胶卷开始，大概没照上。吴先生读书的中江书院，倒留下三张，甚宝贵。

此行得到你的热情关照，再致谢意！

祝

暑安！

玉石 匆上

七月十七日[2]

编者注：①指芜湖科学图书社旧址。

②此信写于1996年7月17日。

毛庆耆(一通)

【书札墨迹】

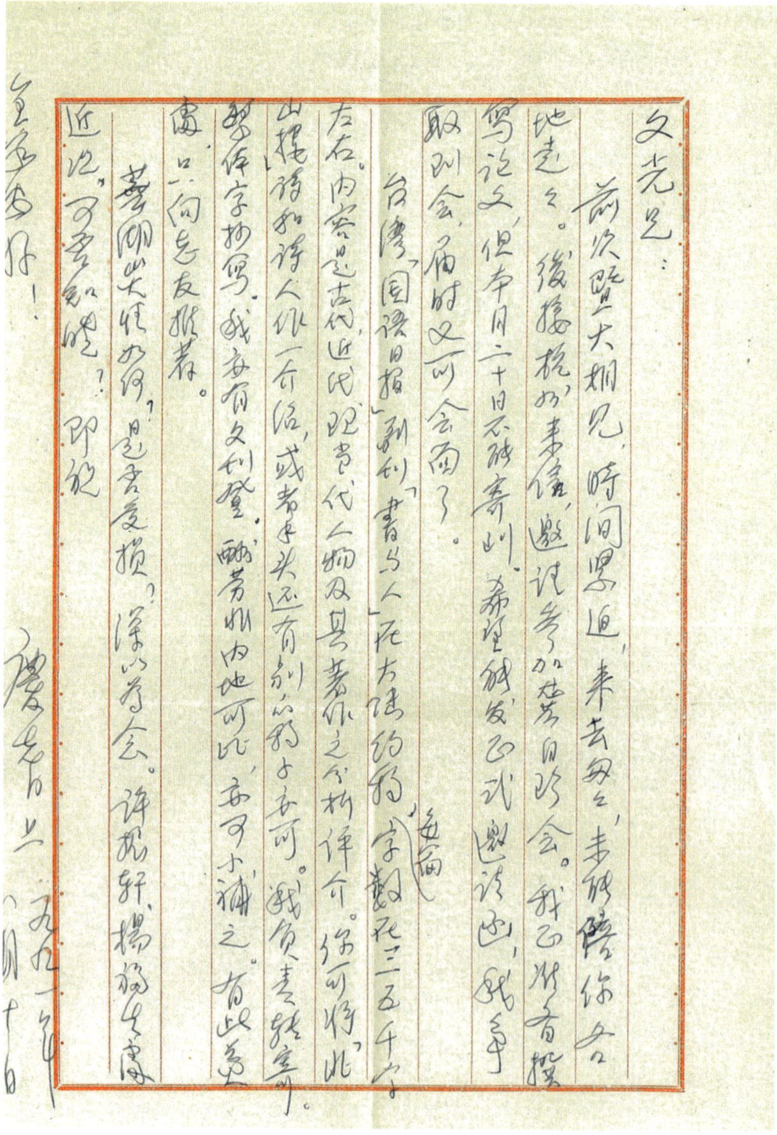

文先兄：

前次暨大相见，时间紧迫，来去匆匆，未能陪你各地走走。後接杭州来信，邀请参加茶目研讨会。我已准备撰写论文，但本月二十日不能寄到，希望能发正式邀请函，我争取到会，届时又可会面了。

台湾"国语日报""副刊""书与人"在大陆约稿，每篇字数在三五千字左右。内容是古代近代现当代人物及其著作之分析评介。你可将此山提请和诗人作一介绍，或者手头近有新的书籍亦可。我负责转寄。繁体字抄写，我每有文刊登。酬劳非内地可比，亦可小补之。有此意处，以向您友推荐。

黄湖火灾如何？是否受损？深以为念。许龙轩、杨广度近况，可否知晓？即祝

全家安好！

庆耆上 一九九一年八月十日

毛庆耆(1935—)，湖南长沙人。曾任暨南大学中国文化史籍研究所所长。

【书札释文】

文光兄：

前次暨大相见，时间紧迫，来去匆匆，未能陪你各地走走。后接杭州来信，邀请参加龚自珍会。我正准备撰写论文，但本月二十日不能寄到，希望能发正式邀请函，我争取到会，届时又可会面了。

台湾《国语日报》副刊《书与人》在大陆约稿，每篇字数在三五千字左右，内容是古代、近代、现当代人物及其著作之分析评介。你可将北山楼诗和诗人作一介绍，或者手头还有别的稿子亦可，我负责转寄。繁体字抄写。我亦有文刊登，酬劳非内地可比，亦可小补之。有此益处，只向老友推荐。

芜湖灾情如何？是否受损？深以为念。许振轩、杨福生处近况，可否知晓？即祝

全家安好！

庆耆 上

一九九一年四月十日

袁行霈（一通）

【书札墨迹】

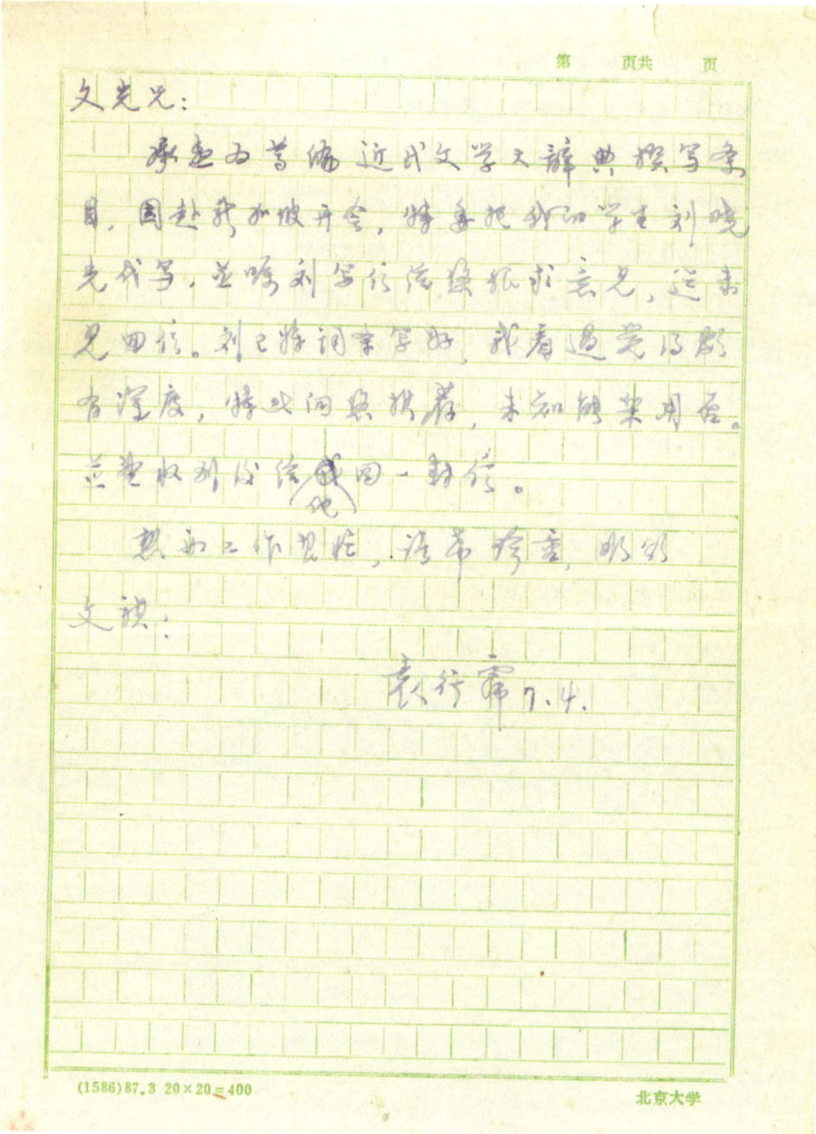

第　页共　页

文光兄：

承惠函嘱为编近代文学大辞典撰写条目，因赴新加坡开会，特委托我的学生刘晓光代写，并嘱刘写信给张永芳兄，还未见回信。刘已将词条写好，我看过觉得颇有深度，特此向您推荐，未知能采用否。并望收到后给他回一封信。

想必工作繁忙，请多保重，顺颂

文祺！

袁行霈 7.4.

(1586)87.3 20×20=400　　北京大学

袁行霈（1936— ），字春澍，江苏武进（今属常州）人。中国古典文学研究专家，北京大学教授，中央文史研究馆馆长。

【书札释文】

文光兄：

承邀为尊编《近代文学大辞典》撰写条目，因赴新加坡开会，特委托我的学生刘晓光代写，并嘱刘写信给您征求意见，迄未见回信。刘已将词条写好，我看过觉得颇有深度，特此向您推荐，未知能采用否。并望收到后，给他回一封信。

想亦工作甚忙。诸希郑重，顺颂

文祺！

袁行霈

7月4日

编者注：此信约写于1992年。

杨天石（一通）

【书札墨迹】

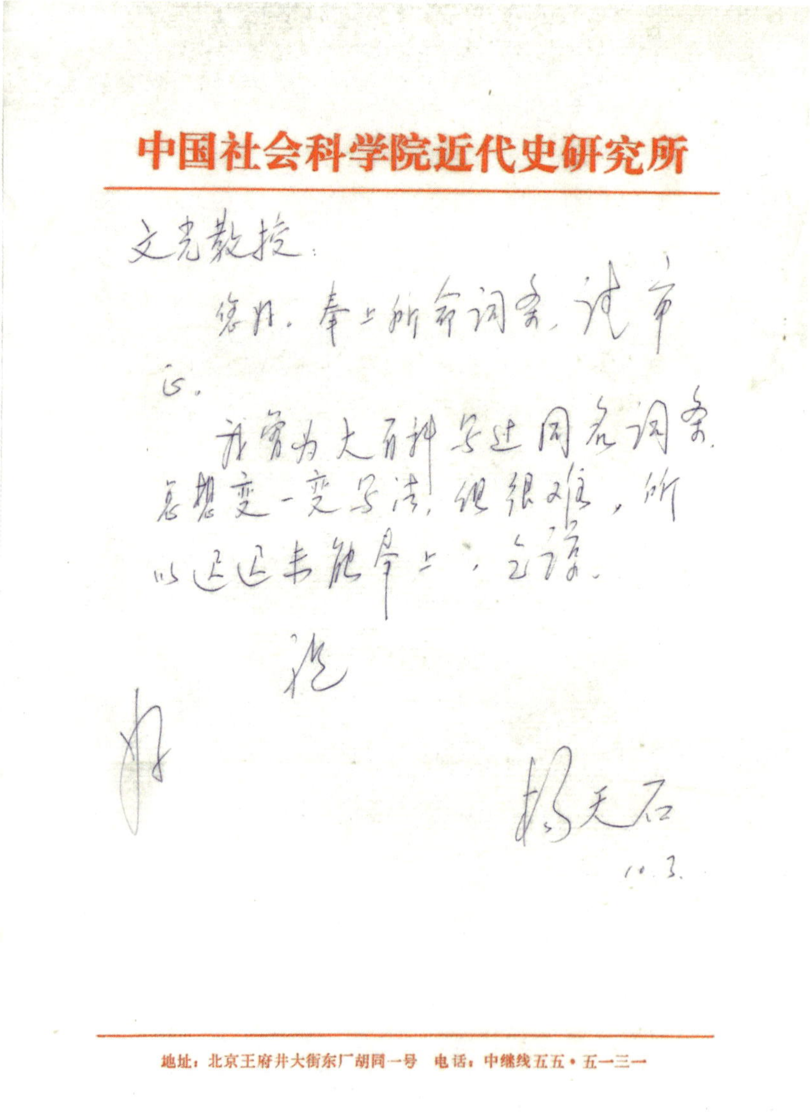
中国社会科学院近代史研究所

文光教授：

您好。奉上所命词条，请审正。

我曾为大百科写过同名词条，总想变一变写法，但很难，所以迟迟未能奉上，乞谅。

祝

好

杨天石

11.3.

地址：北京王府井大街东厂胡同一号 电话：中继线五五·五一三一

杨天石（1936— ），江苏东台人。民国史专家，中国社会科学院研究生院教授。

【书札释文】

文光教授:

您好！奉上所命词条，请审正。

我曾为大百科写过同名词条，总想变一变写法，但很难，所以迟迟未能奉上，乞谅。

祝

好

杨天石

10月3日

编者注:此信约写于1994年。

韩西山（一通）

【书札墨迹】

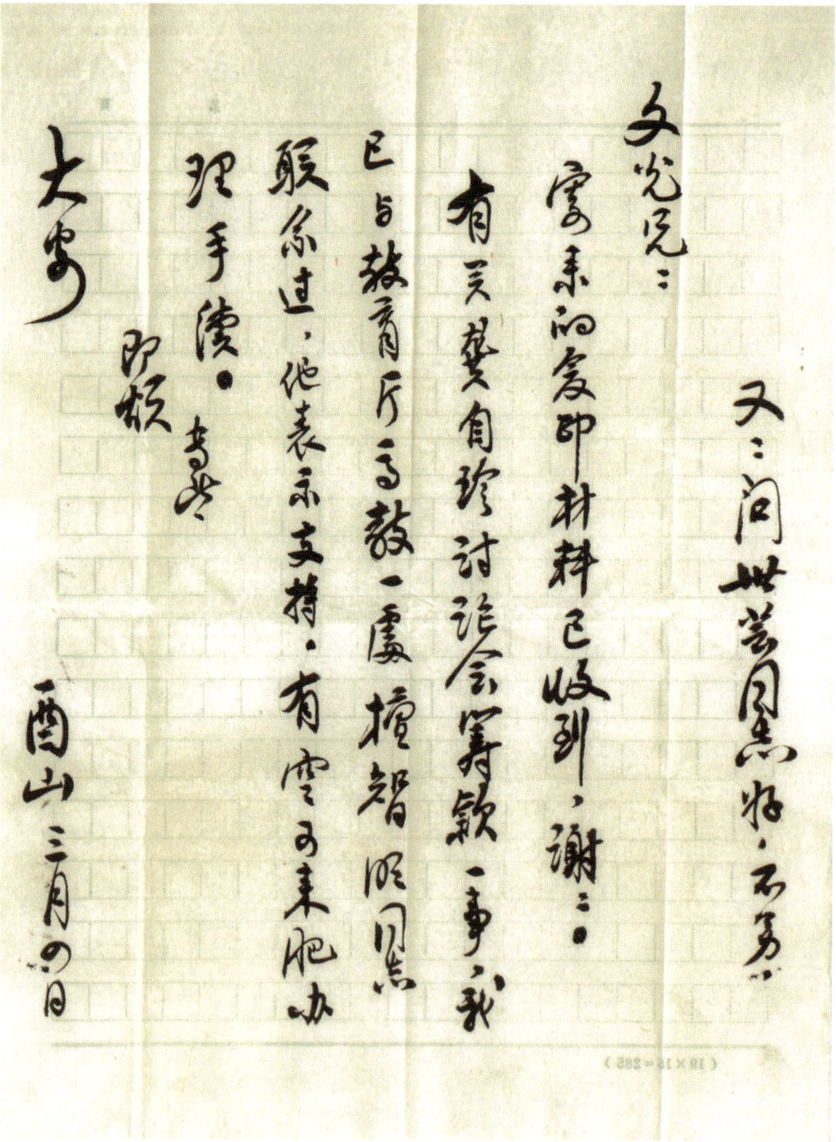
文光兄：
寄来的复印材料已收到，谢谢。
有关艺术讨论会筹款一事，我已与教育厅高教一处檀智照同志联系过，他表示支持。有空可来此办理手续。
即颂
春安
西山 三月四日
大安

又：问世[illegible]，不易。

韩西山（1936—），安徽巢湖人。研究员，曾任安徽社会科学院院长。

【书札释文】

文光兄：

寄来的复印材料已收到，谢谢。

有关龚自珍讨论会筹款一事，我已与教育厅高教一处柼智明同志联系过，他表示支持。有空可来肥办理手续。

专此即颂

大安

西 山

三月四日

又：问世芸同志好，不另。

编者注：此信写于1984年3月4日。

何双生（四通）

【书札墨迹】

一

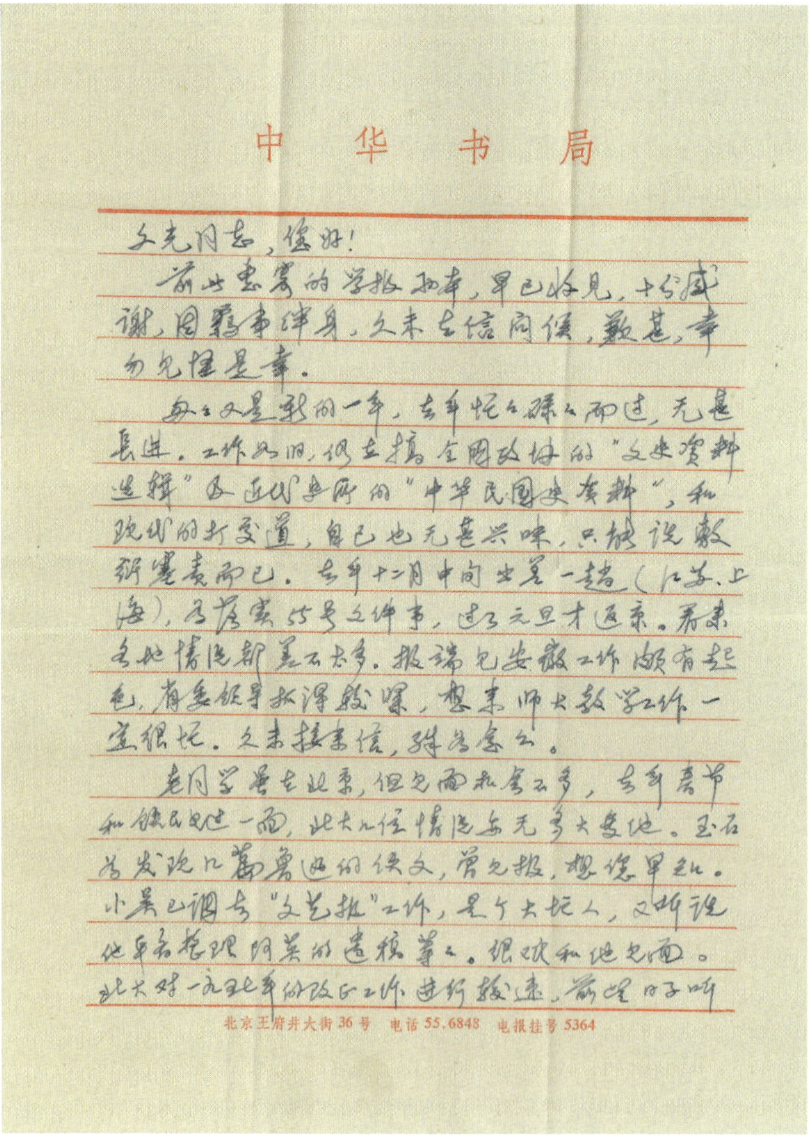

中华书局

文先同志，您好！

前些惠寄的学报和本，早已收见，十分感谢。因琐事缠身，久未去信问候，歉甚，幸勿见怪是幸。

今年又是新的一年，去年忙忙碌碌而过，无甚长进。工作如旧，仍在搞全国政协的"文史资料选辑"及近代史所的"中华民国史资料"，和政协的打交道，自己也无甚兴味，只能说敷衍塞责而已。去年十二月中间出差一趟（江苏、上海），为落实55号文件事，过了元旦才返京。看来各地情况都差不太多。报端见安徽工作颇有起色，有些报导较浮躁，想来师大教学工作一定很忙。久未接来信，殊为念念。

老同学常去北京，但见面机会不多，去年春节和钱民见过一面，北大几位情况亦无多大变化。王石为发现了葛贤宁的佚文，曾见报，想您早知。小吴已调去"文艺报"工作，是个大忙人，又听说他弟弟在整理阿英的遗稿等等。很难和他见面。北大对一九五七年的改正工作进行较速，前些日子听

北京王府井大街36号 电话55.6848 电报挂号5364

何双生（1936—2007），江苏人。曾任中华书局副总编辑。

中华书局

说除李言东外均已改正，不知确否。外地老同学最近联系不多，详情不知。

您现在是否还在搞学报？最近我的一位老同学（复旦时）施锡才同志（在《历史研究》编辑部）搞了一篇东西，题名是"论司马迁'通古今之变'"，主要是探讨司马迁的历史方法、观点等，约一万七千字左右，约我给他看看。此类题不知您有无兴趣，如搞好，能否寄请学报看看，提提意见？因他都是熟人，合不合用是另一回事。如有兴趣，望能抽空来信给我一个回音，以便联系。

您最近工作忙吗？听说春四，近期内不知有可能来京出差否？希望能在京见面畅谈一切。

想到的就这些，不多写，请代问嫂夫人及令郎好，不另。

顺祝

敬安

双生 79.2.15草

二

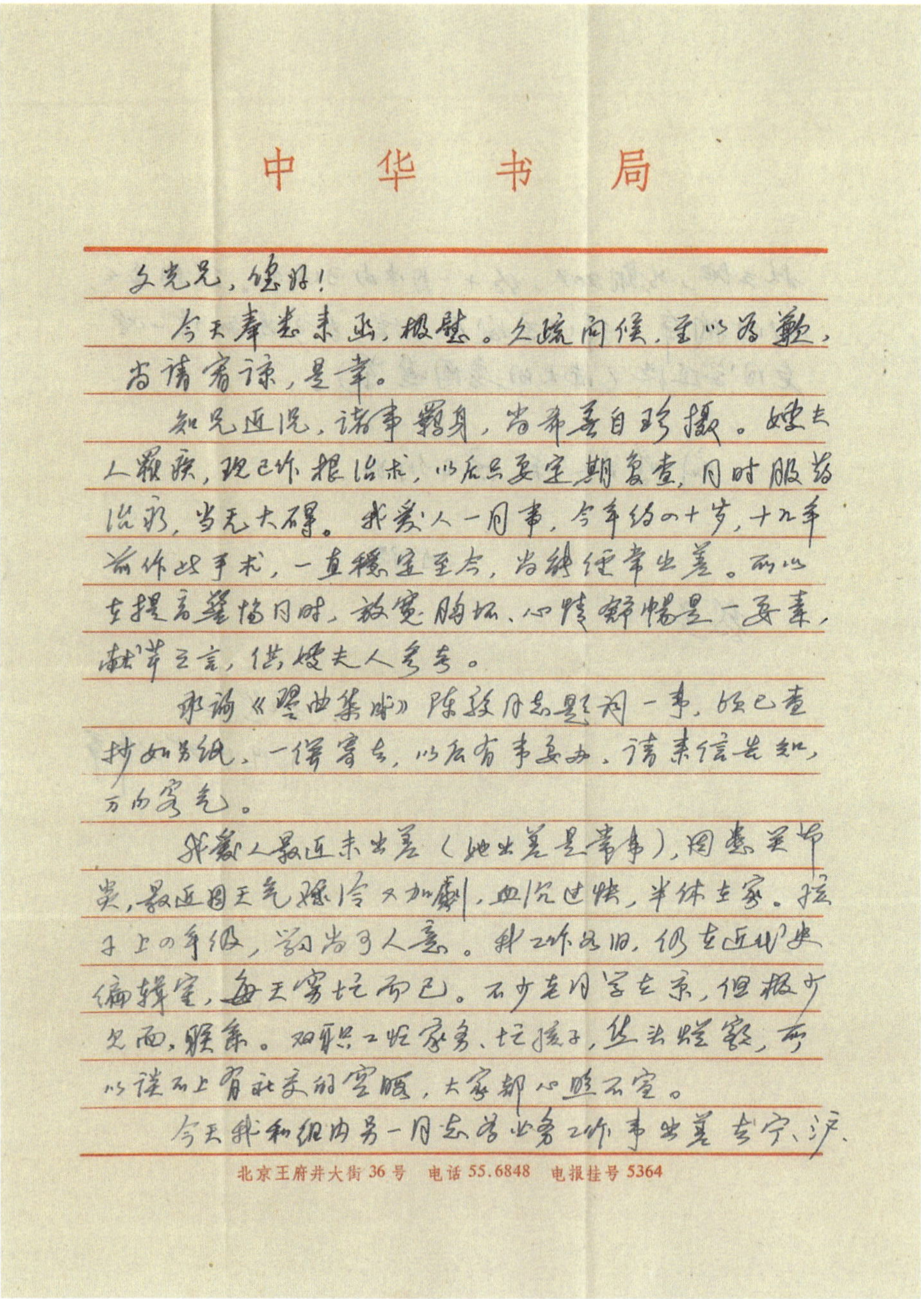

中华书局

文光兄，您好！

今天奉悉来函，极慰。久疏问候，至以为歉，尚请宥谅，是幸。

知兄近况，诸事缠身，尚希善自珍摄。嫂夫人罹疾，现已作根治术，以后只要定期复查，同时服药治疗，当无大碍。我爱人一同事，今年约四十岁，十九年前作此手术，一直稳定至今，尚能经常出差。所以在提高警惕同时，放宽胸怀、心情舒畅是一要素，献芹之言，供嫂夫人参考。

承询《琴曲集成》陈毅同志题词一事，现已查抄如另纸，一併寄去，以后有事要办，请来信告知，万勿客气。

我爱人最近未出差（她出差是常事），因患关节炎，最近因天气骤冷又加剧，血沉过快，半休在家。孩子上四年级，学习尚可人意。我工作照旧，仍在近代史编辑室，每天穷忙而已。不少老同学在京，但极少见面，联系。双职工忙家务、忙孩子，焦头烂额，所以谈不上有社交的空暇，大家都心照不宣。

今天我和组内另一同志为业务工作事出差去宁、沪、

北京王府井大街36号　电话55.6848　电报挂号5364

中华书局

校三地，为期20天，约十一月中旬可返京。行期匆匆，故此搁笔。待返京后再去信，当可告知你一些应用学位论（南大的意见甚是）。

问嫂夫人和孩子们好。

此致

敬安

双生上

1979.10.25 上午草

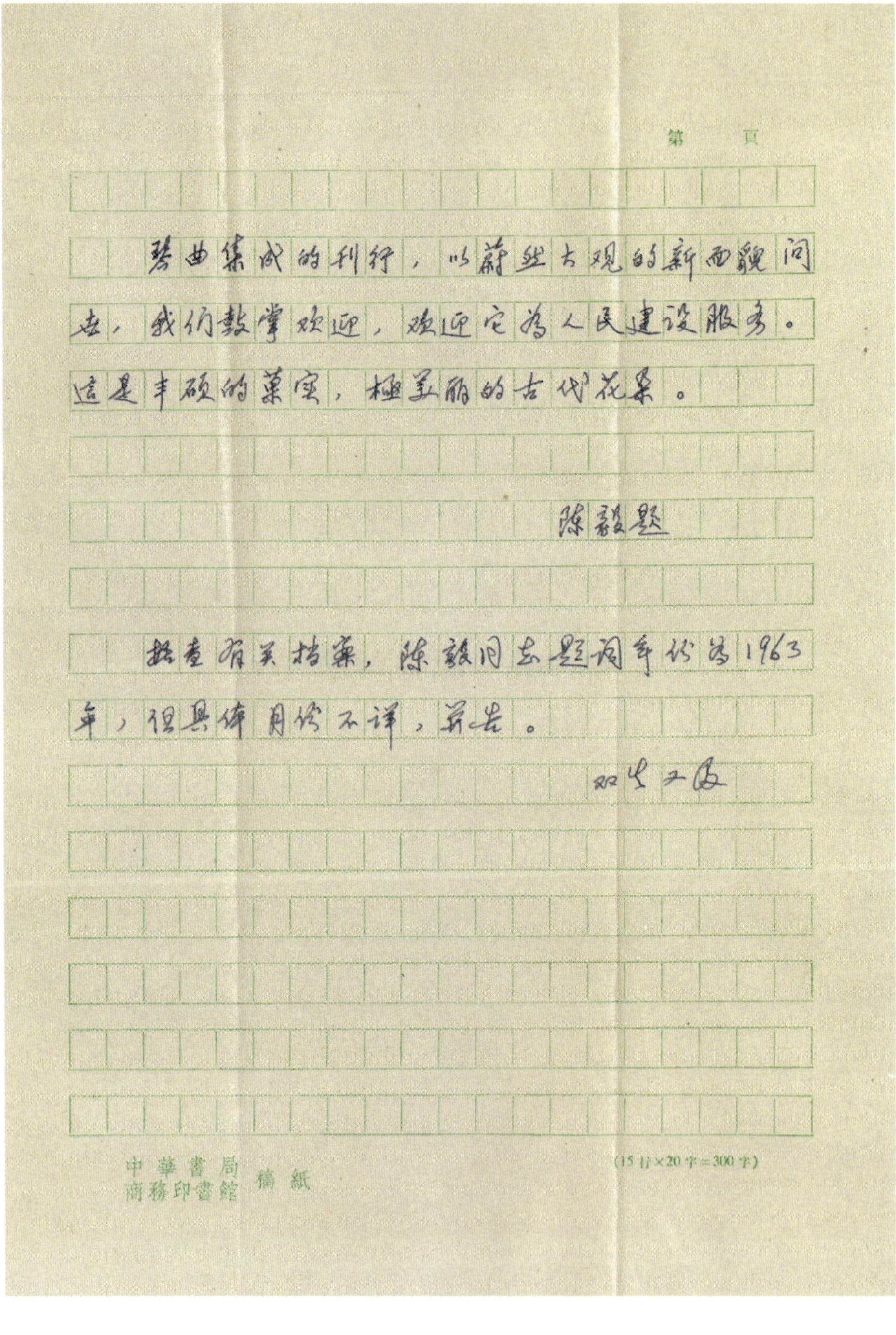

第　頁

琴曲集成的刊行，以蔚然大观的新面貌问世，我们鼓掌欢迎，欢迎它为人民建设服务。這是丰硕的菓实，極美丽的古代花朵。

陈毅题

据查有关档案，陈毅同志题词手迹为1963年，但具体月份不详，并告。

双生又及

中華書局
商務印書館 稿紙

（15行×20字=300字）

三

中华书局

文光同志：

久未去信致候，至以为歉，但时在念中，想近好，为祷！

前些日子，你的学生来京，到中华来问龚自珍己亥诗注一书事，曾向中华有关同志打听，此书已见装订样书，但大批书尚未送货，故未能将此事办妥，曾请该学生返校后说明情况，想当已获悉。今天又去服务组询问，知书仍未到，恐您久等，为此特致函告知，请释远念。一俟书到，自当办妥奉上，免念。目前诸事不甚顺遂，推动颇难，出书迟缓即其一例，群众意见纷纷，但所能听之，如此而已。

我仍在近代史编辑室，诸事累累，终日碌碌，无可告慰，惟身体托福粗安。拙荆常出差，小女今夏将考初中，所以亦常有些焦头烂额之感。精力已非在校时可比。

我在城内，多时不去北大，见同学也不常见（倒是去年魏建功先生追悼会时，见了不少人），想必情况都好。铁民已去文字专业，孙钦善仍在文献

北京王府井大街36号　电话55.6848　电报挂号5364

何双生（四通）

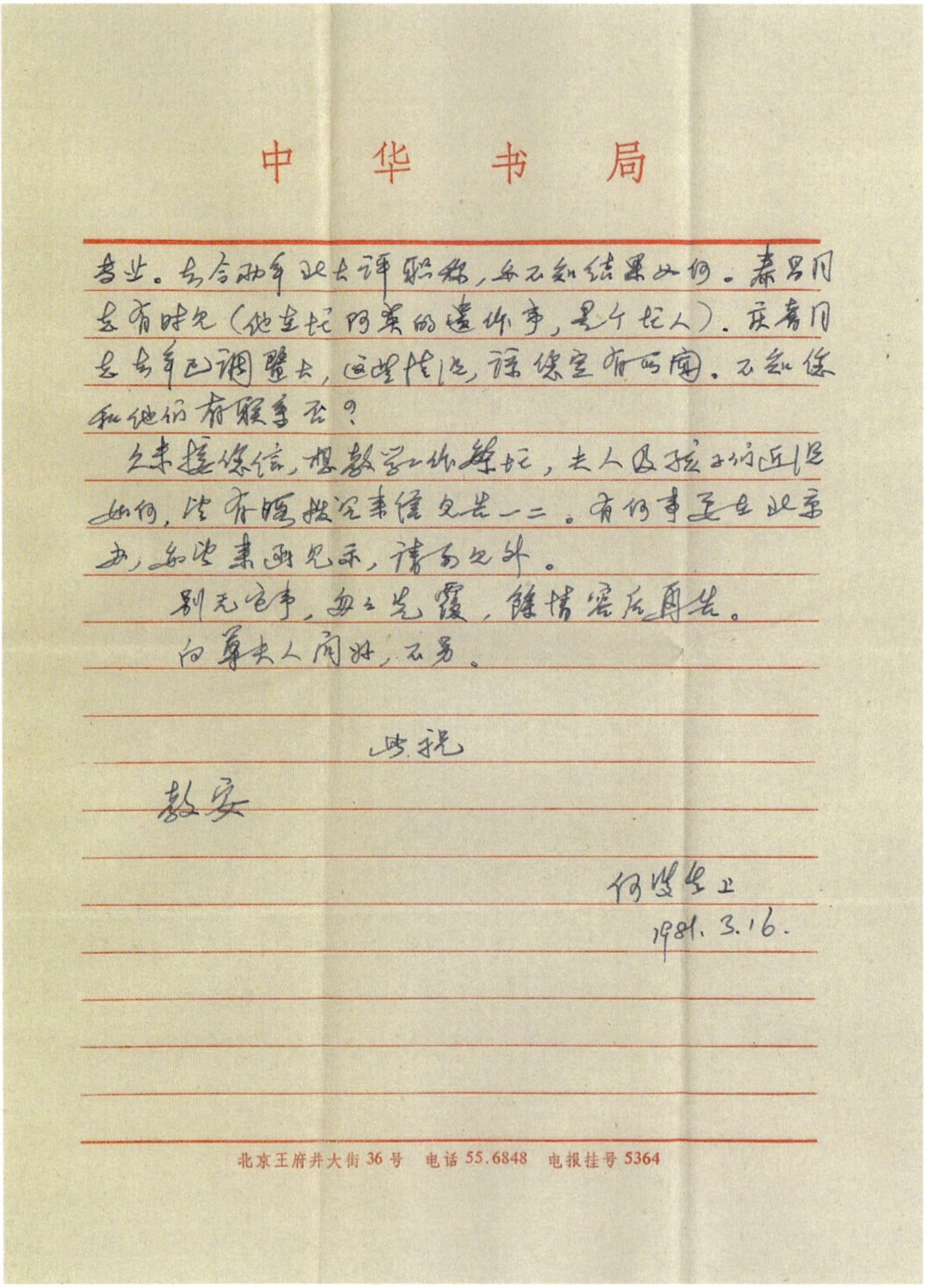

中华书局

专业。去今两年北去评职称，亦不知结果如何。森君则去有时见（他专忙阿英的遗作事，是个忙人）。庆喜则去去年已调暨大，这些情况，谅您定有所闻。不知您和他们有联系否？

久未接您信，想教学工作繁忙，夫人及孩子们近况如何，望有暇拨冗来信见告一二。有何事要在北京办，亦望来函见示，请勿见外。

别无它事，匆匆先复，余情容后再告。

向尊夫人问好，不另。

此祝

教安

何双生上

1981.3.16.

北京王府井大街36号　电话55.6848　电报挂号5364

四

中華書局

（　）　字第　　号　　　　　　　　　　　年　　月　　日

文光兄：

因笔懒，久疏问候，至以为歉，乞谅，但时在念中。近在报端见兄兄大作问世，甚慰。

兄前托贵校魏宗禹同志千里送之馈物，早经收到。多承厚爱，无以为报，心中殊不安。魏同志来时，弟因节日提前下班（四月卅日下午），未能及见，面致谢意，殊憾。兄兄函，详告近况一一，甚喜。令郎去年考中华师大中文系，足见兄兄教导有方，想令后子承父业，前途当未可限量，令人羡慕。嫂夫人贵体安康，尚祈善自珍摄，为祷！

弟近况如旧，碌碌终日，了无长进，无可告慰于老友。仍在近代史编辑室当差，忙于看稿发稿，如此而已。今年虚度已四十有六，公务加家务，殊有力不从心之感。拙荆因设计工作故，常出差，近日因气候变化，风湿性关节炎大作，在家半休；小女去年升入初中，因系市重点校，功课殊紧张，但学习尚能自觉，成绩差强人意，弟回家后尚有辅导任务，可谓心力交瘁。观当今待业情况，思之令人心忧。此事虽尚未迫在眉睫，但不能不预计及之。

北京王府井大街36号　电话55.6848　电报挂号6848

中華書局

（ ）字第 号 年 月 日

多时未去北大，老友处情况不甚了解，仅前年近功师追悼会时与铁蓥、玉石等同志晤见，匆匆而别，未及细谈。因业务故，他们亦不常进城。较多见的是吴泰昌同志，並为我处介绍书稿（郑逸梅之《艺林散叶》，今年出书后当检奉一册）。小吴是能人，精力旺盛，常见新作问世，可见用力之勤。王庆菽同志前已调暨南大学中文系执教，想兄早有所闻；云景魁同志仍在天津师院中文系，近况不知。李限畔同志在北京师院中文系，她爱人病故后，迄今仍孑然一身，也已多时未见了。灵承、汝霖仍在宁，弟七九年曾出差往宁，因行期匆促，未能趋谒，殊以为憾。

知兄工作殊忙，职称事想早已评定。弟近况诸事顺遂，为请；另，尚希兄善自珍摄为要。如有暇，盼多来函赐教，如有事需在京办，亦请来函告知，千祈勿客气。不赘述，草草先释远念。

两嫂夫人及孩子们好，不另。

祝

教祺

弟俊生敬上

1982.6.14.

北京王府井大街36号 电话55.6848 电报挂号6848

奉赠我出之《池北偶谈》一部，供暇中翻阅，又及。

【书札释文】

一

文光同志：

您好！

前此惠寄的学报两本，早已收见，十分感谢。因羁事绊身，久未去信问候，歉甚，幸勿见怪是幸。

匆匆又是新的一年，去年忙忙碌碌而过，无甚长进，工作如旧，仍在搞全国政协的“文史资料选辑”及近代史所的“中华民国史资料”，和现代的打交道，自己也无甚兴味，只能说敷衍塞责而已。去年十二月中旬出差一趟（江苏、上海），为落实55号文件事，过了元旦才返京。看来各地情况都差不太多。报端见安徽工作颇有起色，省委领导抓得较紧，想来师大教学工作一定很忙。久来接来信，殊为念念。

老同学虽在北京，但见面机会不多。去年春节和铁民见过一面，北大几位情况亦无多大变化。玉石为发现几篇鲁迅的佚文，曾见报，想您早知。小吴已调去《文艺报》工作，是个大忙人。又听说他准备整理阿英的遗稿等等。很难和他见面。北大对一九五七年的改正工作进行较速，前些日子听说除左言东外均已改正，不知确否。外地老同学最近联系不多，详情不知。

您现在是否还在搞学报？最近我的一位老同学（复旦时）施锡才同志（在《历史研究》编辑部）搞了一篇东西，题名是《论司马迁“通古今之变”》，主要是探讨司马迁的历史方法、观点等，约一万七千字左右，约我给他看看。此类题不知您有无兴趣？如搞好，能否寄请学报看看，提提意见？好在都是熟人，合不合用是另一回事。如有兴趣，望能拔冗来信给我一个回音，以便照办。

您最近工作忙否？腊尽春回，近期内不知有可能来京出差否？希望能在京见面畅谈一切。

想到的就这些，不多写，请代问嫂夫人及令郎好，不另。

顺颂

教安

双 生

1979年2月15日草

二

文光兄，您好！

今天奉悉来函，极慰。久疏问候，至以为歉，尚请宥谅，是幸。

知见近况，诸事羁身，尚希善自珍摄。嫂夫人罹疾，现已做根治术，以后只要定期复查，同时服药治疗，当无大碍。我爱人一同事，今年约四十岁，十几年前做此手术，一直稳定至今，尚能经常出差。所以在提高警惕同时，放宽胸怀，心情舒畅是一要素，献芹之言，供嫂夫人参考。

承询《琴曲集成》陈毅同志题词一事，顷已查抄如另纸，一并寄去。以后有事要办，请来信告知，万勿客气。

我爱人最近未出差（她出差是常事），因患关节炎，最近因天气骤冷又加剧，血沉过快，半休在家。孩子上四年级，学习尚可人意。我工作如旧，仍在近代史编辑室，每天穷忙而已。不少老同学在京，但极少见面、联系。双职工忙家务，忙孩子，焦头烂额，所以谈不上有社交的空暇，大家都心照不宣。

今天我和组内另一同志为业务工作事出差，去宁，沪，杭三地，为期20天，约十一月中旬可返京，行期匆匆，就此搁笔。待返京后再去信，当可告知您一些老同学近况（南大的鲁国尧等）。

问嫂夫人和孩子们好。

此祝

教安

双生 上

1999年10月25日上午草

《琴曲集成》的刊行，以蔚然大观的新面貌问世，我们鼓掌欢迎，欢迎它为人民建设服务。这是丰硕的果实，极美丽的古代花朵。

陈毅 题

据查有关档案，陈毅同志题词年份为1963年，但具体月份不详，并告。

双生 又及

三

文光同志：

久未去信致候，至以为歉，但时在念中，想近好，为祷！

前些日子，您学生来京，到中华承问《龚自珍已亥杂诗注》一书事，曾向中华有关同志打听，此书已见装订样书，但大批书尚未送货，故未能将此事办妥。曾请该学生返校后说明情况，想当已获悉。今天又去服务组询问，知书仍未到，恐您久等，为此特致函告知，请释远念。一俟书到，自当办妥奉上，乞谅。目前诸事不甚顺遂，推动颇难。出书迟缓，即其一例，群众意见纷纷，但听者藐藐，如此而已。

我仍在近代史编辑室，诸事栗六，终日碌碌，无可告慰，惟身体托庇粗安。拙荆常出差，小女今夏将考初中，所以亦常有焦头烂额之感，精力已非在校时可比。

我在城内，多时不去北大，老同学也不常见（倒是去年魏建功先生追悼会时，见了不少人），想必情况都好。铁民已去文学专业，孙钦善仍在文献专业，去今两年北大评职称，亦不知结果如何。泰昌同志有时见（他在忙阿英的遗作事，是个忙人），庆耆同志去年已调暨大。这些情况，谅您定有所闻。不知您和他们有联系否？

久未接您信，想教学工作繁忙；夫人及孩子们近况如何？请有暇拨冗来信见告一二。有何事要在北京办，亦望来函见示，请勿见外。

别无他事，匆匆先复，余情容后再告。

向尊夫人问好，不另。

此祝

教安

何双生 上

1981年3月16日

四

文光兄：

因笔懒，久疏问候，至以为歉。乞谅，但时在念中。近在报端见兄大作问世，甚慰。

兄前托贵校翟宗祝同志千里迢迢馈物，早经收到。多承厚爱，无以为报，心中颇不安。翟同志来时，弟因节日提前下班（四月卅日下午），未能及见，面致谢意，颇憾。见兄函，得悉近况一一，甚喜。令郎去年高中华师大中文系，足见兄教导有方，想今后子承父业，前途未可限量，令人羡慕。嫂夫人贵体安康，尚祈善自珍摄，为祷！

弟近况如旧，粟六终日，了无长进，无可告慰于老友。仍在近代史编辑室当差，忙于看稿发稿，如此而已。今年虚度已四十有六，公务加家务，颇有力不从心之感。拙荆因设计工作故，常出差，近日因气候变化，风湿性关节炎大作，在家半休；小女去年升入初中，因系市重点校，功课颇紧张，但学习尚较自觉，成绩差强人意，弟回家后尚有辅导任务，可谓心力交瘁。现当今待业情况，思之令人心忧。此事虽尚未迫在眉睫，但不能不预计及之。

多时未去北大，老友处情况不甚了解，仅前年建功师追悼会时与钦善、玉石等同志晤见，匆匆而别，未及细谈。因业务故，他们亦不常进城，较多见的是吴泰昌同志，并为我处介绍书稿（郑逸梅之《艺林散叶》，今年出书后当捡奉一册）。小吴是忙人，精力旺盛。常见新作问世，可见用力之勤。毛庆耆同志前已调暨南大学中文系执教，想兄早有所闻。云景魁同志仍在天津师院中文系，近况不知。李银珠同志在北京师院中文系，她爱人病故后，迄今仍孑然一身，也已多时未见了。灵年、汝霖仍在宁，弟（一九）七九年曾出差经宁，因行期匆促，未能趋谒，颇以为憾。

知兄工作颇忙，职称事想早已评定。弟遥祝诸事顺遂，为祷。另，尚希兄善自珍摄为要。如有暇，盼多来函赐教，如有事需在京办，亦请来函告知。千祈勿客气。不赘述，草草先释远念。

问嫂夫人及孩子们好，不另。

祝

教祺

弟 双生 敬上

1982年6月14日

奉赠新出之《池北偶谈》一部，供暇中翻阅，又及

吴泰昌（一通）

【书札墨迹】

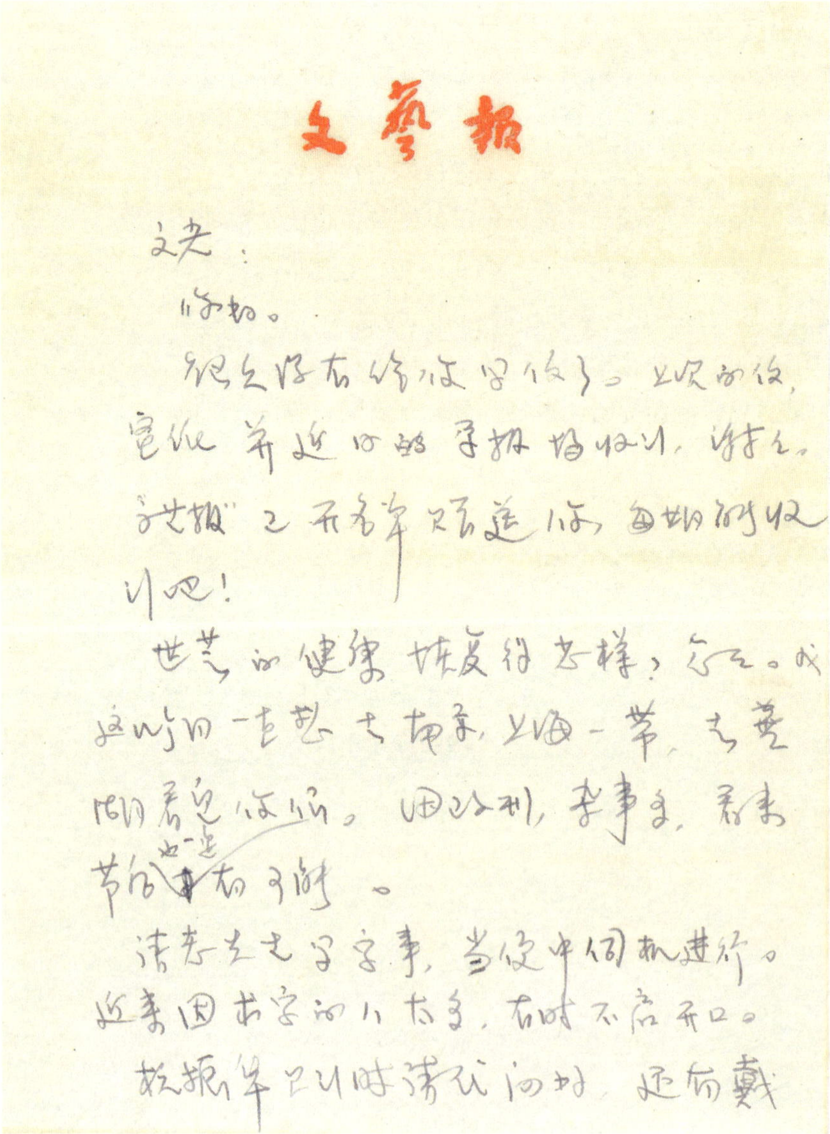

文藝報

文夫：

你好。

很久没有给你写信了。上次的信，电话，并送回的手稿均收到，谢谢。《世纪》已开始每期赠送你，每期你收到吧！

世艺的健康恢复得怎样？念念。我这些日子一直想去南京、上海一带，去看朋友们，看望你们。因没机会，杂事多，看来节后也一定有可能。

请泰夫先生写字事，当候时机进行。近来因求字的人太多，有时不好开口。

赵振华只以时请代问好，还有戴

吴泰昌（1937— ），安徽当涂人。作家，曾任《文艺报》副主编。

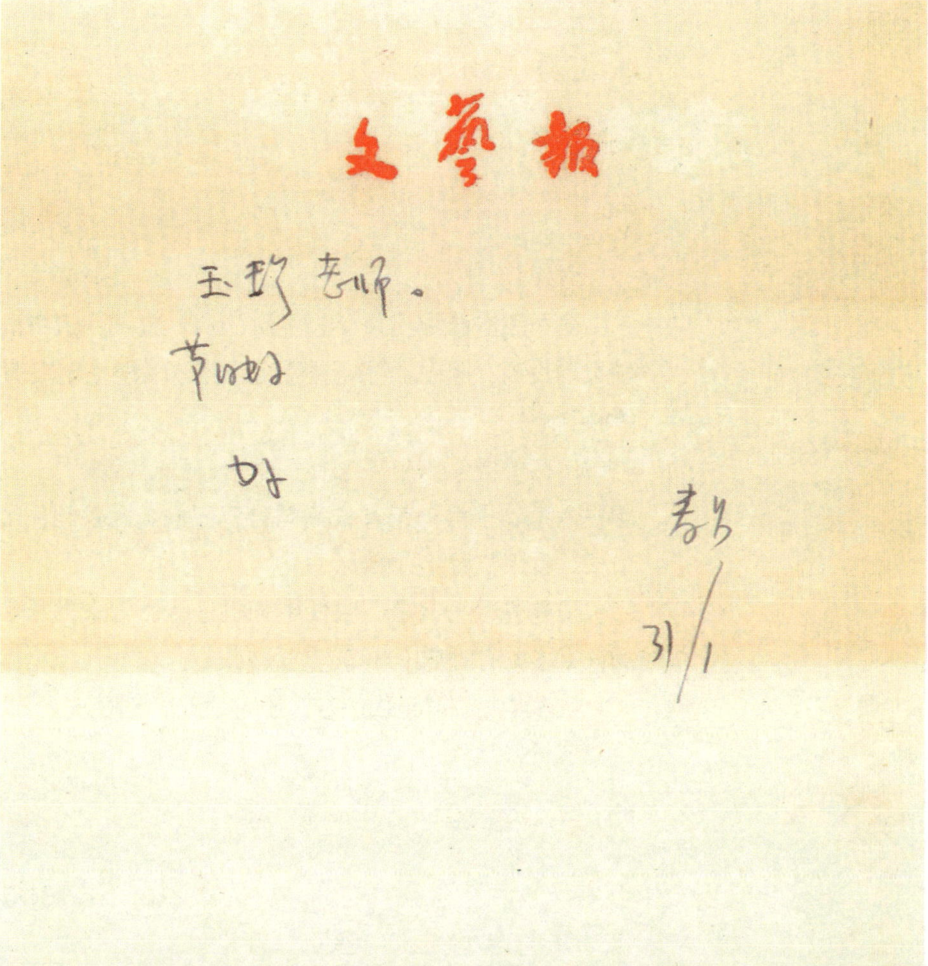

文藝報

玉珍老师：

节日好

好

泰昌

31/1

【书札释文】

文光：

你好。

很久没有给你写信了。上次的信、宣纸并近日的学报均收到，谢谢。《文艺报》已开名单赠送你，每期能收到吧！

世芸的健康恢复得怎样？念念。我这几个月一直想去南京、上海一带，去芜湖看望你们。因改刊，杂事多，看来节后才有可能。

请老先生写字事，当便中伺机进行。近来因求字的人太多，有时启不开口。

杭振华见到时请代问好，还有戴玉珍老师。

节日好

好

泰 昌

1月31日

编者注：此信写于1981年1月31日。

张菊玲（一通）

【书札墨迹】

张菊玲（1937— ），江苏南京人。中央民族大学教授。

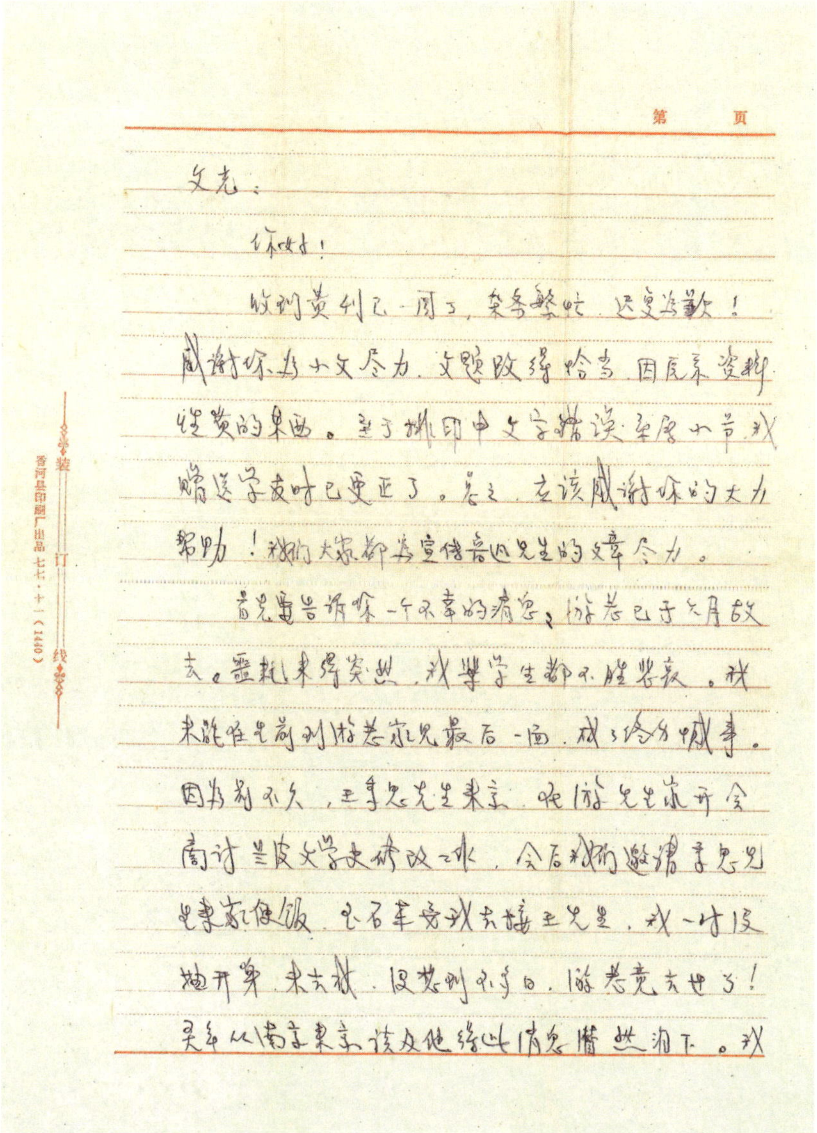

第　页

文光：

你好！

收到贵刊已一周了，杂务繁忙，迟复为歉！感谢你为小文尽力，文题改得恰当，因原系资料性质的东西。至于排印中文字错误，至属小节，我赠送学友时已更正了。总之，应该感谢你的大力帮助！我们大家都为宣传鲁迅先生的文章尽力。

首先要告诉你一个不幸的消息，游老已于六月故去。噩耗来得突然，我们学生都不胜悲哀。我未能在生前到游老家见最后一面，成了终身憾事。因为前不久，王季思先生来京，在游先生家开会商讨[illegible]文学史修改之事，会后我们邀请季思先生来家便饭，总召集要我去接王先生，我一时没抽开身，未去找，没想到不多日，游老竟去世了！吴新从南京来京谈及他[illegible]情况潸然泪下。我

第　　页

们几个十多年前在游先生主持下编写中国文学史的情景，好像还在眼前。有一张纪念"五四"的照片，在北大红楼前与游先生一起拍的，好像还是你主持此事。一晃都成了不可再得的往日了。

王季思先生从北京回后，又到南京讲学，吴[illegible]大力揄扬。见到贵刊上有王先生文章，知系你约稿。王先生也谈起你与他有通信联系。

编辑部常与银珠、兰英见面。前几天庆莫又来京。你是不是真像上次说的不再去美了。老同学校友的活动频繁起来，见面机会多了。盼你有机会来京一聚。

王石前些日子寄给你一组稿，说已收到。我们觉得这篇文章新意不多，如果贵刊版面过挤，就不要再用了，有便寄还给我们即可。实在麻烦你了。以后若有好质量的东西，当不忘记贵刊，请

装　订　线

香河县印刷厂出品　七七·十一（1440）

第　页

不要嫌麻烦。老同学再无须客气。你说对吗？

云石入学期要系统地讲现代文学史，暑假排除一切事务，全力备课。此处，也由我代向你问候，他就不再写信了。

北京入夏再度炎热，与去年比较，温度大大升高了。不过当然不至于有你们那方40℃高温，近日来，雨水也多些，还算凑合，也就可以定心看点书，干点事。

你的诸"公子"好吧！升重点学校了吧！王世芸在中文系吗？家里一切都好吗？北京都传说安庆快速，日常生活都不错，大家很羡慕，北京这个首都则不能比了！

向世芸及你们全家问好！

祝你工作顺利！

菊玲、云石

7.20.

装　订　线

香河县印刷厂出品 七七·十一（1240）

【书札释文】

文光：

你好！

收到贵刊已一周了，杂务繁忙，迟复为歉！感谢你为小文尽力，文题改得恰当，因原来资料性质的东西。至于排印中文字错误，系属小节，我赠送学友时已更正了。总之，应该感谢你的大力帮助！我们大家都为宣传鲁迅先生的文章尽力。

首先要告诉你一个不幸的消息：游老[①]已于六月故去。噩耗来得突然，我辈学生都不胜悲哀。我未能在（先生）生前到游老家见最后一面，成了终身憾事。因为前不久，王季思先生来京，在游先生家开会商讨蓝皮文学史修改工作，会后我们邀请季思先生来家便饭，玉石本要我去接王先生，我一时没抽开身，未去成。没想到不多日，游老竟去世了！灵年从南京来京，谈及他得此消息潸然泪下。我们几个十多年前，在游先生主持下编写蓝皮文学史的情景，好像还在眼前。有一张纪念“五四”的照片，在北大红楼前与游先生一起拍的，好像还是你主持此事。一晃都成了不可再得的珍品了。

王季思先生从北京走后，又到南京讲学，灵年大力招待。见到贵刊上有王先生文章，知系你约稿。王先生也谈起你与他有通信联系。

编词典常与银珠、兰英见面。前几天庆其又来京。你是不是真像上次说的不再出差了，老同学搞业务的活动频繁起来，见面机会多了，盼你有机会来京一叙。

玉石前些日子寄给你一文稿，谅已收到。我们觉得这篇文章新意不多，如果贵刊版面过挤，就不要再用了，有便寄还给我们，即可。实在麻烦你了。以后若有好质量的东西，当不忘记贵刊，请不要嫌麻烦，老同学亦无须客气，你说对吗?

玉石下学期要系统地讲现代文学史，暑假排除一切事务，全力备课。此处，也由我代向你问候，他就不再写信了。

北京入夏亦颇炎热，与当年比较，温度大大升高了。不过，当然不至于有你们南方40℃高温。近几天来，雨水也多些，还算凑合，也就可以定心看点书，干点事。

你的诸“公子”好吧！升重点学校了吧！王世芸在中文系吗？家里一切都好吗？北京都传说安徽供应、日常生活都不错，大家很羡慕。北京这个首都则不能比了！

向世芸及你们全家问好！

祝你工作顺利！

菊玲、玉石

7月20日[②]

编者注:①游老:指游国恩先生。

②此信写于1978年7月20日。

郭延礼（一通）

【书札墨迹】

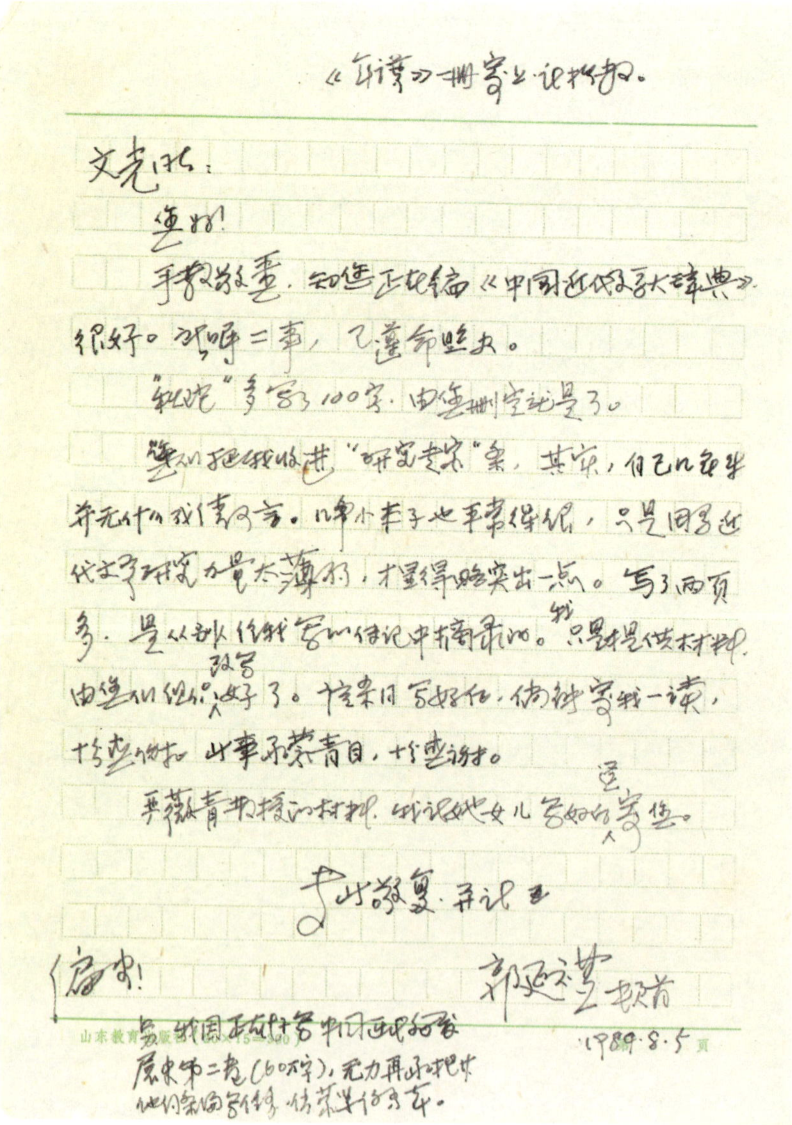

郭延礼（1937—），山东汶上人。中国近代文学研究专家。山东大学教授。

【书札释文】

文光同志：

您好！

手教敬悉。知您正在编《中国近代文学大辞典》，很好。所嘱二事，已遵命照办。

《秋瑾》多写了100字，由您删定就是了。

您（们）把我收进“研究专家”条，其实，自己几年来并无什么成绩可言，几本小本子也平常得很，只是因为近代文学研究力量太薄弱，才显得略突出一点。写了两页多，是从别人给我写的传记中摘录的。我只是提供材料，由您（们）组织改写好了。请条目写好后，倘能寄我一读，十分感谢。此事承蒙青目，十分感谢。

严薇青教授的材料，我请他女儿写好后径寄您。

专此敬复，并请

编安！

郭延礼，顿首

1989年8月5日

另：我因正在赶写《中国近代文学发展史》第二卷（60万字），无力再承担其他词条编写任务。请您原谅为盼。

《年谱》一册寄上请指教。

刘兰英（一通）

【书札墨迹】

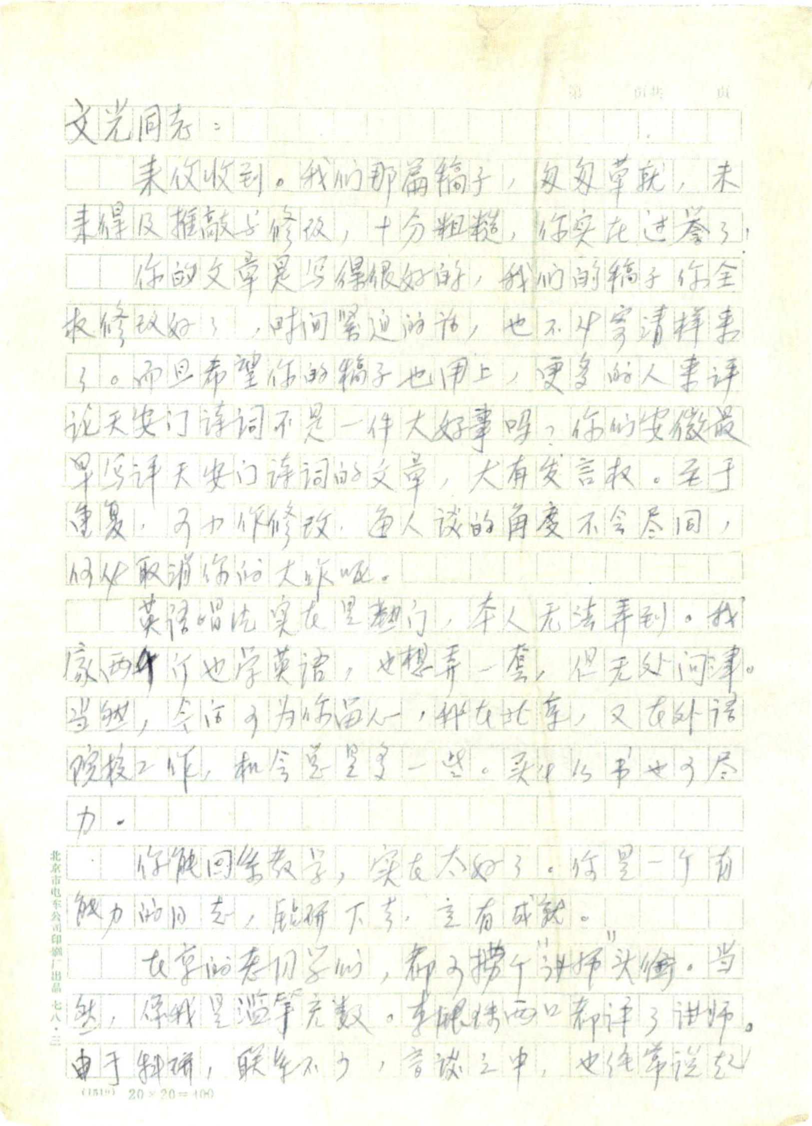

文光同志：

来信收到。我们那篇稿子，匆匆草就，未来得及推敲与修改，十分粗糙，你实在过誉了。

你的文章是写得很好的，我们的稿子你全权修改好了，时间紧迫的话，也不必寄清样来了。而且希望你的稿子也用上，更多的人来评论天安门诗词不是一件大好事吗？你们安徽最早写评天安门诗词的文章，大有发言权。至于重复，可力作修改，每人谈的角度不会尽同，何必取消你们的大作呢。

英语唱片实在是热门，本人无法弄到。我家两个孩子也学英语，也想弄一套，但无处问津。当然，今后可为你留心一下，我在北京，又在外语院校工作，机会总是多一些。买得到的书也可尽力。

你能回乡教学，实在太好了。你是一个有能力的同志，能干下去，定有成就。

在京的老同学们，都当了个"讲师"头衔。当然，像我是滥竽充数。李根法两口都评了讲师。由于种种，联系不多，言谈之中，也经常谈起

北京市电车公司印刷厂出品 七八·三

(1519) 20×20＝400

刘兰英（1938—2018），湖南益阳人。北京第二外国语学院教授，北京东方大学副校长。

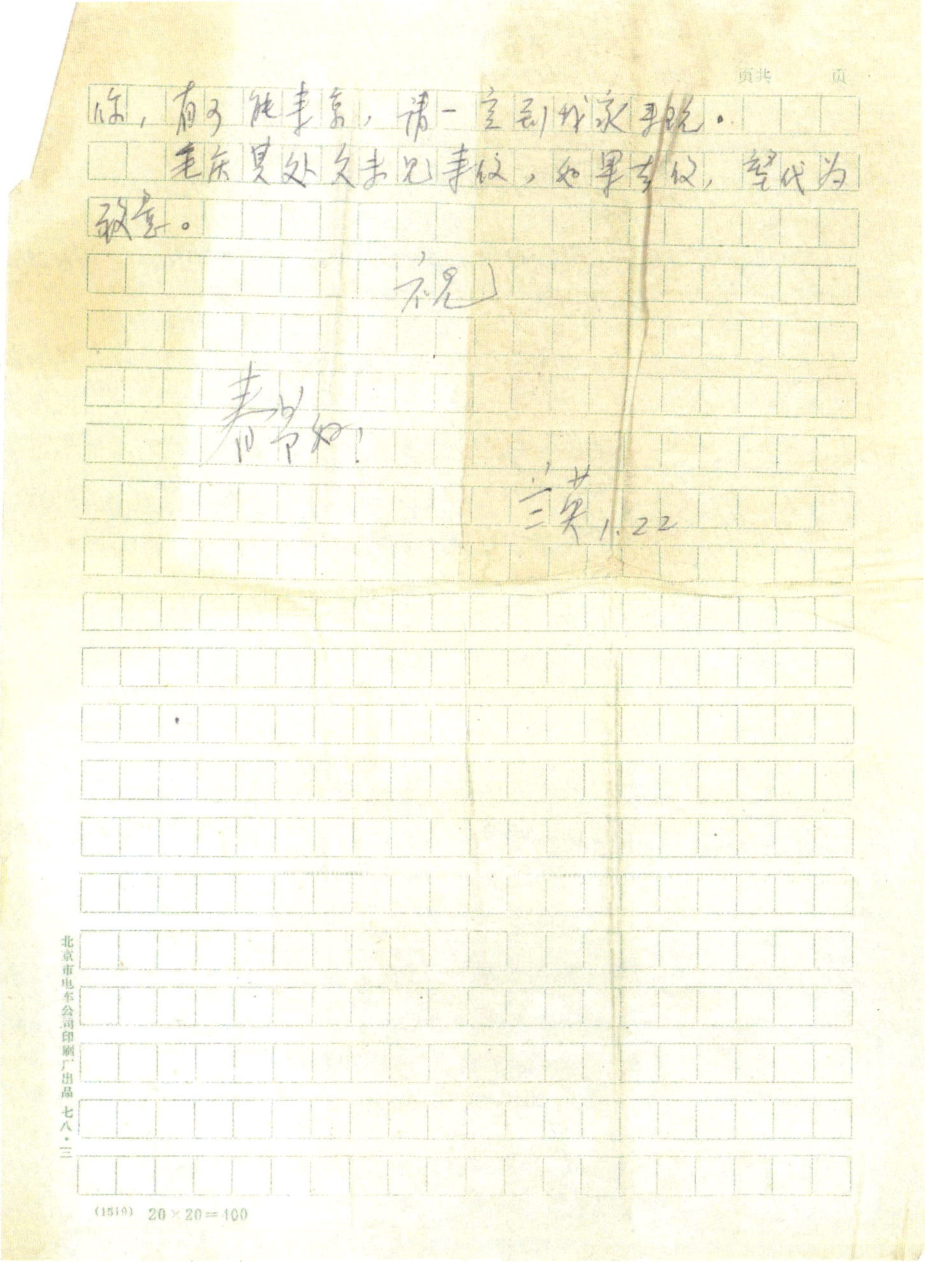

页共　　页

你，有可能来京，请一定到我家来玩。

老庆贤处久未见来信，如果去信，望代为致意。

祝

春节好！

兰英 1.22

北京市电车公司印刷厂出品 七八·三

(1510) 20×20=400

【书札释文】

文光同志：

来信收到。我们那篇稿子①，匆匆草就，未来得及推敲与修改，十分粗糙，你实在过誉了！

你的文章是写得很好的，我们的稿子你全权修改好了，时间紧迫的话，也不必寄清样来了。而且希望你的稿子也用上，更多的人来评论天安门诗词不是一件大好事吗？你们安徽最早写评天安门诗词的文章，大有发言权。至于重复，可小作修改，每人谈的角度不会尽同，何必取消你的大作呢。

英语唱片实在是热门，本人无法弄到。我家两千斤（金）也学英语，也想弄一套，但无处问津。当然，今后可为你留心，我在北京，又在外语院校工作，机会总是多一些。买什么书也可尽力。

你能回系教学，实在太好了。你是一个有能力的同志，钻研下去，定有成就。

在京的老同学们，都可捞个“讲师”头衔。当然，像我是滥竽充数，李银珠两口（子）都评了讲师。由于科研，联系不少，言谈之中，也经常说起你，有可能来京，请一定到我家来玩。

毛庆其处久未见来信，如果有信，望代为致意。

祝

春节好！

兰 英

1月22日

编者注：①稿子是指北京第二外国语学院汉语教研室教师以“童怀周”为笔名撰写的悼念周总理的文章。

蒋　凡（一通）

【书札墨迹】

蒋　凡（1939— ），福建泉州人。复旦大学教授。

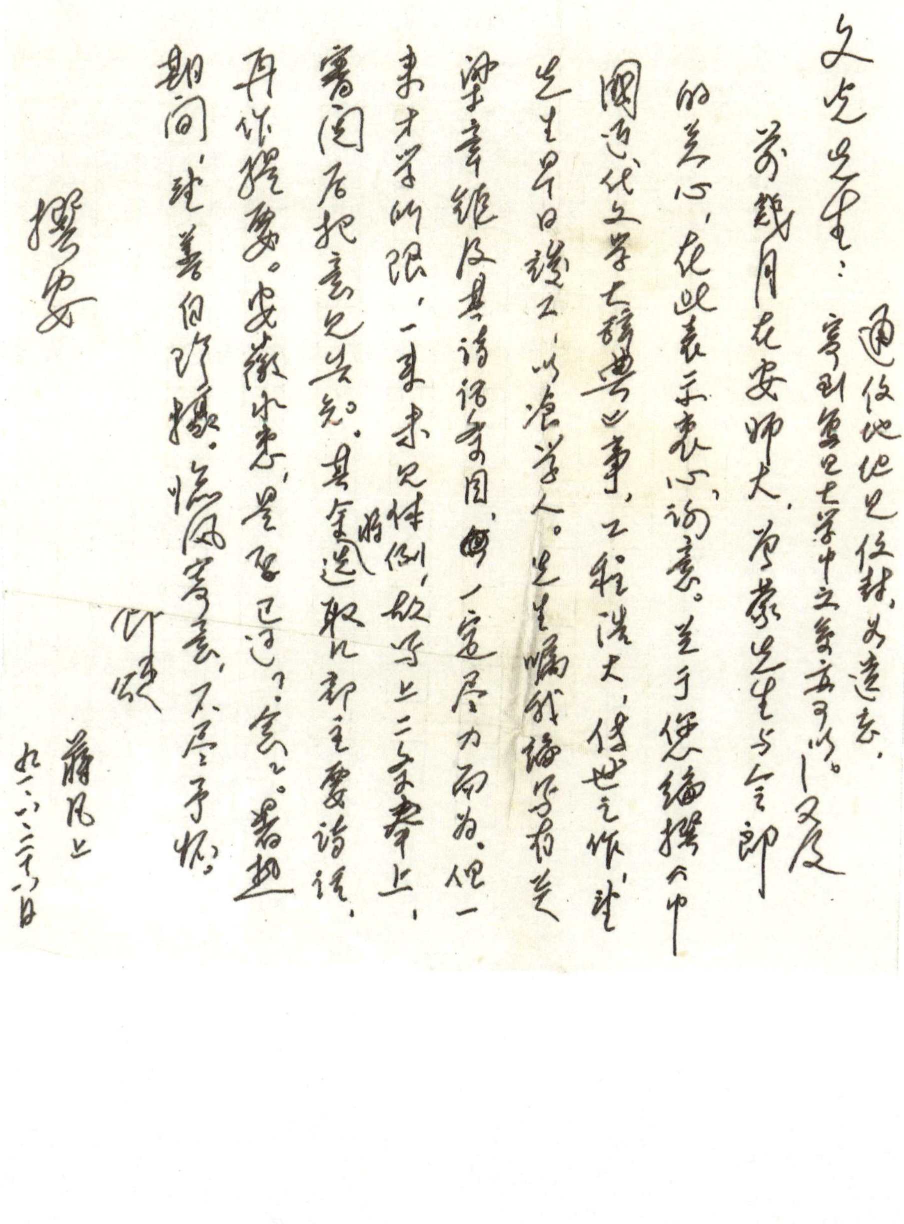

文先生：

通信地址已收到，多谢，寄到复旦大学中文系亦可。又及

前几月在安师大，曾蒙先生与令郎的关心，在此表示衷心谢意。关于您编撰《中国近代文学大辞典》之事，工程浩大，传世之作，望先生早日竣工，以飨学人。先生嘱我编写有关梁章钜及其诗话条目，我一定尽力而为，但一来才学所限，一来未见体例，故写上二条奉上，审阅后把意见告知。其余将选取几部主要诗话，再作撰写。安徽水患，是否已过？念念。暑期间，望善自珍摄。临风寄意，不尽予怀。

此致

撰安

蒋凡上

九一、六、二十八日

【书札释文】

文光先生：

前几月在安师大，曾蒙先生与令郎的关心，在此表示衷心谢意。关于您编撰《中国近代文学大辞典》事，工程浩大，传世之作，望先生早日竣工，以飨学人。先生嘱我编写有关梁章钜及其诗话条目，一定尽力而为。但一来才学所限，一来未见体例，故写上二条奉上，审阅后把意见告知。其余将选取几部主要诗话，再作提要。

安徽水患是否已过？念念。暑热期间，望善自珍摄。临风寄意，不尽予怀。

即颂

撰安

蒋 凡 上

一九九一年八月二十八日

通信地址见信封，如遗忘，寄到复旦大学中文系亦可以。又及

顾国瑞（二通）

【书札墨迹】

顾国瑞（1939— ），浙江宁波人。1965年北京大学研究生毕业，留校任教。20世纪80年代后期，调入北京大学分校，曾任中文系主任。

一

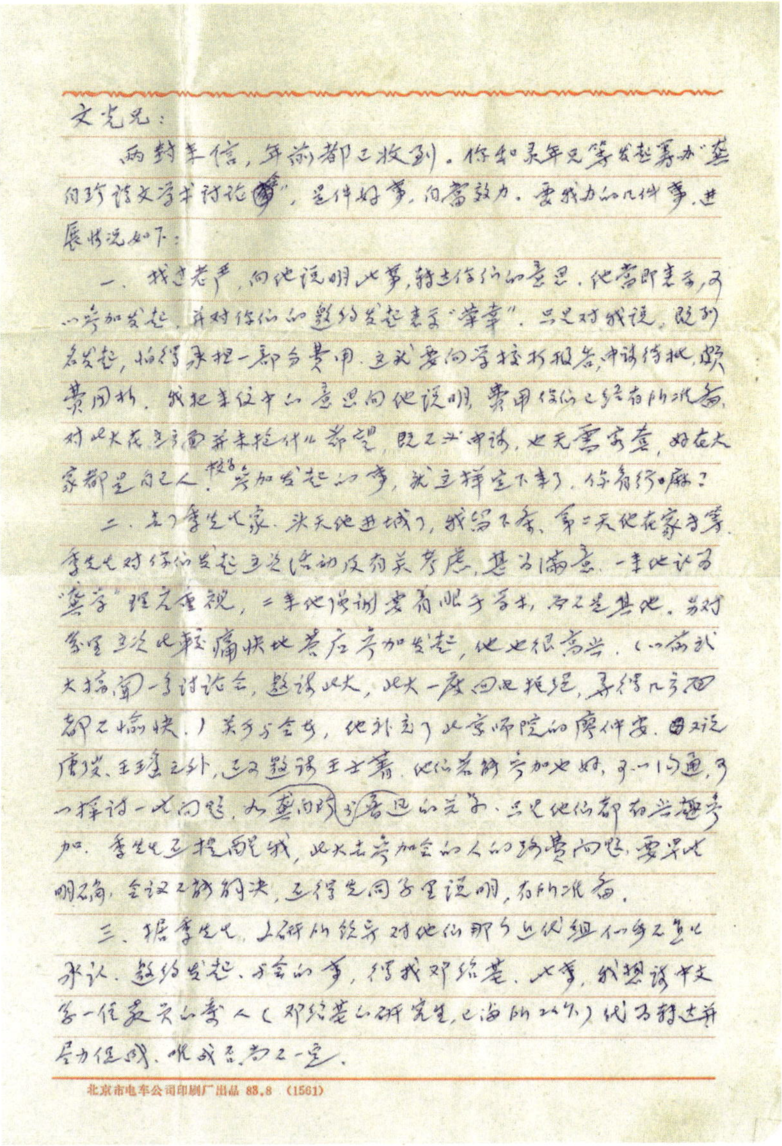
文光兄：

两封来信，年前都已收到。你和吴年兄等发起筹办"燕园诗词文学学术讨论会"，是件好事，自当效力。要我办的几件事，进展情况如下：

一、找过老严，向他说明此事，转达你们的意思。他当即表示，可以参加发起，并对你们的邀约发起表示"荣幸"。只是对我说，既列名发起，怕得承担一部分费用，这就要向学校打报告，申请特批，经费开支。我把来信中的意思向他说明，费用你们已经有所准备，对北大并未抱什么希望，既不必申请，也无需开支，好在大家都是自己人。校名参加发起的事，就这样定下来了。你看行吗？

二、去了季先生家。头天他进城了，我留下条，第二天他在家等。季先生对你们发起这次活动及有关考虑，甚为满意。一来他认为"燕学"理应重视，二来他强调要有助于学术，而不是其他。当时这次比较痛快地答应参加发起，他也很高兴。以前我大搞过一次讨论会，邀请北大，北大一度回绝拒绝，弄得几方面都不愉快。〔关于与会者，他补充了北京师院的廖仲安。〕除了唐弢、王瑶之外，还可邀请王士菁。他们若能参加也好，可以一同通，可以一样讨论一些问题，如燕园时期与鲁迅的关系。只是他们都有兴趣参加。季先生还提醒我，北大去参加会的人的路费问题，要早些明确，会议上能解决，还得先同学校说明，有所准备。

三、据季先生，上海研究所领导对他们那个正式组织仍然不愿正式承认。邀约发起、与会的事，得找邓绍基。此事，我想请中文学一位最突出的青年人（邓绍基的研究生，上海所工作）代为转达并尽力促成。能成否，尚不一定。

北京市电车公司印刷厂出品 88.8 （1561）

你兄所拟书会友名单，把我也列入了，盛意可感，但实不敢滥竽充数。喜欢的诗文，虽有兴趣，也曾稍事涉猎，但既谈不上研究，更无成果，自不应厕身于专家学者之间。在季先生处，我即向他申说此意，不想先生不以为然，要我同列，也只好让我学习，鞭策我前进吧。当面之便建议，主事以后再说吧。至于参加筹备组，作为北大代表一事，我对老严、季先生都未提起。我觉得无此必要，也不愿出面挂名。北大方面有什么事需要联系，当时会转达，限于实际，也不甚愿意实际，力量有限。

今春听说嫂夫人有病，一直是念在心。近况如何？好些了吧？你的身体也不算很好，工作负担、家庭负担又重，亦望保重！又，安徽师大图书馆有何珍本，若有空闲（特别是善本书目），祈寄我一份。我对明末清初人著述颇有兴趣，此类书，江南各地必有珍本、秘本的。

见到李灵年同志，请代为问好。

即颂

大安

弟 国瑞 5/1

来信或寄中文系，或寄北京黄庄北大附中一号楼318号
假期去学校更少，迳寄家里，便捷些。

又及。

北京市电车公司印刷厂出品 83.8 （1561）

二

NO.

DATE

文光兄：

杭庆晤谈，殊为愉快。十号下午我陪刘光英去勺园、到图书馆前都未找到你，我便去参加大学同学聚会了。（后来听说你们在校园遇见了，还欣赏了未名湖夜景。）第二天下午往华奥打电话，想去拜访，但没人接，晚上再打，已住进了别人。

这些年来，我们一直关心龚自珍研究情况，也注意搜寻有关资料。囿于旧习，自得其乐而已。前一阵购得《清人诗集叙录》，翻检后二册，尚镕、梅曾亮、陆继辂、许正绶等人的诗集，早些年我都翻检抄录过，李兆鹏、刘履芬诗则未见，也有些我检阅过的诗集，此书未曾叙录。材料收集之事，真是不可能穷尽。穷尽的想法，或许就有点迂。

谢谢你的督促和鼓励。关于龚学，确实有不少事可做，也应该去做。你说到的汇辑佚文，眼下就可以做。我想，单是汇辑，似乎意思不大，最好编著一本佚文辑考，对每篇佚文的写作时间、地点、背景及所涉及的人、事，在原发现者所著文的基础上，再做一次全面的考证，原发现者的疏漏之处，则予以补正。我想，此事于你我，都是现成的，只要把手头的东西稍加整理即可交付出版。同学聚会，有出版社的社长兼总编也找我，他这些年也一直劝我给他们书稿，我说起此书设想，他也乐于出。如果兄同意，我可以助成此事。另外，佚词我原想拜访时复印一份带去给你。以诸同好，本也是一件乐事。

其他工作，还可以进一步计划。如果拉上孙钦善兄，我想还可以申报国家基金立项。主要是可借此跑跑图书馆，

顾国瑞（二通）

NO.

DATE

收集资料。什么时间有空来京住一段，我们可以去跑跑图书馆。或许有机会我也可以去南方转转。

很想听听你的意见。请尽快回信，现在打长途也很方便，半夜时打费用也不高。你的电话号码是多少？我的是62566681，邮编100080。

顺问候嫂夫人。

祝

好

弟 国瑞 6.19

【书札释文】

一

文光兄：

两封来信，年前都已收到。你和灵年兄等发起筹办“龚自珍诗文学术讨论会”，是件好事，自当效力。要我办的几件事，进展情况如下：

一、找过老严[①]，向他说明此事，转达你们的意思，他当即表示，可以参加发起，并对你们的邀约发起表示“荣幸”。只是对我说，既列名发起，怕得承担一部分费用，这就要向学校打报告，申请待批，颇费周折。我把来信中的意思向他说明，费用你们已经有所准备，对北大在这方面并未抱什么希望，既不必申请，也无需客套，好在大家都是自己人。中文系参加发起的事，就这样定下来了。你看行嘛？

二、去了季先生[②]家。头天他进城了，我留下条，第二天他在家专等。季先生对你们发起这次活动及有关考虑，甚为满意，一来他认为“龚学”理应重视，二来他强调要着眼于学术，而不是其他。另对系里这次比较痛快地答应参加发起，他也很高兴（以前武大搞闻一多讨论会，邀请北大，北大一度回电拒绝，弄得几方面都不愉快）。关于与会者，他补充了北京师院的廖仲安，又说唐弢、王瑶之外，还可邀请王士菁，他们若能参加也好，可以沟通，可以探讨一些问题，如鲁迅与龚自珍的关系，只要他们都有兴趣参加。季先生还提醒我，北大去参加会的人的路费问题，要早些明确，会议不能解决，还得先同系里说明，有所准备。

三、据季先生，文研所领导对他们那边近代组似乎不怎么承认，邀约发起、与会的事，得找邓绍基。此事，我想请中文系一位教员的爱人（邓绍基的研究生，已留所工作）代为转达并尽力促成，唯成否尚不一定。

仁兄所拟与会者名单，把我也列入了，盛意可感，但实不敢滥竽充数。龚自珍的诗文，虽有兴趣，也曾稍事涉猎，但既谈不上研究，更无成果，自不应厕身于方家、学者之间。在季先生处，我即向他申说此意，不想先生不以为然，要我同行，大约是让我学习，鞭策我前进吧，当面不便违背，这事以后再说吧。至于参加筹备组，作为北大代表一事，我和老严、季先生都未提起，我觉得无此必要，也不愿出面挂名，北大这边有什么事需要联系，当略尽绵薄，唯拙于交际，也不甚愿意交际，力量有限。

今春听说嫂夫人有病，一直悬念在心，近况如何？好些了吧？你的身体也不算很好，工作负担、家庭负担又重，亦望保重！又，安徽师大图书馆有何珍藏，若有书目（特别是善本书目），祈寄我一份，我对明末清初人著述颇有兴趣，此类书，江南还是不少珍本、秘本的。

见到李灵年同志，请代为问好。

即颂

大安

弟 国瑞

5月1日[③]

来信或寄中文系，或寄北京黄庄北大附中一号楼318号。假期去学校更少，径寄家里便捷些。

又及

编者注：①老严：指严家炎教授，时任北京大学中文系主任。

②季先生：指季镇淮教授。

③此信写于1985年5月1日。

二

文光兄：

校庆晤谈，殊为愉快。4号下午，我陪刘兰英去5

院、新图书馆前都未找到你，我便去参加大学同学聚会了。(后来听说你们在校园遇见了，还欣赏了未名湖夜景。)第二天下午往华奥打电话，想去拜访，但没人接，晚上再打，已住进了别人。

这些年来，我仍一直留心龚自珍研究情况，也注意搜寻有关资料，囿于旧习，自得其乐而已。前一阵购得清人诗集叙录，翻检后二册，尚镕、梅曾亮、陆继辂、许正绶等人的诗集，早些年我都翻检抄录过。李九鹏、刘履芬诗则未见。也有些我检阅过的诗集，此书未曾叙录。材料收集之事，真是不可能穷尽。穷尽的想法，或许就有点迂。

谢谢你的督促和鼓励，关于龚学，确实有不少事可做，也应该去做。你说到的汇辑佚文，眼下就可以做，我想，单是汇辑，似乎意思不大，最好编著一本佚文辑考，对每篇佚文的写作时间、地点、背景所涉及的人、事，在原发现者所著文的基础上，再做一次全面的考证，原发现者的疏漏之处，则予以补正。我想，此事于你我，都是现成的，只要把手头的东西稍加整理即可交付出版。同学聚会，有在出版社当社长兼总编的就找过我，他这些年也一直劝我给他们书稿，我说起此书设想，他也乐于出，如果兄同意，我可以助成此事。另外，佚词我原想拜访时复印一份带去给你。公诸同好，本也是一件乐事。

其他工作。还可以进一步计划。如果拉上孙钦善兄，我想还可以申报国家基金立项。主要是可借此跑跑图书馆，收集资料。什么时间有空来京住一段，我们可以安排一下跑图书馆，或许有机会我也可以去南京转转。

很想听听你的意见。请尽快回信，现在打长途也很方便，半夜时打费用也不高。你的电话号码是多少？我处是62566681，邮编是100080。

问候嫂夫人。祝

好

弟 国瑞

6月19日

编者注：此信写于1998年6月19日。

杨国桢（一通）

【书札墨迹】

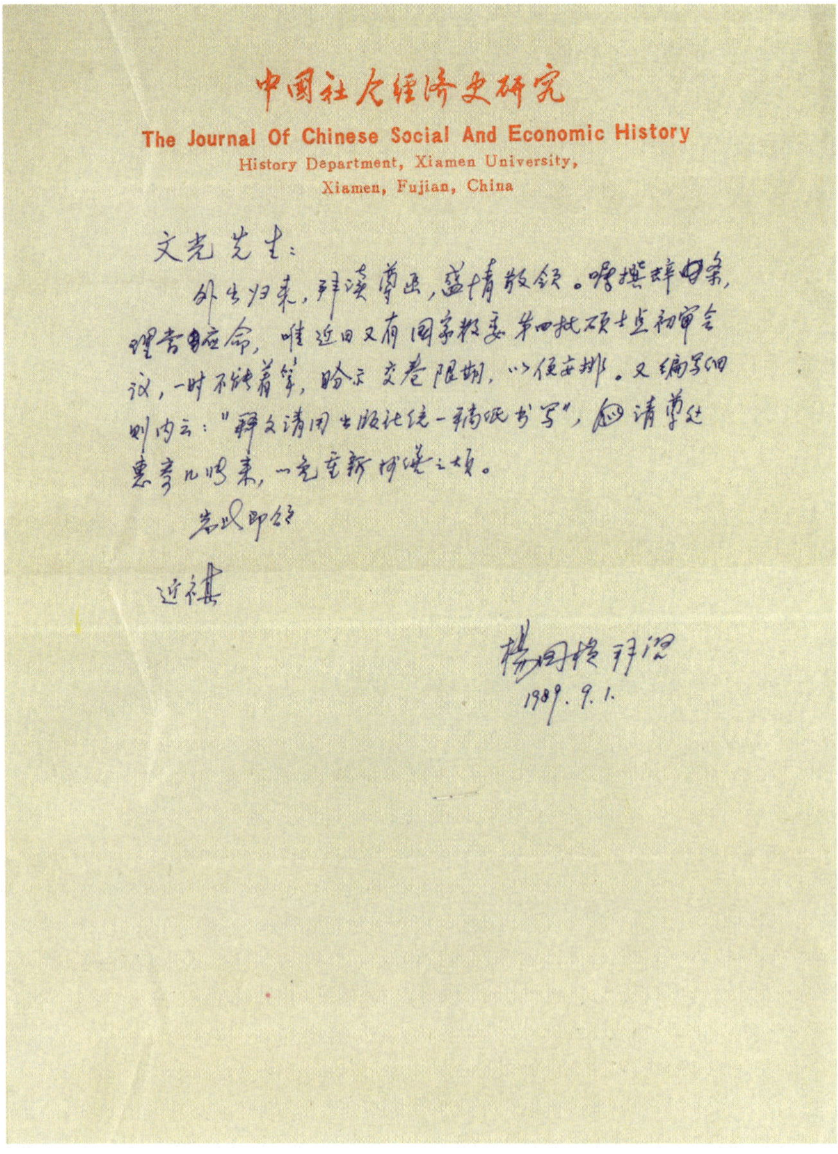

中国社会经济史研究
The Journal Of Chinese Social And Economic History
History Department, Xiamen University,
Xiamen, Fujian, China

文光先生：

外出归来，拜读尊函，盛情敬领。嘱撰辞条，理当应命，唯近日又有国家教委第四批硕士点初审会议，一时不能着笔，盼示交卷限期，以便安排。又编写细则内云："释文请用出版社统一稿纸书写"，亦请尊处惠寄几张来，以免重新誊录之烦。

专此即颂

近祺

杨国桢拜启
1989.9.1.

杨国桢（1940—），福建龙岩人。明清史家，厦门大学教授。

【书札释文】

文光先生：

外出归来，拜读尊函，盛情敬领。嘱撰词条，理当应命。唯近日又有国家教委第四批硕士点初审会议，一时不能着手，盼示交卷限期，以便安排。又编写细则内云：“释文请用出版社统一稿纸书写”，请尊处惠寄几张来，以免重新抄缮之烦。

专此即颂

近祺

杨国桢 拜启

1989年9月1日

陈永正（一通）

【书札墨迹】

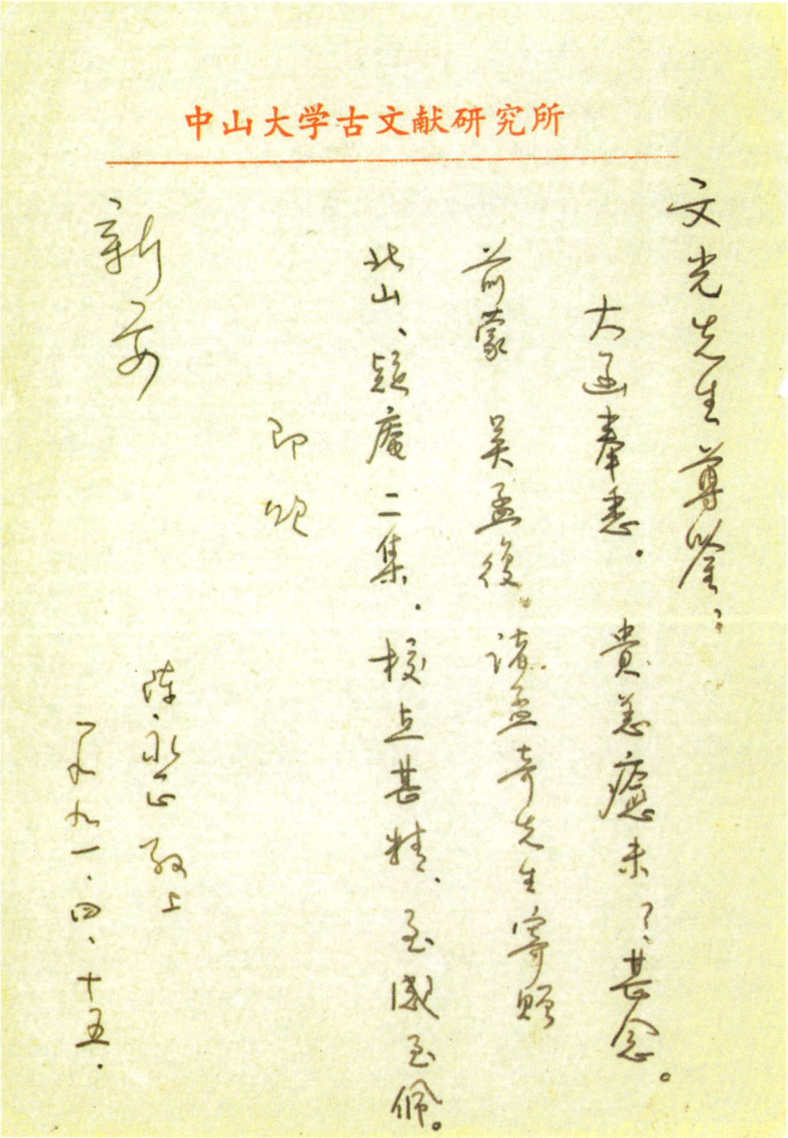

中山大学古文献研究所

文光先生尊鉴：

大函奉悉。贵恙痊未？甚念。

前蒙 吴孟复、诸伟奇先生寄赠

北山、镜庵二集，校点甚精，至感至佩。

即颂

新安

陈永正 敬上

九一、四、十五。

陈永正（1941— ），字止水，号沚斋，广东高州人。中山大学研究员。

【书札释文】

文光先生尊鉴：

大函奉悉，贵恙瘉否？甚念。

前蒙吴孟复、诸伟奇先生寄赠北山、疑庵二集，校点甚精，至感至佩。

即颂

新安

陈永正 敬上

一九九一年四月十五日

黄　霖（一通）

【书札墨迹】

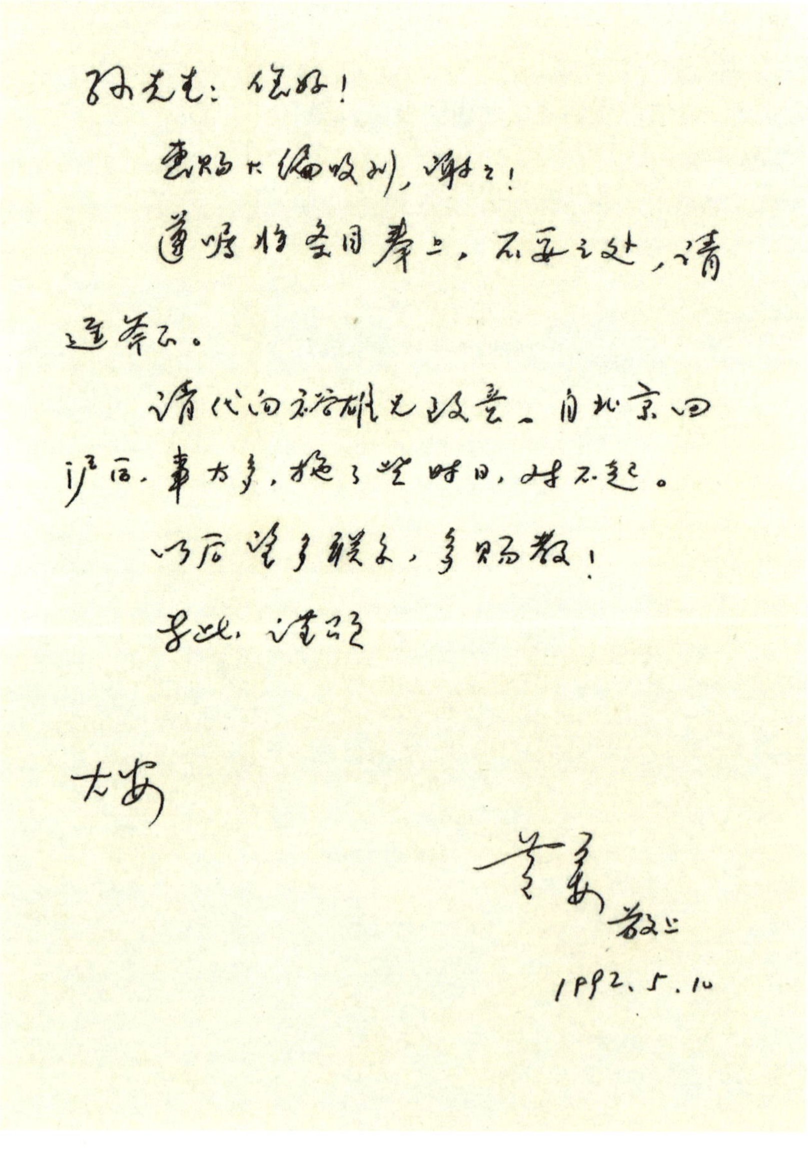

孙先生：您好！

惠赐大编收到，谢谢！

遵嘱将条目奉上，不妥之处，请迳改正。

请代向范伯群兄致意。自北京回沪后，事太多，拖了些时日，对不起。

以后望多联系，多赐教！

专此，谨颂

大安

黄霖 敬上

1992.5.10

黄　霖（1942—　），上海嘉定人。文学批评史家，复旦大学教授。

【书札释文】

孙先生：

您好！

惠赐大编收到，谢谢！

遵嘱将条目奉上，不妥之处，请迳斧正。

请代向裕雄兄致意。自北京回沪后，事太多，拖了些时日，对不起。

以后望多联系，多赐教！

专此，谨颂

大安

黄霖 敬上

1992年5月10日

王翼奇（一通）

【书札墨迹】

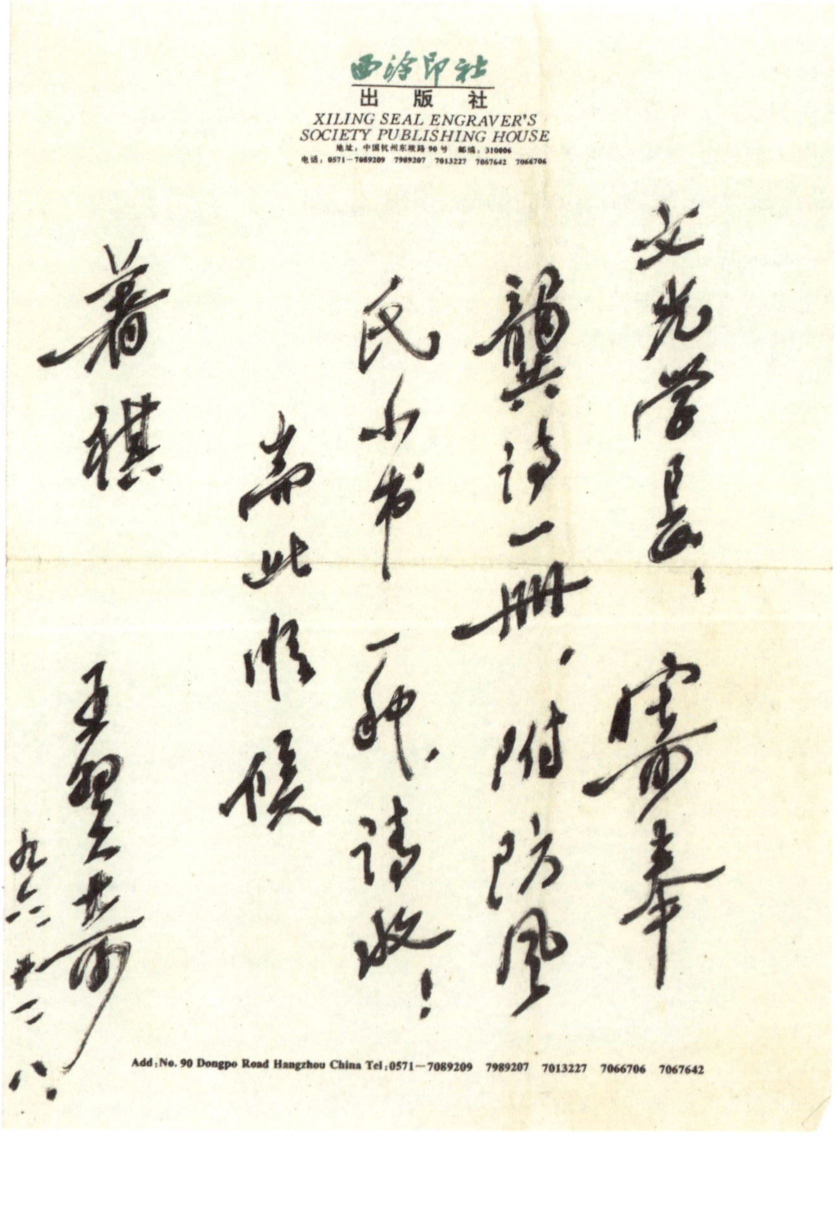

西泠印社
出版社
XILING SEAL ENGRAVER'S
SOCIETY PUBLISHING HOUSE
地址：中国杭州东坡路90号 邮编：310006
电话：0571－7089209 7989207 7013227 7067642 7066706

文光学长：寄奉
韵翼诗一册，附防风
氏小书一种，请收！
专此顺候
著祺
王翼奇
九六·十二·八

Add: No. 90 Dongpo Road Hangzhou China Tel: 0571－7089209 7989207 7013227 7066706 7067642

王翼奇（1942— ），原名萧佛寿，字羽之，福建南安人。诗人，书法家。曾任浙江教育出版社编审、浙江古籍出版社副总编辑。

【书札释文】

文光学长：

寄奉龚诗一册。附防风氏小书一种，请收！

专此顺候

著祺

王翼奇

一九九六年十一月八日

陈昊苏（一通）

【书札墨迹】

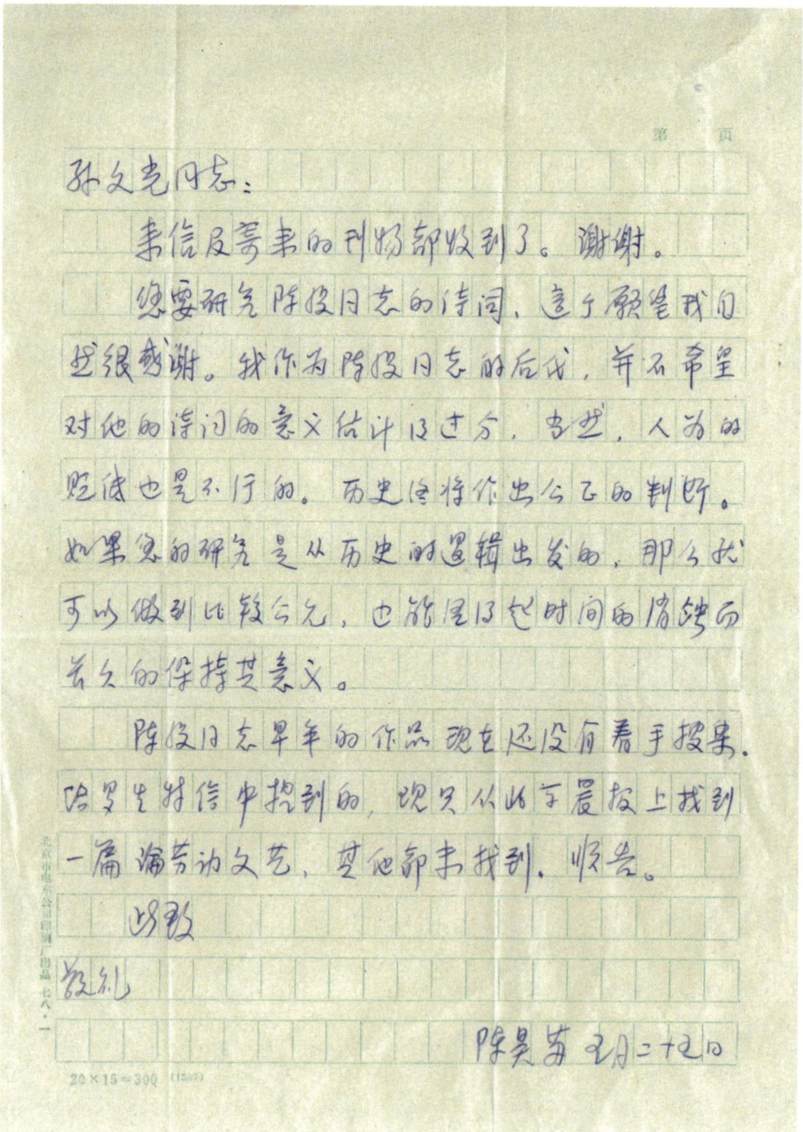
孙文光同志：

来信及寄来的刊物都收到了。谢谢。

您要研究陈毅同志的诗词，这个愿望我们也很感谢。我作为陈毅同志的后代，并不希望对他的诗词的意义估计过分，当然，人为的贬低也是不行的。历史总将作出公正的判断。如果您的研究是从历史的逻辑出发的，那么就可以做到比较公允，也能经得起时间的消蚀而长久的保持其意义。

陈毅同志早年的作品现在还没有着手搜集。给罗生特信中提到的，现只从北京晨报上找到一篇论劳动文艺，其他都未找到。附告。

此致

敬礼

陈昊苏 五月二十九日

陈昊苏（1942— ），四川乐至人。曾任中国人民对外友协会长。

【书札释文】

孙文光同志：

来信及寄来的刊物都收到了。谢谢。

您要研究陈毅同志的诗词，这个愿望我自然很感谢。我作为陈毅同志的后代，并不希望对他的诗词的意义估计得过分，当然，人为的贬低也是不行的。历史终将作出公正的判断。如果您的研究是从历史的逻辑出发的，那么就可以做到比较公允，也能经得起时间的消蚀而长久地保持其意义。

陈毅同志早年的作品，现在还没有着手搜集。给罗生特信中提到的，现只从《北京晨报》上找到一篇《论劳动文艺》，其他都未找到。顺告。

此致

敬礼

陈昊苏

五月二十五日

王克谦（二通）

【书札墨迹】

一

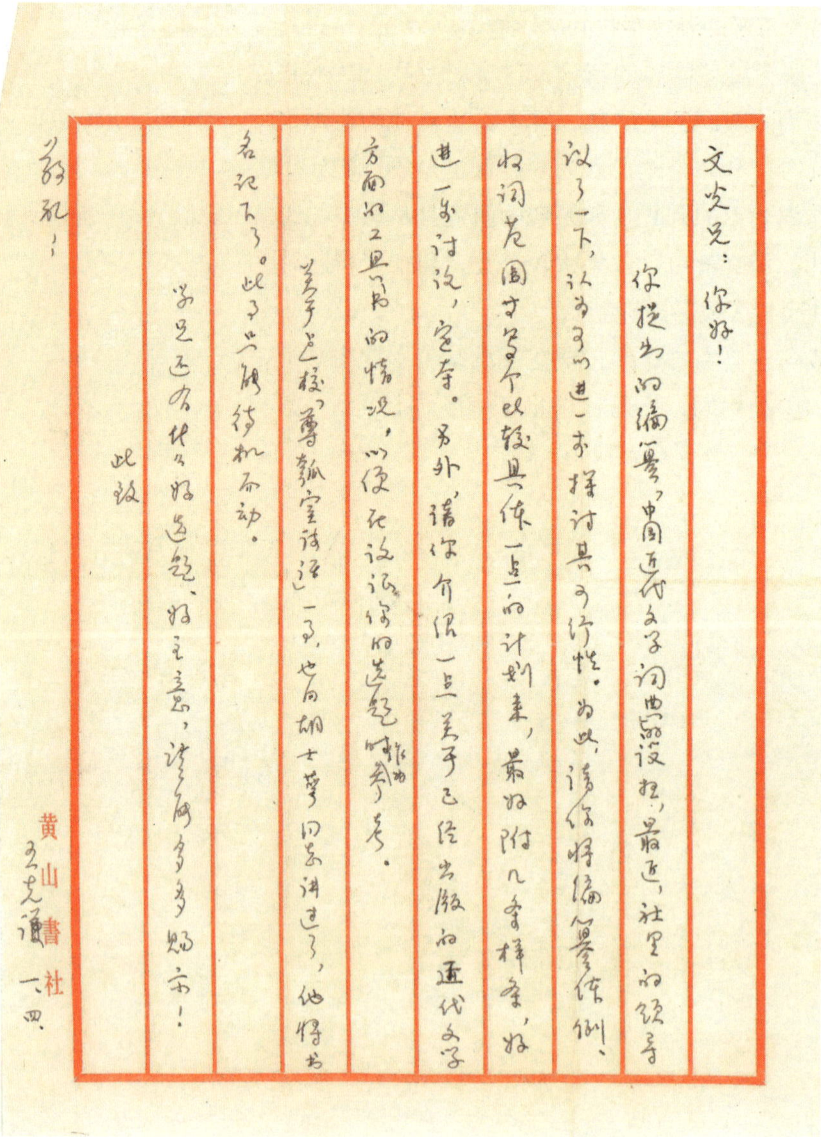

文必兄：你好！

你提出的编纂《中国近代文学词典》的设想，最近，社里的领导议了一下，认为可以进一步探讨其可行性。为此，请你将编纂体例、收词范围等写个比较具体一点的计划来，最好附几条样条，好进一步讨论，定夺。另外，请你介绍一点关于已经出版的近代文学方面的工具书的情况，以便在论证你的选题时作为参考。

关于已接《尊瓠室诗话》一书，也向胡士莹同志讲过了，他将书名记下了。此事只能待机而动。

文必兄还有什么好选题、好主意，请随时多多赐示！

此致

敬礼！

黄山書社 王克谦 一.四

王克谦（1944— ），江苏南通人。曾任黄山书社、安徽文艺出版社副总编辑。

二

黄山书社

文光学兄：

您好！前年，学兄就有志于编纂一部“近代文学史辞典”，当时，因社里财力有限，未能将辞典列入出版计划。这两年来，总算赚了点钱，想出些有价值的书，自然想到了学兄的这部辞典。如果这样的辞典目前仍无人编纂，我想请学兄抓紧时间将辞典编纂起来，您意下如何？待意向初定后，我们再商量有关具体事宜。

祝

夏安！

王克谦

89.5.12.

【书札释文】

一

文光兄：

你好！

你提出的编纂《中国近代文学辞典》的设想，最近，社里的领导议了一下，认为可以进一步探讨其可行性。为此，请你将编纂体例、收词范围等写个比较具体一点的计划来，最好附几条样条，好进一步讨论、定夺。另外，请你介绍一点关于已经出版的近代文学方面的工具书的情况，以便在论证你的选题时作为参考。

关于点校《尊瓠室诗话》一事，也向胡士莹同志讲过了，他将书名记下了。此事只能待机而动。

学兄还有什么好选题、好主意，请能多多赐示！

此致

敬礼！

王克谦

1月4日

编者注：此信写于1987年1月4日。

二

文光学兄：

您好！前年，学兄就有志于编纂一部《近代文学大辞典》，当时因社里财力有限，未能将辞典列入出版计划。这两年来，愚弟赚了点钱，想出点有价值的书，自然想到学兄的这部辞典。如果这样的辞典，目前仍无人编纂，我想请学兄抓紧时间将辞典编纂起来，您意下如何？待意向初定后，我们再商量有关具体事宜。

祝

夏安！

王克谦

1989年5月12日

林　岫（一通）

【书札墨迹】

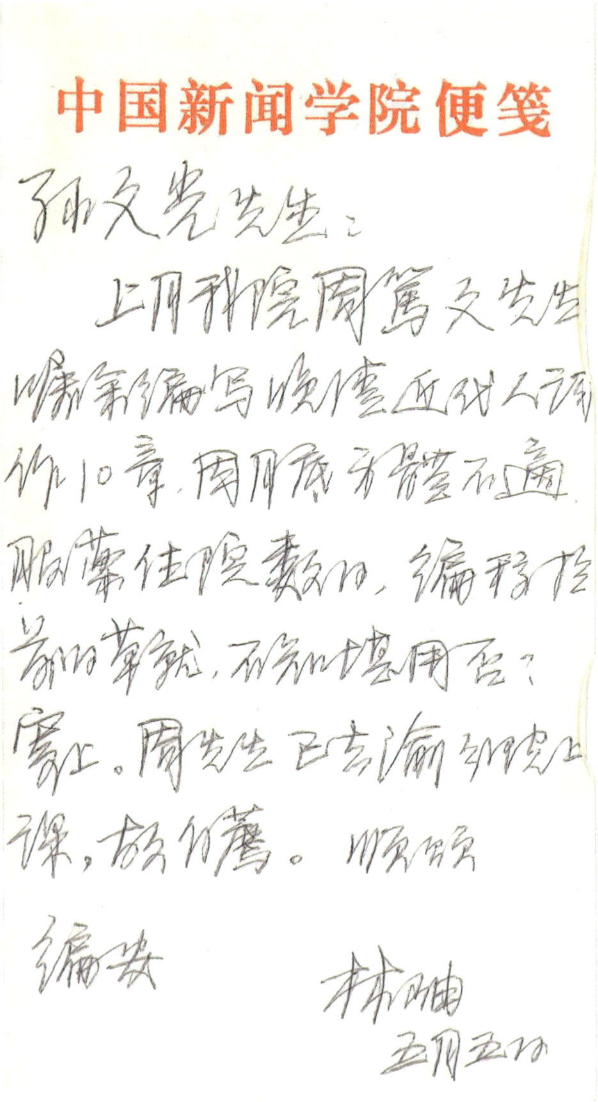

中国新闻学院便笺

孙文光先生：

上月我院周笃文先生嘱余编写晚唐五代人词作10章，因月底身体不适服药住院数日，编稿于前日草就，不知可堪用否？寄上。周先生已去渝[illegible]上课，故代荐。顺颂

编安

林岫

五月五日

林　岫（1945— ），字频中，浙江绍兴人。诗人、书法家，中国新闻学院教授。

【书札释文】

孙文光先生：

上月，我院周笃文先生嘱余编写晚清近代人词作10章，因月底身体不适，服药住院数日，编稿于前日草就，不知堪用否？寄上。周先生已去渝分院上课，故自荐。

顺颂

编安

林 岫

五月五日

编者注：此信写于1992年5月5日。

莫砺锋(一通)

【书札墨迹】

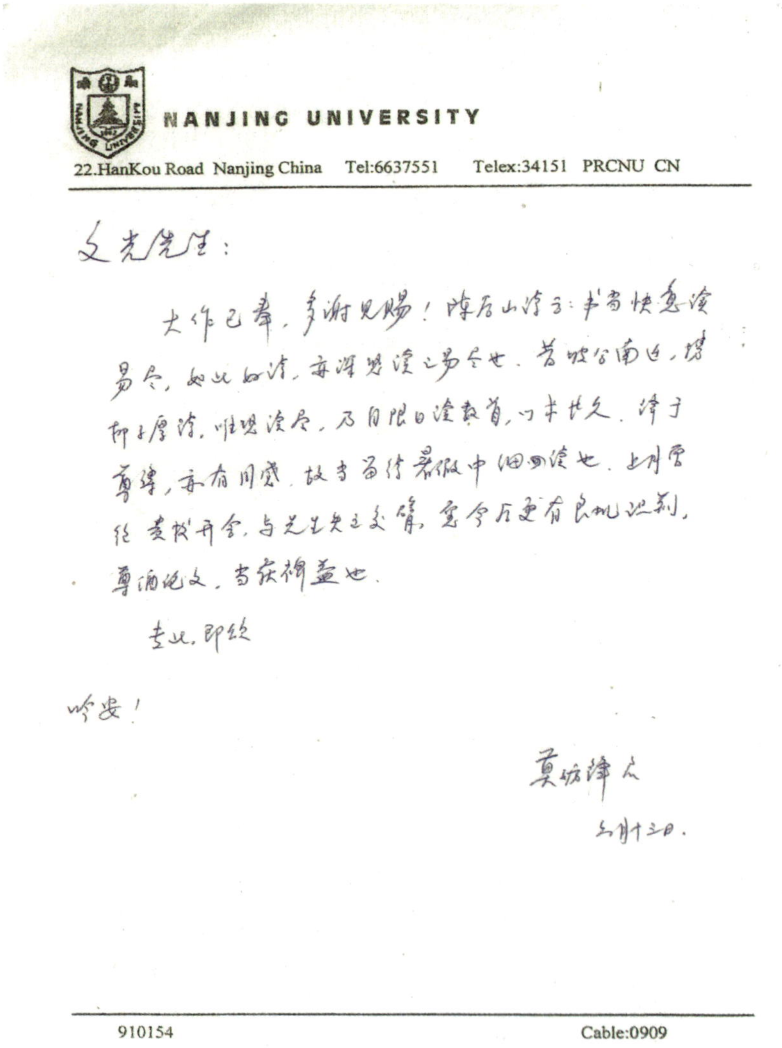

NANJING UNIVERSITY

22.HanKou Road Nanjing China Tel:6637551 Telex:34151 PRCNU CN

文光先生：

大作已奉，多谢见赐！陈后山诗云：书当快意读易尽，如此好诗，亦深悔读之易尽也。昔坡公南迁，携柳子厚诗，惟恐读尽，乃日限日读数首，以求其久。读子尊律，亦有同感，故当留待暑假中细细读之也。上月曾往贵校开会，与先生失之交臂，望今后更有良机识荆，尊酒论文，当获裨益也。

专此，即颂

吟安！

莫砺锋上

五月十二日。

910154 Cable:0909

莫砺锋（1949— ），江苏无锡人。文学史家，南京大学教授。

【书札释文】

文光先生：

大作已奉，多谢见赐！陈后山诗云：书当快意都易尽。如此好诗，亦深恐读之易尽也。昔坡公南迁，携柳子厚诗，唯恐读尽，乃自限日读数首，以求长久。锋于尊诗，亦有同感，故当留待暑假中细读也。上月曾往贵校开会，与先生失之交臂，愿今后更有良机识荆，尊酒论文，当获裨益也。

专此，即颂

吟安！

莫砺锋 启

六月十三日

夏晓虹（一通）

【书札墨迹】

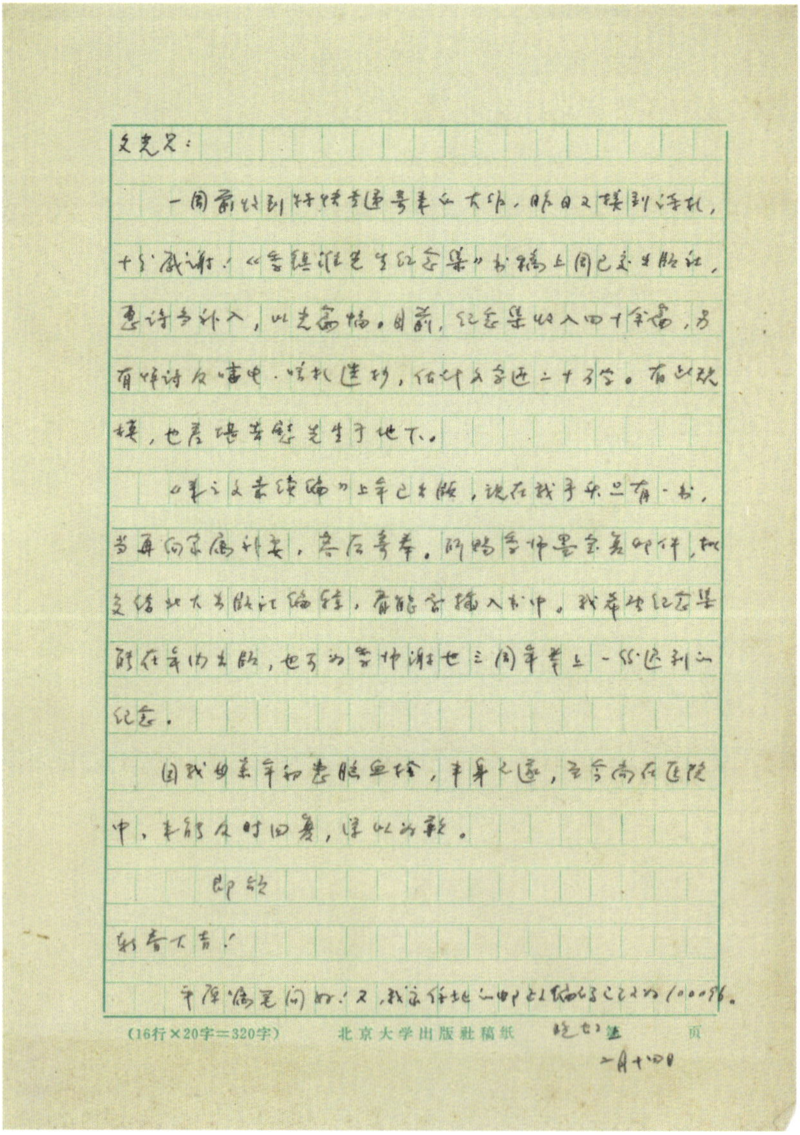

文光兄：

一周前收到转来惠寄来的大作，昨日又接到信札，十分感谢！《季镇淮先生纪念集》书稿上周已交出版社，惠诗当补入，以光篇幅。目前，纪念集收入四十余篇，另有悼诗及唁电、信札选抄，估计文字近二十万字。有此规模，也差堪告慰先生于地下。

《来之文录续编》上年已出版，现在我手头只有一本，当再向家属补要，寄给尊处。附呈季师墨迹复印件，拟交给北大出版社编辑，看能否插入书中。我希望纪念集能在年内出版，也可以为季师逝世三周年奉上一份心意以纪念。

因我母亲年初患脑血栓，半身不遂，至今尚在医院中，未能及时回复，深以为歉。

即颂

新春大吉！

千陈编兄问好！又，我家住址的邮政编码已改为100096。

（16行×20字＝320字） 北京大学出版社稿纸 晓虹 上 页

二月十四日

夏晓虹（1953— ），安徽和县人。文学史家，北京大学教授。

【书札释文】

文光兄：

一周前收到特快专递寄来的大作，昨日又接到诗札，十分感谢！《季镇淮先生纪念集》书稿上周已交出版社，惠诗当补入，以光篇幅。目前，纪念集收入四十余篇，另有悼诗及唁电、唁札选抄，估计文字近二十万字。有此规模，也差堪告慰先生于地下。

《来之文录续编》上年已出版，现在我手头只有一书，当再向家属补要，容后寄奉。所赐季师墨宝复印件，拟交给北大出版社编辑，看能否插入书中。我希望纪念集能在年内出版，也可为季师谢世三周年奉上一份迟到的纪念。

因我母亲年初患脑血栓，半身不遂，至今尚在医院中，未能及时回复，深以为歉。

即颂

新春大吉！

平原嘱笔问好！又，我家住址的邮政编码已改为100096。

晓 虹 上

二月十四日

编者注：此信写于1999年2月14日。

陈平原（一通）

【书札墨迹】

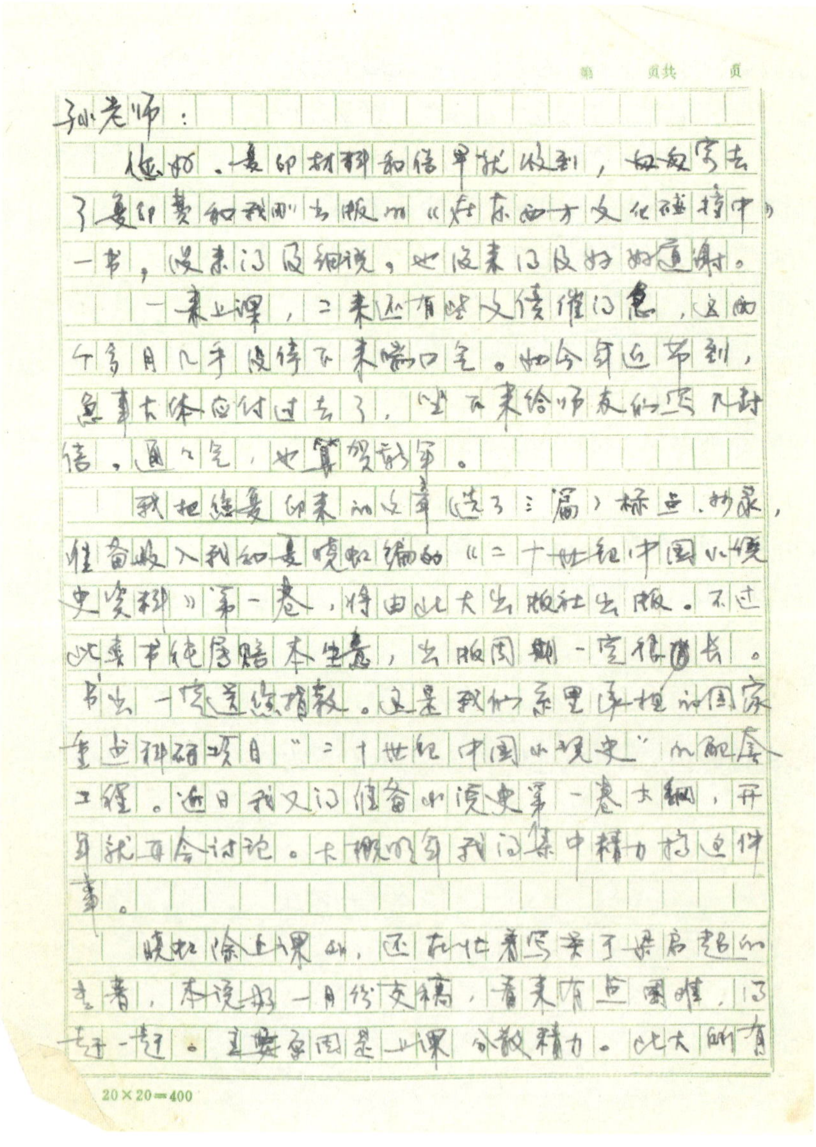

第　　页共　　页

孙老师：

您好。复印材料和信早就收到，如数寄去了复印费和我刚出版的《在东西方文化碰撞中》一书，没来得及细说，也没来得及好好道谢。

一来上课，二来还有些文债催得急，这两个多月几乎没停下来喘口气。如今年近节到，急事大体应付过去了，坐下来给师友们写几封信，通通气，也算贺新年。

我把您复印来的文章（选了三篇）标点、抄录，准备收入我和夏晓虹编的《二十世纪中国小说史资料》第一卷，将由北大出版社出版。不过此类书纯属赔本生意，出版周期一定很长。书出一定送您指教。这是我们系里承担的国家重点科研项目"二十世纪中国小说史"的配套工程。近日我们在准备小说史第一卷大纲，开年就开会讨论。大概明年我们集中精力搞这件事。

晓虹除上课外，还在忙着写关于梁启超的专著，本说好一月份交稿，看来有点困难，只得拖一拖。主要原因是上课分散精力。北大所有

20×20=400

陈平原（1954—），出生于广东潮州。文学史家，北京大学教授。曾任北京大学中文系主任。

第　　页共　　页

的科研项目都要求课余搞，这很费劲。

北京猪肉跑光了，物价也猛涨，故有人心惶惶的感觉，知识分子整天愁眉苦脸发牢骚，可又无可奈何。我辈没能力言价等的，大概也就只能学道家了。

祝

好

陈平原

87.12.25

我们每周三天在学校，余者在"家里"住。下学期也许会略有改变。家里地址：北京东直门外东中街42号221室（夏晓虹）

20×20=400

【书札释文】

孙老师：

您好。复印材料和信早就收到，匆匆寄去了复印费和我刚出版的《在东西方文化碰撞中》一书，没来得及细说，也没来得及好好道谢。

一来上课，二来还有些文债催得急，这两个多月几乎没停下来喘口气。如今年近节到，急事大体应付过去了，坐下来给师友们写几封信，通通气，也算贺新年。

我把您复印来的文章（选了三篇）标点、抄录，准备收入我和夏晓虹编的《二十世纪中国小说史资料》第一卷，将由北大出版社出版。不过此类书纯属赔本生意，出版周期一定很长。书出一定送您请教。这是我们系里承担的国家重点科研项目“二十世纪中国小说史”的配套工程。近日我又得准备小说史第一卷大纲，开年就开会讨论。大概明年我们集中精力搞这件事。

晓虹除上课外，还在忙着写关于梁启超的专著，本说好一月份交稿，看来有点困难，得赶一赶。主要原因是上课分散精力。北大所有的科研项目都要求课余搞，这很费劲。

北京猪肉跑光了，物价也猛涨，颇有人心惶惶的感觉，知识分子整天愁眉苦脸发牢骚，可又无可奈何。我等没能力当倒爷的，大概也就只能装道家了。

祝

好

陈平原

1987年12月25日

我们每周三天在学校，余者在“家里”住。下学期也许会略有改变。家里地址：北京东直门外东中街42号221室（夏晓虹）。